验房从业人员职业能力培训教材

验房常用法律法规与标准规范速查

中国房地产业协会　组织编写

王宏新　杨志才　赵　军　主　编

闫　钢　周伟明　赵　伟　张　朝　副主编

中国建筑工业出版社

中国城市出版社

图书在版编目（CIP）数据

验房常用法律法规与标准规范速查 / 中国房地产业协会组织编写；闫钢等副主编. -- 北京：中国城市出版社，2024. 7. -- (验房从业人员职业能力培训教材).

ISBN 978-7-5074-3730-0

Ⅰ. D922.297；TU712-65

中国国家版本馆 CIP 数据核字第 2024PW2489 号

责任编辑：毕凤鸣

责任校对：赵　力

验房从业人员职业能力培训教材

验房常用法律法规与标准规范速查

中国房地产业协会　组织编写

王宏新　杨志才　赵　军　主　编

闫　钢　周伟明　赵　伟　张　朝　副主编

*

中国建筑工业出版社、中国城市出版社出版、发行（北京海淀三里河路9号）

各地新华书店、建筑书店经销

国排高科（北京）人工智能科技有限公司制版

建工社（河北）印刷有限公司印刷

*

开本：787 毫米×1092 毫米　1/16　印张：20¾　字数：707 千字

2024 年 9 月第一版　　2024 年 9 月第一次印刷

定价：**68.00** 元

ISBN 978-7-5074-3730-0

（904683）

本书编委会

组织编写

中国房地产业协会

编委会主任

冯　俊　中国房地产业协会原会长、特聘专家

编委会副主任

沈月祥　中国房地产业协会驻会名誉副会长

温兆晔　中国房地产业协会教育工作委员会秘书长

主编

王宏新　北京师范大学

杨志才　上海润居技术服务有限公司

赵　军　上海润居技术服务有限公司

副主编

闫　钢　上海润居技术服务有限公司

周伟明　上海润居技术服务有限公司

赵　伟　北京沣浩达工程检验服务有限公司

张　朝　贝壳圣都（浙江）建筑装饰工程有限公司

主审

董文斌　湖北城市建设职业技术学院院长，住房城乡建设部质量安全专业委员
　　　　会秘书长，教授级高级工程师

杨碧华　湖北省建设工程质量安全监督总站站长

编委会成员（按姓氏笔画排序）

万建国	广西建设职业技术学院
王　浩	中国海外宏洋集团有限公司
王光炎	枣庄科技职业学院
尹　治	北京佳合众物业服务评估监理有限公司
史凤文	辽宁鑫阖缘房屋质量检测技术服务有限公司
白　扬	西安城市建设职业学院
任玲玲	上海润居技术服务有限公司
刘国权	绿城建筑科技集团有限公司
刘　娟	湖北城市建设职业技术学院
刘　源	北京顶峰评价科学技术研究院
刘奕斌	珠海响鼓锤房地产咨询有限公司
刘桂海	江西师范大学城市建设学院
刘新瑜	浙江商业职业技术学院
闫　尚	上海润居技术服务有限公司
江波涛	广州市装付宝装饰工程质量鉴定有限公司
祁艳飞	贝壳圣都（浙江）建筑装饰工程有限公司
孙　涛	上海润居技术服务有限公司
李　彪	上海润居技术服务有限公司
李云朋	上海润居技术服务有限公司
李恒伟	汇众三方（北京）工程管理有限公司
杨　亮	广州乐居工程咨询有限公司
杨广晖	山东建筑大学
肖　菊	苏州嘉居乐工程质量检测有限公司
吴传兵	上海润居技术服务有限公司
何　勇	上海筑新窝工程监理有限公司
应佐萍	浙江建设职业技术学院
沈梓煊	上海润居技术服务有限公司
宋金强	武汉验房网啄屋鸟工程顾问有限公司
张　丽	北京建筑大学
张　杰	辽宁城市建设职业技术学院
张立君	山东房地产教育培训中心
张国强	山东城市建设职业学院
张明磊	杭州骏宇验房咨询服务有限公司

前　言

验房师职业的兴起，源于市场需求和房地产行业发展变迁。验房师职业化之路仍处于起步阶段，存在诸多问题亟待规范。提升验房从业者专业素质，不仅关乎消费者居住品质，更是规范验房行业、推动整个房地产业健康持续发展的内在要求。当前，验房行业主力军主要依赖于企业内部传承，高等、职业院校的专业设置和规范化的职业培训相对缺失，市场上的培训标准不一、服务内容和质量参差不齐。

随着"验房师"被正式纳入《中华人民共和国职业分类大典（2022年版）》，这一新兴职业在国家层面得到肯定和认可，为验房专业人才培养和发展铺设了坚实道路。中国房地产业协会从申请设立验房师新职业、承担《验房师国家职业标准》编制，到搭建"中国验房"服务平台、组织编写《验房从业人员职业能力培训规范》及配套教材，一直致力于推动验房行业规范化、标准化、职业化进程。

本套"验房从业人员职业能力培训教材"是为了配合《验房师国家职业标准》编制和《验房从业人员职业能力培训规范》理解和应用，组织高校学者、业内专家编写的一套系统全面的面向验房行业的培训教材，旨在通过详尽的体系梳理和实操指导，培养具备专业知识和技能的验房从业人员，准确掌握现代验房所需的必备技能，快速查找验房最常涉及的法律法规和标准规范。

本书为"验房从业人员职业能力培训教材"的《验房常用法律法规与标准规范速查》分册。全书共分三个部分，分别介绍了验房常用法律法规、验房常见问题对应标准规范速查和验房常用标准规范。本书收录了验房最常用的法律法规和标准规范，同时为了便于查找，还按查验项目类别，如毛坯房、精装房、公共部位、园林景观、室内环境常见问题等进行分类，方便读者更快定位到所需的规范条文。

本套培训教材的问世，离不开北京师范大学王宏新教授、上海润居技术服务有限公司杨志才和赵军三位主编多年来的倾力合作。三位主编在中国建筑工业出版社出版的"房屋查验从业人员培训教材"七年来多次重印，获得了行业的肯定和认可。本次继续担纲教材主编，夯实了中国验房行业化和职业化培训教材的基础，也为新时代建筑工程高质量发展注入了新的知识力量。

　　中国房地产业协会原会长、特聘专家冯俊先生，驻会名誉副会长沈月祥先生，教育工作委员会秘书长温兆晔先生对教材出版给予了悉心指导。湖北城市建设职业技术学院院长、住房城乡建设部质量安全专业委员会秘书长董文斌，湖北省建设工程质量安全监督总站站长杨碧华两位主审专家认真审稿和严格把关，使教材内容质量上了一个新的层次。本套教材在编写过程中，参考了大量的文献资料和同行的实操案例，在此一并致谢！

　　本套培训教材既可用于行业从业人员培训，也适用于本领域大专、职业院校，以及作为广大验房企业经营管理者、相关行业行政管理者的重要参考。教材组织编写和培训推广工作由中国房地产业协会职业能力建设办公室具体负责，联系方式：010-64801731，13911920400。

目 录

第一部分

验房常用法律法规

1.1　房地产广告发布规定

（2015 年 12 月 24 日国家工商行政管理总局令第 80 号公布，根据 2021 年 4 月 2 日
《国家市场监督管理总局关于废止和修改部分规章的决定》修改）

第一条　发布房地产广告，应当遵守《中华人民共和国广告法》（以下简称《广告法》）、《中华人民共和国城市房地产管理法》《中华人民共和国土地管理法》及国家有关规定。

第二条　本规定所称房地产广告，指房地产开发企业、房地产权利人、房地产中介服务机构发布的房地产项目预售、预租、出售、出租、项目转让以及其他房地产项目介绍的广告。

居民私人及非经营性售房、租房、换房广告，不适用本规定。

第三条　房地产广告必须真实、合法、科学、准确，不得欺骗、误导消费者。

第四条　房地产广告，房源信息应当真实，面积应当表明为建筑面积或者套内建筑面积，并不得含有下列内容：

（一）升值或者投资回报的承诺；

（二）以项目到达某一具体参照物的所需时间表示项目位置；

（三）违反国家有关价格管理的规定；

（四）对规划或者建设中的交通、商业、文化教育设施以及其他市政条件作误导宣传。

第五条　凡下列情况的房地产，不得发布广告：

（一）在未经依法取得国有土地使用权的土地上开发建设的；

（二）在未经国家征用的集体所有的土地上建设的；

（三）司法机关和行政机关依法裁定、决定查封或者以其他形式限制房地产权利的；

（四）预售房地产，但未取得该项目预售许可证的；

（五）权属有争议的；

（六）违反国家有关规定建设的；

（七）不符合工程质量标准，经验收不合格的；

（八）法律、行政法规规定禁止的其他情形。

第六条　发布房地产广告，应当具有或者提供下列相应真实、合法、有效的证明文件：

（一）房地产开发企业、房地产权利人、房地产中介服务机构的营业执照或者其他主体资格证明。

（二）房地产主管部门颁发的房地产开发企业资质证书。

（三）自然资源主管部门颁发的项目土地使用权证明。

（四）工程竣工验收合格证明。

（五）发布房地产项目预售、出售广告，应当具有地方政府建设主管部门颁发的预售、销售许可证证明；出租、项目转让广告，应当具有相应的产权证明。

（六）中介机构发布所代理的房地产项目广告，应当提供业主委托证明。

（七）确认广告内容真实性的其他证明文件。

第七条 房地产预售、销售广告，必须载明以下事项：

（一）开发企业名称；

（二）中介服务机构代理销售的，载明该机构名称；

（三）预售或者销售许可证书号。

广告中仅介绍房地产项目名称的，可以不必载明上述事项。

第八条 房地产广告不得含有风水、占卜等封建迷信内容，对项目情况进行的说明、渲染，不得有悖社会良好风尚。

第九条 房地产广告中涉及所有权或者使用权的，所有或者使用的基本单位应当是有实际意义的完整的生产、生活空间。

第十条 房地产广告中对价格有表示的，应当清楚表示为实际的销售价格，明示价格的有效期限。

第十一条 房地产广告中的项目位置示意图，应当准确、清楚，比例恰当。

第十二条 房地产广告中涉及的交通、商业、文化教育设施及其他市政条件等，如在规划或者建设中，应当在广告中注明。

第十三条 房地产广告涉及内部结构、装修装饰的，应当真实、准确。

第十四条 房地产广告中不得利用其他项目的形象、环境作为本项目的效果。

第十五条 房地产广告中使用建筑设计效果图或者模型照片的，应当在广告中注明。

第十六条 房地产广告中不得出现融资或者变相融资的内容。

第十七条 房地产广告中涉及贷款服务的，应当载明提供贷款的银行名称及贷款额度、年期。

第十八条 房地产广告中不得含有广告主能够为入住者办理户口、就业、升学等事项的承诺。

第十九条 房地产广告中涉及物业管理内容的，应当符合国家有关规定；涉及尚未实现的物业管理内容，应当在广告中注明。

第二十条 房地产广告中涉及房地产价格评估的，应当表明评估单位、估价师和评估时间；使用其他数据、统计资料、文摘、引用语的，应当真实、准确，表明出处。

第二十一条 违反本规定发布广告，《广告法》及其他法律法规有规定的，依照有关法律法规规定予以处罚。法律法规没有规定的，对负有责任的广告主、广告经营者、广告发布者，处以违法所得三倍以下但不超过三万元的罚款；没有违法所得的，处以一万元以下的罚款。

第二十二条 本规定自 2016 年 2 月 1 日起施行。1998 年 12 月 3 日国家工商行政管理局令第 86 号公布的《房地产广告发布暂行规定》同时废止。

1.2 商品房买卖合同示范文本

1.2.1 商品房买卖合同

（预 售）

出卖人向买受人出售其开发建设的房屋，双方当事人应当在自愿、平等、公平及诚实信用的基础上，根据《中华人民共和国合同法》《中华人民共和国物权法》《中华人民共和国城市房地产管理法》等法律、法规的规定，就商品房买卖相关内容协商达成一致意见，签订本商品房买卖合同。

第一章 合同当事人

出卖人：＿＿＿

通讯地址：＿＿＿＿＿＿＿＿＿＿＿＿＿＿＿＿＿＿＿＿＿＿＿＿＿＿＿＿＿＿＿＿＿＿＿＿＿＿＿

邮政编码：＿＿＿＿＿＿＿＿＿＿＿＿＿＿＿＿＿＿＿＿＿＿＿＿＿＿＿＿＿＿＿＿＿＿＿＿＿＿＿

营业执照注册号：＿＿＿＿＿＿＿＿＿＿＿＿＿＿＿＿＿＿＿＿＿＿＿＿＿＿＿＿＿＿＿＿＿＿＿

企业资质证书号：_____

法定代表人：_____　联系电话：_____

委托代理人：_____　联系电话：_____

委托销售经纪机构：_____

通讯地址：_____

邮政编码：_____

营业执照注册号：_____

经纪机构备案证明号：_____．_____

法定代表人：_____　联系电话：_____

买受人：_____

【法定代表人】【负责人】：_____

【国籍】【户籍所在地】：_____

证件类型：【居民身份证】【护照】【营业执照】【_____】，证号：_____

出生日期：_____年_____月_____日，性别：_____

通讯地址：_____

邮政编码：_____　联系电话：_____

【委托代理人】【法定代理人】：_____

【国籍】【户籍所在地】：_____

证件类型：【居民身份证】【护照】【营业执照】【_____】，证号：_____

出生日期：_____年_____月_____日，性别：_____

通讯地址：_____

邮政编码：_____　联系电话：_____

（买受人为多人时，可相应增加）

第二章　商品房基本状况

第一条　项目建设依据

1. 出卖人以【出让】【划拨】【_____】方式取得坐落于_____地块的建设用地使用权。该地块【国有土地使用证号】【_____】为_____，土地使用权面积为_____平方米。买受人购买的商品房（以下简称该商品房）所占用的土地用途为_____，土地使用权终止日期为_____年_____月_____日。

2. 出卖人经批准，在上述地块上建设的商品房项目核准名称为_____，建设工程规划许可证号为_____，建筑工程施工许可证号为_____。

第二条　预售依据

该商品房已由_____批准预售，预售许可证号为

_____。

第三条　商品房基本情况

1. 该商品房的规划用途为【住宅】【办公】【商业】【_____】。

2. 该商品房所在建筑物的主体结构为_____，建筑总层数为_____层，其中地上_____层，地下_____层。

3. 该商品房为第一条规定项目中的_____【幢】【座】【_____】_____单元_____层_____号。房屋竣工后，如房号发生改变，不影响该商品房的特定位置。该商品房的平面图见附件一。

4. 该商品房的房产测绘机构为_____，其预测建筑面积共_____平方米，其中套内建筑面积_____平方米，分摊共有建筑面积_____平方米。该商品房共用部位见附件二。

该商品房层高为_____米，有_____个阳台，其中_____个阳台为封闭式，_____个阳台为非封闭式。阳台是否封闭以规划设计文件为准。

第四条　抵押情况

与该商品房有关的抵押情况为【抵押】【未抵押】。

抵押类型：_____，抵押人：_____，

抵押权人：_____，抵押登记机构：_____，

抵押登记日期：_____，债务履行期限：_____。

抵押类型：_____，抵押人：_____，

抵押权人：_____，抵押登记机构：_____，

抵押登记日期：_____，债务履行期限：_____。

抵押权人同意该商品房转让的证明及关于抵押的相关约定见附件三。

第五条　房屋权利状况承诺

1. 出卖人对该商品房享有合法权利；

2. 该商品房没有出售给除本合同买受人以外的其他人；

3. 该商品房没有司法查封或其他限制转让的情况；

4. _____；

5. _____。

如该商品房权利状况与上述情况不符，导致不能完成本合同登记备案或房屋所有权转移登记的，买受人有权解除合同。买受人解除合同的，应当书面通知出卖人。出卖人应当自解除合同通知送达之日起15日内退还买受人已付全部房款（含已付贷款部分），并自买受人付款之日起，按照_____%（不低于中国人民银行公布的同期贷款基准利率）计算给付利息。给买受人造成损失的，由出卖人支付【已付房价款一倍】【买受人全部损失】的赔偿金。

第三章　商品房价款

第六条　计价方式与价款

出卖人与买受人按照下列第_____种方式计算该商品房价款：

1. 按照套内建筑面积计算，该商品房单价为每平方米_____（币种）_____元，总价款为_____（币种）_____元（大写_____元整）。

2. 按照建筑面积计算，该商品房单价为每平方米_____（币种）_____元，总价款为_____（币种）_____元（大写_____元整）。

3. 按照套计算，该商品房总价款为_____（币种）_____元（大写_____元整）。

4. 按照_____计算，该商品房总价款为_____（币种）_____元（大写_____元整）。

第七条　付款方式及期限

（一）签订本合同前，买受人已向出卖人支付定金_____（币种）_____元（大写），该定金于【本合同签订】【交付首付款】【_____】时【抵作】【_____】商品房价款。

（二）买受人采取下列第_____种方式付款：

1. 一次性付款。买受人应当在_____年_____月_____日前支付该商品房全部价款。

2. 分期付款。买受人应当在_____年_____月_____日前分_____期支付该商品房全部价款，首期房价款_____（币种）_____元（大写：_____元整），应当于_____年_____月_____日前支付。

_____。

3. 贷款方式付款：【公积金贷款】【商业贷款】【_____】。买受人应当于_____年_____月_____日前支付首期房价款_____（币种）_____元（大写_____

元整），占全部房价款的_____%。

余款_____（币种）_____元（大写_____元整）

向_____（贷款机构）申请贷款支付。

4. 其他方式：

_____。

（三）出售该商品房的全部房价款应当存入预售资金监管账户，用于本工程建设。

该商品房的预售资金监管机构为_____，预售资金监管账户名称为

_____，账号为_____。

该商品房价款的计价方式、总价款、付款方式及期限的具体约定见附件四。

第八条　逾期付款责任

除不可抗力外，买受人未按照约定时间付款的，双方同意按下列第_____种方式处理：

1. 按照逾期时间，分别处理（（1）和（2）不作累加）。

（1）逾期在_____日之内，买受人按日计算向出卖人支付逾期应付款万分之_____的违约金。

（2）逾期超过_____日（该期限应当与本条第（1）项中的期限相同）后，出卖人有权解除合同。出卖人解除合同的，应当书面通知买受人。买受人应当自解除合同通知送达之日起_____日内按照累计应付款的_____%向出卖人支付违约金，同时，出卖人退还买受人已付全部房款（含已付贷款部分）。

出卖人不解除合同的，买受人按日计算向出卖人支付逾期应付款万分之_____（该比率不低于第（1）项中的比率）的违约金。

本条所称逾期应付款是指依照第七条及附件四约定的到期应付款与该期实际已付款的差额；采取分期付款的，按照相应的分期应付款与该期的实际已付款的差额确定。

2. _____。

第四章　商品房交付条件与交付手续

第九条　商品房交付条件

该商品房交付时应当符合下列第 1、2、_____、_____ 项所列条件：

1. 该商品房已取得建设工程竣工验收备案证明文件；

2. 该商品房已取得房屋测绘报告；

3. _____；

4. _____。

该商品房为住宅的，出卖人还需提供《住宅使用说明书》和《住宅质量保证书》。

第十条　商品房相关设施设备交付条件

（一）基础设施设备

1. 供水、排水：交付时供水、排水配套设施齐全，并与城市公共供水、排水管网连接。使用自建设施供水的，供水的水质符合国家规定的饮用水卫生标准，

_____；

2. 供电：交付时纳入城市供电网络并正式供电，

_____；

3. 供暖：交付时供热系统符合供热配建标准，使用城市集中供热的，纳入城市集中供热管网，

_____；

4. 燃气：交付时完成室内燃气管道的敷设，并与城市燃气管网连接，保证燃气供应，

_____；

5. 电话通信：交付时线路敷设到户；

6. 有线电视：交付时线路敷设到户；

7. 宽带网络：交付时线路敷设到户。

以上第 1、2、3 项由出卖人负责办理开通手续并承担相关费用；第 4、5、6、7 项需要买受人自行办理开通手续。

如果在约定期限内基础设施设备未达到交付使用条件，双方同意按照下列第_____种方式处理：

（1）以上设施中第1、2、3、4项在约定交付日未达到交付条件的，出卖人按照本合同第十二条的约定承担逾期交付责任。

第5项未按时达到交付使用条件的，出卖人按日向买受人支付_____元的违约金；第6项未按时达到交付使用条件的，出卖人按日向买受人支付_____元的违约金；第7项未按时达到交付使用条件的，出卖人按日向买受人支付_____元的违约金。出卖人采取措施保证相关设施于约定交付日后_____日之内达到交付使用条件。

（2）_____。

（二）公共服务及其他配套设施（以建设工程规划许可为准）

1. 小区内绿地率：_____年_____月_____日达到_____；

2. 小区内非市政道路：_____年_____月_____日达到_____；

3. 规划的车位、车库：_____年_____月_____日达到_____；

4. 物业服务用房：_____年_____月_____日达到_____；

5. 医疗卫生机构：_____年_____月_____日达到_____；

6. 幼儿园：_____年_____月_____日达到_____；

7. 学校：_____年_____月_____日达到_____；

8. _____；

9. _____。

以上设施未达到上述条件的，双方同意按照以下方式处理：

1. 小区内绿地率未达到上述约定条件的，_____。

2. 小区内非市政道路未达到上述约定条件的，_____。

3. 规划的车位、车库未达到上述约定条件的，_____。

4. 物业服务用房未达到上述约定条件的，_____。

5. 其他设施未达到上述约定条件的，_____。

关于本项目内相关设施设备的具体约定见附件五。

第十一条　交付时间和手续

（一）出卖人应当在_____年_____月_____日前向买受人交付该商品房。

（二）该商品房达到第九条、第十条约定的交付条件后，出卖人应当在交付日期届满前_____日（不少于10日）将查验房屋的时间、办理交付手续的时间地点以及应当携带的证件材料的通知书面送达买受人。买受人未收到交付通知书的，以本合同约定的交付日期届满之日为办理交付手续的时间，以该商品房所在地为办理交付手续的地点。

_____。

交付该商品房时，出卖人应当出示满足第九条约定的证明文件。出卖人不出示证明文件或者出示的证明文件不齐全，不能满足第九条约定条件的，买受人有权拒绝接收，由此产生的逾期交付责任由出卖人承担，并按照第十二条处理。

（三）查验房屋

1. 办理交付手续前，买受人有权对该商品房进行查验，出卖人不得以缴纳相关税费或者签署物业管理文件作为买受人查验和办理交付手续的前提条件。

2. 买受人查验的该商品房存在下列除地基基础和主体结构外的其他质量问题的，由出卖人按照有关工程和产品质量规范、标准自查验次日起_____日内负责修复，并承担修复费用，修复后再行交付。

（1）屋面、墙面、地面渗漏或开裂等；

（2）管道堵塞；

（3）门窗翘裂、五金件损坏；

（4）灯具、电器等电气设备不能正常使用；

（5）_____；

（6）_____。

3. 查验该商品房后，双方应当签署商品房交接单。由于买受人原因导致该商品房未能按期交付的，双方同意按照以下方式处理：

（1）_____；

（2）_____。

第十二条　逾期交付责任

除不可抗力外，出卖人未按照第十一条约定的时间将该商品房交付买受人的，双方同意按照下列第_____种方式处理：

1. 按照逾期时间，分别处理（（1）和（2）不作累加）。

（1）逾期在_____日之内（该期限应当不多于第八条第1（1）项中的期限），自第十一条约定的交付期限届满之次日起至实际交付之日止，出卖人按日计算向买受人支付全部房价款万分之_____的违约金（该违约金比率应当不低于第八条第1（1）项中的比率）。

（2）逾期超过_____日（该期限应当与本条第（1）项中的期限相同）后，买受人有权解除合同。买受人解除合同的，应当书面通知出卖人。出卖人应当自解除合同通知送达之日起15日内退还买受人已付全部房款（含已付贷款部分），并自买受人付款之日起，按照_____%（不低于中国人民银行公布的同期贷款基准利率）计算给付利息；同时，出卖人按照全部房价款的_____%向买受人支付违约金。

买受人要求继续履行合同的，合同继续履行，出卖人按日计算向买受人支付全部房价款万分之_____（该比率应当不低于本条第1（1）项中的比率）的违约金。

2. _____。

第五章　面积差异处理方式

第十三条　面积差异处理

该商品房交付时，出卖人应当向买受人出示房屋测绘报告，并向买受人提供该商品房的面积实测数据（以下简称实测面积）。实测面积与第三条载明的预测面积发生误差的，双方同意按照第_____种方式处理。

1. 根据第六条按照套内建筑面积计价的约定，双方同意按照下列原则处理：

（1）套内建筑面积误差比绝对值在3%以内（含3%）的，据实结算房价款；

（2）套内建筑面积误差比绝对值超出3%时，买受人有权解除合同。

买受人解除合同的，应当书面通知出卖人。出卖人应当自解除合同通知送达之日15日内退还买受人已付全部房款（含已付贷款部分），并自买受人付款之日起，按照_____%（不低于中国人民银行公布的同期贷款基准利率）计算给付利息。

买受人选择不解除合同的，实测套内建筑面积大于预测套内建筑面积时，套内建筑面积误差比在3%以内（含3%）部分的房价款由买受人补足；超出3%部分的房价款由出卖人承担，产权归买受人所有。实测套内建筑面积小于预测套内建筑面积时，套内建筑面积误差比绝对值在3%以内（含3%）部分房价款由出卖人返还买受人；绝对值超出3%部分的房价款由出卖人双倍返还买受人。

$$套内建筑面积误差比 = \frac{实测套内建筑面积 - 预测套内建筑面积}{预测套内建筑面积} \times 100\%$$

2. 根据第六条按照建筑面积计价的约定，双方同意按照下列原则处理：

（1）建筑面积、套内建筑面积误差比绝对值均在3%以内（含3%）的，根据实测建筑面积结算房价款；

（2）建筑面积、套内建筑面积误差比绝对值其中有一项超出3%时，买受人有权解除合同。

买受人解除合同的，应当书面通知出卖人。出卖人应当自解除合同通知送达之日起15日内退还买受人已付全部房款（含已付贷款部分），并自买受人付款之日起，按照_____%（不低于中国人民银行公布的同期贷款基准利率）计算给付利息。

买受人选择不解除合同的，实测建筑面积大于预测建筑面积时，建筑面积误差比在3%以内（含3%）部分的房价款由买受人补足，超出3%部分的房价款由出卖人承担，产权归买受人所有。实测建筑面积小于预测建筑面积时，建筑面积误差比绝对值在3%以内（含3%）部分的房价款由出卖人返还买受人；绝对值超出 3%部分的房价款由出卖人双倍返还买受人。

$$建筑面积误差比 = \frac{实测建筑面积 - 预测建筑面积}{预测建筑面积} \times 100\%$$

（3）因设计变更造成面积差异，双方不解除合同的，应当签署补充协议。

3. 根据第六条按照套计价的，出卖人承诺在房屋平面图中标明详细尺寸，并约定误差范围。该商品房交付时，套型与设计图纸不一致或者相关尺寸超出约定的误差范围，双方约定如下：

_____。

4. 双方自行约定：

_____。

第六章　规划设计变更

第十四条　规划变更

（一）出卖人应当按照城乡规划主管部门核发的建设工程规划许可证规定的条件建设商品房，不得擅自变更。

双方签订合同后，涉及该商品房规划用途、面积、容积率、绿地率、基础设施、公共服务及其他配套设施等规划许可内容经城乡规划主管部门批准变更的，出卖人应当在变更确立之日起 10 日内将书面通知送达买受人。出卖人未在规定期限内通知买受人的，买受人有权解除合同。

（二）买受人应当在通知送达之日起 15 日内做出是否解除合同的书面答复。买受人逾期未予以书面答复的，视同接受变更。

（三）买受人解除合同的，应当书面通知出卖人。出卖人应当自解除合同通知送达之日起 15 日内退还买受人已付全部房款（含已付贷款部分），并自买受人付款之日起，按照_____%（不低于中国人民银行公布的同期贷款基准利率）计算给付利息；同时，出卖人按照全部房价款的_____%向买受人支付违约金。

买受人不解除合同的，有权要求出卖人赔偿由此造成的损失，双方约定如下：

_____。

第十五条　设计变更

（一）双方签订合同后，出卖人按照法定程序变更建筑工程施工图设计文件，涉及下列可能影响买受人所购商品房质量或使用功能情形的，出卖人应当在变更确立之日起 10 日内将书面通知送达买受人。出卖人未在规定期限内通知买受人的，买受人有权解除合同。

1. 该商品房结构形式、户型、空间尺寸、朝向；

2. 供热、采暖方式；

3. _____；

4. _____；

5. _____。

（二）买受人应当在通知送达之日起 15 日内做出是否解除合同的书面答复。买受人逾期未予以书面答复的，视同接受变更。

（三）买受人解除合同的，应当书面通知出卖人。出卖人应当自解除合同通知送达之日起 15 日内退还买受人已付全部房款（含已付贷款部分），并自买受人付款之日起，按照_____%（不低于中国人民银行公布的同期贷款基准利率）计算给付利息；同时，出卖人按照全部房价款的_____%向买受人支付违约金。

买受人不解除合同的，有权要求出卖人赔偿由此造成的损失，双方约定如下：

_____。

第七章　商品房质量及保修责任

第十六条　商品房质量

（一）地基基础和主体结构

出卖人承诺该商品房地基基础和主体结构合格，并符合国家及行业标准。

经检测不合格的，买受人有权解除合同。买受人解除合同的，应当书面通知出卖人。出卖人应当自解除合同通知送达之日起 15 日内退还买受人已付全部房款（含已付贷款部分），并自买受人付款之日起，按照_____%（不低于中国人民银行公布的同期贷款基准利率）计算给付利息。给买受人造成损失的，由出卖人支付【已付房价款一倍】【买受人全部损失】的赔偿金。因此而发生的检测费用由出卖人承担。

买受人不解除合同的，_____。

（二）其他质量问题

该商品房质量应当符合有关工程质量规范、标准和施工图设计文件的要求。发现除地基基础和主体结构外质量问题的，双方按照以下方式处理：

（1）及时更换、修理；如给买受人造成损失的，还应当承担相应赔偿责任。

_____。

（2）经过更换、修理，仍然严重影响正常使用的，买受人有权解除合同。买受人解除合同的，应当书面通知出卖人。出卖人应当自解除合同通知送达之日起 15 日内退还买受人已付全部房款（含已付贷款部分），并自买受人付款之日起，按照_____%（不低于中国人民银行公布的同期贷款基准利率）计算给付利息。给买受人造成损失的，由出卖人承担相应赔偿责任。因此而发生的检测费用由出卖人承担。

买受人不解除合同的，_____。

（三）装饰装修及设备标准

该商品房应当使用合格的建筑材料、构配件和设备，装置、装修、装饰所用材料的产品质量必须符合国家的强制性标准及双方约定的标准。

不符合上述标准的，买受人有权要求出卖人按照下列第（1）、_____、_____方式处理（可多选）：

（1）及时更换、修理；

（2）出卖人赔偿双倍的装饰、设备差价；

（3）_____；

（4）_____。

具体装饰装修及相关设备标准的约定见附件六。

（四）室内空气质量、建筑隔声和民用建筑节能措施

1. 该商品房室内空气质量符合【国家】【地方】标准，标准名称：_____，标准文号：_____。

该商品房为住宅的，建筑隔声情况符合【国家】【地方】标准，标准名称：_____，标准文号：_____。

该商品房室内空气质量或建筑隔声情况经检测不符合标准，由出卖人负责整改，整改后仍不符合标准的，买受人有权解除合同。买受人解除合同的，应当书面通知出卖人。出卖人应当自解除合同通知送达之日起 15 日内退还买受人已付全部房款（含已付贷款部分），并自买受人付款之日起，按照_____%（不低于中国人民银行公布的同期贷款基准利率）计算给付利息。给买受人造成损失的，由出卖人承担相应赔偿责任。经检测不符合标准的，检测费用由出卖人承担，整改后再次检测发生的费用仍由出卖人承担。因整改导致该商品房逾期交付的，出卖人应当承担逾期交付责任。

2. 该商品房应当符合国家有关民用建筑节能强制性标准的要求。

未达到标准的，出卖人应当按照相应标准要求补做节能措施，并承担全部费用；给买受人造成损失的，出卖人应当承担相应赔偿责任。

_____。

第十七条 保修责任

（一）商品房实行保修制度。该商品房为住宅的，出卖人自该商品房交付之日起，按照《住宅质量保证书》承诺的内容承担相应的保修责任。该商品房为非住宅的，双方应当签订补充协议详细约定保修范围、保修期限和保修责任等内容。具体内容见附件七。

（二）下列情形，出卖人不承担保修责任：

1. 因不可抗力造成的房屋及其附属设施的损害；

2. 因买受人不当使用造成的房屋及其附属设施的损害；

3. _____。

（三）在保修期内，买受人要求维修的书面通知送达出卖人_____日内，出卖人既不履行保修义务也不提出书面异议的，买受人可以自行或委托他人进行维修，维修费用及维修期间造成的其他损失由出卖人承担。

第十八条　质量担保

出卖人不按照第十六条、第十七条约定承担相关责任的，由_____承担连带责任。

关于质量担保的证明见附件八。

第八章　合同备案与房屋登记

第十九条　预售合同登记备案

（一）出卖人应当自本合同签订之日起【30 日内】【_____日内】（不超过 30 日）办理商品房预售合同登记备案手续，并将本合同登记备案情况告知买受人。

（二）有关预售合同登记备案的其他约定如下：

_____；

_____。

第二十条　房屋登记

（一）双方同意共同向房屋登记机构申请办理该商品房的房屋所有权转移登记。

（二）因出卖人的原因，买受人未能在该商品房交付之日起_____日内取得该商品房的房屋所有权证书的，双方同意按照下列第_____种方式处理：

1. 买受人有权解除合同。买受人解除合同的，应当书面通知出卖人。出卖人应当自解除合同通知送达之日起 15 日内退还买受人已付全部房款（含已付贷款部分），并自买受人付款之日起，按照_____%（不低于中国人民银行公布的同期贷款基准利率）计算给付利息。买受人不解除合同的，自买受人应当完成房屋所有权登记的期限届满之次日起至实际完成房屋所有权登记之日止，出卖人按日计算向买受人支付全部房价款万分之_____的违约金。

2. _____。

（三）因买受人的原因未能在约定期限内完成该商品房的房屋所有权转移登记的，出卖人不承担责任。

第九章　前期物业管理

第二十一条　前期物业管理

（一）出卖人依法选聘的前期物业服务企业为_____。

（二）物业服务时间从____年____月____日到____年____月____日。

（三）物业服务期间，物业收费计费方式为【包干制】【酬金制】【_____】。物业服务费为_____元/月·平方米（建筑面积）。

（四）买受人同意由出卖人选聘的前期物业服务企业代为查验并承接物业共用部位、共用设施设备，出卖人应当将物业共用部位、共用设施设备承接查验的备案情况书面告知买受人。

（五）买受人已详细阅读前期物业服务合同和临时管理规约，同意由出卖人依法选聘的物业服务企业实施前期物业管理，遵守临时管理规约。业主委员会成立后，由业主大会决定选聘或续聘物业服务企业。

该商品房前期物业服务合同、临时管理规约见附件九。

第十章　其他事项

第二十二条　建筑物区分所有权

（一）买受人对其建筑物专有部分享有占有、使用、收益和处分的权利。

（二）以下部位归业主共有：

1. 建筑物的基础、承重结构、外墙、屋顶等基本结构部分，通道、楼梯、大堂等公共通行部分，消防、公共照明等附属设施、设备，避难层、设备层或者设备间等结构部分；

2. 该商品房所在建筑区划内的道路（属于城镇公共道路的除外）、绿地（属于城镇公共绿地或者明示属于个人的除外）、占用业主共有的道路或者其他场地用于停放汽车的车位、物业服务用房；

3. _____。

（三）双方对其他配套设施约定如下：

1. 规划的车位、车库：_____；

2. 会所：_____；

3. _____。

第二十三条　税费

双方应当按照国家的有关规定，向相应部门缴纳因该商品房买卖发生的税费。因预测面积与实测面积差异，导致买受人不能享受税收优惠政策而增加的税收负担，由_____承担。

第二十四条　销售和使用承诺

1. 出卖人承诺不采取分割拆零销售、返本销售或者变相返本销售的方式销售商品房；不采取售后包租或者变相售后包租的方式销售未竣工商品房。

2. 出卖人承诺按照规划用途进行建设和出售，不擅自改变该商品房使用性质，并按照规划用途办理房屋登记。出卖人不得擅自改变与该商品房有关的共用部位和设施的使用性质。

3. 出卖人承诺对商品房的销售，不涉及依法或者依规划属于买受人共有的共用部位和设施的处分。

4. 出卖人承诺已将遮挡或妨碍房屋正常使用的情况告知买受人。具体内容见附件十。

5. 买受人使用该商品房期间，不得擅自改变该商品房的用途、建筑主体结构和承重结构。

6. _____。

7. _____。

第二十五条　送达

出卖人和买受人保证在本合同中记载的通讯地址、联系电话均真实有效。任何根据本合同发出的文件，均应采用书面形式，以【邮政快递】【邮寄挂号信】【_____】方式送达对方。任何一方变更通讯地址、联系电话的，应在变更之日起_____日内书面通知对方。变更的　方未履行通知义务导致送达不能的，应承担相应的法律责任。

第二十六条　买受人信息保护

出卖人对买受人信息负有保密义务。非因法律、法规规定或国家安全机关、公安机关、检察机关、审判机关、纪检监察部门执行公务的需要，未经买受人书面同意，出卖人及其销售人员和相关工作人员不得对外披露买受人信息，或将买受人信息用于履行本合同之外的其他用途。

第二十七条　争议解决方式

本合同在履行过程中发生的争议，由双方当事人协商解决，也可通过消费者协会等相关机构调解；或按照下列第_____种方式解决：

1. 依法向房屋所在地人民法院起诉。

2. 提交_____仲裁委员会仲裁。

第二十八条　补充协议

对本合同中未约定或约定不明的内容，双方可根据具体情况签订书面补充协议（补充协议见附件十一）。

补充协议中含有不合理的减轻或免除本合同中约定应当由出卖人承担的责任，或不合理的加重买受人责任、排除买受人主要权利内容的，仍以本合同为准。

第二十九条　合同生效

本合同自双方签字或盖章之日起生效。本合同的解除应当采用书面形式。

本合同及附件共_____页，一式_____份，其中出卖人_____份，买受人_____份，【_____】_____份，【_____】_____份。合同附件与本合同具有同等法律效力。

出卖人（签字或盖章）：   买受人（签字或盖章）：

【法定代表人】（签字或盖章）：   【法定代表人】（签字或盖章）：

【委托代理人】（签字或盖章）：   【委托代理人】（签字或盖章）：

                                             【法定代理人】（签字或盖章）：

签订时间：_____年_____月_____日   签订时间：_____年_____月_____日

签订地点：_____   签订地点：_____

附件一　房屋平面图（应当标明方位）

1. 房屋分层分户图（应当标明详细尺寸，并约定误差范围）
2. 建设工程规划方案总平面图

附件二　关于该商品房共用部位的具体说明（可附图说明）

1. 纳入该商品房分摊的共用部位的名称、面积和所在位置
2. 未纳入该商品房分摊的共用部位的名称、所在位置

附件三　抵押权人同意该商品房转让的证明及关于抵押的相关约定

1. 抵押权人同意该商品房转让的证明
2. 解除抵押的条件和时间
3. 关于抵押的其他约定

附件四　关于该商品房价款的计价方式、总价款、付款方式及期限的具体约定

附件五　关于本项目内相关设施、设备的具体约定

1. 相关设施的位置及用途
2. 其他约定

附件六　关于装饰装修及相关设备标准的约定

交付的商品房达不到本附件约定装修标准的，按照本合同第十六条第（三）款约定处理。出卖人未经双方约定增加的装置、装修、装饰，视为无条件赠送给买受人。

双方就装饰装修主要材料和设备的品牌、产地、规格、数量等内容约定如下：

1. 外墙：【瓷砖】【涂料】【玻璃幕墙】【_____】；

_____。

2. 起居室：
（1）内墙：【涂料】【壁纸】【_____】；

_____。

（2）顶棚：【石膏板吊顶】【涂料】【_____】；

_____。

（3）室内地面：【大理石】【花岗岩】【水泥抹面】【实木地板】【_____】；

_____。

3. 厨房：
（1）地面：【水泥抹面】【瓷砖】【_____】；

_____。

（2）墙面：【耐水腻子】【瓷砖】【_____】；

_____。

（3）顶棚：【水泥抹面】【石膏吊顶】【 _____ 】；

_____。

（4）厨具： _____。

4. 卫生间：

（1）地面：【水泥抹面】【瓷砖】【 _____ 】；

_____。

（2）墙面：【耐水腻子】【瓷砖】【 _____ 】；

_____。

（3）顶棚：【水泥抹面】【石膏吊顶】【 _____ 】；

_____。

（4）卫生器具： _____。

5. 阳台：【塑钢封闭】【铝合金封闭】【断桥铝合金封闭】【不封闭】【 _____ 】；

_____。

6. 电梯：

（1）品牌： _____；

（2）型号： _____。

7. 管道：

_____。

8. 窗户：

_____。

9. _____。

10. _____。

附件七　关于保修范围、保修期限和保修责任的约定

该商品房为住宅的，出卖人应当提供《住宅质量保证书》；该商品房为非住宅的，双方可参照《住宅质量保证书》中的内容对保修范围、保修期限和保修责任等进行约定。

该商品房的保修期自房屋交付之日起计算，关于保修期限的约定不应低于《建设工程质量管理条例》第四十条规定的最低保修期限。

（一）保修项目、期限及责任的约定

1. 地基基础和主体结构：

保修期限为： _____（不得低于设计文件规定的该工程的合理使用年限）；

_____。

2. 屋面防水工程、有防水要求的卫生间、房间和外墙面的防渗漏：

保修期限为： _____（不得低于 5 年）；

_____。

3. 供热、供冷系统和设备：

保修期限为： _____（不得低于 2 个采暖期、供冷期）；

_____。

4. 电气管线、给水排水管道、设备安装：

保修期限为： _____（不得低于 2 年）；

_____。

5. 装修工程：

保修期限为： _____（不得低于 2 年）；

_____。

6. _____；

7. _____ ；

8. _____ 。

（二）其他约定

_____ 。

附件八　关于质量担保的证明

附件九　关于前期物业管理的约定

1. 前期物业服务合同

2. 临时管理规约

附件十　出卖人关于遮挡或妨碍房屋正常使用情况的说明

（如：该商品房公共管道检修口、柱子、变电箱等有遮挡或妨碍房屋正常使用的情况）

附件十一　补充协议

1.2.2 商品房买卖合同

（现 售）

出卖人向买受人出售其开发建设的房屋，双方当事人应当在自愿、平等、公平及诚实信用的基础上，根据《中华人民共和国合同法》《中华人民共和国物权法》《中华人民共和国城市房地产管理法》等法律、法规的规定，就商品房买卖相关内容协商达成一致意见，签订本商品房买卖合同。

第一章　合同当事人

出卖人：_____

通讯地址：_____

邮政编码：_____

营业执照注册号：_____

企业资质证书号：_____

法定代表人：_____联系电话：_____

委托代理人：_____联系电话：_____

委托销售经纪机构：_____

通讯地址：_____

邮政编码：_____

营业执照注册号：_____

经纪机构备案证明号：_____

法定代表人：_____联系电话：_____

买受人：_____

【法定代表人】【负责人】：_____

【国籍】【户籍所在地】：_____

证件类型：【居民身份证】【护照】【营业执照】【_____】，证号：_____

出生日期：_____年_____月_____日，性别：_____

通讯地址：_____

邮政编码：_____联系电话：_____

【委托代理人】【法定代理人】：_____

【国籍】【户籍所在地】：_____

证件类型：【居民身份证】【护照】【营业执照】【_____】，证号：_____

出生日期：_____年_____月_____日，性别：_____

通讯地址：_____

邮政编码：_____ 联系电话：_____

（买受人为多人时，可相应增加）

第二章 商品房基本状况

第一条 项目建设依据

1. 出卖人以【出让】【划拨】【_____】方式取得坐落于_____地块的建设用地使用权。该地块【国有土地使用证号】【_____】为_____，土地使用权面积为_____平方米。买受人购买的商品房（以下简称该商品房）所占用的土地用途为_____，土地使用权终止日期为_____年_____月_____日。

2. 出卖人经批准，在上述地块上建设的商品房项目核准名称为_____，建设工程规划许可证号为_____，建筑工程施工许可证号为_____。

第二条 销售依据

该商品房已取得【建设工程竣工验收备案证明文件】《房屋所有权证》，【备案号】【《房屋所有权证》证号】为_____，【备案机构】【房屋登记机构】为_____。

第三条 商品房基本情况

1. 该商品房的规划用途为【住宅】【办公】【商业】【_____】。

2. 该商品房所在建筑物的主体结构为_____，建筑总层数为_____层，其中地上_____层，地下_____层。

3. 该商品房为第一条规定项目中的_____【幢】【座】【_____】_____单元_____层_____号。该商品房的平面图见附件一。

4. 该商品房的房产测绘机构为_____，其实测建筑面积共_____平方米，其中套内建筑面积_____平方米，分摊共有建筑面积_____平方米。该商品房共用部位见附件二。

该商品房层高为_____米，有_____个阳台，其中_____个阳台为封闭式，_____个阳台为非封闭式。阳台是否封闭以规划设计文件为准。

第四条 抵押情况

与该商品房有关的抵押情况为【抵押】【未抵押】。

抵押人：_____，抵押权人：_____，

抵押登记机构：_____，抵押登记日期：_____，

债务履行期限：_____。

抵押权人同意该商品房转让的证明及关于抵押的相关约定见附件三。

第五条 租赁情况

该商品房的租赁情况为【出租】【未出租】。

出卖人已将该商品房出租，【买受人为该商品房承租人】【承租人放弃优先购买权】。

租赁期限：从_____年_____月_____日至_____年_____月_____日。出卖人与买受人经协商一致，自本合同约定的交付日至租赁期限届满期间的房屋收益归【出卖人】【买受人】所有。

_____。

出卖人提供的承租人放弃优先购买权的声明见附件四。

第六条 房屋权利状况承诺

1. 出卖人对该商品房享有合法权利；

2. 该商品房没有出售给除本合同买受人以外的其他人；

3. 该商品房没有司法查封或其他限制转让的情况；

4. ＿＿＿；

5. ＿＿＿。

如该商品房权利状况与上述情况不符，导致不能完成房屋所有权转移登记的，买受人有权解除合同。买受人解除合同的，应当书面通知出卖人。出卖人应当自解除合同通知送达之日起 15 日内退还买受人已付全部房款（含已付贷款部分），并自买受人付款之日起，按照＿＿＿＿＿＿%（不低于中国人民银行公布的同期贷款基准利率）计算给付利息。给买受人造成损失的，由出卖人支付【已付房价款一倍】【买受人全部损失】的赔偿金。

第三章　商品房价款

第七条　计价方式与价款

出卖人与买受人按照下列第＿＿＿＿＿＿种方式计算该商品房价款：

1. 按照套内建筑面积计算，该商品房单价为每平方米＿＿＿＿＿＿（币种）＿＿＿＿＿＿元，总价款为＿＿＿＿＿＿（币种）＿＿＿元（大写＿＿＿＿＿＿元整）。

2. 按照建筑面积计算，该商品房单价为每平方米＿＿＿＿＿＿（币种）＿＿＿＿＿＿元，总价款为＿＿＿＿＿＿（币种）＿＿＿元（大写＿＿＿＿＿＿元整）。

3. 按照套计算，该商品房总价款为＿＿＿＿＿＿（币种）＿＿＿＿＿＿元（大写＿＿＿＿＿＿元整）。

4. 按照＿＿＿＿＿＿计算，该商品房总价款为＿＿＿＿＿＿（币种）＿＿＿元（大写＿＿＿＿＿＿元整）。

第八条　付款方式及期限

（一）签订本合同前，买受人已向出卖人支付定金＿＿＿＿＿＿（币种）＿＿＿元（大写），该定金于【本合同签订】【交付首付款】【＿＿＿＿＿＿】时【抵作】【＿＿＿＿＿＿】商品房价款。

（二）买受人采取下列第＿＿＿＿＿＿种方式付款：

1. 一次性付款。买受人应当在＿＿＿年＿＿＿月＿＿＿日前支付该商品房全部价款。

2. 分期付款。买受人应当在＿＿＿年＿＿＿月＿＿＿日前分＿＿＿期支付该商品房全部价款，首期房价款＿＿＿＿＿＿（币种）＿＿＿元（大写：＿＿＿元整），应当于＿＿＿年＿＿＿月＿＿＿日前支付。

＿＿。

3. 贷款方式付款：【公积金贷款】【商业贷款】【＿＿＿＿＿＿】。买受人应当于＿＿＿＿年＿＿＿月＿＿＿日前支付首期房价款＿＿＿＿＿＿（币种）＿＿＿元（大写＿＿＿元整），占全部房价款的＿＿＿＿＿＿%。

余款＿＿＿＿＿＿（币种）＿＿＿元（大写＿＿＿元整）向＿＿＿＿＿＿（贷款机构）申请贷款支付。

4. 其他方式：

＿＿。

（三）双方约定全部房价款存入以下账户：账户名称为＿＿＿＿＿＿＿＿＿＿＿＿＿＿＿＿，开户银行为＿＿＿＿＿＿＿＿＿＿＿＿＿，账号为＿＿＿＿＿＿＿＿＿＿＿＿＿＿。

该商品房价款的计价方式、总价款、付款方式及期限的具体约定见附件五。

第九条　逾期付款责任

除不可抗力外，买受人未按约定时间付款的，双方同意按照下列第＿＿＿＿＿＿种方式处理：

1. 按照逾期时间，分别处理（（1）和（2）不作累加）。

（1）逾期在＿＿＿＿＿＿日之内，买受人按日计算向出卖人支付逾期应付款万分之＿＿＿＿＿＿的违约金。

（2）逾期超过＿＿＿＿＿＿日（该期限应当与本条第（1）项中的期限相同）后，出卖人有权解除合同。出卖人解除合同的，应当书面通知买受人。买受人应当自解除合同通知送达之日起＿＿＿＿＿＿日内按照累计应付款的＿＿＿＿＿＿%向出卖人支付违约金，同时，出卖人退还买受人已付全部房款（含已付贷款部分）。

出卖人不解除合同的，买受人按日计算向出卖人支付逾期应付款万分之＿＿＿＿＿＿（该比率不低于第

（1）项中的比率）的违约金。

本条所称逾期应付款是指依照第八条及附件五约定的到期应付款与该期实际已付款的差额；采取分期付款的，按照相应的分期应付款与该期的实际已付款的差额确定。

2.＿＿＿＿＿＿＿＿＿＿＿＿＿＿＿＿＿＿＿＿＿＿＿＿＿＿＿＿＿＿＿＿＿＿＿＿＿＿＿。

第四章　商品房交付条件与交付手续

第十条　商品房交付条件

该商品房交付时应当符合下列第 1、2、＿＿＿＿＿＿、＿＿＿＿＿＿项所列条件：

1. 该商品房已取得建设工程竣工验收备案证明文件；

2. 该商品房已取得房屋测绘报告；

3.＿＿＿＿＿＿＿＿＿＿＿＿＿＿＿＿＿＿＿＿＿＿＿＿＿＿＿＿＿＿＿＿＿＿＿＿＿＿＿；

4.＿＿＿＿＿＿＿＿＿＿＿＿＿＿＿＿＿＿＿＿＿＿＿＿＿＿＿＿＿＿＿＿＿＿＿＿＿＿＿。

该商品房为住宅的，出卖人还需提供《住宅使用说明书》和《住宅质量保证书》。

第十一条　商品房相关设施设备交付条件

（一）基础设施设备

1. 供水、排水：交付时供水、排水配套设施齐全，并与城市公共供水、排水管网连接。使用自建设施供水的，供水的水质符合国家规定的饮用水卫生标准，

＿＿＿＿＿＿＿＿＿＿＿＿＿＿＿＿＿＿＿＿＿＿＿＿＿＿＿＿＿＿＿＿＿＿＿＿＿＿＿；

2. 供电：交付时纳入城市供电网络并正式供电，

＿＿＿＿＿＿＿＿＿＿＿＿＿＿＿＿＿＿＿＿＿＿＿＿＿＿＿＿＿＿＿＿＿＿＿＿＿＿＿；

3. 供暖：交付时供热系统符合供热配建标准，使用城市集中供热的，纳入城市集中供热管网，

4. 燃气：交付时完成室内燃气管道的敷设，并与城市燃气管网连接，保证燃气供应，

＿＿＿＿＿＿＿＿＿＿＿＿＿＿＿＿＿＿＿＿＿＿＿＿＿＿＿＿＿＿＿＿＿＿＿＿＿＿＿；

5. 电话通信：交付时线路敷设到户；

6. 有线电视：交付时线路敷设到户；

7. 宽带网络：交付时线路敷设到户。

以上第 1、2、3 项由出卖人负责办理开通手续并承担相关费用；第 4、5、6、7 项需要买受人自行办理开通手续。

如果在约定期限内基础设施设备未达到交付使用条件，双方同意按照下列第＿＿＿＿＿＿种方式处理：

（1）以上设施中第 1、2、3、4 项在约定交付日未达到交付条件的，出卖人按照本合同第十三条的约定承担逾期交付责任。

第 5 项未按时达到交付使用条件的，出卖人按日向买受人支付＿＿＿＿＿＿元的违约金；第 6 项未按时达到交付使用条件的，出卖人按日向买受人支付＿＿＿＿＿＿元的违约金；第 7 项未按时达到交付使用条件的，出卖人按日向买受人支付＿＿＿＿＿＿元的违约金。出卖人采取措施保证相关设施于约定交付日后＿＿＿＿＿＿日之内达到交付使用条件。

（2）＿＿＿＿＿＿＿＿＿＿＿＿＿＿＿＿＿＿＿＿＿＿＿＿＿＿＿＿＿＿＿＿＿＿＿。

（二）公共服务及其他配套设施（以建设工程规划许可为准）

1. 小区内绿地率：＿＿＿年＿＿＿月＿＿＿日达到＿＿＿＿＿＿＿＿＿＿＿＿；

2. 小区内非市政道路：＿＿＿年＿＿＿月＿＿＿日达到＿＿＿＿＿＿＿＿＿；

3. 规划的车位、车库：＿＿＿年＿＿＿月＿＿＿日达到＿＿＿＿＿＿＿＿＿；

4. 物业服务用房：＿＿＿年＿＿＿月＿＿＿日达到＿＿＿＿＿＿＿＿＿＿＿；

5. 医疗卫生机构：＿＿＿年＿＿＿月＿＿＿日达到＿＿＿＿＿＿＿＿＿＿＿；

6. 幼儿园：＿＿＿年＿＿＿月＿＿＿日达到＿＿＿＿＿＿＿＿＿＿＿＿＿；

7. 学校：＿＿＿年＿＿＿月＿＿＿日达到＿＿＿＿＿＿＿＿＿＿＿＿＿＿＿；

8.＿＿＿＿＿＿＿＿＿＿＿＿＿＿＿＿＿＿＿＿＿＿＿＿＿＿＿＿＿＿＿＿＿＿＿＿＿；

9. _____。

以上设施未达到上述条件的，双方同意按照以下方式处理：

1. 小区内绿地率未达到上述约定条件的，_____。

2. 小区内非市政道路未达到上述约定条件的，_____。

3. 规划的车位、车库未达到上述约定条件的，_____。

4. 物业服务用房未达到上述约定条件的，_____。

5. 其他设施未达到上述约定条件的，_____。

关于本项目内相关设施设备的具体约定见附件六。

第十二条 交付时间和手续

（一）出卖人应当在_____年_____月_____日前向买受人交付该商品房。

（二）该商品房达到第十条、第十一条约定的交付条件后，出卖人应当在交付日期届满前_____日（不少于10日）将查验房屋的时间、办理交付手续的时间地点以及应当携带的证件材料的通知书面送达买受人。买受人未收到交付通知书的，以本合同约定的交付日期届满之日为办理交付手续的时间，以该商品房所在地为办理交付手续的地点。

_____。

交付该商品房时，出卖人应当出示满足第十条约定的证明文件。出卖人不出示证明文件或者出示的证明文件不齐全，不能满足第十条约定条件的，买受人有权拒绝接收，由此产生的逾期交付责任由出卖人承担，并按照第十三条处理。

（三）查验房屋

1. 办理交付手续前，买受人有权对该商品房进行查验，出卖人不得以缴纳相关税费或者签署物业管理文件作为买受人查验和办理交付手续的前提条件。

2. 买受人查验的该商品房存在下列除地基基础和主体结构外的其他质量问题的，由出卖人按照有关工程和产品质量规范、标准自查验次日起_____日内负责修复，并承担修复费用，修复后再行交付。

（1）屋面、墙面、地面渗漏或开裂等；

（2）管道堵塞；

（3）门窗翘裂、五金件损坏；

（4）灯具、电器等电气设备不能正常使用；

（5）_____；

（6）_____。

3. 查验该商品房后，双方应当签署商品房交接单。由于买受人原因导致该商品房未能按期交付的，双方同意按照以下方式处理：

（1）_____；

（2）_____。

第十三条 逾期交付责任

除不可抗力外，出卖人未按照第十二条约定的时间将该商品房交付买受人的，双方同意按照下列第_____种方式处理：

1. 按照逾期时间，分别处理（（1）和（2）不作累加）。

（1）逾期在_____日之内（该期限应当不多于第九条第1（1）项中的期限），自第十二条约定的交付期限届满之次日起至实际交付之日止，出卖人按日计算向买受人支付全部房价款万分之_____的违约金（该违约金比率应当不低于第九条第1（1）项中的比率）。

（2）逾期超过_____日（该期限应当与本条第（1）项中的期限相同）后，买受人有权解除合同。买受人解除合同的，应当书面通知出卖人。出卖人应当自解除合同通知送达之日起15日内退还买受人已付全部房款（含已付贷款部分），并自买受人付款之日起，按照_____%（不低于中国人民银行公布的同期贷款基准利率）计算给付利息；同时，出卖人按照全部房价款的_____%向买受人支付违约金。

买受人要求继续履行合同的，合同继续履行，出卖人按日计算向买受人支付全部房价款万分之_____

（该比率应当不低于本条第 1（1）项中的比率）的违约金。

2.＿＿＿＿＿＿＿＿＿＿＿＿＿＿＿＿＿＿＿＿＿＿＿＿＿＿＿＿＿＿＿＿＿。

第五章 商品房质量及保修责任

第十四条 商品房质量

（一）地基基础和主体结构

出卖人承诺该商品房地基基础和主体结构合格，并符合国家及行业标准。

经检测不合格的，买受人有权解除合同。买受人解除合同的，应当书面通知出卖人。出卖人应当自解除合同通知送达之日起 15 日内退还买受人已付全部房款（含已付贷款部分），并自买受人付款之日起，按照＿＿＿＿＿＿%（不低于中国人民银行公布的同期贷款基准利率）计算给付利息。给买受人造成损失的，由出卖人支付【已付房价款一倍】【买受人全部损失】的赔偿金。因此而发生的检测费用由出卖人承担。

买受人不解除合同的，＿＿＿＿＿＿＿＿＿＿＿＿＿＿＿＿＿＿＿＿＿＿＿＿＿＿＿。

（二）其他质量问题

该商品房质量应当符合有关工程质量规范、标准和施工图设计文件的要求。发现除地基基础和主体结构外质量问题的，双方按照以下方式处理：

（1）及时更换、修理；如给买受人造成损失的，还应当承担相应赔偿责任。

＿＿＿＿＿＿＿＿＿＿＿＿＿＿＿＿＿＿＿＿＿＿＿＿＿＿＿＿＿＿＿＿＿＿＿。

（2）经过更换、修理，仍然严重影响正常使用的，买受人有权解除合同。买受人解除合同的，应当书面通知出卖人。出卖人应当自解除合同通知送达之日起 15 日内退还买受人已付全部房款（含已付贷款部分），并自买受人付款之日起，按照＿＿＿＿＿＿%（不低于中国人民银行公布的同期贷款基准利率）计算给付利息。给买受人造成损失的，由出卖人承担相应赔偿责任。因此而发生的检测费用由出卖人承担。

买受人不解除合同的，＿＿＿＿＿＿＿＿＿＿＿＿＿＿＿＿＿＿＿＿＿＿＿＿＿＿＿。

（三）装饰装修及设备标准

该商品房应当使用合格的建筑材料、构配件和设备，装置、装修、装饰所用材料的产品质量必须符合国家的强制性标准及双方约定的标准。

不符合上述标准的，买受人有权要求出卖人按照下列第（1）、＿＿＿＿＿＿、＿＿＿＿＿＿方式处理（可多选）：

（1）及时更换、修理；

（2）出卖人赔偿双倍的装饰、设备差价；

（3）＿＿＿＿＿＿＿＿＿＿＿＿＿＿＿＿＿＿＿＿＿＿＿＿＿＿＿＿＿＿＿；

（4）＿＿＿＿＿＿＿＿＿＿＿＿＿＿＿＿＿＿＿＿＿＿＿＿＿＿＿＿＿＿＿。

具体装饰装修及相关设备标准的约定见附件七。

（四）室内空气质量、建筑隔声和民用建筑节能措施

1. 该商品房室内空气质量符合【国家】【地方】标准，标准名称：＿＿＿＿＿＿＿＿＿＿＿＿＿＿＿，标准文号：＿＿＿＿＿＿＿＿＿＿＿。

该商品房为住宅的，建筑隔声情况符合【国家】【地方】标准，标准名称：＿＿＿＿＿＿＿＿＿＿＿，标准文号：＿＿＿＿＿＿＿＿＿＿＿。

该商品房室内空气质量或建筑隔声情况经检测不符合标准，由出卖人负责整改，整改后仍不符合标准的，买受人有权解除合同。买受人解除合同的，应当书面通知出卖人。出卖人应当自解除合同通知送达之日起 15 日内退还买受人已付全部房款（含已付贷款部分），并自买受人付款之日起，按照＿＿＿＿＿＿%（不低于中国人民银行公布的同期贷款基准利率）计算给付利息。给买受人造成损失的，由出卖人承担相应赔偿责任。经检测不符合标准的，检测费用由出卖人承担，整改后再次检测发生的费用仍由出卖人承担。因整改导致该商品房逾期交付的，出卖人应当承担逾期交付责任。

2. 该商品房应当符合国家有关民用建筑节能强制性标准的要求。

未达到标准的，出卖人应当按照相应标准要求补做节能措施，并承担全部费用；给买受人造成损失的，出卖人应当承担相应赔偿责任。

第十五条　保修责任

（一）商品房实行保修制度。该商品房为住宅的，出卖人自该商品房交付之日起，按照《住宅质量保证书》承诺的内容承担相应的保修责任。该商品房为非住宅的，双方应当签订补充协议详细约定保修范围、保修期限和保修责任等内容。具体内容见附件八。

（二）下列情形，出卖人不承担保修责任：

1. 因不可抗力造成的房屋及其附属设施的损害；

2. 因买受人不当使用造成的房屋及其附属设施的损害；

3. ＿＿。

（三）在保修期内，买受人要求维修的书面通知送达出卖人＿＿＿＿＿＿＿＿日内，出卖人既不履行保修义务也不提出书面异议的，买受人可以自行或委托他人进行维修，维修费用及维修期间造成的其他损失由出卖人承担。

第十六条　质量担保

出卖人不按照第十四条、第十五条约定承担相关责任的，由＿＿＿＿＿＿＿＿承担连带责任。

关于质量担保的证明见附件九。

第六章　房屋登记

第十七条　房屋登记

（一）双方同意共同向房屋登记机构申请办理该商品房的房屋所有权转移登记。

（二）因出卖人的原因，买受人未能在该商品房交付之日起＿＿＿＿＿＿＿＿日内取得该商品房的房屋所有权证书的，双方同意按照下列第＿＿＿＿＿＿＿＿种方式处理：

1. 买受人有权解除合同。买受人解除合同的，应当书面通知出卖人。出卖人应当自解除合同通知送达之日起15日内退还买受人已付全部房款（含已付贷款部分），并自买受人付款之日起，按照＿＿＿＿＿＿＿＿%（不低于中国人民银行公布的同期贷款基准利率）计算给付利息。买受人不解除合同的，自买受人应当完成房屋所有权登记的期限届满之次日起至实际完成房屋所有权登记之日止，出卖人按日计算向买受人支付全部房价款万分之＿＿＿＿＿＿＿＿的违约金。

2. ＿＿。

（三）因买受人的原因未能在约定期限内完成该商品房的房屋所有权转移登记的，出卖人不承担责任。

第七章　物业管理

第十八条　物业管理

（一）出卖人依法选聘的前期物业服务企业为＿＿＿＿＿＿＿＿＿＿＿＿＿＿＿＿＿＿＿＿＿＿＿＿。

（二）物业服务时间从＿＿＿＿年＿＿＿＿月＿＿＿＿日到＿＿＿＿年＿＿＿＿月＿＿＿＿日。

（三）物业服务期间，物业收费计费方式为【包干制】【酬金制】【＿＿＿＿＿＿＿＿】。物业服务费为＿＿＿＿＿＿＿＿元/（月·平方米）（建筑面积）。

（四）买受人同意由出卖人选聘的前期物业服务企业代为查验并承接物业共用部位、共用设施设备，出卖人应当将物业共用部位、共用设施设备承接查验的备案情况书面告知买受人。

（五）买受人已详细阅读前期物业服务合同和临时管理规约，同意由出卖人依法选聘的物业服务企业实施前期物业管理，遵守临时管理规约。

（六）业主大会设立前适用该章约定。业主委员会成立后，由业主大会决定选聘或续聘物业服务企业。

该商品房前期物业服务合同、临时管理规约见附件十。

第八章　其他事项

第十九条　建筑物区分所有权

（一）买受人对其建筑物专有部分享有占有、使用、收益和处分的权利。

（二）以下部位归业主共有：

1. 建筑物的基础、承重结构、外墙、屋顶等基本结构部分，通道、楼梯、大堂等公共通行部分，消防、公共照明等附属设施、设备，避难层、设备层或者设备间等结构部分；

2. 该商品房所在建筑区划内的道路（属于城镇公共道路的除外）、绿地（属于城镇公共绿地或者明示属于个人的除外）、占用业主共有的道路或者其他场地用于停放汽车的车位、物业服务用房；

3. _____。

（三）双方对其他配套设施约定如下：

1. 规划的车位、车库：_____；

2. 会所：_____；

3. _____。

第二十条　税费

双方应当按照国家的有关规定，向相应部门缴纳因该商品房买卖发生的税费。

第二十一条　销售和使用承诺

1. 出卖人承诺不采取分割拆零销售、返本销售或者变相返本销售的方式销售商品房。

2. 出卖人承诺按照规划用途进行建设和出售，不擅自改变该商品房使用性质，并按照规划用途办理房屋登记。出卖人不得擅自改变与该商品房有关的共用部位和设施的使用性质。

3. 出卖人承诺对商品房的销售，不涉及依法或者依规划属于买受人共有的共用部位和设施的处分。

4. 出卖人承诺已将遮挡或妨碍房屋正常使用的情况告知买受人。具体内容见附件十一。

5. 买受人使用该商品房期间，不得擅自改变该商品房的用途、建筑主体结构和承重结构。

6. _____。

7. _____。

第二十二条　送达

出卖人和买受人保证在本合同中记载的通讯地址、联系电话均真实有效。任何根据本合同发出的文件，均应采用书面形式，以【邮政快递】【邮寄挂号信】【_____】方式送达对方。任何一方变更通讯地址、联系电话的，应在变更之日起_____日内书面通知对方。变更的一方未履行通知义务导致送达不能的，应承担相应的法律责任。

第二十三条　买受人信息保护

出卖人对买受人信息负有保密义务。非因法律、法规规定或国家安全机关、公安机关、检察机关、审判机关、纪检监察部门执行公务的需要，未经买受人书面同意，出卖人及其销售人员和相关工作人员不得对外披露买受人信息，或将买受人信息用于履行本合同之外的其他用途。

第二十四条　争议解决方式

本合同在履行过程中发生的争议，由双方当事人协商解决，也可通过消费者协会等相关机构调解；或按照下列第_____种方式解决：

1. 依法向房屋所在地人民法院起诉。

2. 提交_____仲裁委员会仲裁。

第二十五条　补充协议

对本合同中未约定或约定不明的内容，双方可根据具体情况签订书面补充协议（补充协议见附件十二）。

补充协议中含有不合理的减轻或免除本合同中约定应当由出卖人承担的责任，或不合理的加重买受人责任、排除买受人主要权利内容的，仍以本合同为准。

第二十六条　合同生效

本合同自双方签字或盖章之日起生效。本合同的解除应当采用书面形式。

本合同及附件共_____页，一式_____份，其中出卖人_____份，买受人_____份，【_____】_____份，【_____】_____份。合同附件与本合同具有同等法律效力。

出卖人（签字或盖章）:	买受人（签字或盖章）:
【法定代表人】（签字或盖章）:	【法定代表人】（签字或盖章）:
【委托代理人】（签字或盖章）:	【委托代理人】（签字或盖章）:
	【法定代理人】（签字或盖章）:

签订时间：_____年_____月_____日　　　　签订时间：_____年_____月_____日

签订地点：_____　　　　签订地点：_____

附件一　房屋平面图（应当标明方位）

1. 房屋分层分户图（应当标明详细尺寸，并约定误差范围）
2. 建设工程规划方案总平面图

附件二　关于该商品房共用部位的具体说明（可附图说明）

1. 纳入该商品房分摊的共用部位的名称、面积和所在位置
2. 未纳入该商品房分摊的共用部位的名称、所在位置

附件三　抵押权人同意该商品房转让的证明及关于抵押的相关约定

1. 抵押权人同意该商品房转让的证明
2. 解除抵押的条件和时间
3. 关于抵押的其他约定

附件四　出卖人提供的承租人放弃优先购买权的声明

附件五　关于该商品房价款的计价方式、总价款、付款方式及期限的具体约定

附件六　关于本项目内相关设施、设备的具体约定

1. 相关设施的位置及用途
2. 其他约定

附件七　关于装饰装修及相关设备标准的约定

交付的商品房达不到本附件约定装修标准的，按照本合同第十四条第（三）款约定处理。出卖人未经双方约定增加的装置、装修、装饰，视为无条件赠送给买受人。

双方就装饰装修主要材料和设备的品牌、产地、规格、数量等内容约定如下：

1. 外墙：【瓷砖】【涂料】【玻璃幕墙】【_____】；

_____。

2. 起居室：

（1）内墙：【涂料】【壁纸】【_____】；

_____。

（2）顶棚：【石膏板吊顶】【涂料】【_____】；

_____。

（3）室内地面：【大理石】【花岗岩】【水泥抹面】【实木地板】【_____】；

_____。

3. 厨房：

（1）地面：【水泥抹面】【瓷砖】【_____】；

_____。

（2）墙面：【耐水腻子】【瓷砖】【_____】；

_____。

（3）顶棚：【水泥抹面】【石膏吊顶】【_____】；

（4）厨具：_____。

4. 卫生间：

（1）地面：【水泥抹面】【瓷砖】【_____】；

（2）墙面：【耐水腻子】【瓷砖】【_____】；

（3）顶棚：【水泥抹面】【石膏吊顶】【_____】；

（4）卫生器具：_____。

5. 阳台：【塑钢封闭】【铝合金封闭】【断桥铝合金封闭】【不封闭】【_____】；

6. 电梯：

（1）品牌：_____；

（2）型号：_____。

7. 管道：

8. 窗户：

9. _____。

10. _____。

附件八　关于保修范围、保修期限和保修责任的约定

该商品房为住宅的，出卖人应当提供《住宅质量保证书》；该商品房为非住宅的，双方可参照《住宅质量保证书》中的内容对保修范围、保修期限和保修责任等进行约定。

该商品房的保修期自房屋交付之日起计算，关于保修期限的约定不应低于《建设工程质量管理条例》第四十条规定的最低保修期限。

（一）保修项目、期限及责任的约定

1. 地基基础和主体结构：

保修期限为：_____（不得低于设计文件规定的该工程的合理使用年限）；

2. 屋面防水工程、有防水要求的卫生间、房间和外墙面的防渗漏：

保修期限为：_____（不得低于5年）；

3. 供热、供冷系统和设备：

保修期限为：_____（不得低于2个采暖期、供冷期）；

4. 电气管线、给排水管道、设备安装：

保修期限为：_____（不得低于2年）；

5. 装修工程：

保修期限为：_____（不得低于2年）；

6. _____；

7. _____ ;

8. _____ 。

（二）其他约定

_____ 。

附件九　关于质量担保的证明

附件十　关于物业管理的约定

1. 前期物业服务合同
2. 临时管理规约

附件十一　出卖人关于遮挡或妨碍房屋正常使用情况的说明

（如：该商品房公共管道检修口、柱子、变电箱等有遮挡或妨碍房屋正常使用的情况）

附件十二　补充协议

1.3　住宅室内装饰装修管理办法

2002 年 3 月 5 日，建设部令第 110 号发布，2011 年 1 月 26 日，
住房城乡建设部第 9 号令修正

第一章　总则

第一条　为加强住宅室内装饰装修管理，保证装饰装修工程质量和安全，维护公共安全和公众利益，根据有关法律、法规，制定本办法。

第二条　在城市从事住宅室内装饰装修活动，实施对住宅室内装饰装修活动的监督管理，应当遵守本办法。

本办法所称住宅室内装饰装修，是指住宅竣工验收合格后，业主或者住宅使用人（以下简称装修人）对住宅室内进行装饰装修的建筑活动。

第三条　住宅室内装饰装修应当保证工程质量和安全，符合工程建设强制性标准。

第四条　国务院建设行政主管部门负责全国住宅室内装饰装修活动的管理工作。

省、自治区人民政府建设行政主管部门负责本行政区域内的住宅室内装饰装修活动的管理工作。

直辖市、市、县人民政府房地产行政主管部门负责本行政区域内的住宅室内装饰装修活动的管理工作。

第二章　一般规定

第五条　住宅室内装饰装修活动，禁止下列行为：

（一）未经原设计单位或者具有相应资质等级的设计单位提出设计方案，变动建筑主体和承重结构；

（二）将没有防水要求的房间或者阳台改成卫生间、厨房间；

（三）扩大承重墙上原有的门窗尺寸，拆除连接阳台的砖、混凝土墙体；

（四）损坏房屋原有节能设施，降低节能效果；

（五）其他影响建筑结构和使用安全的行为。

本办法所称建筑主体，是指建筑实体的结构构造，包括屋盖、楼盖、梁、柱、支撑、墙体、连接接点和基础等。

本办法所称承重结构，是指直接将本身自重与各种外加作用力系统地传递给基础地基的主要结构构件和其连接接点，包括承重墙体、立杆、柱、框架柱、支墩、楼板、梁、屋架、悬索等。

第六条　装修人从事住宅室内装饰装修活动，未经批准，不得有下列行为：

（一）搭建建筑物、构筑物；

（二）改变住宅外立面，在非承重外墙上开门、窗；

（三）拆改供暖管道和设施；

（四）拆改燃气管道和设施。

本条所列第（一）项、第（二）项行为，应当经城市规划行政主管部门批准；第（三）项行为，应当经供暖管理单位批准；第（四）项行为应当经燃气管理单位批准。

第七条　住宅室内装饰装修超过设计标准或者规范增加楼面荷载的，应当经原设计单位或者具有相应资质等级的设计单位提出设计方案。

第八条　改动卫生间、厨房间防水层的，应当按照防水标准制订施工方案，并做闭水试验。

第九条　装修人经原设计单位或者具有相应资质等级的设计单位提出设计方案变动建筑主体和承重结构的，或者装修活动涉及本办法第六条、第七条、第八条内容的，必须委托具有相应资质的装饰装修企业承担。

第十条　装饰装修企业必须按照工程建设强制性标准和其他技术标准施工，不得偷工减料，确保装饰装修工程质量。

第十一条　装饰装修企业从事住宅室内装饰装修活动，应当遵守施工安全操作规程，按照规定采取必要的安全防护和消防措施，不得擅自动用明火和进行焊接作业，保证作业人员和周围住房及财产的安全。

第十二条　装修人和装饰装修企业从事住宅室内装饰装修活动，不得侵占公共空间，不得损害公共部位和设施。

第三章　开工申报与监督

第十三条　装修人在住宅室内装饰装修工程开工前，应当向物业管理企业或者房屋管理机构（以下简称物业管理单位）申报登记。

非业主的住宅使用人对住宅室内进行装饰装修，应当取得业主的书面同意。

第十四条　申报登记应当提交下列材料：

（一）房屋所有权证（或者证明其合法权益的有效凭证）；

（二）申请人身份证件；

（三）装饰装修方案；

（四）变动建筑主体或者承重结构的，需提交原设计单位或者具有相应资质等级的设计单位提出的设计方案；

（五）涉及本办法第六条行为的，需提交有关部门的批准文件，涉及本办法第七条、第八条行为的，需提交设计方案或者施工方案；

（六）委托装饰装修企业施工的，需提供该企业相关资质证书的复印件。

非业主的住宅使用人，还需提供业主同意装饰装修的书面证明。

第十五条　物业管理单位应当将住宅室内装饰装修工程的禁止行为和注意事项告知装修人和装修人委托的装饰装修企业。

装修人对住宅进行装饰装修前，应当告知邻里。

第十六条　装修人，或者装修人和装饰装修企业，应当与物业管理单位签订住宅室内装饰装修管理服务协议。

住宅室内装饰装修管理服务协议应当包括下列内容：

（一）装饰装修工程的实施内容；

（二）装饰装修工程的实施期限；

（三）允许施工的时间；

（四）废弃物的清运与处置；

（五）住宅外立面设施及防盗窗的安装要求；

（六）禁止行为和注意事项；

（七）管理服务费用；

（八）违约责任；

（九）其他需要约定的事项。

第十七条 物业管理单位应当按照住宅室内装饰装修管理服务协议实施管理，发现装修人或者装饰装修企业有本办法第五条行为的，或者未经有关部门批准实施本办法第六条所列行为的，或者有违反本办法第七条、第八条、第九条规定行为的，应当立即制止；已造成事实后果或者拒不改正的，应当及时报告有关部门依法处理。对装修人或者装饰装修企业违反住宅室内装饰装修管理服务协议的，追究违约责任。

第十八条 有关部门接到物业管理单位关于装修人或者装饰装修企业有违反本办法行为的报告后，应当及时到现场检查核实，依法处理。

第十九条 禁止物业管理单位向装修人指派装饰装修企业或者强行推销装饰装修材料。

第二十条 装修人不得拒绝和阻碍物业管理单位依据住宅室内装饰装修管理服务协议的约定，对住宅室内装饰装修活动的监督检查。

第二十一条 任何单位和个人对住宅室内装饰装修中出现的影响公众利益的质量事故、质量缺陷以及其他影响周围住户正常生活的行为，都有权检举、控告、投诉。

第四章 委托与承接

第二十二条 承接住宅室内装饰装修工程的装饰装修企业，必须经建设行政主管部门资质审查，取得相应的建筑业企业资质证书，并在其资质等级许可的范围内承揽工程。

第二十三条 装修人委托企业承接其装饰装修工程的，应当选择具有相应资质等级的装饰装修企业。

第二十四条 装修人与装饰装修企业应当签订住宅室内装饰装修书面合同，明确双方的权利和义务。

住宅室内装饰装修合同应当包括下列主要内容：

（一）委托人和被委托人的姓名或者单位名称、住所地址、联系电话；

（二）住宅室内装饰装修的房屋间数、建筑面积，装饰装修的项目、方式、规格、质量要求以及质量验收方式；

（三）装饰装修工程的开工、竣工时间；

（四）装饰装修工程保修的内容、期限；

（五）装饰装修工程价格，计价和支付方式、时间；

（六）合同变更和解除的条件；

（七）违约责任及解决纠纷的途径；

（八）合同的生效时间；

（九）双方认为需要明确的其他条款。

第二十五条 住宅室内装饰装修工程发生纠纷的，可以协商或者调解解决。不愿协商、调解或者协商、调解不成的，可以依法申请仲裁或者向人民法院起诉。

第五章 室内环境质量

第二十六条 装饰装修企业从事住宅室内装饰装修活动，应当严格遵守规定的装饰装修施工时间，降低施工噪声，减少环境污染。

第二十七条 住宅室内装饰装修过程中所形成的各种固体、可燃液体等废物，应当按照规定的位置、方式和时间堆放和清运。严禁违反规定将各种固体、可燃液体等废物堆放于住宅垃圾道、楼道或者其他地方。

第二十八条 住宅室内装饰装修工程使用的材料和设备必须符合国家标准，有质量检验合格证明和有中文标识的产品名称、规格、型号、生产厂厂名、厂址等。禁止使用国家明令淘汰的建筑装饰装修材料和设备。

第二十九条 装修人委托企业对住宅室内进行装饰装修的，装饰装修工程竣工后，空气质量应当符合国家有关标准。装修人可以委托有资格的检测单位对空气质量进行检测。检测不合格的，装饰装修企业应当返工，并由责任人承担相应损失。

第六章 竣工验收与保修

第三十条 住宅室内装饰装修工程竣工后，装修人应当按照工程设计合同约定和相应的质量标准进行验收。验收合格后，装饰装修企业应当出具住宅室内装饰装修质量保修书。

物业管理单位应当按照装饰装修管理服务协议进行现场检查，对违反法律、法规和装饰装修管理服务协议的，应当要求装修人和装饰装修企业纠正，并将检查记录存档。

第三十一条 住宅室内装饰装修工程竣工后，装饰装修企业负责采购装饰装修材料及设备的，应当向业主提交说明书、保修单和环保说明书。

第三十二条 在正常使用条件下，住宅室内装饰装修工程的最低保修期限为二年，有防水要求的厨房、卫生间和外墙面的防渗漏为五年。保修期自住宅室内装饰装修工程竣工验收合格之日起计算。

第七章 法律责任

第三十三条 因住宅室内装饰装修活动造成相邻住宅的管道堵塞、渗漏水、停水停电、物品毁坏等，装修人应当负责修复和赔偿；属于装饰装修企业责任的，装修人可以向装饰装修企业追偿。

装修人擅自拆改供暖、燃气管道和设施造成损失的，由装修人负责赔偿。

第三十四条 装修人因住宅室内装饰装修活动侵占公共空间，对公共部位和设施造成损害的，由城市房地产行政主管部门责令改正，造成损失的，依法承担赔偿责任。

第三十五条 装修人未申报登记进行住宅室内装饰装修活动的，由城市房地产行政主管部门责令改正，处5百元以上1千元以下的罚款。

第三十六条 装修人违反本办法规定，将住宅室内装饰装修工程委托给不具有相应资质等级企业的，由城市房地产行政主管部门责令改正，处5百元以上1千元以下的罚款。

第三十七条 装饰装修企业自行采购或者向装修人推荐使用不符合国家标准的装饰装修材料，造成空气污染超标的，由城市房地产行政主管部门责令改正，造成损失的，依法承担赔偿责任。

第三十八条 住宅室内装饰装修活动有下列行为之一的，由城市房地产行政主管部门责令改正，并处罚款：

（一）将没有防水要求的房间或者阳台改为卫生间、厨房间的，或者拆除连接阳台的砖、混凝土墙体的，对装修人处5百元以上1千元以下的罚款，对装饰装修企业处1千元以上1万元以下的罚款；

（二）损坏房屋原有节能设施或者降低节能效果的，对装饰装修企业处1千元以上5千元以下的罚款；

（三）擅自拆改供暖、燃气管道和设施的，对装修人处5百元以上1千元以下的罚款；

（四）未经原设计单位或者具有相应资质等级的设计单位提出设计方案，擅自超过设计标准或者规范增加楼面荷载的，对装修人处5百元以上1千元以下的罚款，对装饰装修企业处1千元以上1万元以下的罚款。

第三十九条 未经城市规划行政主管部门批准，在住宅室内装饰装修活动中搭建建筑物、构筑物的，或者擅自改变住宅外立面、在非承重外墙上开门、窗的，由城市规划行政主管部门按照《中华人民共和国城乡规划法》及相关法规的规定处罚。

第四十条 装修人或者装饰装修企业违反《建设工程质量管理条例》的，由建设行政主管部门按照有关规定处罚。

第四十一条 装饰装修企业违反国家有关安全生产规定和安全生产技术规程，不按照规定采取必要的安全防护和消防措施，擅自动用明火作业和进行焊接作业的，或者对建筑安全事故隐患不采取措施予以消除的，由建设行政主管部门责令改正，并处1千元以上1万元以下的罚款；情节严重的，责令停业整顿，并处1万元以上3万元以下的罚款；造成重大安全事故的，降低资质等级或者吊销资质证书。

第四十二条 物业管理单位发现装修人或者装饰装修企业有违反本办法规定的行为不及时向有关部门报告的，由房地产行政主管部门给予警告，可处装饰装修管理服务协议约定的装饰装修管理服务费2至3倍的罚款。

第四十三条 有关部门的工作人员接到物业管理单位对装修人或者装饰装修企业违法行为的报告后，未及时处理，玩忽职守的，依法给予行政处分。

第八章 附则

第四十四条 工程投资额在30万元以下或者建筑面积在300平方米以下，可以不申请办理施工许可证的非住宅装饰装修活动参照本办法执行。

第四十五条 住宅竣工验收合格前的装饰装修工程管理，按照《建设工程质量管理条例》执行。

第四十六条 省、自治区、直辖市人民政府建设行政主管部门可以依据本办法，制定实施细则。

第四十七条 本办法由国务院建设行政主管部门负责解释。

第四十八条 本办法自 2002 年 5 月 1 日起施行。

1.4 房屋建筑和市政基础设施工程竣工验收规定

（建质〔2013〕171 号）

第一条 为规范房屋建筑和市政基础设施工程的竣工验收，保证工程质量，根据《中华人民共和国建筑法》和《建设工程质量管理条例》，制定本规定。

第二条 凡在中华人民共和国境内新建、扩建、改建的各类房屋建筑和市政基础设施工程的竣工验收（以下简称工程竣工验收），应当遵守本规定。

第三条 国务院住房和城乡建设主管部门负责全国工程竣工验收的监督管理。

县级以上地方人民政府建设主管部门负责本行政区域内工程竣工验收的监督管理，具体工作可以委托所属的工程质量监督机构实施。

第四条 工程竣工验收由建设单位负责组织实施。

第五条 工程符合下列要求方可进行竣工验收：

（一）完成工程设计和合同约定的各项内容。

（二）施工单位在工程完工后对工程质量进行了检查，确认工程质量符合有关法律、法规和工程建设强制性标准，符合设计文件及合同要求，并提出工程竣工报告。工程竣工报告应经项目经理和施工单位有关负责人审核签字。

（三）对于委托监理的工程项目，监理单位对工程进行了质量评估，具有完整的监理资料，并提出工程质量评估报告。工程质量评估报告应经总监理工程师和监理单位有关负责人审核签字。

（四）勘察、设计单位对勘察、设计文件及施工过程中由设计单位签署的设计变更通知书进行了检查，并提出质量检查报告。质量检查报告应经该项目勘察、设计负责人和勘察、设计单位有关负责人审核签字。

（五）有完整的技术档案和施工管理资料。

（六）有工程使用的主要建筑材料、建筑构配件和设备的进场试验报告，以及工程质量检测和功能性试验资料。

（七）建设单位已按合同约定支付工程款。

（八）有施工单位签署的工程质量保修书。

（九）对于住宅工程，进行分户验收并验收合格，建设单位按户出具《住宅工程质量分户验收表》。

（十）建设主管部门及工程质量监督机构责令整改的问题全部整改完毕。

（十一）法律、法规规定的其他条件。

第六条 工程竣工验收应当按以下程序进行：

（一）工程完工后，施工单位向建设单位提交工程竣工报告，申请工程竣工验收。实行监理的工程，工程竣工报告须经总监理工程师签署意见。

（二）建设单位收到工程竣工报告后，对符合竣工验收要求的工程，组织勘察、设计、施工、监理等单位组成验收组，制定验收方案。对于重大工程和技术复杂工程，根据需要可邀请有关专家参加验收组。

（三）建设单位应当在工程竣工验收 7 个工作日前将验收的时间、地点及验收组名单书面通知负责监督该工程的工程质量监督机构。

（四）建设单位组织工程竣工验收。

1. 建设、勘察、设计、施工、监理单位分别汇报工程合同履约情况和在工程建设各个环节执行法律、法规和工程建设强制性标准的情况；

2. 审阅建设、勘察、设计、施工、监理单位的工程档案资料；

3. 实地查验工程质量；

4. 对工程勘察、设计、施工、设备安装质量和各管理环节等方面作出全面评价，形成经验收组人员签署的工程竣工验收意见。

　　参与工程竣工验收的建设、勘察、设计、施工、监理等各方不能形成一致意见时，应当协商提出解决的方法，待意见一致后，重新组织工程竣工验收。

　　第七条　工程竣工验收合格后，建设单位应当及时提出工程竣工验收报告。工程竣工验收报告主要包括工程概况，建设单位执行基本建设程序情况，对工程勘察、设计、施工、监理等方面的评价，工程竣工验收时间、程序、内容和组织形式，工程竣工验收意见等内容。

　　工程竣工验收报告还应附有下列文件：

　　（一）施工许可证。

　　（二）施工图设计文件审查意见。

　　（三）本规定第五条（二）、（三）、（四）、（八）项规定的文件。

　　（四）验收组人员签署的工程竣工验收意见。

　　（五）法规、规章规定的其他有关文件。

　　第八条　负责监督该工程的工程质量监督机构应当对工程竣工验收的组织形式、验收程序、执行验收标准等情况进行现场监督，发现有违反建设工程质量管理规定行为的，责令改正，并将对工程竣工验收的监督情况作为工程质量监督报告的重要内容。

　　第九条　建设单位应当自工程竣工验收合格之日起 15 日内，依照《房屋建筑和市政基础设施工程竣工验收备案管理办法》（住房和城乡建设部令第 2 号）的规定，向工程所在地的县级以上地方人民政府建设主管部门备案。

　　第十条　抢险救灾工程、临时性房屋建筑工程和农民自建低层住宅工程，不适用本规定。

　　第十一条　军事建设工程的管理，按照中央军事委员会的有关规定执行。

　　第十二条　省、自治区、直辖市人民政府住房和城乡建设主管部门可以根据本规定制定实施细则。

　　第十三条　本规定由国务院住房和城乡建设主管部门负责解释。

　　第十四条　本规定自发布之日起施行。《房屋建筑工程和市政基础设施工程竣工验收暂行规定》（建建〔2000〕142 号）同时废止。

1.5　关于商品房验收的相关法律规定

　　1. 《中华人民共和国民法典》第七百九十九条："建设工程竣工后，发包人应当根据施工图纸及说明书、国家颁发的施工验收规范和质量检验标准及时进行验收。验收合格的，发包人应当按照约定支付价款，并接收该建设工程。"

　　2. 《中华人民共和国城市房地产管理法》第二十七条规定："房地产开发项目竣工，经验收合格后，方可交付使用。"

　　3. 《中华人民共和国建筑法》第六十一条第二款规定："建筑工程竣工经验收合格后，方可交付使用；未经验收或者验收不合格的，不得交付使用。"

　　4. 《城市房地产开发经营管理条例》（1998 年 7 月 20 日中华人民共和国国务院令第 248 号发布根据 2020 年 11 月 29 日《国务院关于修改和废止部分行政法规的决定》第五次修订）第十七条：房地产开发项目竣工，依照《建设工程质量管理条例》的规定验收合格后，方可交付使用。

　　第三十条：房地产开发企业应当在商品房交付使用时，向购买人提供住宅质量保证书和住宅使用说明书。

　　住宅质量保证书应当列明工程质量监督单位核验的质量等级、保修范围、保修期和保修单位等内容。房地产开发企业应当按照住宅质量保证书的约定，承担商品房保修责任。

　　保修期内，因房地产开发企业对商品房进行维修，致使房屋原使用功能受到影响，给购买人造成损失的，应当依法承担赔偿责任。

　　第三十一条：商品房交付使用后，购买人认为主体结构质量不合格的，可以向工程质量监督单位申请重新核验。经核验，确属主体结构质量不合格的，购买人有权退房；给购买人造成损失的，房地产开发企业应当依法承担赔偿责任。

5.《建设工程质量管理条例》第十六条规定："建设单位收到建设工程竣工报告后，应当组织设计、施工、工程监理等有关单位进行竣工验收。建设工程经验收合格的，方可交付使用。"

6.《商品房销售管理办法》第四十条规定："房地产开发企业将未组织竣工验收、验收不合格或者对不合格按合格验收的商品房擅自交付使用的，按照《建设工程质量管理条例》的规定处罚。"

7. 住房和城乡建设部和工商总局联合发布了2015版《商品房买卖合同示范文本》。关于"查验房屋"规定如下：

（1）办理交付手续前，买受人有权对该商品房进行查验，出卖人不得以缴纳相关税费或者签署物业管理文件作为买受人查验和办理交付手续的前提条件。

（2）买受人查验的该商品房存在下列除地基基础和主体结构外的其他质量问题的，由出卖人按照有关工程和产品质量规范、标准自查验次日起_____日内负责修复，并承担修复费用，修复后再行交付。

第二部分

验房常见问题对应标准规范速查

2.1 毛坯房常见问题对应标准规范速查

检查分项	检验项目	对应标准名称	对应标准目次
门窗	木门窗	《建筑装饰装修工程质量验收标准》GB 50210—2018	6 门窗工程
		《住宅设计规范》GB 50096—2011	5.8 门窗
		《民用建筑设计统一标准》GB 50352—2019	6.11 门窗
		《建筑节能工程施工质量验收标准》GB 50411—2019	6 门窗节能工程
	金属门窗	《建筑装饰装修工程质量验收标准》GB 50210—2018	6 门窗工程
		《住宅设计规范》GB 50096—2011	5.8 门窗
		《民用建筑设计统一标准》GB 50352—2019	6.11 门窗
		《建筑节能工程施工质量验收标准》GB 50411—2019	6 门窗节能工程
	塑钢门窗	《建筑装饰装修工程质量验收标准》GB 50210—2018	6 门窗工程
		《住宅设计规范》GB 50096—2011	5.8 门窗
		《民用建筑设计统一标准》GB 50352—2019	6.11 门窗
		《建筑节能工程施工质量验收标准》GB 50411—2019	6 门窗节能工程
顶棚	现浇结构板	《混凝土结构工程施工质量验收规范》GB 50204—2015	8 现浇结构分项工程
	装配式叠合板	《混凝土结构工程施工质量验收规范》GB 50204—2015	9 装配式结构分项工程
	涂料顶棚	《建筑装饰装修工程质量验收标准》GB 50210—2018	12 涂饰工程
墙面	现浇剪力墙	《混凝土结构工程施工质量验收规范》GB 50204—2015	8 现浇结构分项工程
	装配式剪力墙	《混凝土结构工程施工质量验收规范》GB 50204—2015	9 装配式结构分项工程
	二次结构	《砌体结构工程施工质量验收规范》GB 50203—2011	8 配筋砌体工程
	加气块填充墙	《砌体结构工程施工质量验收规范》GB 50203—2011	9 填充墙砌体工程
	ALC 填充墙	《砌体结构工程施工质量验收规范》GB 50203—2011	9 填充墙砌体工程
	轻质隔墙	《建筑装饰装修工程质量验收标准》GB 50210—2018	8 轻质隔墙工程
		《住宅装饰装修工程施工规范》GB 50327—2001	9 轻质隔墙工程
	一般抹灰	《住宅装饰装修工程施工规范》GB 50327—2001	7 抹灰工程
		《建筑装饰装修工程质量验收标准》GB 50210—2018	4 抹灰工程
	涂料墙面	《建筑装饰装修工程质量验收标准》GB 50210—2018	12 涂饰工程
		《住宅装饰装修工程施工规范》GB 50327—2001	13 涂饰工程
	幕墙	《建筑装饰装修工程质量验收标准》GB 50210—2018	11 幕墙工程
		《建筑节能工程施工质量验收标准》GB 50411—2019	5 幕墙节能工程

续表

检查分项	检验项目	对应标准名称	对应标准目次
墙面	真石漆外墙	《建筑节能工程施工质量验收标准》GB 50411—2019	4 墙体节能工程
		《建筑装饰装修工程质量验收标准》GB 50210—2018	12 涂饰工程
		《外墙外保温工程技术标准》JGJ 144—2019	6 外墙外保温系统构造和技术要求
地面	水泥地面	《混凝土结构工程施工质量验收规范》GB 50204—2015	8 现浇结构分项工程
栏杆	护栏及扶手	《建筑装饰装修工程质量验收标准》GB 50210—2018	14 细部工程
		《住宅装饰装修工程施工规范》GB 50327—2001	11 细部工程
		《民用建筑设计统一标准》GB 50352—2019	6.7 台阶、坡道和栏杆
		《住宅设计规范》GB 50096—2011	6.1 窗台、栏杆和台阶
防水	室内防水	《住宅室内防水工程技术规范》JGJ 298—2013	6 防水施工
		《住宅装饰装修工程施工规范》GB 50327—2001	6 防水工程
电气安装	户内配电箱	《民用建筑设计统一标准》GB 50352—2019	8.3 建筑电气
		《住宅设计规范》GB 50096—2011	8.7 电气
	照明	《建筑电气工程施工质量验收规范》GB 50303—2015	18 专用灯具安装、19 普通灯具安装
	开关/插座	《建筑电气工程施工质量验收规范》GB 50303—2015	20 开关、插座、风扇安装
	锅炉	《建筑给水排水及采暖工程施工质量验收规范》GB 50411—2002	13 供热锅炉及辅助设备安装
	热水器	《建筑给水排水及采暖工程施工质量验收规范》GB 50411—2002	6 室内热水供应系统安装
给水排水	室内给水	《建筑给水排水及采暖工程施工质量验收规范》GB 50411—2002	4 室内给水系统安装
		《民用建筑设计统一标准》GB 50352—2019	8.1 管道及配件安装
		《建筑给水排水及采暖工程施工质量验收规范》GB 50411—2002	8.2 管道及配件安装
	室内排水	《建筑给水排水及采暖工程施工质量验收规范》GB 50411—2002	5 室内排水系统
	室内热水供应	《建筑给水排水及采暖工程施工质量验收规范》GB 50411—2002	6 室内热水供应系统安装
供暖	地面辐射供暖层	《建筑给水排水及采暖工程施工质量验收规范》GB 50411—2002	8 室内采暖系统安装
	太阳能	《建筑节能工程施工质量验收标准》GB 50411—2019	15 太阳能光热系统节能工程
		《建筑给水排水及采暖工程施工质量验收规范》GB 50411—2002	6 室内热水供应系统安装
卫生器具	五金洁具	《建筑给水排水及采暖工程施工质量验收规范》GB 50411—2002	7 卫生器具安装
		《住宅设计规范》GB 50096—2011	5.4 卫生间
		《民用建筑设计统一标准》GB 50352—2019	6.6 厕所、卫生间、盥洗室、浴室和母婴室
		《住宅装饰装修工程施工规范》GB 50327—2001	15 卫生器具及管道安装工程
	地漏	《建筑给水排水及采暖工程施工质量验收规范》GB 50411—2002	7 卫生器具安装
		《建筑给水排水及采暖工程施工质量验收规范》GB 50411—2002	5 室内排水系统安装
		《住宅装饰装修工程施工规范》GB 50327—2001	15 卫生器具及管道安装工程
燃气管道系统	燃气管道系统	《民用建筑设计统一标准》GB 50352—2019	8.4 燃气
		《住宅设计规范》GB 50096—2011	8.4 燃气

2.2　精装房常见问题对应标准规范速查

检查分项	检验项目	对应标准名称	对应标准目次
门窗	入户门	《建筑装饰装修工程质量验收标准》GB 50210—2018	6　门窗工程
		《防火门》GB 12955—2008	—
		《防盗安全门通用技术条件》GB 17565—2007	—
	木门窗	《建筑装饰装修工程质量验收标准》GB 50210—2018	6　门窗工程
		《住宅设计规范》GB 50096—2011	5.8　门窗
		《民用建筑设计统一标准》GB 50352—2019	6.11　门窗
		《建筑节能工程施工质量验收标准》GB 50411—2019	6　门窗节能工程
	金属门窗	《建筑装饰装修工程质量验收标准》GB 50210—2018	6　门窗工程
		《住宅设计规范》GB 50096—2011	5.8　门窗
		《民用建筑设计统一标准》GB 50352—2019	6.11　门窗
		《建筑节能工程施工质量验收标准》GB 50411—2019	6　门窗节能工程
	塑钢门窗	《建筑装饰装修工程质量验收标准》GB 50210—2018	6　门窗工程
		《住宅设计规范》GB 50096—2011	5.8　门窗
		《民用建筑设计统一标准》GB 50352—2019	6.11　门窗
		《建筑节能工程施工质量验收标准》GB 50411—2019	6　门窗节能工程
顶棚	涂料顶棚	《建筑装饰装修工程质量验收标准》GB 50210—2018	12　涂饰工程
		《住宅装饰装修工程施工规范》GB 50327—2001	8　吊顶工程
	石膏板吊顶	《建筑装饰装修工程质量验收标准》GB 50210—2018	7　吊顶工程
		《民用建筑设计统一标准》GB 50352—2019	6.15　吊顶
	铝扣板吊顶	《建筑装饰装修工程质量验收标准》GB 50210—2018	7　吊顶工程
	格栅吊顶	《建筑装饰装修工程质量验收标准》GB 50210—2018	7　吊顶工程
墙面	乳胶漆墙面	《建筑装饰装修工程质量验收标准》GB 50210—2018	12　涂饰工程
	墙纸/墙布墙面	《建筑装饰装修工程质量验收标准》GB 50210—2018	13　裱糊与软包工程
	软包墙面	《建筑装饰装修工程质量验收标准》GB 50210—2018	13　裱糊与软包工程
	饰面砖（石）墙面	《建筑装饰装修工程质量验收标准》GB 50210—2018	10　饰面砖工程
		《住宅装饰装修工程施工规范》GB 50327—2001	12　墙面铺装工程
	饰面板墙面	《建筑装饰装修工程质量验收标准》GB 50210—2018	9　饰面板工程
		《住宅装饰装修工程施工规范》GB 50327—2001	12　墙面铺装工程
地面	饰面砖（石）地面	《建筑装饰装修工程质量验收标准》GB 50210—2018	10　饰面砖工程
		《住宅装饰装修工程施工规范》GB 50327—2001	14　地面铺装工程
	饰面板地面	《建筑装饰装修工程质量验收标准》GB 50210—2018	9　饰面板工程
		《住宅装饰装修工程施工规范》GB 50327—2001	14　地面铺装工程
	木地板地面	《建筑装饰装修工程质量验收标准》GB 50210—2018	9　饰面板工程
栏杆	护栏及扶手	《建筑装饰装修工程质量验收标准》GB 50210—2018	14　细部工程
		《住宅装饰装修工程施工规范》GB 50327—2001	11　细部工程
		《住宅装饰装修工程施工规范》GB 50327—2001	6.7　栏杆
		《住宅设计规范》GB 50096—2011	6.1　窗台、栏杆和台阶

续表

检查分项	检验项目	对应标准名称	对应标准目次
防水	室内防水	《住宅室内防水工程技术规范》JGJ 298—2013	5 防水工程
		《住宅装饰装修工程施工规范》GB 50327—2001	6 防水工程
电气安装	户内配电箱	《民用建筑设计统一标准》GB 50352—2019	8.3 建筑电气
		《住宅设计规范》GB 50096—2011	8.7 电气
	照明	《建筑电气工程施工质量验收规范》GB 50303—2015	18 普通灯具安装
	开关、插座	《建筑电气工程施工质量验收规范》GB 50303—2015	20 开关、插座、风扇安装
	厨电	《家用厨房设备第4部分：设计与安装》	3 设计
	净水器	《家用厨房设备第4部分：设计与安装》	3 设计
	风扇/浴霸	《家用厨房设备第4部分：设计与安装》	3 设计
给水排水	室内给水	《建筑给水排水及采暖工程施工质量验收规范》GB 50411—2019	4 室内给水系统安装
		《民用建筑设计统一标准》GB 50352—2019	8.1 给水排水
		《住宅设计规范》GB 50096—2011	8.2 给水排水
	室内排水	《建筑给水排水及采暖工程施工质量验收规范》GB 50411—2019	5 室内排水系统安装
		《民用建筑设计统一标准》GB 50352—2019	8.1 给水排水
		《住宅设计规范》GB 50096—2011	8.2 给水排水
通风与空调	中央空调	《建筑节能工程施工质量验收标准》GB 50411—2019	11 空调与供暖系统冷热源及管网节能工程
		《住宅设计规范》GB 50096—2011	8.6 空调
		《民用建筑设计统一标准》GB 50352—2019	8.2 暖通空调
	新风	《住宅设计规范》GB 50096—2011	8.5 通风
采暖与供热	地暖	《建筑给水排水及采暖工程施工质量验收规范》GB 50411—2019	8 室内采暖系统安装
	热水器	《建筑给水排水及采暖工程施工质量验收规范》GB 50411—2002	6 室内热水供应系统安装
	太阳能	《建筑节能工程施工质量验收标准》GB 50411—2019	15 太阳能光热系统节能工程
		《建筑给水排水及采暖工程施工质量验收规范》GB 50411—2019	6 室内热水供应系统安装
	锅炉	《建筑给水排水及采暖工程施工质量验收规范》GB 50411—2002	13 供热锅炉及辅助设备安装
	地源热泵	《建筑节能工程施工质量验收标准》GB 50411—2019	14 地源热泵换热系统节能工程
卫生器具	五金洁具	《建筑给水排水及采暖工程施工质量验收规范》GB 50411—2019	7 卫生器具安装
		《住宅设计规范》GB 50096—2011	5.4 卫生间
		《民用建筑设计统一标准》GB 50352—2019	6.6 厕所、卫生间盥洗室、浴室和母婴室
		《住宅装饰装修工程施工规范》GB 50327—2001	15 卫生器具及管道安装工程
	地漏	《建筑给水排水及采暖工程施工质量验收规范》GB 50411—2019	7 卫生器具安装
		《建筑给水排水及采暖工程施工质量验收规范》GB 50411—2019	5 室内排水系统安装
		《住宅装饰装修工程施工规范》GB 50327—2001	15 卫生器具及管道安装工程
	淋浴屏	《建筑给水排水及采暖工程施工质量验收规范》GB 50411—2019	7 卫生器具安装
		《住宅装饰装修工程施工规范》GB 50327—2001	15 卫生器具及管道安装工程
燃气管道系统	燃气管道系统	《民用建筑设计统一标准》GB 50352—2019	8.4 燃气
		《住宅设计规范》GB 50096—2011	8.4 燃气

检查分项	检验项目	对应标准名称	对应标准目次
智能建筑	智能建筑	《智能建筑设计标准》	—
储物柜	橱柜	《建筑装饰装修工程质量验收标准》GB 50210—2018	14　细部工程
	浴室柜	《建筑装饰装修工程质量验收标准》GB 50210—2018	14　细部工程
	门厅柜	《建筑装饰装修工程质量验收标准》GB 50210—2018	14　细部工程
	衣柜	《建筑装饰装修工程质量验收标准》GB 50210—2018	14　细部工程

2.3　公共部位常见问题对应标准规范速查

检查分项	检验项目	对应标准名称	对应标准目次
电梯	电梯	《住宅设计规范》GB 50096—2011	6.4　电梯
		《民用建筑设计统一标准》GB 50352—2019	6.9　电梯、自动扶梯和自动人行道
楼梯	踏步/楼梯	《民用建筑设计统一标准》GB 50352—2019	6.8　楼梯
		《住宅设计规范》GB 50096—2011	6.3　楼梯
消防设施	消防设施	《住宅设计规范》GB 50096—2011	6.2　安全疏散出口
	应急照明	《建筑电气工程施工质量验收规范》GB 50303—2015	19　专用灯具
水电管井	水井	《建筑给水排水及采暖工程施工质量验收规范》GB 50411—2019	4　室内给水系统安装
		《民用建筑设计统一标准》GB 50352—2019	8.1　给水排水
		《住宅设计规范》GB 50096—2011	8.2　给水排水
	强电井	《建筑电气工程施工质量验收规范》GB 50303—2015	11　梯架、托盘和槽盒安装 12　导管敷设 13　电缆敷设 14　导管内穿线和槽盒内敷线
		《民用建筑设计统一标准》GB 50352—2019	6.16　管道井、烟道、通风井
	弱电井	《建筑电气工程施工质量验收规范》GB 50303—2015	11　梯架、托盘和槽盒安装 12　导管敷设 13　电缆敷设 14　导管内穿线和槽盒内敷线
信报箱	信报箱	《住宅设计规范》GB 50096—2011	6.7　信报箱
单元门禁	单元门禁	《住宅设计规范》GB 50096—2011	6.5　走廊和出入口
防火门	防火门	《防火门》GB 12955—2008	防火门
地下室	采光井	《住宅设计规范》GB 50096—2011	6.9　地下室和半地下室
	汽车坡道	《住宅设计规范》GB 50096—2011	6.9　地下室和半地下室
		《民用建筑设计统一标准》GB 50352—2019	5.2　道路停车场
	消防设施	《住宅设计规范》GB 50096—2011	6.2　安全疏散出口
		《建筑给水排水及采暖工程施工质量验收规范》GB 50411—2019	4　室内给水系统安装
	集水井	《地下防水工程质量验收规范》GB 50208—2011	7　排水工程
	地坪	《混凝土结构工程施工质量验收规范》GB 50204—2015	8　现浇结构分项工程
	地下室防水	《地下防水工程质量验收规范》GB 50208—2011	4　地下建筑防水工程
屋面	屋面防水	《屋面工程质量验收规范》GB 50207—2012	6　防水与密封工程
	电梯井	《民用建筑设计统一标准》GB 50352—2019	6.9　电梯、自动扶梯和自动人行道
	排气孔	《屋面工程质量验收规范》GB 50207—2012	8.7　伸出屋面管道
	接地装置	《建筑电气工程施工质量验收规范》GB 50303—2015	22　接地装置安装 24　防雷引下线及接闪器安装

2.4 园林景观常见问题对应标准规范速查

检查分项	检验项目	对应标准名称	对应标准目次
软景	乔木	《园林绿化工程施工及验收规范》GB 55014—2021	4 绿化工程
	灌木	《园林绿化工程施工及验收规范》GB 55014—2021	4 绿化工程
	草坪	《园林绿化工程施工及验收规范》GB 55014—2021	4 绿化工程
硬景	车行路面	《民用建筑设计统一标准》GB 50352—2019	5.2 道路与停车场
		《住宅建筑规范》GB 50368—2005	4 外部环境
	出入口	《民用建筑设计统一标准》GB 50352—2019	5.1 建筑布局
		《住宅建筑规范》GB 50368—2005	4 外部环境
	硬质铺装	《民用建筑设计统一标准》GB 50352—2019	5.1 建筑布局
		《住宅建筑规范》GB 50368—2005	4 外部环境
		《园林绿化工程施工及验收规范》GB 55014—2021	5 园林附属工程
	消火栓	《园林绿化工程施工及验收规范》GB 55014—2021	5.4 园林设施安装工程
	灯具	《园林绿化工程施工及验收规范》GB 55014—2021	5.4 园林设施安装工程
	排水系统（井盖/篦子/排水沟）	《建筑给水排水及采暖工程施工质量验收规范》GB 50411—2019	9、10 室外给排水管网

2.5 室内环境常见问题对应标准规范速查

检查分项	检验项目	对应标准名称	对应标准目次
采光	采光	《住宅设计规范》GB 50096—2011	7.1 日照、天然采光、遮阳
		《民用建筑设计统一标准》GB 50352—2019	7.1 光环境
通风	通风	《民用建筑设计统一标准》GB 50352—2019	7.2 通风
隔声降噪	隔声降噪	《住宅设计规范》GB 50096—2011	7.3 隔声、降噪
		《民用建筑设计统一标准》GB 50352—2019	7.4 声环境
温、湿度	温、湿度	《民用建筑设计统一标准》GB 50352—2019	7.3 热湿环境
空气质量	空气质量	《住宅设计规范》GB 50096—2011	7.5 室内空气质量
		《民用建筑工程室内环境污染控制规范》GB 50325—2020	—

第三部分

验房常用标准规范

3.1 《住宅设计规范》GB 50096—2011

1 总则（略）

2 术语（略）

3 基本规定

3.0.1 住宅设计应符合城镇规划及居住区规划的要求，并应经济、合理、有效地利用土地和空间。

3.0.2 住宅设计应使建筑与周围环境相协调，并应合理组织方便、舒适的生活空间。

3.0.3 住宅设计应以人为本，除应满足一般居住使用要求外，尚应根据需要满足老年人、残疾人等特殊群体的使用要求。

3.0.4 住宅设计应满足居住者所需的日照、天然采光、通风和隔声的要求。

3.0.5 住宅设计必须满足节能要求，住宅建筑应能合理利用能源。宜结合各地能源条件，采用常规能源与可再生能源结合的供能方式。

3.0.6 住宅设计应推行标准化、模数化及多样化，并应积极采用新技术、新材料、新产品，积极推广工业化设计、建造技术和模数应用技术。

3.0.7 住宅的结构设计应满足安全、适用和耐久的要求。

3.0.8 住宅设计应符合相关防火规范的规定，并应满足安全疏散的要求。

3.0.9 住宅设计应满足设备系统功能有效、运行安全、维修方便等基本要求，并应为相关设备预留合理的安装位置。

3.0.10 住宅设计应在满足近期使用要求的同时，兼顾今后改造的可能。

4 技术经济指标计算

4.0.1 住宅设计应计算下列技术经济指标：

——各功能空间使用面积（m²）；

——套内使用面积（m²/套）；

——套型阳台面积（m²/套）；

——套型总建筑面积（m²/套）；

——住宅楼总建筑面积（m²）。

4.0.2 计算住宅的技术经济指标，应符合下列规定：

1 各功能空间使用面积应等于各功能空间墙体内表面所围合的水平投影面积；

2 套内使用面积应等于套内各功能空间使用面积之和；

3 套型阳台面积应等于套内各阳台的面积之和；阳台的面积均应按其结构底板投影净面积的一半计算；

4 套型总建筑面积应等于套内使用面积、相应的建筑面积和套型阳台面积之和；

5 住宅楼总建筑面积应等于全楼各套型总建筑面积之和。

4.0.3　套内使用面积计算，应符合下列规定：

1　套内使用面积应包括卧室、起居室（厅）、餐厅、厨房、卫生间、过厅、过道、贮藏室、壁柜等使用面积的总和；

2　跃层住宅中的套内楼梯应按自然层数的使用面积总和计入套内使用面积；

3　烟囱、通风道、管井等均不应计入套内使用面积；

4　套内使用面积应按结构墙体表面尺寸计算；有复合保温层时，应按复合保温层表面尺寸计算；

5　利用坡屋顶内的空间时，屋面板下表面与楼板地面的净高低于1.20m的空间不应计算使用面积，净高在1.20m～2.10m的空间应按1/2计算使用面积，净高超过2.10m的空间应全部计入套内使用面积；坡屋顶无结构顶层楼板，不能利用坡屋顶空间时不应计算其使用面积；

6　坡屋顶内的使用面积应列入套内使用面积中。

4.0.4　套型总建筑面积计算，应符合下列规定：

1　应按全楼各层外墙结构外表面及柱外沿所围合的水平投影面积之和求出住宅楼建筑面积，当外墙设外保温层时，应按保温层外表面计算；

2　应以全楼总套内使用面积除以住宅楼建筑面积得出计算比值；

3　套型总建筑面积应等于套内使用面积除以计算比值所得面积，加上套型阳台面积。

4.0.5　住宅楼的层数计算应符合下列规定：

1　当住宅楼的所有楼层的层高不大于3.00m时，层数应按自然层数计；

2　当住宅和其他功能空间处于同一建筑物内时，应将住宅部分的层数与其他功能空间的层数叠加计算建筑层数。当建筑中有一层或若干层的层高大于3.00m时，应对大于3.00m的所有楼层按其高度总和除以3.00m进行层数折算，余数小于1.50m时，多出部分不应计入建筑层数，余数大于或等于1.50m时，多出部分应按1层计算；

3　层高小于2.20m的架空层和设备层不应计入自然层数；

4　高出室外设计地面小于2.20m的半地下室不应计入地上自然层数。

5　套内空间

5.1　套型

5.1.1　住宅应按套型设计，每套住宅应设卧室、起居室（厅）、厨房和卫生间等基本功能空间。

5.1.2　套型的使用面积应符合下列规定：

1　由卧室、起居室（厅）、厨房和卫生间等组成的套型，其使用面积不应小于30m²；

2　由兼起居的卧室、厨房和卫生间等组成的最小套型，其使用面积不应小于22m²。

5.2　卧室、起居室（厅）

5.2.1　卧室的使用面积应符合下列规定：

1　双人卧室不应小于9m²；

2　单人卧室不应小于5m²；

3　兼起居的卧室不应小于12m²。

5.2.2　起居室（厅）的使用面积不应小于10m²。

5.2.3　套型设计时应减少直接开向起居厅的门的数量。起居室（厅）内布置家具的墙面直线长度宜大于3m。

5.2.4　无直接采光的餐厅、过厅等，其使用面积不宜大于10m²。

5.3　厨房

5.3.1　厨房的使用面积应符合下列规定：

1　由卧室、起居室（厅）、厨房和卫生间等组成的住宅套型的厨房使用面积，不应小于4.0m²；

2　由兼起居的卧室、厨房和卫生间等组成的住宅最小套型的厨房使用面积，不应小于3.5m²。

5.3.2　厨房宜布置在套内近入口处。

5.3.3　厨房应设置洗涤池、案台、炉灶及排油烟机、热水器等设施或为其预留位置。

5.3.4　厨房应按炊事操作流程布置。排油烟机的位置应与炉灶位置对应，并应与排气道直接连通。

5.3.5　单排布置设备的厨房净宽不应小于 1.50m；双排布置设备的厨房其两排设备之间的净距不应小于 0.90m。

5.4　卫生间

5.4.1　每套住宅应设卫生间，应至少配置便器、洗浴器、洗面器三件卫生设备或为其预留设置位置及条件。三件卫生设备集中配置的卫生间的使用面积不应小于 2.50m²。

5.4.2　卫生间可根据使用功能要求组合不同的设备。不同组合的空间使用面积应符合下列规定：

1　设便器、洗面器时不应小于 1.80m²；

2　设便器、洗浴器时不应小于 2.00m²；

3　设洗面器、洗浴器时不应小于 2.00m²；

4　设洗面器、洗衣机时不应小于 1.80m²；

5　单设便器时不应小于 1.10m²。

5.4.3　无前室的卫生间的门不应直接开向起居室（厅）或厨房。

5.4.4　卫生间不应直接布置在下层住户的卧室、起居室（厅）、厨房和餐厅的上层。

5.4.5　当卫生间布置在本套内的卧室、起居室（厅）、厨房和餐厅的上层时，均应有防水和便于检修的措施。

5.4.6　每套住宅应设置洗衣机的位置及条件。

5.5　层高和室内净高

5.5.1　住宅层高宜为 2.80m。

5.5.2　卧室、起居室（厅）的室内净高不应低于 2.40m，局部净高不应低于 2.10m，且局部净高的室内面积不应大于室内使用面积的 1/3。

5.5.3　利用坡屋顶内空间作卧室、起居室（厅）时，至少有 1/2 的使用面积的室内净高不应低于 2.10m。

5.5.4　厨房、卫生间的室内净高不应低于 2.20m。

5.5.5　厨房、卫生间内排水横管下表面与楼面、地面净距不得低于 1.90m，且不得影响门、窗扇开启。

5.6　阳台

5.6.1　每套住宅宜设阳台或平台。

5.6.2　阳台栏杆设计必须采用防止儿童攀登的构造，栏杆的垂直杆件间净距不应大于 0.11m，放置花盆处必须采取防坠落措施。

5.6.3　阳台栏板或栏杆净高，六层及六层以下不应低于 1.05m；七层及七层以上不应低于 1.10m。

5.6.4　封闭阳台栏板或栏杆也应满足阳台栏板或栏杆净高要求。七层及七层以上住宅和寒冷、严寒地区住宅宜采用实体栏板。

5.6.5　顶层阳台应设雨罩，各套住宅之间毗连的阳台应设分户隔板。

5.6.6　阳台、雨罩均应采取有组织排水措施，雨罩及开敞阳台应采取防水措施。

5.6.7　当阳台设有洗衣设备时应符合下列规定：

1　应设置专用给、排水管线及专用地漏，阳台楼、地面均应做防水；

2　严寒和寒冷地区应封闭阳台，并应采取保温措施。

5.6.8　当阳台或建筑外墙设置空调室外机时，其安装位置应符合下列规定：

1　应能通畅地向室外排放空气和自室外吸入空气；

2　在排出空气一侧不应有遮挡物；

3　应为室外机安装和维护提供方便操作的条件；

4　安装位置不应对室外人员形成热污染。

5.7　过道、贮藏空间和套内楼梯

5.7.1　套内入口过道净宽不宜小于 1.20m；通往卧室、起居室（厅）的过道净宽不应小于 1.00m；通往厨房、卫生间、贮藏室的过道净宽不应小于 0.90m。

5.7.2　套内设于底层或靠外墙、靠卫生间的壁柜内部应采取防潮措施。

5.7.3　套内楼梯当一边临空时，梯段净宽不应小于 0.75m；当两侧有墙时，墙面之间净宽不应小于

0.90m，并应在其中一侧墙面设置扶手。

5.7.4 套内楼梯的踏步宽度不应小于 0.22m；高度不应大于 0.20m，扇形踏步转角距扶手中心 0.25m 处，宽度不应小于 0.22m。

5.8 门窗

5.8.1 窗外没有阳台或平台的外窗，窗台距楼面、地面的净高低于 0.90m 时，应设置防护设施。

5.8.2 当设置凸窗时应符合下列规定：

1 窗台高度低于或等于 0.45m 时，防护高度从窗台面起算不应低于 0.90m；

2 可开启窗扇窗洞口底距窗台面的净高低于 0.90m 时，窗洞口处应有防护措施。其防护高度从窗台面起算不应低于 0.90m；

3 严寒和寒冷地区不宜设置凸窗。

5.8.3 底层外窗和阳台门、下沿低于 2.00m 且紧邻走廊或共用上人屋面上的窗和门，应采取防卫措施。

5.8.4 面临走廊、共用上人屋面或凹口的窗，应避免视线干扰，向走廊开启的窗扇不应妨碍交通。

5.8.5 户门应采用具备防盗、隔声功能的防护门。向外开启的户门不应妨碍公共交通及相邻户门开启。

5.8.6 厨房和卫生间的门应在下部设置有效截面积不小于 0.02m^2 的固定百叶，也可距地面留出不小于 30mm 的缝隙。

5.8.7 各部位门洞的最小尺寸应符合表 5.8.7 的规定。

表 5.8.7 门洞最小尺寸

类别	洞口宽度（m）	洞口高度（m）
共用外门	1.20	2.00
户（套）门	1.00	2.00
起居室（厅）门	0.90	2.00
卧室门	0.90	2.00
厨房门	0.80	2.00
卫生间门	0.70	2.00
阳台门（单扇）	0.70	2.00

注：1 表中门洞口高度不包括门上亮子高度，宽度以平开门为准。
　　2 洞口两侧地面有高低差时，以高地面为起算高度。

6 共用部分

6.1 窗台、栏杆和台阶

6.1.1 楼梯间、电梯厅等共用部分的外窗，窗外没有阳台或平台，且窗台距楼面、地面的净高小于 0.90m 时，应设置防护设施。

6.1.2 公共出入口台阶高度超过 0.70m 并侧面临空时，应设置防护设施，防护设施净高不应低于 1.05m。

6.1.3 外廊、内天井及上人屋面等临空处的栏杆净高，六层及六层以下不应低于 1.05m，七层及七层以上不应低于 1.10m。防护栏杆必须采用防止儿童攀登的构造，栏杆的垂直杆件间净距不应大于 0.11m。放置花盆必须采取防坠落措施。

6.1.4 公共出入口台阶踏步宽度不宜小于 0.30m，踏步高度不宜大于 0.15m，并不宜小于 0.10m，踏步高度应均匀一致，并应采取防滑措施。台阶踏步数不应少于 2 级，当高差不足 2 级时，应按坡道设置；台阶宽度大于 1.80m 时，两侧宜设置栏杆扶手，高度应为 0.90m。

6.2　安全疏散出口

6.2.1　十层以下的住宅建筑，当住宅单元任一层的建筑面积大于 650m²，或任一套房的户门至安全出口的距离大于 15m 时，该住宅单元每层的安全出口不应少于 2 个。

6.2.2　十层及十层以上且不超过十八层的住宅建筑，当住宅单元任一层的建筑面积大于 650m²，或任一套房的户门至安全出口的距离大于 10m 时，该住宅单元每层的安全出口不应少于 2 个。

6.2.3　十九层及十九层以上的住宅建筑，每层住宅单元的安全出口不应少于 2 个。

6.2.4　安全出口应分散布置，两个安全出口的距离不应小于 5m。

6.2.5　楼梯间及前室的门应向疏散方向开启。

6.2.6　十层以下的住宅建筑的楼梯间宜通至屋顶，且不应穿越其他房间。通向平屋面的门应向屋面方向开启。

6.2.7　十层及十层以上的住宅建筑，每个住宅单元的楼梯均应通至屋顶，且不应穿越其他房间。通向平屋面的门应向屋面方向开启。各住宅单元的楼梯间宜在屋顶相连通。但符合下列条件之一的，楼梯可不通至屋顶：

1　十八层及十八层以下，每层不超过 8 户、建筑面积不超过 650m²，且设有一座共用的防烟楼梯间和消防电梯的住宅；

2　顶层设有外部联系廊的住宅。

6.3　楼梯

6.3.1　楼梯梯段净宽不应小于 1.10m，不超过六层的住宅，一边设有栏杆的梯段净宽不应小于 1.00m。

6.3.2　楼梯踏步宽度不应小于 0.26m，踏步高度不应大于 0.175m。扶手高度不应小于 0.90m。楼梯水平段栏杆长度大于 0.50m 时，其扶手高度不应小于 1.05m。楼梯栏杆垂直杆件间净空不应大于 0.11m。

6.3.3　楼梯平台净宽不应小于楼梯梯段净宽，且不得小于 1.20m。楼梯平台的结构下缘至人行通道的垂直高度不应低于 2.00m。入口处地坪与室外地面应有高差，并不应小于 0.10m。

6.3.4　楼梯为剪刀梯时，楼梯平台的净宽不得小于 1.30m。

6.3.5　楼梯井净宽大于 0.11m 时，必须采取防止儿童攀滑的措施。

6.4　电梯

6.4.1　属下列情况之一时，必须设置电梯：

1　七层及七层以上住宅或住户入口层楼面距室外设计地面的高度超过 16m 时；

2　底层作为商店或其他用房的六层及六层以下住宅，其住户入口层楼面距该建筑物的室外设计地面高度超过 16m 时；

3　底层做架空层或贮存空间的六层及六层以下住宅，其住户入口层楼面距该建筑物的室外设计地面高度超过 16m 时；

4　顶层为两层一套的跃层住宅时，跃层部分不计层数，其顶层住户入口层楼面距该建筑物室外设计地面的高度超过 16m 时。

6.4.2　十二层及十二层以上的住宅，每栋楼设置电梯不应少于两台，其中应设置一台可容纳担架的电梯。

6.4.3　十二层及十二层以上的住宅每单元只设置一部电梯时，从第十二层起应设置与相邻住宅单元联通的联系廊。联系廊可隔层设置，上下联系廊之间的间隔不应超过五层。联系廊的净宽不应小于 1.10m，局部净高不应低于 2.00m。

6.4.4　十二层及十二层以上的住宅由二个及二个以上的住宅单元组成，且其中有一个或一个以上住宅单元未设置可容纳担架的电梯时，应从第十二层起设置与可容纳担架的电梯联通的联系廊。联系廊可隔层设置，上下联系廊之间的间隔不应超过五层。联系廊的净宽不应小于 1.10m，局部净高不应低于 2.00m。

6.4.5　七层及七层以上住宅电梯应在设有户门和公共走廊的每层设站。住宅电梯宜成组集中布置。

6.4.6　候梯厅深度不应小于多台电梯中最大轿箱的深度，且不应小于 1.50m。

6.4.7　电梯不应紧邻卧室布置。当受条件限制，电梯不得不紧邻兼起居的卧室布置时，应采取隔声、减振的构造措施。

6.5 走廊和出入口

6.5.1 住宅中作为主要通道的外廊宜作封闭外廊，并应设置可开启的窗扇。走廊通道的净宽不应小于 1.20m，局部净高不应低于 2.00m。

6.5.2 位于阳台、外廊及开敞楼梯平台下部的公共出入口，应采取防止物体坠落伤人的安全措施。

6.5.3 公共出入口处应有标识，十层及十层以上住宅的公共出入口应设门厅。

6.6 无障碍设计要求

6.6.1 七层及七层以上的住宅，应对下列部位进行无障碍设计：

1 建筑入口；

2 入口平台；

3 候梯厅；

4 公共走道。

6.6.2 住宅入口及入口平台的无障碍设计应符合下列规定：

1 建筑入口设台阶时，应同时设置轮椅坡道和扶手；

2 坡道的坡度应符合表 6.6.2 的规定；

表 6.6.2 坡道的坡度

坡度	1：20	1：16	1：12	1：10	1：8
最大高度（m）	1.50	1.00	0.75	0.60	0.35

3 供轮椅通行的门净宽不应小于 0.8m；

4 供轮椅通行的推拉门和平开门，在门把手一侧的墙面，应留有不小于 0.5m 的墙面宽度；

5 供轮椅通行的门扇，应安装视线观察玻璃、横执把手和关门拉手，在门扇的下方应安装高 0.35m 的护门板；

6 门槛高度及门内外地面高差不应大于 0.15m，并应以斜坡过渡。

6.6.3 七层及七层以上住宅建筑入口平台宽度不应小于 2.00m，七层以下住宅建筑入口平台宽度不应小于 1.50m。

6.6.4 供轮椅通行的走道和通道净宽不应小于 1.20m。

6.7 信报箱

6.7.1 新建住宅应每套配套设置信报箱。

6.7.2 住宅设计应在方案设计阶段布置信报箱的位置。信报箱宜设置在住宅单元主要入口处。

6.7.3 设有单元安全防护门的住宅，信报箱的投递口应设置在门禁以外。当通往投递口的专用通道设置在室内时，通道净宽应不小于 0.60m。

6.7.4 信报箱的投取信口设置在公共通道位置时，通道的净宽应从信报箱的最外缘起算。

6.7.5 信报箱的设置不得降低住宅基本空间的天然采光和自然通风标准。

6.7.6 信报箱设计应选用信报箱定型产品，产品应符合国家有关标准。选用嵌墙式信报箱时应设计洞口尺寸和安装、拆卸预理件位置。

6.7.7 信报箱的设置宜利用共用部位的照明，但不得降低住宅公共照明标准。

6.7.8 选用智能信报箱时，应预留电源接口。

6.8 共用排气道

6.8.1 厨房宜设共用排气道，无外窗的卫生间应设共用排气道。

6.8.2 厨房、卫生间的共用排气道应采用能够防止各层回流的定型产品，并应符合国家有关标准。排气道断面尺寸应根据层数确定，排气道接口部位应安装支管接口配件，厨房排气道接口直径应大于 150mm，卫生间排气道接口直径应大于 80mm。

6.8.3 厨房的共用排气道应与灶具位置相邻，共用排气道与排油烟机连接的进气口应朝向灶具方向。

6.8.4 厨房的共用排气道与卫生间的共用排气道应分别设置。

6.8.5 竖向排气道屋顶风帽的安装高度不应低于相邻建筑砌筑体。排气道的出口设置在上人屋面、住户平台上时，应高出屋面或平台地面2m；当周围4m之内有门窗时，应高出门窗上皮0.6m。

6.9 地下室和半地下室

6.9.1 卧室、起居室（厅）、厨房不应布置在地下室；当布置在半地下室时，必须对采光、通风、日照、防潮、排水及安全防护采取措施，并不得降低各项指标要求。

6.9.2 除卧室、起居室（厅）、厨房以外的其他功能房间可布置在地下室，当布置在地下室时，应对采光、通风、防潮、排水及安全防护采取措施。

6.9.3 住宅的地下室、半地下室做自行车库和设备用房时，其净高不应低于2.00m。

6.9.4 当住宅的地上架空层及半地下室做机动车停车位时，其净高不应低于2.20m。

6.9.5 地上住宅楼、电梯间宜与地下车库连通，并宜采取安全防盗措施。

6.9.6 直通住宅单元的地下楼、电梯间入口处应设置乙级防火门，严禁利用楼、电梯间为地下车库进行自然通风。

6.9.7 地下室、半地下室应采取防水、防潮及通风措施。采光井应采取排水措施。

6.10 附建公共用房

6.10.1 住宅建筑内严禁布置存放和使用甲、乙类火灾危险性物品的商店、车间和仓库，以及产生噪声、振动和污染环境卫生的商店、车间和娱乐设施。

6.10.2 住宅建筑内不应布置易产生油烟的餐饮店，当住宅底层商业网点布置有产生刺激性气味或噪声的配套用房，应做排气、消声处理。

6.10.3 水泵房、冷热源机房、变配电机房等公共机电用房不宜设置在住宅主体建筑内，不宜设置在与住户相邻的楼层内，在无法满足上述要求贴临设置时，应增加隔声减振处理。

6.10.4 住户的公共出入口与附建公共用房的出入口应分开布置。

7 室内环境

7.1 日照、天然采光、遮阳

7.1.1 每套住宅应至少有一个居住空间能获得冬季日照。

7.1.2 需要获得冬季日照的居住空间的窗洞开口宽度不应小于0.60m。

7.1.3 卧室、起居室（厅）、厨房应有直接天然采光。

7.1.4 卧室、起居室（厅）、厨房的采光系数不应低于1%；当楼梯间设置采光窗时，采光系数不应低于0.5%。

7.1.5 卧室、起居室（厅）、厨房的采光窗洞口的窗地面积比不应低于1/7。

7.1.6 当楼梯间设置采光窗时，采光窗洞口的窗地面积比不应低于1/12。

7.1.7 采光窗下沿离楼面或地面高度低于0.50m的窗洞口面积不应计入采光面积内，窗洞口上沿距地面高度不宜低于2.00m。

7.1.8 除严寒地区外，居住空间朝西外窗应采取外遮阳措施，居住空间朝东外窗宜采取外遮阳措施。当采用天窗、斜屋顶窗采光时，应采取活动遮阳措施。

7.2 自然通风

7.2.1 卧室、起居室（厅）、厨房应有自然通风。

7.2.2 住宅的平面空间组织、剖面设计、门窗的位置、方向和开启方式的设置，应有利于组织室内自然通风。单朝向住宅宜采取改善自然通风的措施。

7.2.3 每套住宅的自然通风开口面积不应小于地面面积的5%。

7.2.4 采用自然通风的房间，其直接或间接自然通风开口面积应符合下列规定：

1 卧室、起居室（厅）、明卫生间的直接自然通风开口面积不应小于该房间地板面积的1/20；当采用自然通风的房间外设置阳台时，阳台的自然通风开口面积不应小于采用自然通风的房间和阳台地板面积总和的1/20；

2 厨房的直接自然通风开口面积不应小于该房间地板面积的 1/10，并不得小于 0.60m²；当厨房外设置阳台时，阳台的自然通风开口面积不应小于厨房和阳台地板面积总和的 1/10，并不得小于 0.60m²。

7.3 隔声、降噪

7.3.1 卧室、起居室（厅）内噪声级，应符合下列规定：

1 昼间卧室内的等效连续 A 声级不应大于 45dB；

2 夜间卧室内的等效连续 A 声级不应大于 37dB；

3 起居室（厅）的等效连续 A 声级不应大于 45dB。

7.3.2 分户墙和分户楼板的空气声隔声性能应符合下列规定：

1 分隔卧室、起居室（厅）的分户墙和分户楼板，空气声隔声评价量（$R_w + C$）应大于 45dB；

2 分隔住宅和非居住用途空间的楼板，空气声隔声评价量（$R_w + C_{tr}$）应大于 51dB。

7.3.3 卧室、起居室（厅）的分户楼板的计权规范化撞击声压级宜小于 75dB。当条件受到限制时，分户楼板的计权规范化撞击声压级应小于 85dB，且应在楼板上预留可供今后改善的条件。

7.3.4 住宅建筑的体形、朝向和平面布置应有利于噪声控制。在住宅平面设计时，当卧室、起居室（厅）布置在噪声源一侧时，外窗应采取隔声降噪措施；当居住空间与可能产生噪声的房间相邻时，分隔墙和分隔楼板应采取隔声降噪措施；当内天井、凹天井中设置相邻户间窗口时，宜采取隔声降噪措施。

7.3.5 起居室（厅）不宜紧邻电梯布置。受条件限制起居室（厅）紧邻电梯布置时，必须采取有效的隔声和减振措施。

7.4 防水、防潮

7.4.1 住宅的屋面、地面、外墙、外窗应采取防止雨水和冰雪融化水侵入室内的措施。

7.4.2 住宅的屋面和外墙的内表面在设计的室内温度、湿度条件下不应出现结露。

7.5 室内空气质量

7.5.1 住宅室内装修设计宜进行环境空气质量预评价。

7.5.2 在选用住宅建筑材料、室内装修材料以及选择施工工艺时，应控制有害物质的含量。

7.5.3 住宅室内空气污染物的活度和浓度应符合表 7.5.3 的规定。

表 7.5.3 住宅室内空气污染物限值

污染物名称	活度、浓度限值
氡	≤ 200（Bq/m³）
游离甲醛	≤ 0.08（mg/m³）
苯	≤ 0.09（mg/m³）
氨	≤ 0.2（mg/m³）
TVOC	≤ 0.5（mg/m³）

8 建筑设备

8.1 一般规定

8.1.1 住宅应设置室内给水排水系统。

8.1.2 严寒和寒冷地区的住宅应设置采暖设施。

8.1.3 住宅应设置照明供电系统。

8.1.4 住宅计量装置的设置应符合下列规定：

1 各类生活供水系统应设置分户水表；

2 设有集中采暖（集中空调）系统时，应设置分户热计量装置；

3 设有燃气系统时，应设置分户燃气表；

4 设有供电系统时，应设置分户电能表。

8.1.5 机电设备管线的设计应相对集中、布置紧凑、合理使用空间。

8.1.6　设备、仪表及管线较多的部位，应进行详细的综合设计，并应符合下列规定：

1　采暖散热器、户配电箱、家居配线箱、电源插座、有线电视插座、信息网络和电话插座等，应与室内设施和家具综合布置；

2　计量仪表和管道的设置位置应有利于厨房灶具或卫生间卫生器具的合理布局和接管；

3　厨房、卫生间内排水横管下表面与楼面、地面净距应符合本规范第 5.5.5 条的规定；

4　水表、热量表、燃气表、电能表的设置应便于管理。

8.1.7　下列设施不应设置在住宅套内，应设置在共用空间内：

1　公共功能的管道，包括给水总立管、消防立管、雨水立管、采暖（空调）供回水总立管和配电和弱电干线（管）等，设置在开敞式阳台的雨水立管除外；

2　公共的管道阀门、电气设备和用于总体调节和检修的部件，户内排水立管检修口除外；

3　采暖管沟和电缆沟的检查孔。

8.1.8　水泵房、冷热源机房、变配电室等公共机电用房应采用低噪声设备，且应采取相应的减振、隔声、吸声、防止电磁干扰等措施。

8.2　给水排水

8.2.1　住宅各类生活供水系统水质应符合国家现行有关标准的规定。

8.2.2　入户管的供水压力不应大于 0.35MPa。

8.2.3　套内用水点供水压力不宜大于 0.20MPa，且不应小于用水器具要求的最低压力。

8.2.4　住宅应设置热水供应设施或预留安装热水供应设施的条件。生活热水的设计应符合下列规定：

1　集中生活热水系统配水点的供水水温不应低于 45℃；

2　集中生活热水系统应在套内热水表前设置循环回水管；

3　集中生活热水系统热水表后或户内热水器不循环的热水供水支管，长度不宜超过 8m。

8.2.5　卫生器具和配件应采用节水型产品。管道、阀门和配件应采用不易锈蚀的材质。

8.2.6　厨房和卫生间的排水立管应分别设置。排水管道不得穿越卧室。

8.2.7　排水立管不应设置在卧室内，且不宜设置在靠近与卧室相邻的内墙；当必须靠近与卧室相邻的内墙时，应采用低噪声管材。

8.2.8　污废水排水横管宜设置在本层套内；当敷设于下一层的套内空间时，其清扫口应设置在本层，并应进行夏季管道外壁结露验算和采取相应的防止结露的措施。污废水排水立管的检查口宜每层设置。

8.2.9　设置淋浴器和洗衣机的部位应设置地漏，设置洗衣机的部位宜采用能防止溢流和干涸的专用地漏。洗衣机设置在阳台上时，其排水不应排入雨水管。

8.2.10　无存水弯的卫生器具和无水封的地漏与生活排水管道连接时，在排水口以下应设存水弯；存水弯和有水封地漏的水封高度不应小于 50mm。

8.2.11　地下室、半地下室中低于室外地面的卫生器具和地漏的排水管，不应与上部排水管连接，应设置集水设施用污水泵排出。

8.2.12　采用中水冲洗便器时，中水管道和预留接口应设明显标识。坐便器安装洁身器时，洁身器应与自来水管连接，严禁与中水管连接。

8.2.13　排水通气管的出口，设置在上人屋面、住户平台上时，应高出屋面或平台地面 2.00m；当周围 4.00m 之内有门窗时，应高出门窗上口 0.60m。

8.3　采暖

8.3.1　严寒和寒冷地区的住宅宜设集中采暖系统。夏热冬冷地区住宅采暖方式应根据当地能源情况，经技术经济分析，并根据用户对设备运行费用的承担能力等因素确定。

8.3.2　除电力充足和供电政策支持，或建筑所在地无法利用其他形式的能源外，严寒和寒冷地区、夏热冬冷地区的住宅不应设计直接电热作为室内采暖主体热源。

8.3.3　住宅采暖系统应采用不高于 95℃的热水作为热媒，并应有可靠的水质保证措施。热水温度和系统压力应根据管材、室内散热设备等因素确定。

8.3.4　住宅集中采暖的设计，应进行每一个房间的热负荷计算。

8.3.5　住宅集中采暖的设计应进行室内采暖系统的水力平衡计算，并应通过调整环路布置和管径，使并联管路（不包括共同段）的阻力相对差额不大于15%；当不满足要求时，应采取水力平衡措施。

8.3.6　设置采暖系统的普通住宅的室内采暖计算温度，不应低于表8.3.6的规定。

表8.3.6　室内采暖计算温度

用房	温度（℃）
卧室、起居室（厅）和卫生间	18
厨房	15
设采暖的楼梯间和走廊	14

8.3.7　设有洗浴器并有热水供应设施的卫生间宜按沐浴时室温为25℃设计。

8.3.8　套内采暖设施应配置室温自动调控装置。

8.3.9　室内采用散热器采暖时，室内采暖系统的制式宜采用双管式；如采用单管式，应在每组散热器的进出水支管之间设置跨越管。

8.3.10　设计地面辐射采暖系统时，宜按主要房间划分采暖环路。

8.3.11　应采用体型紧凑、便于清扫、使用寿命不低于钢管的散热器，并宜明装，散热器的外表面应刷非金属性涂料。

8.3.12　采用户式燃气采暖热水炉作为采暖热源时，其热效率应符合现行国家标准《家用燃气快速热水器和燃气采暖热水炉能效限定值及能效等级》GB 20665中能效等级3级的规定值。

8.4　燃气

8.4.1　住宅管道燃气的供气压力不应高于0.2MPa。住宅内各类用气设备应使用低压燃气，其入口压力应在0.75倍～1.5倍燃具额定范围内。

8.4.2　户内燃气立管应设置在有自然通风的厨房或与厨房相连的阳台内，且宜明装设置，不得设置在通风排气竖井内。

8.4.3　燃气设备的设置应符合下列规定：

1　燃气设备严禁设置在卧室内；

2　严禁在浴室内安装直接排气式、半密闭式燃气热水器等在使用空间内积聚有害气体的加热设备；

3　户内燃气灶应安装在通风良好的厨房、阳台内；

4　燃气热水器等燃气设备应安装在通风良好的厨房、阳台内或其他非居住房间。

8.4.4　住宅内各类用气设备的烟气必须排至室外。排气口应采取防风措施，安装燃气设备的房间应预留安装位置和排气孔洞位置；当多台设备合用竖向排气道排放烟气时，应保证互不影响。户内燃气热水器、分户设置的采暖或制冷燃气设备的排气管不得与燃气灶排油烟机的排气管合并接入同一管道。

8.4.5　使用燃气的住宅，每套的燃气用量应根据燃气设备的种类、数量和额定燃气量计算确定，且应至少按一个双眼灶和一个燃气热水器计算。

8.5　通风

8.5.1　排油烟机的排气管道可通过竖向排气道或外墙排向室外。当通过外墙直接排至室外时，应在室外排气口设置避风、防雨和防止污染墙面的构件。

8.5.2　严寒、寒冷、夏热冬冷地区的厨房，应设置供厨房房间全面通风的自然通风设施。

8.5.3　无外窗的暗卫生间，应设置防止回流的机械通风设施或预留机械通风设置条件。

8.5.4　以煤、薪柴、燃油为燃料进行分散式采暖的住宅，以及以煤、薪柴为燃料的厨房，应设烟囱；上下层或相邻房间合用一个烟囱时，必须采取防止串烟的措施。

8.6　空调

8.6.1　位于寒冷（B区）、夏热冬冷和夏热冬暖地区的住宅，当不采用集中空调系统时，主要房间应设置空调设施或预留安装空调设施的位置和条件。

8.6.2 室内空调设备的冷凝水应能有组织地排放。

8.6.3 当采用分户或分室设置的分体式空调器时，室外机的安装位置应符合本规范第5.6.8条的规定。

8.6.4 住宅计算夏季冷负荷和选用空调设备时，室内设计参数宜符合下列规定：

1 卧室、起居室室内设计温度宜为26℃；

2 无集中新风供应系统的住宅新风换气宜为1次/h。

8.6.5 空调系统应设置分室或分户温度控制设施。

8.7 电气

8.7.1 每套住宅的用电负荷应根据套内建筑面积和用电负荷计算确定，且不应小于2.5kW。

8.7.2 住宅供电系统的设计，应符合下列规定：

1 应采用TT、TN-C-S或TN-S接地方式，并应进行总等电位联结；

2 电气线路应采用符合安全和防火要求的敷设方式配线，套内的电气管线应采用穿管暗敷设方式配线。导线应采用铜芯绝缘线，每套住宅进户线截面不应小于10mm²，分支回路截面不应小于2.5mm²；

3 套内的空调电源插座、一般电源插座与照明应分路设计，厨房插座应设置独立回路，卫生间插座宜设置独立回路；

4 除壁挂式分体空调电源插座外，电源插座回路应设置剩余电流保护装置；

5 设有洗浴设备的卫生间应作局部等电位联结；

6 每幢住宅的总电源进线应设剩余电流动作保护或剩余电流动作报警。

8.7.3 每套住宅应设置户配电箱，其电源总开关装置应采用可同时断开相线和中性线的开关电器。

8.7.4 套内安装在1.80m及以下的插座均应采用安全型插座。

8.7.5 共用部位应设置人工照明，应采用高效节能的照明装置和节能控制措施。当应急照明采用节能自熄开关时，必须采取消防时应急点亮的措施。

8.7.6 住宅套内电源插座应根据住宅套内空间和家用电器设置，电源插座的数量不应少于表8.7.6的规定。

表8.7.6 电源插座的设置数量

空间	设置数量和内容
卧室	一个单相三线和一个单相二线的插座两组
兼起居的卧室	一个单相三线和一个单相二线的插座三组
起居室（厅）	一个单相三线和一个单相二线的插座三组
厨房	防溅水型一个单相三线和一个单相二线的插座两组
卫生间	防溅水型一个单相三线和一个单相二线的插座一组
布置洗衣机、冰箱、排油烟机、排风机及预留家用空调器处	专用单相三线插座各一个

8.7.7 每套住宅应设有线电视系统、电话系统和信息网络系统，宜设置家居配线箱。有线电视、电话、信息网络等线路宜集中布线，并应符合下列规定：

1 有线电视系统的线路应预埋到住宅套内。每套住宅的有线电视进户线不应少于1根，起居室、主卧室、兼起居的卧室应设置电视插座；

2 电话通信系统的线路应预埋到住宅套内。每套住宅的电话通信进户线不应少于1根，起居室、主卧室、兼起居的卧室应设置电话插座；

3 信息网络系统的线路宜预埋到住宅套内。每套住宅的进户线不应少于1根，起居室、卧室或兼起居室的卧室应设置信息网络插座。

8.7.8 住宅建筑宜设置安全防范系统。

8.7.9 当发生火警时，疏散通道上和出入口处的门禁应能集中解锁或能从内部手动解锁。

3.2 《民用建筑设计统一标准》GB 50352—2019

1 总则（略）

2 术语（略）

3 基本规定

3.1 民用建筑分类

3.1.1 民用建筑按使用功能可分为居住建筑和公共建筑两大类。其中，居住建筑可分为住宅建筑和宿舍建筑。

3.1.2 民用建筑按地上建筑高度或层数进行分类应符合下列规定：

1 建筑高度不大于27.0m的住宅建筑、建筑高度不大于24.0m的公共建筑及建筑高度大于24.0m的单层公共建筑为低层或多层民用建筑；

2 建筑高度大于27.0m的住宅建筑和建筑高度大于24.0m的非单层公共建筑，且高度不大于100.0m的，为高层民用建筑；

3 建筑高度大于100.0m为超高层建筑。

注：建筑防火设计应符合现行国家标准《建筑设计防火规范》GB 50016有关建筑高度和层数计算的规定。

3.1.3 民用建筑等级分类划分应符合国家现行有关标准或行业主管部门的规定。

3.2 设计使用年限

3.2.1 民用建筑的设计使用年限应符合表3.2.1的规定。

表3.2.1 设计使用年限分类

类别	设计使用年限（年）	示例
1	5	临时性建筑
2	25	易于替换结构构件的建筑
3	50	普通建筑和构筑物
4	100	纪念性建筑和特别重要的建筑

注：此表依据《建筑结构可靠性设计统一标准》GB 50068，并与其协调一致。

3.3 建筑气候分区对建筑基本要求

3.3.1 建筑气候分区对建筑的基本要求应符合表3.3.1的规定。

表3.3.1 不同区划对建筑的基本要求

建筑气候区划名称		热工区划名称	建筑气候区划主要指标	建筑基本要求
Ⅰ	ⅠA ⅠB	严寒地区	1月平均气温≤-10℃ 7月平均气温≤25℃	1. 建筑物必须充分满足冬季保温、防寒、防冻等要求； 2. ⅠA、ⅠB区应防止冻土、积雪对建筑物的危害；
	ⅠC ⅠD		7月平均相对湿度≥50%	3. ⅠB、ⅠC、ⅠD区的西部，建筑物应防冰雹、防风沙
Ⅱ	ⅡA ⅡB	寒冷地区	1月平均气温-10℃～0℃ 7月平均气温18℃～28℃	1. 建筑物应满足冬季保温、防寒、防冻等要求，夏季部分地区应兼顾防热； 2. ⅡA区建筑物应防热、防潮、防暴风雨，沿海地带应防盐雾侵蚀
Ⅲ	ⅢA ⅢB ⅢC	夏热冬冷地区	1月平均气温0℃～10℃ 7月平均气温25℃～30℃	1. 建筑物应满足夏季防热、遮阳、通风降温要求，并应兼顾冬季防寒； 2. 建筑物应满足防雨、防潮、防洪、防雷电等要求； 3. ⅢA区应防台风、暴雨袭击及盐雾侵蚀； 4. ⅢB、ⅢC区北部冬季积雪地区建筑物屋面应有防积雪危害的措施

建筑气候区划名称	热工区划名称	建筑气候区划主要指标	建筑基本要求
IV	IVA IVB	夏热冬暖地区	1 月平均气温 > 10℃ 7 月平均气温 25℃～29℃	1. 建筑物必须满足夏季遮阳、通风、防热要求； 2. 建筑物应防暴雨、防潮、防洪、防雷电； 3. IVA 区应防台风、暴雨袭击及盐雾侵蚀
V	VA VB	温和地区	1 月平均气温 0℃～13℃ 7 月平均气温 18℃～25℃	1. 建筑物应满足防雨和通风要求； 2. VA 区建筑物应注意防寒。VB 区应特别注意防雷电
VI	VIA VIB	严寒地区	1 月平均气温 0℃～-22℃ 7 月平均气温 < 18℃	1. 建筑物应充分满足保温、防寒、防冻的要求； 2. VIA、VIB 区应防冻土对建筑物地基及地下管道的影响，并应特别注意防风沙； 3. VIC 区的东部，建筑物应防雷电
	VIC	寒冷地区		
VII	VIIA VIIB VIIC	严寒地区	1 月平均气温-5℃～-20℃ 7 月平均气温 ≥ 18℃ 7 月平均相对湿度 < 50%	1. 建筑物必须充分满足保温、防寒、防冻的要求； 2. 除VIID区外，应防冻土对建筑物地基及地下管道的危害； 3. VIIB 区建筑物应特别注意积雪的危害； 4. VIIC 区建筑物应特别注意防风沙，夏季兼顾防热； 5. VIID 区建筑物应注意夏季防热，吐鲁番盆地应特别注意隔热、降温
	VIID	寒冷地区		

3.4　建筑与环境

3.4.1　建筑与自然环境的关系应符合下列规定：

1　建筑基地应选择在地质环境条件安全，且可获得天然采光、自然通风等卫生条件的地段；

2　建筑应结合当地的自然与地理环境特征，集约利用资源，严格控制对自然和生态环境的不利影响；

3　建筑周围环境的空气、土壤、水体等不应构成对人体的危害。

3.4.2　建筑与人文环境的关系应符合下列规定：

1　建筑应与基地所处人文环境相协调；

2　建筑基地应进行绿化，创造优美的环境；

3　对建筑使用过程中产生的垃圾、废气、废水等废弃物应妥善处理，并应有效控制噪声、眩光等的污染，防止对周边环境的侵害。

3.5　建筑模数

3.5.1　建筑设计应符合现行国家标准《建筑模数协调标准》GB/T 50002 的规定。

3.5.2　建筑平面的柱网、开间、进深、层高、门窗洞口等主要定位线尺寸，应为基本模数的倍数，并应符合下列规定：

1　平面的开间进深、柱网或跨度、门窗洞口宽度等主要定位尺寸，宜采用水平扩大模数数列 $2nM$、$3nM$（n 为自然数）；

2　层高和门窗洞口高度等主要标注尺寸，宜采用竖向扩大模数数列 nM（n 为自然数）。

3.6　防灾避难

3.6.1　建筑防灾避难场所或设施的设置应满足城乡规划的总体要求，并应遵循场地安全、交通便利和出入方便的原则。

3.6.2　建筑设计应根据灾害种类，合理采取防灾、减灾及避难的相应措施。

3.6.3　防灾避难设施应因地制宜、平灾结合，集约利用资源。

3.6.4　防灾避难场所及设施应保障安全、长期备用、便于管理，并应符合无障碍的相关规定。

4　规划控制

4.1　城乡规划及城市设计

4.1.1　建筑项目的用地性质、容积率、建筑密度、绿地率、建筑高度及其建筑基地的年径流总量控制率等控制指标，应符合所在地控制性详细规划的有关规定。

4.1.2　建筑及其环境设计应满足城乡规划及城市设计对所在区域的目标定位及空间形态、景观风貌、环境品质等控制和引导要求，并应满足城市设计对公共空间、建筑群体、园林景观、市政等环境设施的设计控制要求。

4.1.3 建筑设计应注重建筑群体空间与自然山水环境的融合与协调、历史文化与传统风貌特色的保护与发展、公共活动与公共空间的组织与塑造，并应符合下列规定：

1 建筑物的形态、体量、尺度、色彩以及空间组合关系应与周围的空间环境相协调；

2 重要城市界面控制地段建筑物的建筑风格、建筑高度、建筑界面等应与相邻建筑基地建筑物相协调；

3 建筑基地内的场地、绿化种植、景观构筑物与环境小品、市政工程设施、景观照明、标识系统和公共艺术等应与建筑物及其环境统筹设计、相互协调；

4 建筑基地内的道路、停车场、硬质地面宜采用透水铺装；

5 建筑基地与相邻建筑基地建筑物的室外开放空间、步行系统等宜相互连通。

4.2 建筑基地

4.2.1 建筑基地应与城市道路或镇区道路相邻接，否则应设置连接道路，并应符合下列规定：

1 当建筑基地内建筑面积小于或等于3000m²时，其连接道路的宽度不应小于4.0m；

2 当建筑基地内建筑面积大于3000m²，且只有一条连接道路时，其宽度不应小于7.0m；当有两条或两条以上连接道路时，单条连接道路宽度不应小于4.0m。

4.2.2 建筑基地地面高程应符合下列规定：

1 应依据详细规划确定的控制标高进行设计；

2 应与相邻基地标高相协调，不得妨碍相邻基地的雨水排放；

3 应兼顾场地雨水的收集与排放，有利于滞蓄雨水、减少径流外排，并应有利于超标雨水的自然排放。

4.2.3 建筑物与相邻建筑基地及其建筑物的关系应符合下列规定：

1 建筑基地内建筑物的布局应符合控制性详细规划对建筑控制线的规定；

2 建筑物与相邻建筑基地之间应按建筑防火等国家现行相关标准留出空地或道路；

3 当相邻基地的建筑物毗邻建造时，应符合现行国家标准《建筑设计防火规范》GB 50016 的有关规定；

4 新建建筑物或构筑物应满足周边建筑物的日照标准；

5 紧贴建筑基地边界建造的建筑物不得向相邻建筑基地方向开设洞口、门、废气排出口及雨水排泄口。

4.2.4 建筑基地机动车出入口位置，应符合所在地控制性详细规划，并应符合下列规定：

1 中等城市、大城市的主干路交叉口，自道路红线交叉点起沿线70.0m范围内不应设置机动车出入口；

2 距人行横道、人行天桥、人行地道（包括引道、引桥）的最近边缘线不应小于5.0m；

3 距地铁出入口、公共交通站台边缘不应小于15.0m；

4 距公园、学校及有儿童、老年人、残疾人使用建筑的出入口最近边缘不应小于20.0m。

4.2.5 大型、特大型交通、文化、体育、娱乐、商业等人员密集的建筑基地应符合下列规定：

1 建筑基地与城市道路邻接的总长度不应小于建筑基地周长的1/6；

2 建筑基地的出入口不应少于2个，且不宜设置在同一条城市道路上；

3 建筑物主要出入口前应设置人员集散场地，其面积和长宽尺寸应根据使用性质和人数确定；

4 当建筑基地设置绿化、停车或其他构筑物时，不应对人员集散造成障碍。

4.3 建筑突出物

4.3.1 除骑楼、建筑连接体、地铁相关设施及连接城市的管线、管沟、管廊等市政公共设施以外，建筑物及其附属的下列设施不应突出道路红线或用地红线建造：

1 地下设施，应包括支护桩、地下连续墙、地下室底板及其基础、化粪池、各类水池、处理池、沉淀池等构筑物及其他附属设施等；

2 地上设施，应包括门廊、连廊、阳台、室外楼梯、凸窗、空调机位、雨篷、挑檐、装饰构架、固定遮阳板、台阶、坡道、花池、围墙、平台、散水明沟、地下室进风及排风口、地下室出入口、集水井、采光井、烟囱等。

4.3.2 经当地规划行政主管部门批准，既有建筑改造工程必须突出道路红线的建筑突出物应符合下列规定：

1 在人行道上空：

1）2.5m 以下，不应突出凸窗、窗扇、窗罩等建筑构件；2.5m 及以上突出凸窗、窗扇、窗罩时，其深度不应大于 0.6m。

2）2.5m 以下，不应突出活动遮阳；2.5m 及以上突出活动遮阳时，其宽度不应大于人行道宽度减 1.0m，并不应大于 3.0m。

3）3.0m 以下，不应突出雨篷、挑檐；3.0m 及以上突出雨篷、挑檐时，其突出的深度不应大于 2.0m。

4）3.0m 以下，不应突出空调机位；3.0m 及以上突出空调机位时，其突出的深度不应大于 0.6m。

2　在无人行道的路面上空，4.0m 以下不应突出凸窗、窗扇、窗罩、空调机位等建筑构件；4.0m 及以上突出凸窗、窗扇、窗罩、空调机位时，其突出深度不应大于 0.6m。

3　任何建筑突出物与建筑本身均应结合牢固。

4　建筑物和建筑突出物均不得向道路上空直接排泄雨水、空调冷凝水等。

4.3.3　除地下室、窗井、建筑入口的台阶、坡道、雨篷等以外，建（构）筑物的主体不得突出建筑控制线建造。

4.3.4　治安岗、公交候车亭，地铁、地下隧道、过街天桥等相关设施，以及临时性建（构）筑物等，当确有需要，且不影响交通及消防安全，应经当地规划行政主管部门批准，可突入道路红线建造。

4.3.5　骑楼、建筑连接体和沿道路红线的悬挑建筑的建造，不应影响交通、环保及消防安全。在有顶盖的城市公共空间内，不应设置直接排气的空调机、排气扇等设施或排出有害气体的其他通风系统。

4.4　建筑连接体

4.4.1　经当地规划及市政主管部门批准，建筑连接体可跨越道路红线、用地红线或建筑控制线建设，属于城市公共交通性质的出入口可在道路红线范围内设置。

4.4.2　建筑连接体可在地下、裙房部位及建筑高空建造，其建设应统筹规划，保障城市公众利益与安全，并不应影响其他人流、车流及城市景观。

4.4.3　地下建筑连接体应满足市政管线及其他基础设施等建设要求。

4.4.4　交通功能的建筑连接体，其净宽不宜大于 9.0m，地上的净宽不宜小于 3.0m，地下的净宽不宜小于 4.0m。其他非交通功能连接体的宽度，宜结合建筑功能按人流疏散需求设置。

4.4.5　建筑连接体在满足其使用功能的同时，还应满足消防疏散及结构安全方面的要求。

4.5　建筑高度

4.5.1　建筑高度不应危害公共空间安全和公共卫生，且不宜影响景观，下列地区应实行建筑高度控制，并应符合下列规定：

1　对建筑高度有特别要求的地区，建筑高度应符合所在地城乡规划的有关规定；

2　沿城市道路的建筑物，应根据道路红线的宽度及街道空间尺度控制建筑裙楼和主体的高度；

3　当建筑位于机场、电台、电信、微波通信、气象台、卫星地面站、军事要塞工程等设施的技术作业控制区内及机场航线控制范围内时，应按净空要求控制建筑高度及施工设备高度；

4　建筑处在历史文化名城名镇名村、历史文化街区、文物保护单位、历史建筑和风景名胜区、自然保护区的各项建设，应按规划控制建筑高度。

注：建筑高度控制尚应符合所在地城市规划行政主管部门和有关专业部门的规定。

4.5.2　建筑高度的计算应符合下列规定：

1　本标准第 4.5.1 条第 3 款、第 4 款控制区内建筑，建筑高度应以绝对海拔高度控制建筑物室外地面至建筑物和构筑物最高点的高度。

2　非本标准第 4.5.1 条第 3 款、第 4 款控制区内建筑，平屋顶建筑高度应按建筑物主入口场地室外设计地面至建筑女儿墙顶点的高度计算，无女儿墙的建筑物应计算至其屋面檐口；坡屋顶建筑高度应按建筑物室外地面至屋檐和屋脊的平均高度计算；当同一座建筑物有多种屋面形式时，建筑高度应按上述方法分别计算后取其中最大值；下列突出物不计入建筑高度内：

1）局部突出屋面的楼梯间、电梯机房、水箱间等辅助用房占屋顶平面面积不超过 1/4 者；

2）突出屋面的通风道、烟囱、装饰构件、花架、通信设施等；

3）空调冷却塔等设备。

5　场地设计

5.1　建筑布局

5.1.1　建筑布局应使建筑基地内的人流、车流与物流合理分流，防止干扰，并应有利于消防、停车、人员集散以及无障碍设施的设置。

5.1.2 建筑间距应符合下列规定：

1 建筑间距应符合现行国家标准《建筑设计防火规范》GB 50016 的规定及当地城市规划要求；

2 建筑间距应符合本标准第 7.1 节建筑用房天然采光的规定，有日照要求的建筑和场地应符合国家相关日照标准的规定。

5.1.3 建筑布局应根据地域气候特征，防止和抵御寒冷、暑热、疾风、暴雨、积雪和沙尘等灾害侵袭，并应利用自然气流组织好通风，防止不良小气候产生。

5.1.4 根据噪声源的位置、方向和强度，应在建筑功能分区、道路布置、建筑朝向、距离以及地形、绿化和建筑物的屏障作用等方面采取综合措施，防止或降低环境噪声。

5.1.5 建筑物与各种污染源的卫生距离，应符合国家现行有关卫生标准的规定。

5.1.6 建筑布局应按国家及地方的相关规定对文物古迹和古树名木进行保护，避免损毁破坏。

5.2 道路与停车场

5.2.1 基地道路应符合下列规定：

1 基地道路与城市道路连接处的车行路面应设限速设施，道路应能通达建筑物的安全出口；

2 沿街建筑应设连通街道和内院的人行通道，人行通道可利用楼梯间，其间距不宜大于 80.0m；

3 当道路改变方向时，路边绿化及建筑物不应影响行车有效视距；

4 当基地内设有地下停车库时，车辆出入口应设置显著标志；标志设置高度不应影响人、车通行；

5 基地内宜设人行道路，大型、特大型交通、文化、娱乐、商业、体育、医院等建筑，居住人数大于 5000 人的居住区等车流量较大的场所应设人行道路。

5.2.2 基地道路设计应符合下列规定：

1 单车道路宽不应小于 4.0m，双车道路宽住宅区内不应小于 6.0m，其他基地道路宽不应小于 7.0m；

2 当道路边设停车位时，应加大道路宽度且不应影响车辆正常通行；

3 人行道路宽度不应小于 1.5m，人行道在各路口、入口处的设计应符合现行国家标准《无障碍设计规范》GB 50763 的相关规定；

4 道路转弯半径不应小于 3.0m，消防车道应满足消防车最小转弯半径要求；

5 尽端式道路长度大于 120.0m 时，应在尽端设置不小于 12.0m×12.0m 的回车场地。

5.2.3 基地道路与建筑物的关系应符合下列规定：

1 当道路用作消防车道时，其边缘与建（构）筑物的最小距离应符合现行国家标准《建筑设计防火规范》GB 50016 的相关规定；

2 基地内不宜设高架车行道路，当设置与建筑平行的高架车行道路时，应采取保护私密性的视距和防噪声的措施。

5.2.4 建筑基地内地下机动车车库出入口与连接道路间宜设置缓冲段，缓冲段应从车库出入口坡道起坡点算起，并应符合下列规定：

1 出入口缓冲段与基地内道路连接处的转弯半径不宜小于 5.5m；

2 当出入口与基地道路垂直时，缓冲段长度不应小于 5.5m；

3 当出入口与基地道路平行时，应设不小于 5.5m 长的缓冲段再汇入基地道路；

4 当出入口直接连接基地外城市道路时，其缓冲段长度不宜小于 7.5m。

5.2.5 室外机动车停车场应符合下列规定：

1 停车场地应满足排水要求，排水坡度不应小于 0.3%；

2 停车场出入口的设计应避免进出车辆交叉；

3 停车场应设置无障碍停车位，且设置要求和停车位数量应符合现行国家标准《无障碍设计规范》GB 50763 的相关规定；

4 停车场应结合绿化合理布置，可利用乔木遮阳。

5.2.6 室外机动车停车场的出入口数量应符合下列规定：

1 当停车数为 50 辆及以下时，可设 1 个出入口，宜为双向行驶的出入口；

2　当停车数为 51 辆～300 辆时，应设置 2 个出入口，宜为双向行驶的出入口；

3　当停车数为 301 辆～500 辆时，应设置 2 个双向行驶的出入口；

4　当停车数大于 500 辆时，应设置 3 个出入口，宜为双向行驶的出入口。

5.2.7　室外机动车停车场的出入口设置应符合下列规定：

1　大于 300 辆停车位的停车场，各出入口的间距不应小于 15.0m；

2　单向行驶的出入口宽度不应小于 4.0m，双向行驶的出入口宽度不应小于 7.0m。

5.2.8　室外非机动车停车场应设置在基地边界线以内，出入口不宜设置在交叉路口附近，停车场布置应符合下列规定：

1　停车场出入口宽度不应小于 2.0m；

2　停车数大于等于 300 辆时，应设置不少于 2 个出入口；

3　停车区应分组布置，每组停车区长度不宜超过 20.0m。

5.3　竖向

5.3.1　建筑基地场地设计应符合下列规定：

1　当基地自然坡度小于 5%时，宜采用平坡式布置方式；当大于 8%时，宜采用台阶式布置方式，台地连接处应设挡墙或护坡；基地临近挡墙或护坡的地段，宜设置排水沟，且坡向排水沟的地面坡度不应小于 1%。

2　基地地面坡度不宜小于 0.2%；当坡度小于 0.2%时，宜采用多坡向或特殊措施排水。

3　场地设计标高不应低于城市的设计防洪、防涝水位标高；沿江、河、湖、海岸或受洪水、潮水泛滥威胁的地区，除设有可靠防洪堤、坝的城市、街区外，场地设计标高不应低于设计洪水位 0.5m，否则应采取相应的防洪措施；有内涝威胁的用地应采取可靠的防、排内涝水措施，否则其场地设计标高不应低于内涝水位 0.5m。

4　当基地外围有较大汇水汇入或穿越基地时，宜设置边沟或排（截）洪沟，有组织进行地面排水。

5　场地设计标高宜比周边城市市政道路的最低路段标高高 0.2m 以上；当市政道路标高高于基地标高时，应有防止客水进入基地的措施。

6　场地设计标高应高于多年最高地下水位。

7　面积较大或地形较复杂的基地，建筑布局应合理利用地形，减少土石方工程量，并使基地内填挖方量接近平衡。

5.3.2　建筑基地内道路设计坡度应符合下列规定：

1　基地内机动车道的纵坡不应小于 0.3%，且不应大于 8%，当采用 8%坡度时，其坡长不应大于 200.0m。当遇特殊困难纵坡小于 0.3%时，应采取有效的排水措施；个别特殊路段，坡度不应大于 11%，其坡长不应大于 100.0m，在积雪或冰冻地区不应大于 6%，其坡长不应大于 350.0m；横坡宜为 1%～2%。

2　基地内非机动车道的纵坡不应小于 0.2%，最大纵坡不宜大于 2.5%；困难时不应大于 3.5%，当采用 3.5%坡度时，其坡长不应大于 150.0m；横坡宜为 1%～2%。

3　基地内步行道的纵坡不应小于 0.2%，且不应大于 8%，积雪或冰冻地区不应大于 4%；横坡应为 1%～2%；当大于极限坡度时，应设置为台阶步道。

4　基地内人流活动的主要地段，应设置无障碍通道。

5　位于山地和丘陵地区的基地道路设计纵坡可适当放宽，且应符合地方相关标准的规定，或经当地相关管理部门的批准。

5.3.3　建筑基地地面排水应符合下列规定：

1　基地内应有排除地面及路面雨水至城市排水系统的措施，排水方式应根据城市规划的要求确定。有条件的地区应充分利用场地空间设置绿色雨水设施，采取雨水回收利用措施。

2　当采用车行道排泄地面雨水时，雨水口形式及数量应根据汇水面积、流量、道路纵坡等确定。

3　单侧排水的道路及低洼易积水的地段，应采取排雨水时不影响交通和路面清洁的措施。

5.3.4　下沉庭院周边和车库坡道出入口处，应设置截水沟。

5.3.5　建筑物底层出入口处应采取措施防止室外地面雨水回流。

5.4　绿化

5.4.1　绿化设计应符合下列规定：

1　绿地指标应符合当地控制性详细规划及城市绿地管理的有关规定。

2　应充分利用实土布置绿地，植物配置应根据当地气候、土壤和环境等条件确定。

3 绿化与建（构）筑物、道路和管线之间的距离，应符合有关标准的规定。

4 应保护自然生态环境，并应对古树名木采取保护措施。

5.4.2 地下建筑顶板上的绿化工程应符合下列规定：

1 地下建筑顶板上的覆土层宜采取局部开放式，开放边应与地下室外部自然土层相接；并应根据地下建筑顶板的覆土厚度，选择适合生长的植物。

2 地下建筑顶板设计应满足种植覆土、综合管线及景观和植物生长的荷载要求。

3 应采用防根穿刺的建筑防水构造。

5.5 工程管线布置

5.5.1 工程管线宜在地下敷设；在地上架空敷设的工程管线及工程管线在地上设置的设施，必须满足消防车辆通行及扑救的要求，不得妨碍普通车辆、行人的正常活动，并应避免对建筑物、景观的影响。

5.5.2 与市政管网衔接的工程管线，其平面位置和竖向标高均应采用城市统一的坐标系统和高程系统。

5.5.3 工程管线的敷设不应影响建筑物的安全，并应防止工程管线受腐蚀、沉陷、振动、外部荷载等影响而损坏。

5.5.4 在管线密集的地段，应根据其不同特性和要求综合布置，宜采用综合管廊布置方式。对安全、卫生、防干扰等有影响的工程管线不应共沟或靠近敷设。互有干扰的管线应设置在综合管廊的不同沟（室）内。

5.5.5 地下工程管线的走向宜与道路或建筑主体相平行或垂直。工程管线应从建筑物向道路方向由浅至深敷设。干管宜布置在主要用户或支管较多的一侧，工程管线布置应短捷、转弯少，减少与道路、铁路、河道、沟渠及其他管线的交叉，困难条件下其交角不应小于45°。

5.5.6 与道路平行的工程管线不宜设于车行道下；当确有需要时，可将埋深较大、翻修较少的工程管线布置在车行道下。

5.5.7 工程管线之间的水平、垂直净距及埋深，工程管线与建（构）筑物、绿化树种之间的水平净距应符合国家现行有关标准的规定。当受规划、现状制约，难以满足要求时，可根据实际情况采取安全措施后减少其最小水平净距。

5.5.8 抗震设防烈度7度及以上地震区、多年冻土区、严寒地区、湿陷性黄土地区及膨胀土地区的室外工程管线，应符合国家现行有关标准的规定。

5.5.9 各种工程管线不应在平行方向重叠直埋敷设。

5.5.10 工程管线的检查井井盖宜有锁闭装置。

5.5.11 当基地进行分期建设时，应对工程管线做整体规划。前期的工程管线敷设不得影响后期的工程建设。

5.5.12 与基地无关的可燃易爆的市政工程管线不得穿越基地。当基地内已有此类管线时，基地内建筑和人员密集场所应与此类管线保持安全距离。

5.5.13 当室外消防水池设有消防车取水口（井）时，应设置消防车到达取水口（井）的消防车道和消防车回车场地。

6 建筑物设计

6.1 建筑标定人数的确定

6.1.1 有固定座位等标明使用人数的建筑，应按照标定人数为基数计算配套设施、疏散通道和楼梯及安全出口的宽度。

6.1.2 对无标定人数的建筑应按国家现行有关标准或经调查分析确定合理的使用人数，并应以此为基数计算配套设施、疏散通道和楼梯及安全出口的宽度。

6.1.3 多功能用途的公共建筑中，各场所有可能同时使用同一出口时，在水平方向应按各部分使用人数叠加计算安全疏散出口和疏散楼梯的宽度；在垂直方向，地上建筑应按楼层使用人数最多一层计算以下楼层安全疏散楼梯的宽度，地下建筑应按楼层使用人数最多一层计算以上楼层安全疏散楼梯的宽度。

6.2 平面布置

6.2.1 建筑平面应根据建筑的使用性质、功能、工艺等要求合理布局，并具有一定的灵活性。

6.2.2 根据使用功能，建筑的使用空间应充分利用日照、采光、通风和景观等自然条件。对有私密性要求的房间，应防止视线干扰。

6.2.3 建筑出入口应根据场地条件、建筑使用功能、交通组织以及安全疏散等要求进行设置。

6.2.4 地震区的建筑平面布置宜规整。

6.3 层局和室内净局

6.3.1 建筑层高应结合建筑使用功能、工艺要求和技术经济条件等综合确定，并符合国家现行相关建筑设计标准的规定。

6.3.2 室内净高应按楼地面完成面至吊顶、楼板或梁底面之间的垂直距离计算；当楼盖、屋盖的下悬构件或管道底面影响有效使用空间时，应按楼地面完成面至下悬构件下缘或管道底面之间的垂直距离计算。

6.3.3 建筑用房的室内净高应符合国家现行相关建筑设计标准的规定，地下室、局部夹层、走道等有人员正常活动的最低处净高不应小于 2.0m。

6.4 地下室和半地下室

6.4.1 地下室和半地下室应合理布置地下停车库、地下人防工程、各类设备用房等功能空间及其出入口，出入口、进排风竖井的地面建（构）筑物应与周边环境协调。

6.4.2 地下建筑连接体的设计应符合城市地下空间规划的相关规定，并应做到导向清晰、流线简洁，防火分区与管理等界线明确。

6.4.3 地下室和半地下室的建造不得影响相邻建（构）筑物、市政管线等的安全。

6.4.4 当日常为人员使用时，地下室和半地下室应满足安全、卫生及节能的要求，且宜利用窗井或下沉庭院等进行自然通风和采光。其他功能的地下室和半地下室应符合国家现行有关标准的规定。

6.4.5 地下室和半地下室外围护结构应规整，其防水等级及技术要求应符合现行国家标准《地下工程防水技术规范》GB 50108 的规定，并应符合下列规定：

1 应设排水设施；

2 出入口、窗井、下沉庭院、风井等应有防止涌水、倒灌的措施。

6.4.6 地下室和半地下室的耐火等级、防火分区、安全疏散、防排烟设施、房间内部装修等应符合现行国家标准《建筑设计防火规范》GB 50016 的有关规定。

6.4.7 地下室不应布置居室；当居室布置在半地下室时，必须采取满足采光、通风、日照、防潮、防霉及安全防护等要求的相关措施。

6.5 设备层、避难层和架空层

6.5.1 设备层设置应符合下列规定：

1 设备层的净高应根据设备和管线的安装检修需要确定；

2 设备层的布置应便于设备的进出和检修操作；

3 在安全及卫生等方面互有影响的设备用房不宜相邻布置；

4 应采取有效的措施，防止有振动和噪声的设备对设备层上、下层或毗邻的使用空间产生不利影响；

5 设备层应有自然通风或机械通风。

6.5.2 避难层的设置应符合现行国家标准《建筑设计防火规范》GB 50016 的规定，并应符合下列规定：

1 避难层在满足避难面积的情况下，避难区外的其他区域可兼作设备用房等空间，但各功能区应相对独立，并应满足防火、隔振、隔声等的要求；

2 避难层的净高不应低于 2.0m。当避难层兼顾其他功能时，应根据功能空间的需要来确定净高。

6.5.3 有人员正常活动的架空层的净高不应低于 2.0m。

6.6 厕所、卫生间、盥洗室、浴室和母婴室

6.6.1 厕所、卫生间、盥洗室和浴室的位置应符合下列规定：

1 厕所、卫生间、盥洗室和浴室应根据功能合理布置，位置选择应方便使用、相对隐蔽，并应避免所产生的气味、潮气、噪声等影响或干扰其他房间。室内公共厕所的服务半径应满足不同类型建筑的使用要求，不宜超过 50.0m。

2 在食品加工与贮存、医药及其原材料生产与贮存、生活供水、电气、档案、文物等有严格卫生、安全要求房间的直接上层，不应布置厕所、卫生间、盥洗室、浴室等有水房间；在餐厅、医疗用房等有较高卫生要求用房的直接上层，应避免布置厕所、卫生间、盥洗室、浴室等有水房间，否则应采取同层排水和严格的防水措施。

3 除本套住宅外，住宅卫生间不应布置在下层住户的卧室、起居室、厨房和餐厅的直接上层。

6.6.2 卫生器具配置的数量应符合国家现行相关建筑设计标准的规定。男女厕位的比例应根据使用特点、使用人数确定。在男女使用人数基本均衡时，男厕厕位（含大、小便器）与女厕厕位数量的比例宜为 1∶1～1∶1.5；在商场、体育场馆、学校、观演建筑、交通建筑、公园等场所，厕位数量比不宜小于 1∶1.5～1∶20。

6.6.3 厕所、卫生间、盥洗室和浴室的平面布置应符合下列规定：

1 厕所、卫生间、盥洗室和浴室的平面设计应合理布置卫生洁具及其使用空间，管道布置应相对集中、隐蔽。有无障碍要求的卫生间应满足国家现行有关无障碍设计标准的规定。

2 公共厕所、公共浴室应防止视线干扰，宜分设前室。

3 公共厕所宜设置独立的清洁间。

4 公共活动场所宜设置独立的无性别厕所，且同时设置成人和儿童使用的卫生洁具。无性别厕所可兼做无障碍厕所。

6.6.4 厕所和浴室隔间的平面尺寸应根据使用特点合理确定，并不应小于表 6.6.4 的规定。交通客运站和大中型商店等建筑物的公共厕所，宜加设婴儿尿布台和儿童固定座椅。交通客运站厕位隔间应考虑行李放置空间，其进深尺寸宜加大 0.2m，便于放置行李。儿童使用的卫生器具应符合幼儿人体工程学的要求。无障碍专用浴室隔间的尺寸应符合现行国家标准《无障碍设计规范》GB 50763 的规定。

表 6.6.4 厕所和浴室隔间的平面尺寸

类别	平面尺寸（宽度 m × 深度 m）
外开门的厕所隔间	0.9 × 1.2（蹲便器）0.9 × 1.3（坐便器）
内开门的厕所隔间	0.9 × 1.4（蹲便器）0.9 × 1.5（坐便器）
医院患者专用厕所隔间（外开门）	1.1 × 1.5（门闩应能里外开启）
无障碍厕所隔间（外开门）	1.5 × 2.0（不应小于 1.0 × 1.8）
外开门淋浴隔间	1.0 × 1.2（或 1.1 × 1.1）
内设更衣凳的淋浴隔间	1.0 ×（1.0 + 0.6）

6.6.5 卫生设备间距应符合下列规定：

1 洗手盆或盥洗槽水嘴中心与侧墙面净距不应小于 0.55m；居住建筑洗手盆水嘴中心与侧墙面净距不应小于 0.35m。

2 并列洗手盆或盥洗槽水嘴中心间距不应小于 0.7m。

3 单侧并列洗手盆或盥洗槽外沿至对面墙的净距不应小于 1.25m；居住建筑洗手盆外沿至对面墙的净距不应小于 0.6m。

4 双侧并列洗手盆或盥洗槽外沿之间的净距不应小于 1.8m。

5 并列小便器的中心距离不应小于 0.7m，小便器之间宜加隔板，小便器中心距侧墙或隔板的距离不应小于 0.35m，小便器上方宜设置搁物台。

6 单侧厕所隔间至对面洗手盆或盥洗槽的距离，当采用内开门时，不应小于 1.3m；当采用外开门时，不应小于 1.5m。

7 单侧厕所隔间至对面墙面的净距，当采用内开门时不应小于 1.1m，当采用外开门时不应小于 1.3m；双侧厕所隔间之间的净距，当采用内开门时不应小于 1.1m，当采用外开门时不应小于 1.3m。

8 单侧厕所隔间至对面小便器或小便槽的外沿的净距，当采用内开门时不应小于 1.1m，当采用外开门时不应小于 1.3m；小便器或小便槽双侧布置时，外沿之间的净距不应小于 1.3m（小便器的进深最小尺寸为 350mm）。

9 浴盆长边至对面墙面的净距不应小于 0.65m；无障碍盆浴间短边净宽度不应小于 2.0m，并应在浴盆一端设置方便进入和使用的坐台，其深度不应小于 0.4m。

6.6.6 在交通客运站、高速公路服务站、医院、大中型商店、博览建筑、公园等公共场所应设置母婴室，办公楼等工作场所的建筑物内宜设置母婴室。母婴室应符合下列规定：

1 母婴室应为独立房间且使用面积不宜低于 10.0m²；

2 母婴室应设置洗手盆、婴儿尿布台及桌椅等必要的家具；

3　母婴室的地面应采用防滑材料铺装。

6.7　台阶、坡道和栏杆

6.7.1　台阶设置应符合下列规定：

1　公共建筑室内外台阶踏步宽度不宜小于 0.3m，踏步高度不宜大于 0.15m，且不宜小于 0.1m；

2　踏步应采取防滑措施；

3　室内台阶踏步数不宜少于 2 级，当高差不足 2 级时，宜按坡道设置；

4　台阶总高度超过 0.7m 时，应在临空面采取防护设施；

5　阶梯教室、体育场馆和影剧院观众厅纵走道的台阶设置应符合国家现行相关标准的规定。

6.7.2　坡道设置应符合下列规定：

1　室内坡道坡度不宜大于 1∶8，室外坡道坡度不宜大于 1∶10；

2　当室内坡道水平投影长度超过 15.0m 时，宜设休息平台，平台宽度应根据使用功能或设备尺寸所需缓冲空间而定；

3　坡道应采取防滑措施；

4　当坡道总高度超过 0.7m 时，应在临空面采取防护设施；

5　供轮椅使用的坡道应符合现行国家标准《无障碍设计规范》GB 50763 的有关规定；

6　机动车和非机动车使用的坡道应符合现行行业标准《车库建筑设计规范》JGJ 100 的有关规定。

6.7.3　阳台、外廊、室内回廊、内天井、上人屋面及室外楼梯等临空处应设置防护栏杆，并应符合下列规定：

1　栏杆应以坚固、耐久的材料制作，并应能承受现行国家标准《建筑结构荷载规范》GB 50009 及其他国家现行相关标准规定的水平荷载。

2　当临空高度在 24.0m 以下时，栏杆高度不应低于 1.05m；当临空高度在 24.0m 及以上时，栏杆高度不应低于 1.1m。上人屋面和交通、商业、旅馆、医院、学校等建筑临开敞中庭的栏杆高度不应小于 1.2m。

3　栏杆高度应从所在楼地面或屋面至栏杆扶手顶面垂直高度计算，当底面有宽度大于或等于 0.22m，且高度低于或等于 0.45m 的可踏部位时，应从可踏部位顶面起算。

4　公共场所栏杆离地面 0.1m 高度范围内不宜留空。

6.7.4　住宅、托儿所、幼儿园、中小学及其他少年儿童专用活动场所的栏杆必须采取防止攀爬的构造。当采用垂直杆件做栏杆时，其杆件净间距不应大于 0.11m。

6.8　楼梯

6.8.1　楼梯的数量、位置、梯段净宽和楼梯间形式应满足使用方便和安全疏散的要求。

6.8.2　当一侧有扶手时，梯段净宽应为墙体装饰面至扶手中心线的水平距离，当双侧有扶手时，梯段净宽应为两侧扶手中心线之间的水平距离。当有凸出物时，梯段净宽应从凸出物表面算起。

6.8.3　梯段净宽除应符合现行国家标准《建筑设计防火规范》GB 50016 及国家现行相关专用建筑设计标准的规定外，供日常主要交通用的楼梯的梯段净宽应根据建筑物使用特征，按每股人流宽度为 0.55m + (0～0.15)m 的人流股数确定，并不应少于两股人流。(0～0.15)m 为人流在行进中人体的摆幅，公共建筑人流众多的场所应取上限值。

6.8.4　当梯段改变方向时，扶手转向端处的平台最小宽度不应小于梯段净宽，并不得小于 1.2m。当有搬运大型物件需要时，应适量加宽。直跑楼梯的中间平台宽度不应小于 0.9m。

6.8.5　每个梯段的踏步级数不应少于 3 级，且不应超过 18 级。

6.8.6　楼梯平台上部及下部过道处的净高不应小于 2.0m，梯段净高不应小于 2.2m。

注：梯段净高为自踏步前缘（包括每个梯段最低和最高一级踏步前缘线以外 0.3m 范围内）量至上方突出物下缘间的垂直高度。

6.8.7　楼梯应至少于一侧设扶手，梯段净宽达三股人流时应两侧设扶手，达四股人流时宜加设中间扶手。

6.8.8　室内楼梯扶手高度自踏步前缘线量起不宜小于 0.9m。楼梯水平栏杆或栏板长度大于 0.5m 时，其高度不应小于 1.05m。

6.8.9　托儿所、幼儿园、中小学校及其他少年儿童专用活动场所，当楼梯井净宽大于 0.2m 时，必须采取防止少年儿童坠落的措施。

6.8.10　楼梯踏步的宽度和高度应符合表 6.8.10 的规定。

表 6.8.10　楼梯踏步最小宽度和最大高度（m）

楼梯类别		最小宽度	最大高度
住宅楼梯	住宅公共楼梯	0.260	0.175
	住宅套内楼梯	0.220	0.200
宿舍楼梯	小学宿舍楼梯	0.260	0.150
	其他宿舍楼梯	0.270	0.165
老年人建筑楼梯	住宅建筑楼梯	0.300	0.150
	公共建筑楼梯	0.320	0.130
托儿所、幼儿园楼梯		0.260	0.130
小学校楼梯		0.260	0.150
人员密集且竖向交通繁忙的建筑和大、中学校楼梯		0.280	0.165
其他建筑楼梯		0.260	0.175
超高层建筑核心筒内楼梯		0.250	0.180
检修及内部服务楼梯		0.220	0.200

注：螺旋楼梯和扇形踏步离内侧扶手中心 0.250m 处的踏步宽度不应小于 0.220m。

6.8.11　梯段内每个踏步高度、宽度应一致，相邻梯段的踏步高度、宽度宜一致。

6.8.12　当同一建筑地上、地下为不同使用功能时，楼梯踏步高度和宽度可分别按本标准表 6.8.10 的规定执行。

6.8.13　踏步应采取防滑措施。

6.8.14　当专用建筑设计标准对楼梯有明确规定时，应按国家现行专用建筑设计标准的规定执行。

6.9　电梯、自动扶梯和自动人行道

6.9.1　电梯设置应符合下列规定：

1　电梯不应作为安全出口；

2　电梯台数和规格应经计算后确定并满足建筑的使用特点和要求；

3　高层公共建筑和高层宿舍建筑的电梯台数不宜少于 2 台，12 层及 12 层以上的住宅建筑的电梯台数不应少于 2 台，并应符合现行国家标准《住宅设计规范》GB 50096 的规定；

4　电梯的设置，单侧排列时不宜超过 4 台，双侧排列时不宜超过 2 排×4 台；

5　高层建筑电梯分区服务时，每服务区的电梯单侧排列时不宜超过 4 台，双侧排列时不宜超过 2 排×4 台；

6　当建筑设有电梯目的地选层控制系统时，电梯单侧排列或双侧排列的数量可超出本条第 4 款、第 5 款的规定合理设置；

7　电梯候梯厅的深度应符合表 6.9.1 的规定；

表 6.9.1　候梯厅深度

电梯类别	布置方式	候梯厅深度
住宅电梯	单台	≥B，且 ≥1.5m
	多台单侧排列	≥B_{max}，且 ≥1.8m
	多台双侧排列	≥相对电梯B_{max}之和，且 <3.5m
公共建筑电梯	单台	≥1.5B，且 ≥1.8m
	多台单侧排列	≥1.5B_{max}，且 >2.0m 当电梯群为 4 台时应 ≥2.4m
	多台双侧排列	≥相对电梯B_{max}之和，且 <4.5m
病床电梯	单台	≥1.5B
	多台单侧排列	≥1.5B_{max}
	多台双侧排列	≥相对电梯B_{max}之和

注：B 为轿厢深度，B_{max}为电梯群中最大轿厢深度。

8 电梯不应在转角处贴邻布置，且电梯井不宜被楼梯环绕设置；

9 电梯井道和机房不宜与有安静要求的用房贴邻布置，否则应采取隔振、隔声措施；

10 电梯机房应有隔热、通风、防尘等措施，宜有自然采光，不得将机房顶板作水箱底板及在机房内直接穿越水管或蒸汽管；

11 消防电梯的布置应符合现行国家标准《建筑设计防火规范》GB 50016 的有关规定；

12 专为老年人及残疾人使用的建筑，其乘客电梯应设置监控系统，梯门宜装可视窗，并应符合现行国家标准《无障碍设计规范》GB 50763 的有关规定。

6.9.2 自动扶梯、自动人行道应符合下列规定：

1 自动扶梯和自动人行道不应作为安全出口。

2 出入口畅通区的宽度从扶手带端部算起不应小于 2.5m，人员密集的公共场所其畅通区宽度不宜小于 3.5m。

3 扶梯与楼层地板开口部位之间应设防护栏杆或栏板。

4 栏板应平整、光滑和无突出物；扶手带顶面距自动扶梯前缘、自动人行道踏板面或胶带面的垂直高度不应小于 0.9m。

5 扶手带中心线与平行墙面或楼板开口边缘间的距离：当相邻平行交叉设置时，两梯（道）之间扶手带中心线的水平距离不应小于 0.5m，否则应采取措施防止障碍物引起人员伤害。

6 自动扶梯的梯级、自动人行道的踏板或胶带上空，垂直净高不应小于 2.3m。

7 自动扶梯的倾斜角不宜超过 30°，额定速度不宜大于 0.75m/s；当提升高度不超过 6.0m，倾斜角小于等于 35°时，额定速度不宜大于 0.5m/s；当自动扶梯速度大于 0.65m/s 时，在其端部应有不小于 1.6m 的水平移动距离作为导向行程段。

8 倾斜式自动人行道的倾斜角不应超过 12°，额定速度不应大于 0.75m/s。当踏板的宽度不大于 1.1m，并且在两端出入口踏板或胶带进入梳齿板之前的水平距离不小于 1.6m 时，自动人行道的最大额定速度可达到 0.9m/s。

9 当自动扶梯和层间相通的自动人行道单向设置时，应就近布置相匹配的楼梯。

10 设置自动扶梯或自动人行道所形成的上下层贯通空间，应符合现行国家标准《建筑设计防火规范》GB 50016 的有规定。

11 当自动扶梯或倾斜式自动人行道呈剪刀状相对布置时，以及与楼板、梁井口部位侧边交错部位，应在产生的锐角口前部 1.0m 范围内设置防夹、防剪的预警阻挡设施。

12 自动扶梯和自动人行道宜根据负载状态（无人、少人、多数人、载满人）自动调节为低速或全速的运行方式。

6.10 墙身和变形缝

6.10.1 墙身应根据其在建筑物中的位置、作用和受力状态确定墙体厚度、材料及构造做法，材料的选择应因地制宜。

6.10.2 外墙应根据当地气候条件和建筑使用要求，采取保温、隔热、隔声、防火、防水、防潮和防结露等措施，并应符合国家现行相关标准的规定。

6.10.3 墙身防潮、防渗及防水等应符合下列规定：

1 砌筑墙体应在室外地面以上、位于室内地面垫层处设置连续的水平防潮层；室内相邻地面有高差时，应在高差处墙身贴邻土壤一侧加设防潮层；

2 室内墙面有防潮要求时，其迎水面一侧应设防潮层；室内墙面有防水要求时，其迎水面一侧应设防水层；

3 防潮层采用的材料不应影响墙体的整体抗震性能；

4 室内墙面有防污、防碰等要求时，应按使用要求设置墙裙；

5 外窗台应采取防水排水构造措施；

6 外墙上空调室外机搁板应组织好冷凝水的排放，并采取防雨水倒灌及外墙防潮的构造措施；

7 外墙上空调室外机的位置应便于安装和检修。

6.10.4 在外墙的洞口、门窗等处应采取防止产生变形裂缝的加固措施。

6.10.5 变形缝包括伸缩缝、沉降缝和抗震缝等，其设置应符合下列规定：

1 变形缝应按设缝的性质和条件设计，使其在产生位移或变形时不受阻，且不破坏建筑物。

2 根据建筑使用要求，变形缝应分别采取防水、防火、保温、隔声、防老化、防腐蚀、防虫害和防脱落等构造措施；

3 变形缝不应穿过厕所、卫生间、盥洗室和浴室等用水的房间，也不应穿过配电间等严禁有漏水的房间。

6.11 门窗

6.11.1 门窗选用应根据建筑所在地区的气候条件、节能要求等因素综合确定，并应符合国家现行建筑门窗产品标准的规定。

6.11.2 门窗的尺寸应符合模数，门窗的材料、功能和质量等应满足使用要求。门窗的配件应与门窗主体相匹配，并应满足相应技术要求。

6.11.3 门窗应满足抗风压、水密性、气密性等要求，且应综合考虑安全、采光、节能、通风、防火、隔声等要求。

6.11.4 门窗与墙体应连接牢固，不同材料的门窗与墙体连接处应采用相应的密封材料及构造做法。

6.11.5 有卫生要求或经常有人员居住、活动房间的外门窗宜设置纱门、纱窗。

6.11.6 窗的设置应符合下列规定：

1 窗扇的开启形式应方便使用、安全和易于维修、清洗；

2 公共走道的窗扇开启时不得影响人员通行，其底面距走道地面高度不应低于 2.0m；

3 公共建筑临空外窗的窗台距楼地面净高不得低于 0.8m，否则应设置防护设施，防护设施的高度由地面起算不应低于 0.8m；

4 居住建筑临空外窗的窗台距楼地面净高不得低于 0.9m，否则应设置防护设施，防护设施的高度由地面起算不应低于 0.9m；

5 当防火墙上必须开设窗洞口时，应按现行国家标准《建筑设计防火规范》GB 50016 执行。

6.11.7 当凸窗窗台高度低于或等于 0.45m 时，其防护高度从凸窗面起算不应低于 0.9m；当凸窗窗台高度高于 0.45m 时，其防护高度从窗台面起算不应低于 0.6m。

6.11.8 天窗的设置应符合下列规定：

1 天窗应采用防破碎伤人的透光材料；

2 天窗应有防冷凝水产生或引泄冷凝水的措施，多雪地区应考虑积雪对天窗的影响；

3 天窗应设置方便开启清洗、维修的设施。

6.11.9 门的设置应符合下列规定：

1 门应开启方便、坚固耐用；

2 手动开启的大门扇应有制动装置，推拉门应有防脱轨的措施；

3 双面弹簧门应在可视高度部分装透明安全玻璃；

4 推拉门、旋转门、电动门、卷帘门、吊门、折叠门不应作为疏散门；

5 开向疏散走道及楼梯间的门扇开足后，不应影响走道及楼梯平台的疏散宽度；

6 全玻璃门应选用安全玻璃或采取防护措施，并应设防撞提示标志；

7 门的开启不应跨越变形缝；

8 当设有门斗时，门扇同时开启时两道门的间距不应小于 0.8m；当有无障碍要求时，应符合现行国家标准《无障碍设计规范》GB 50763 的规定。

6.12 建筑幕墙

6.12.1 建筑幕墙应综合考虑建筑物所在地的地理、气候、环境及使用功能、高度等因素，合理选择幕墙的形式。

6.12.2 建筑幕墙应根据不同的面板材料，合理选择幕墙结构形式、配套材料、构造方式等。

6.12.3 建筑幕墙应满足抗风压、水密性、气密性、保温、隔热、隔声、防火、防雷、耐撞击、光学等性能要求，且应符合国家现行有关标准的规定。

6.12.4 建筑幕墙设置的防护设施应符合本标准第 6.11.6 条的规定。

6.12.5 建筑幕墙工程宜有安装清洗装置的条件。

6.13 楼地面

6.13.1 地面的基本构造层宜为面层、垫层和地基；楼面的基本构造层宜为面层和楼板。当地面或楼面的基本构造不能满足使用或构造要求时，可增设结合层、隔离层、填充层、找平层、防水层、防潮层和保温绝热层等其他构造层。

6.13.2 除有特殊使用要求外，楼地面应满足平整、耐磨、不起尘、环保、防污染、隔声、易于清洁等要求，且应具有防滑性能。

6.13.3 厕所、浴室、盥洗室等受水或非腐蚀性液体经常浸湿的楼地面应采取防水、防滑的构造措施，并设排水坡坡向地漏。有防水要求的楼地面应低于相邻楼地面 15.0mm 经常有水流淌的楼地面应设置防水层，宜设门槛等挡水设施，且应有排水措施，其楼地面应采用不吸水、易冲洗、防滑的面层材料，并应设置防水隔离层。

6.13.4 建筑地面应根据需要采取防潮、防基土冻胀或膨胀、防不均匀沉陷等措施。

6.13.5 存放食品、食料、种子或药物等的房间，其楼地面应采用符合国家现行相关卫生环保标准的面层材料。

6.13.6 受较大荷载或有冲击力作用的楼地面，应根据使用性质及场所选用由板、块材料、混凝土等组成的易于修复的刚性构造，或由粒料、灰土等组成的柔性构造。

6.13.7 木板楼地面应根据使用要求及材质特性，采取防火、防腐、防潮、防蛀、通风等相应措施。

6.14 屋面

6.14.1 屋面工程应根据建筑物的性质、重要程度及使用功能，结合工程特点、气候条件等按不同等级进行防水设防，合理采取保温、隔热措施。

6.14.2 屋面排水坡度应根据屋顶结构形式、屋面基层类别、防水构造形式、材料性能及当地气候等条件确定，且应符合表 6.14.2 的规定，并应符合下列规定：

1 屋面采用结构找坡时不应小于 3%，采用建筑找坡时不应小于 2%；

2 瓦屋面坡度大于 100% 以及大风和抗震设防烈度大于 7 度的地区，应采取固定和防止瓦材滑落的措施；

3 卷材防水屋面檐沟、天沟纵向坡度不应小于 1%，金属屋面集水沟可无坡度；

4 当种植屋面的坡度大于 20% 时，应采取固定和防止滑落的措施。

表 6.14.2 屋面的排水坡度

屋面类别		屋面排水坡度（%）
平屋面	防水卷材屋面	≥2、<5
瓦屋面	块瓦	≥30
	波形瓦	≥20
	沥青瓦	≥20
金属屋面	压型金属板、金属夹芯板	≥5
	单层防水卷材金属屋面	≥2
种植屋面	种植屋面	≥2、<50
采光屋面	玻璃采光顶	≥5

6.14.3 上人屋面应选用耐霉变、拉伸强度高的防水材料。防水层应有保护层，保护层宜采用块材或细石混凝土。

6.14.4 种植屋面结构应计算种植荷载作用，并宜设置植物浇灌设施，防水层应满足耐根穿刺要求。

6.14.5 屋面排水应符合下列规定：

1 屋面排水宜结合气候环境优先采用外排水，严寒地区、高层建筑、多跨及集水面积较大的屋面宜采用内排水，屋面雨水管的数量、管径应通过计算确定；

2 当上层屋面雨水管的雨水排至下层屋面时，应有防止水流冲刷屋面的设施；

3 屋面雨水排水系统宜设置溢流系统，溢流排水口的位置不得设在建筑出入口的上方；

4 当屋面采用虹吸式雨水排水系统时，应设溢流设施，集水沟的平面尺寸应满足汇水要求和雨水斗的安装要求，集水沟宽度不宜小于 300mm，有效深度不宜小于 250mm，集水沟分水线处最小深度不应小于 100mm；

5 屋面雨水天沟、檐沟不得跨越变形缝和防火墙；

6 屋面雨水系统不得和阳台雨水系统共用管道。屋面雨水管应设在公共部位，不得在住宅套内穿越。

6.14.6 屋面构造应符合下列规定：

1 设置保温隔热层的屋面应进行热工验算，应采取防结露、防蒸汽渗透等技术措施，且应符合现行国家标准《建筑设计防火规范》GB 50016 的相关规定；

2 当屋面坡度较大时，应采取固定加强和防止屋面系统各个构造层及材料滑落的措施；

3 强风地区的金属屋面和异形金属屋面，应在边区、角区、檐口、屋脊及屋面形态变化处采取构造加强措施；

4 采用架空隔热层的屋面，架空隔热层的高度应按照屋面的宽度或坡度的大小变化确定，架空隔热层不得堵塞；

5 屋面应设上人检修口；当屋面无楼梯通达，并低于 10m 时，可设外墙爬梯，并应有安全防护和防止儿童攀爬的措施；大型屋面及异形屋面的上屋面检修口宜多于 2 个；

6 闷顶应设通风口和通向闷顶的检修人孔，闷顶内应设防火分隔；

7 严寒及寒冷地区的坡屋面，檐口部位应采取防止冰雪融化下坠和冰坝形成等措施；

8 天沟、天窗、檐沟、檐口、雨水管、泛水、变形缝和伸出屋面管道等处应采取与工程特点相适应的防水加强构造措施，并应符合国家现行有关标准的规定。

6.15 吊顶

6.15.1 室外吊顶应根据建筑性质、高度及工程所在地的地理、气候和环境等条件合理选择吊顶的材料及形式。吊顶构造应满足安全、防火、抗震、抗风、耐候、防腐蚀等相关标准的要求。室外吊顶应有抗风揭的加强措施。

6.15.2 室内吊顶应根据使用空间功能特点、高度、环境等条件合理选择吊顶的材料及形式。吊顶构造应满足安全、防火、抗震、防潮、防腐蚀、吸声等相关标准的要求。

6.15.3 室外吊顶与室内吊顶交界处应有保温或隔热措施，且应符合国家现行建筑节能标准的相关规定。

6.15.4 吊顶与主体结构的吊挂应有安全构造措施，重物或有振动等的设备应直接吊挂在建筑承重结构上，并应进行结构计算，满足现行相关标准的要求；当吊杆长度大于 1.5m 时，宜设钢结构支撑架或反支撑。

6.15.5 吊顶系统不得吊挂在吊顶内的设备管线或设施上。

6.15.6 管线较多的吊顶应符合下列规定：

1 合理安排各种设备管线或设施，并应符合国家现行防火、安全及相关专业标准的规定；

2 上人吊顶应满足人行及检修荷载的要求，并应留有检修空间，根据需要应设置检修道（马道）和便于进出入吊顶的人孔；

3 不上人吊顶宜采用便于拆卸的装配式吊顶板或在需要的位置设检修孔。

6.15.7 当吊顶内敷设有水管线时，应采取防止产生冷凝水的措施。

6.15.8 潮湿房间或环境的吊顶，应采用防水或防潮材料和防结露、滴水及排放冷凝水的措施；钢筋混凝土顶板宜采用现浇板。

6.16 管道井、烟道和通风道

6.16.1 管道井、烟道和通风道应用非燃烧体材料制作，且应分别独立设置，不得共用。

6.16.2 管道井的设置应符合下列规定：

1 在安全、防火和卫生等方面互有影响的管线不应敷设在同一管道井内。

2 管道井的断面尺寸应满足管道安装、检修所需空间的要求。当井内设置壁装设备时，井壁应满足承重、安装要求。

3 管道井壁、检修门、管井开洞的封堵做法等应符合现行国家标准《建筑设计防火规范》GB 50016 的有关规定。

4 管道井宜在每层临公共区域的一侧设检修门，检修门门槛或井内楼地面宜高出本层楼地面，且不应小于 0.1m。

5 电气管线使用的管道井不宜与厕所、卫生间、盥洗室和浴室等经常积水的潮湿场所贴邻设置。

6 弱电管线与强电管线宜分别设置管道井。

7 设有电气设备的管道井，其内部环境应保证设备正常运行。

6.16.3 进风道、排风道和烟道的断面、形状、尺寸和内壁应有利于进风、排风、排烟（气）通畅，防止产生阻滞、涡流、窜烟、漏气和倒灌等现象。

6.16.4 自然排放的烟道和排风道宜伸出屋面，同时应避开门窗和进风口。伸出高度应有利于烟气扩散，并应根据屋面形式、排出口周围遮挡物的高度、距离和积雪深度确定，伸出平屋面的高度不得小于

0.6m。伸出坡屋面的高度应符合下列规定：

1 当烟道或排风道中心线距屋脊的水平面投影距离小于 1.5m 时，应高出屋脊 0.6m；

2 当烟道或排风道中心线距屋脊的水平面投影距离为 1.5m～3.0m 时，应高于屋脊，且伸出屋面高度不得小于 0.6m；

3 当烟道或排风道中心线距屋脊的水平面投影距离大于 3.0m 时，可适当低于屋脊，但其顶部与屋脊的连线同水平线之间的夹角不应大于 10°，且伸出屋面高度不得小于 0.6m。

6.16.5 烟道和排风道的设置尚应符合国家现行相关标准的规定。

6.17 室内外装修

6.17.1 室内外装修设计应符合下列规定：

1 室内外装修不应影响建筑物结构的安全性。当既有建筑改造时，应进行可靠性鉴定，根据鉴定结果进行加固。

2 装修工程应根据使用功能等要求，采用节能、环保型装修材料，且应符合现行国家标准《建筑设计防火规范》GB 50016 的相关规定。

6.17.2 室内装修设计应符合下列规定：

1 室内装修不得遮挡消防设施标志、疏散指示标志及安全出口，并不得影响消防设施和疏散通道的正常使用；

2 既有建筑重新装修时，应充分利用原有设施、设备管线系统，且应满足国家现行相关标准的规定；

3 室内装修材料应符合现行国家标准《民用建筑工程室内环境污染控制规范》GB 50325 的相关要求。

6.17.3 外墙装修材料或构件与主体结构的连接必须安全牢固。

7 室内环境

7.1 光环境

7.1.1 建筑中主要功能房间的采光计算应符合现行国家标准《建筑采光设计标准》GB 50033 的规定。

7.1.2 居住建筑的卧室和起居室（厅）、医疗建筑的一般病房的采光不应低于采光等级 Ⅳ 级的采光系数标准值，教育建筑的普通教室的采光不应低于采光等级 Ⅲ 级的采光系数标准值，且应进行采光计算。采光应符合下列规定：

1 每套住宅至少应有一个居住空间满足采光系数标准要求，当一套住宅中居住空间总数超过 4 个时，其中应有 2 个及以上满足采光系数标准要求；

2 老年人居住建筑和幼儿园的主要功能房间应有不小于 75% 的面积满足采光系数标准要求。

7.1.3 有效采光窗面积计算应符合下列规定：

1 侧面采光时，民用建筑采光口离地面高度 0.75m 以下的部分不应计入有效采光面积；

2 侧窗采光口上部的挑檐、装饰板、防火通道及阳台等外部遮挡物在采光计算时，应按实际遮挡参与计算。

7.1.4 建筑照明的数量和质量指标应符合现行国家标准《建筑照明设计标准》GB 50034 的规定。各场所的照明评价指标应符合表 7.1.4 的规定。

表 7.1.4　各场所的照明评价指标

建筑类型	评价指标
居住建筑	照度、显色指数
公共建筑	照度、照度均匀度、统一眩光值、显色指数
通用房间或场所	
博物馆建筑	照度、照度均匀度、统一眩光值、显色指数、年曝光量
体育建筑	水平照度、垂直照度、照度均匀度、眩光指数、显色指数、色温

7.2 通风

7.2.1 建筑物应根据使用功能和室内环境要求设置与室外空气直接流通的外窗或洞口；当不能设置外窗和洞口时，应另设置通风设施。

7.2.2 采用直接自然通风的空间，通风开口有效面积应符合下列规定：

1 生活、工作的房间的通风开口有效面积不应小于该房间地面面积的 1/20；

2 厨房的通风开口有效面积不应小于该房间地板面积的 1/10，并不得小于 0.6m²；

3 进出风开口的位置应避免设在通风不良区域，且应避免进出风开口气流短路。

7.2.3 严寒地区居住建筑中的厨房、厕所、卫生间应设自然通风道或通风换气设施。

7.2.4 厨房、卫生间的门的下方应设进风固定百叶或留进风缝隙。

7.2.5 自然通风道或通风换气装置的位置不应设于门附近。

7.2.6 无外窗的浴室、厕所、卫生间应设机械通风换气设施。

7.2.7 建筑内的公共卫生间宜设置机械排风系统。

7.3 热湿环境

7.3.1 需要夏季防热的建筑物应符合下列规定：

1 建筑外围护结构的夏季隔热设计，应符合现行国家标准《民用建筑热工设计规范》GB 50176 和国家现行相关节能标准的规定；

2 应采取绿化环境、组织有效自然通风、外围护结构隔热和设置建筑遮阳等综合措施；

3 建筑物的东、西向窗户及采光顶应采取有效的遮阳措施，且采光顶宜能通风散热。

7.3.2 设置空气调节的建筑物应符合下列规定：

1 设置集中空气调节系统的房间应相对集中布置；

2 空气调节房间的外窗应有良好的气密性。

7.3.3 需要冬季保温的建筑应符合下列规定：

1 建筑物宜布置在向阳、日照遮挡少、避风的地段；

2 严寒及寒冷地区的建筑物应降低体形系数、减少外表面积；

3 围护结构应采取保温措施，保温设计应符合现行国家标准《民用建筑热工设计规范》GB 50176 和国家现行相关节能标准的规定；

4 严寒及寒冷地区的建筑物不应设置开敞的楼梯间和外廊；严寒地区出入口应设门斗或采取其他防寒措施，寒冷地区出入口宜设门斗或采取其他防寒措施。

7.3.4 冬季日照时数多的地区，建筑宜设置被动式太阳能利用措施。

7.3.5 夏热冬冷地区的长江中、下游地区和夏热冬暖地区建筑的室内地面应采取防泛潮措施。

7.3.6 供暖建筑应按照现行国家标准《民用建筑热工设计规范》GB 50176 采取建筑物防潮措施。

7.4 声环境

7.4.1 民用建筑各类主要功能房间的室内允许噪声级、围护结构（外墙、隔墙、楼板和门窗）的空气声隔声标准以及楼板的撞击声隔声标准，应符合现行国家标准《民用建筑隔声设计规范》GB 50118 的规定。

7.4.2 民用建筑的隔声减噪设计应符合下列规定：

1 民用建筑隔声减噪设计，应根据建筑室外环境噪声状况、建筑物内部噪声源分布状况及室内允许噪声级的需求，确定其防噪措施和设计其相应隔声性能的建筑围护结构。

2 不宜将有噪声和振动的设备用房设在噪声敏感房间的直接上、下层或贴邻布置；当其设在同一楼层时，应分区布置。

3 当安静要求较高的房间内设置吊顶时，应将隔墙砌至梁、板底面。当采用轻质隔墙时，其隔声性能应符合国家现行有关隔声标准的规定。

4 墙上的施工留洞或剪力墙抗震设计所开洞口的封堵，应采用满足对应隔声要求的材料和构造。

5 电梯井道和机房不宜与有安静要求的用房贴邻布置，否则应采取隔振、隔声措施。

6 高层建筑的外门窗、外遮阳构件等应采取有效措施防止风啸声的发生。

7.4.3 民用建筑内的建筑设备隔振降噪设计应符合下列规定：

1 民用建筑内产生噪声与振动的建筑设备宜选用低噪声产品，且应设置在对噪声敏感房间干扰较小的位置。当产生噪声与振动的建筑设备可能对噪声敏感房间产生噪声干扰时，应采取有效的隔振、隔声措施。

2 与产生噪声与振动的建筑设备相连接的各类管道应采取软管连接、设置弹性支吊架等措施控制振动和固体噪声沿管道传播。并应采取控制流速、设置消声器等综合措施降低随管道传播的机械辐射噪声和气流再生噪声。

3 当各类管道穿越噪声敏感房间的墙体和楼板时，孔洞周边应采取密封隔声措施；当在噪声敏感房间内的墙体上设置嵌入墙内对墙体隔声性能有显著降低的配套构件时，不得背对背布置，应相互错开位置，并应对所开的洞（槽）采取有效的隔声封堵措施。

7.4.4 柴油发电机房应采取机组消声及机房隔声综合治理措施。冷冻机房、换热站泵房、水泵房应有隔振防噪措施。

7.4.5 音乐厅、剧院、电影院、多用途厅堂、体育场馆、航站楼及各类交通客运站等有特殊声学要求的重要建筑，宜根据功能定位和使用要求，进行建筑声学和扩声系统专项设计。

7.4.6 人员密集的室内场所，应进行减噪设计。

8 建筑设备

8.1 给水排水

8.1.1 建筑给水设计应符合下列规定：

1 应采用节水型低噪声卫生器具和水嘴；

2 当分户计量时，宜在公共区域外设水表箱或水表间。

8.1.2 生活饮用水水池（箱）、供水泵房等设置应符合下列规定：

1 建筑物内的生活饮用水水池（箱）体应采用独立结构形式，不得利用建筑物的本体结构作为水池（箱）的壁板、底板及顶盖；与其他用水水池（箱）并列设置时，应有各自独立的分隔墙；

2 埋地生活饮用水贮水池周围 10.0m 以内，不得有化粪池、污水处理构筑物、渗水井、垃圾堆放点等污染源，周围 2.0m 以内不得有污水管和污染物；

3 生活饮用水水池（箱）的材质、衬砌材料和内壁涂料不得影响水质；

4 建筑物内的生活饮用水水池（箱）宜设在专用房间内，其直接上层不应有厕所、浴室、盥洗室、厨房、厨房废水收集处理间、污水处理机房、污水泵房、洗衣房、垃圾间及其他产生污染源的房间，且不应与上述房间相毗邻；

5 泵房内地面应设防水层；

6 生活给水泵房内的环境应满足国家现行有关卫生标准的要求。

8.1.3 生活热水的热源应遵循国家或地方有关规定利用太阳能，新建建筑太阳能集热器的设置必须与建筑设计一体化。

8.1.4 当采用同层排水时，卫生间的地坪和结构楼板均应采取可靠的防水措施。

8.1.5 给水排水管道敷设应符合下列规定：

1 给水排水管道不应穿过变配电房、电梯机房、智能化系统机房、音像库房等遇水会损坏设备和引发事故的房间，以及博物馆类建筑的藏品库房、档案馆类建筑的档案库区、图书馆类建筑的书库等；并应避免在生产设备、遇水会引起爆炸燃烧的原料和产品、配电柜上方通过；

2 排水横管不得穿越食品、药品及其原料的加工及贮藏部位，并不得穿越生活饮用水水池（箱）的正上方；

3 排水管道不得穿过结构变形缝等部位，当必须穿过时，应采取相应技术措施；

4 排水管道不得穿越客房、病房和住宅的卧室、书房、客厅、餐厅等对卫生、安静有较高要求的房间；

5 生活饮用水管道严禁穿过毒物污染区。当通过有腐蚀性区域时，应采取安全防护措施。

8.1.6 化粪池距离地下取水构筑物不得小于 30.0m。化粪池外壁距建筑物外墙不宜小于 5.0m，并不得影响建筑物基础。

8.1.7 污水处理站、中水处理站的设置应符合下列规定：

1 建筑小区污水处理站、中水处理站宜布置在基地主导风向的下风向处，且宜在地下独立设置。以生活污水为原水的地面处理站与公共建筑和住宅的距离不宜小于 15.0m。

2 建筑物内的中水处理站宜设在建筑物的最底层，建筑群（组团）的中水处理站宜设在其中心位置建筑的地下室或裙房内。

8.1.8 室内消火栓应设置在明显易于取用及便于火灾扑救的位置。消火栓箱暗装在防火墙或承重墙上时，应采取不能减弱本墙体耐火等级的技术措施。

8.1.9 消防水池的设计应符合下列规定：

1 消防水池可室外埋地设置、露天设置或在建筑内设置，并靠近消防泵房或与泵房同一房间，且池底标高应高于或等于消防泵房的地面标高；

2 消防用水等非生活饮用水水池的池体宜根据结构要求与建筑物本体结构脱开，采用独立结构形式。钢筋混凝土水池，其池壁、底板及顶板应做防水处理，且内表面应光滑易于清洗。

8.1.10 消防水泵房设置应符合下列规定：

1 不应设置在地下 3 层及以下，或室内地面与室外出入口地坪高差大于 10.0m 的地下楼层；

2 消防水泵房应采取防水淹的技术措施；

3 疏散门应直通室外或安全出口。

8.1.11 高位消防水箱设置应符合下列规定：

1 水箱最低有效水位应高于其所服务的水灭火设施；

2 严寒和寒冷地区的消防水箱应设在房间内，且应保证其不冻结。

8.1.12 设置气体灭火系统的房间应符合下列规定：

1 围护结构及门窗的耐火极限不宜低于 0.5h，吊顶的耐火极限不宜低于 0.25h；

2 围护结构及门窗的允许压强不宜小于 1.2kPa；

3 围护结构上应设置泄压口，泄压口应开向室外或公共走道，泄压口下沿应位于房间净高 2/3 以上的位置，泄压口面积应经计算确定；

4 门应向疏散方向开启，并应能自动关闭。

8.1.13 冷却塔位置的选择应符合下列规定：

1 气流宜通畅，湿热空气回流影响小，且应布置在建筑物的最小频率风向的上风侧；

2 冷却塔不应布置在热源、废气和烟气排放口附近，不宜布置在高大建筑物中间的狭长地带上；

3 冷却塔与相邻建筑物之间的距离，除满足塔的通风要求外，还应考虑噪声、飘水等对建筑物的影响。

8.1.14 燃油（气）热水机组机房的布置应符合下列规定：

1 机房宜与其他建筑物分离独立设置。当设在建筑物内时，不应设置在人员密集场所的上、下层或贴邻部位，应布置在靠外墙部位，其疏散门应直通安全出口。在外墙开口部位的上方，应设置宽度不小于 1.0m 的不燃烧体防火挑檐。

2 机房顶部及墙面应做隔声处理，地面应做防水处理。

8.2 暖通空调

8.2.1 设有供暖系统的民用建筑应符合下列规定：

1 应按城市热力规划、气候、建筑功能要求确定供暖热源、系统和运行方式；

2 独立设置的区域锅炉房宜靠近最大负荷区域，应防止燃料运输、存放、噪声、污染物排放等对周边环境的影响；

3 热媒输配管道系统的公共阀门、仪表等，应设在公共空间并可随时进行调节、检修、更换、抄表；

4 室内供暖、室外热力管道用管沟或管廊应在适当位置留出膨胀弯或补偿器空间；当供暖管道穿墙或楼板无法计算管道膨胀量，且没有补偿措施时，洞口应采用柔性封堵；

5 供暖系统的热力入口应设在专用房间内；

6 当室内采用地面埋管供暖系统时，层高应满足地面构造做法的要求。

8.2.2 设有机械通风系统的民用建筑应符合下列规定：

1 新风采集口应设置在室外空气清新、洁净的位置或地点；废气及室外设备的出风口应高于人员经常停留或通行的高度；有毒、有害气体应经处理达标后向室外高空排放；与地下供暖管沟、地下室开敞空间或室外相通的共用通风道底部，应设有防止小动物进入的箅网；

2 通风机房、吊装设备及暗装通风管道系统的调节阀、检修口、清扫口应满足运行时操作和检修的要求；

3 贮存易燃易爆物质、有防疫卫生要求及散发有毒有害物质或气体的房间，应单独设置排风系统，并按环保规定处理达标后向室外高空排放；

4 事故排风系统的室外排风口不应布置在人员经常停留或通行的地点以及邻近窗口、天窗、出入口等位置；且排风口与进风口的水平距离不应小于 20.0m，否则宜高出 6.0m 以上；

5 除事故风机、消防用风机外，室外露天安装的通风机应避免运行噪声及振动对周边环境的影响，必要时应采取可靠的防护和消声隔振措施；

6 餐饮厨房的排风应处理达标后向室外高空排放。

8.2.3　设有空气调节系统的民用建筑应符合下列规定：

1　应按建筑物规模、用途、建设地点的能源条件、结构、价格以及我国节能减排、环保政策等选用空调冷热源、系统及运行方式；

2　层高或吊顶、架空地板高度应满足空调设备及管道的安装、清扫和检修要求；

3　风冷室外机应设置在通风良好的位置；水冷设备既要通风良好，又要避免飘水对行人或环境的不利影响，靠近外窗时应采取防雾、防噪声干扰等措施；

4　空调管道的热膨胀、暗装设备检修等应分别符合本标准第 8.2.1 条、第 8.2.2 条的相关规定；

5　空调机房应邻近所服务的空调区，机房面积和净高应满足设备、风管安装的要求，并应满足常年清理、检修的要求。

8.2.4　既有建筑加装暖通空调设备不得危害结构安全，室外设备不应危及邻居或行人。

8.2.5　冷热源站房的设置应符合下列规定：

1　应预留大型设备的搬运通道及条件；吊装设施应安装在高度、承载力满足要求的位置；

2　主机房宜采用水泥地面，主机基座周边宜设排水明沟；

3　设备周围及上部应留有通行及检修空间；

4　多台主机联合运行的站房应设置集中控制室，控制室应采用隔声门，锅炉房控制室应采用具有抗爆能力且固定的观察窗。

8.2.6　燃油（燃气）锅炉或设备用房应设在便于燃料储存及输配且能与室外保持足够通风量的位置，不应靠近或危及人员密集的空间，且人员逃生、泄爆、排水、排气等防护措施应符合现行国家标准《锅炉房设计规范》GB 50041 和《建筑设计防火规范》GB 50016 的规定。

8.3　建筑电气

8.3.1　民用建筑物内设置的变电所应符合下列规定：

1　变电所位置的选择应符合下列规定：

1）宜接近用电负荷中心；

2）应方便进出线；

3）应方便设备吊装运输；

4）不应在厕所、卫生间、盥洗室、浴室、厨房或其他蓄水、经常积水场所的直接下一层设置，且不宜与上述场所相贴邻，当贴邻设置时应采取防水措施；

5）变压器室、高压配电室、电容器室，不应在教室、居室的直接上、下层及贴邻处设置；当变电所的直接上、下层及贴邻处设置病房、客房、办公室、智能化系统机房时，应采取屏蔽、降噪等措施。

2　地上高压配电室宜设不能开启的自然采光窗，其窗距室外地坪不宜低于 1.8m；地上低压配电室可设能开启的不临街的自然采光通风窗，其窗应按本条第 7 款做防护措施。

3　变电所宜设在一个防火分区内。当在一个防火分区内设置的变电所，建筑面积不大于 200.0m² 时，至少应设置 1 个直接通向疏散走道（安全出口）或室外的疏散门；当建筑面积大于 200.0m² 时，至少应设置 2 个直接通向疏散走道（安全出口）或室外的疏散门；当变电所长度大于 60.0m 时，至少应设置 3 个直接通向疏散走道（安全出口）或室外的疏散门。

4　当变电所内设置值班室时，值班室应设置直接通向室外或疏散走道（安全出口）的疏散门。

5　当变电所设置 2 个及以上疏散门时，疏散门之间的距离不应小于 5.0m，且不应大于 40.0m。

6　变压器室、配电室、电容器室的出入口门应向外开启。同一个防火分区内的变电所，其内部相通的门应为不燃材料制作的双向弹簧门。当变压器室、配电室、电容器室长度大于 7.0m 时，至少应设 2 个出入口门。

7　变压器室、配电室、电容器室等应设置防雨雪和小动物从采光窗、通风窗、门、电缆沟等进入室内的设施。

8　变电所地面或门槛宜高出所在楼层楼地面不小于 0.1m。如果设在地下层，其地面或门槛宜高出所在楼层楼地面不小于 0.15m。变电所的电缆夹层、电缆沟和电缆室应采取防水、排水措施。

8.3.2　变电所防火门的级别应符合下列规定：

1　变电所直接通向疏散走道（安全出口）的疏散门，以及变电所直接通向非变电所区域的门，应为

甲级防火门;

2 变电所直接通向室外的疏散门,应为不低于丙级的防火门。

8.3.3 柴油发电机房应符合下列规定:

1 柴油发电机房的设置应符合本标准第 8.3.1 条的规定。

2 柴油发电机房宜设有发电机间、控制及配电室、储油间、备件贮藏间等,设计时可根据具体情况对上述房间进行合并或增减。

3 当发电机间、控制及配电室长度大于 7.0m 时,至少应设 2 个出入口门。其中一个门及通道的大小应满足运输机组的需要,否则应预留运输条件。

4 发电机间的门应向外开启。发电机间与控制及配电室之间的门和观察窗应采取防火措施,门应开向发电机间。

5 柴油发电机房宜靠近变电所设置,当贴邻变电所设置时,应采用防火墙隔开。

6 当柴油发电机房设在地下时,宜贴邻建筑外围护墙体或顶板布置,机房的送、排风管(井)道和排烟管(井)道应直通室外。室外排烟管(井)的口部下缘距地面高度不宜小于 2.0m。

7 柴油发电机房墙面或管(井)的送风口宜正对发电机进风端。

8 建筑物内设或外设储油设施设置应符合现行国家标准《建筑设计防火规范》GB 50016 的规定。

9 高压柴油发电机房可与低压柴油发电机房分别设置。

8.3.4 智能化系统机房应符合下列规定:

1 机房地面或门槛宜高出本层楼地面不小于 0.1m。

2 机房宜铺设架空地板、网络地板或地面线槽,宜采用防静电、防尘材料,机房净高不宜小于 2.5m。

3 机房可单独设置,也可合用设置。当消防控制室与其他控制室合用时,消防设备在室内应占有独立的区域,且相互间不会产生干扰;当安防监控中心与其他控制室合用时,风险等级应得到主管安防部门的确认。

4 消防控制室、安防监控中心的设置应符合有关国家现行消防、安防标准的规定。消防控制室、安防监控中心宜设在建筑物的首层或地下一层。

8.3.5 电气竖井的设置应符合下列规定:

1 电气竖井的面积、位置和数量应根据建筑物规模、使用性质、供电半径和防火分区等因素确定,每层设置的检修门应开向公共走道。电气竖井不宜与卫生间等潮湿场所相贴邻。

2 250.0m 及以上的超高层建筑应设 2 个及以上强电竖井,宜设 2 个及以上弱电竖井。

3 电气竖井井壁、楼板及封堵材料的耐火极限应根据建筑本体耐火极限设置,检修门应采用不低于丙级的防火门。

4 设有综合布线机柜的弱电竖井宜大于 5.0m²;采用对绞电缆布线时,其距最远端信息点的布线距离不宜大于 90.0m。

8.3.6 线路敷设应符合下列规定:

1 无关的管道和线路不得穿越和进入变电所、控制室、楼层配电室、智能化系统机房、电气竖井,与其有关的管道和线路进入时应做好防护措施。

2 有关的管道在变电所、控制室、楼层配电室、智能化系统机房、电气竖井布置时,不应设置在电气设备的正上方。风口设置应避免气流短路。

3 在楼板、墙体、柱内暗敷的电气线缆保护管其覆盖层不应小于 15.0mm;在楼板、墙体、柱内暗敷的消防设备配电线缆保护管其覆盖层不应小于 30.0mm。覆盖层应采用不燃性材料。

4 电缆桥架顶距楼板不宜小于 0.3m,距梁底不宜小于 0.1m。

8.3.7 建筑物防雷接闪器的设置应符合现行国家标准《建筑物防雷设计规范》GB 50057 的规定,并应符合下列规定:

1 国家级重点文物保护的建筑物、高层建筑、具有爆炸危险场所的建筑物应采用明敷接闪器;

2 除第 1 款之外的建筑物,当屋顶钢筋网以上的防水层和混凝土层需要保护时,屋顶层应采用明敷接闪网等接闪器;

3　除第 1 款之外的建筑物，当周围有人员停留时，其女儿墙或檐口应采用明敷接闪带等接闪器。

8.4　燃气

8.4.1　室外燃气管道宜埋地敷设，并应符合下列规定：

1　不得从建筑物和大型构筑物（不含架空建筑物和构筑物）的下面穿过；

2　不应穿过电力、电缆、供热和污水等地下管沟或同沟敷设，与建（构）物或相邻管道之间的水平和垂直净距、覆土深度等应符合现行国家标准《城镇燃气设计规范》GB 50028 的有关规定。

8.4.2　燃气管道采用室外架空敷设时，应符合下列规定：

1　可沿建筑物外墙或屋面敷设；

2　中压燃气管道，可沿耐火等级不低于二级的居住建筑或公共建筑的外墙敷设，该建筑外墙的耐火极限不得低于 2.5h；

3　燃气管道距居住建筑或公共建筑物非用气房间门、窗洞口的水平净距，中压管道不宜小于 0.5m，低压管道不宜小于 0.3m。

8.4.3　区域燃气调压站（箱）可设置于地上或地下，与建筑物的水平净距应符合现行国家标准《城镇燃气设计规范》GB 50028 的有关规定。

8.4.4　楼栋调压箱或专用调压装置可悬挂在耐火等级不低于二级的居住建筑的外墙上，外墙体的耐火极限不得小于 2.5h。

8.4.5　当调压装置进口压力不大于 0.4MPa，且调压器进出口管径不大于 DN100 时，可设置在用气建筑物的平屋顶上，并应符合下列规定：

1　应在屋顶承重结构受力允许的条件下，且该建筑物耐火等级不得低于二级；

2　调压箱（或露天调压装置）与建筑物烟囱的水平净距不应小于 5.0m。

8.4.6　燃气表、用户调压器的设置，应符合下列规定：

1　应设置在不燃或难燃墙体上，且应设置在通风良好和便于安装、查表的地方；

2　住宅建筑燃气表及用户调压器可安装在厨房内，也可设置在户门外的表箱或表间内；

3　公共建筑燃气表应集中布置在单独房间内，当设有专用调压室时，可与调压器同室布置；

4　不应设置在有电源、电器开关及其他电气设备的管道井内。

8.4.7　液化石油气和相对密度大于 0.75 的燃气调压计量装置及管道、燃具、用气设备等设施不得设于地下室、半地下室等地下空间。

8.4.8　当采用液化石油气瓶组自然气化，总容积小于等于 1.0m³ 时，瓶组间可设置在与建筑物（高层建筑、重要公共建筑和居住建筑除外）外墙毗连的单层专用房间内，单层专用房间应符合下列规定：

1　建筑物耐火等级不得低于二级；

2　应通风良好，且应有直通室外的门；

3　与其他毗邻房间的墙应为防火墙，且不得设置任何洞口；

4　室温不应高于 45℃，且不应低于 0℃；

5　与其他建筑的防火间距应符合国家现行相关标准的规定。

8.4.9　当瓶组气化站配置气瓶的总容积超过 1.0m³ 或采用强制气化时，应独立设置在高度不低于 2.2m 的专用房间内。专用房间与其他建（构）筑物的防火间距应符合国家现行相关标准的规定。

8.4.10　商业和公共建筑用户使用的气瓶组严禁与燃具布置在同一房间内。

8.4.11　在室内设置的燃气管道和阀门应符合下列规定：

1　燃气管道宜设置在厨房、生活阳台等通风良好的场所；引入管的阀门可设置在公共空间，并应方便操作和检修；

2　燃气管道不得穿过防火墙；当必须穿过时，应采取必要的防护措施；

3　严禁设置在居室和卫生间；

4　不得设置在人防工程和避难场所，以及非用燃气的人员密集所；

5　不得设置在建筑中的避难间、电梯间、非开敞的楼梯间及其消防前室；

6　不得穿过电力、电缆、供暖和污水等地下管沟或同沟、同井敷设；

7 不得穿过烟道、进风道和垃圾道；

8 不得设置在易燃或易爆品的仓库、有腐蚀性介质的房间、发电间、变配电室等非用燃气的设备用房。

8.4.12 燃气管道宜明设。当暗埋和暗封燃气管道时，应符合现行国家标准《城镇燃气技术规范》GB 50494 和《城镇燃气设计规范》GB 50028 的有关规定。

8.4.13 燃气管道竖井应符合下列规定：

1 竖井的底部和顶部应直接与大气相通；

2 管道竖井的墙体应为耐火极限不低于 1.0h 的不燃烧体，井壁上的检查门应采用丙级防火门。

8.4.14 居住建筑使用燃具的厨房或设备间应符合下列规定：

1 净高度不应低于 2.2m，并应有良好的自然通风；

2 应与居室分隔，且不得向卧室开敞。

8.4.15 居住建筑的燃具燃烧烟气宜通过竖向烟道排至室外，且不得与使用固体燃料的设备共用一套排烟设施。

8.4.16 高层民用建筑内使用燃气应采用管道供气。

8.4.17 公共建筑中燃具的设置应符合下列规定：

1 燃具设置在地下室、半地下室（液化石油气除外）和地上无自然通风房间等场所时，应设置机械通风设施和独立的事故排风设施，通风量应符合下列规定：

1）正常工作时，换气次数不应小于 6 次/h；事故通风时，换气次数不应小于 12 次/h；不工作时，换气次数不应小于 3 次/h；

2）当燃烧所需的空气由室内吸取时，应满足燃烧所需的空气量。

2 燃具燃烧的烟气宜通过竖向烟道排至室外。

8.4.18 公共建筑燃气直燃机、燃气锅炉等大型燃气用气设备的排烟应符合下列规定：

1 用气设备宜采用单独烟道；当多台设备合用烟道时，应保证排烟时互不影响；

2 应设有防止倒风的装置。

3.3 《建筑工程建筑面积计算规范》GB/T 50353—2013

1 总则（略）

2 术语（略）

3 计算建筑面积的规定

3.0.1 建筑物的建筑面积应按自然层外墙结构外围水平面积之和计算。结构层高在 2.20m 及以上的，应计算全面积；结构层高在 2.20m 以下的，应计算 1/2 面积。

3.0.2 建筑物内设有局部楼层时，对于局部楼层的二层及以上楼层，有围护结构的应按其围护结构外围水平面积计算，无围护结构的应按其结构底板水平面积计算，且结构层高在 2.20m 及以上的，应计算全面积，结构层高在 2.20m 以下的，应计算 1/2 面积。

3.0.3 对于形成建筑空间的坡屋顶，结构净高在 2.10m 及以上的部位应计算全面积；结构净高在 1.20m 及以上至 2.10m 以下的部位应计算 1/2 面积；结构净高在 1.20m 以下的部位不应计算建筑面积。

3.0.4 对于场馆看台下的建筑空间，结构净高在 2.10m 及以上的部位应计算全面积；结构净高在 1.20m 及以上至 2.10m 以下的部位应计算 1/2 面积；结构净高在 1.20m 以下的部位不应计算建筑面积。室内单独设置的有围护设施的悬挑看台，应按看台结构底板水平投影面积计算建筑面积。有顶盖无围护结构的场馆看台应按其顶盖水平投影面积的 1/2 计算面积。

3.0.5 地下室、半地下室应按其结构外围水平面积计算。结构层高在 2.20m 及以上的，应计算全面积；结构层高在 2.20m 以下的，应计算 1/2 面积。

3.0.6 出入口外墙外侧坡道有顶盖的部位，应按其外墙结构外围水平面积的 1/2 计算面积。

3.0.7 建筑物架空层及坡地建筑物吊脚架空层，应按其顶板水平投影计算建筑面积。结构层高在 2.20m 及以上的，应计算全面积；结构层高在 2.20m 以下的，应计算 1/2 面积。

3.0.8　建筑物的门厅、大厅应按一层计算建筑面积，门厅、大厅内设置的走廊应按走廊结构底板水平投影面积计算建筑面积。结构层高在 2.20m 及以上的，应计算全面积；结构层高在 2.20m 以下的，应计算 1/2 面积。

3.0.9　对于建筑物间的架空走廊，有顶盖和围护设施的，应按其围护结构外围水平面积计算全面积；无围护结构、有围护设施的，应按其结构底板水平投影面积计算 1/2 面积。

3.0.10　对于立体书库、立体仓库、立体车库，有围护结构的，应按其围护结构外围水平面积计算建筑面积；无围护结构、有围护设施的，应按其结构底板水平投影面积计算建筑面积。无结构层的应按一层计算，有结构层的应按其结构层面积分别计算。结构层高在 2.20m 及以上的，应计算全面积；结构层高在 2.20m 以下的，应计算 1/2 面积。

3.0.11　有围护结构的舞台灯光控制室，应按其围护结构外围水平面积计算。结构层高在 2.20m 及以上的，应计算全面积；结构层高在 2.20m 以下的，应计算 1/2 面积。

3.0.12　附属在建筑物外墙的落地橱窗，应按其围护结构外围水平面积计算。结构层高在 2.20m 及以上的，应计算全面积；结构层高在 2.20m 以下的，应计算 1/2 面积。

3.0.13　窗台与室内楼地面高差在 0.45m 以下且结构净高在 2.10m 及以上的凸（飘）窗，应按其围护结构外围水平面积计算 1/2 面积。

3.0.14　有围护设施的室外走廊（挑廊），应按其结构底板水平投影面积计算 1/2 面积；有围护设施（或柱）的檐廊，应按其围护设施（或柱）外围水平面积计算 1/2 面积。

3.0.15　门斗应按其围护结构外围水平面积计算建筑面积，且结构层高在 2.20m 及以上的，应计算全面积；结构层高在 2.20m 以下的，应计算 1/2 面积。

3.0.16　门廊应按其顶板的水平投影面积的 1/2 计算建筑面积；有柱雨篷应按其结构板水平投影面积的 1/2 计算建筑面积；无柱雨篷的结构外边线至外墙结构外边线的宽度在 2.10m 及以上的，应按雨篷结构板的水平投影面积的 1/2 计算建筑面积。

3.0.17　设在建筑物顶部的、有围护结构的楼梯间、水箱间、电梯机房等，结构层高在 2.20m 及以上的应计算全面积；结构层高在 2.20m 以下的，应计算 1/2 面积。

3.0.18　围护结构不垂直于水平面的楼层，应按其底板面的外墙外围水平面积计算。结构净高在 2.10m 及以上的部位，应计算全面积；结构净高在 1.20m 及以上至 2.10m 以下的部位，应计算 1/2 面积；结构净高在 1.20m 以下的部位，不应计算建筑面积。

3.0.19　建筑物的室内楼梯、电梯井、提物井、管道井、通风排气竖井、烟道，应并入建筑物的自然层计算建筑面积。有顶盖的采光井应按一层计算面积，且结构净高在 2.10m 及以上的，应计算全面积；结构净高在 2.10m 以下的，应计算 1/2 面积。

3.0.20　室外楼梯应并入所依附建筑物自然层，并应按其水平投影面积的 1/2 计算建筑面积。

3.0.21　在主体结构内的阳台，应按其结构外围水平面积计算全面积；在主体结构外的阳台，应按其结构底板水平投影面积计算 1/2 面积。

3.0.22　有顶盖无围护结构的车棚、货棚、站台、加油站、收费站等，应按其顶盖水平投影面积的 1/2 计算建筑面积。

3.0.23　以幕墙作为围护结构的建筑物，应按幕墙外边线计算建筑面积。

3.0.24　建筑物的外墙外保温层，应按其保温材料的水平截面积计算，并计入自然层建筑面积。

3.0.25　与室内相通的变形缝，应按其自然层合并在建筑物建筑面积内计算。对于高低联跨的建筑物，当高低跨内部连通时，其变形缝应计算在低跨面积内。

3.0.26　对于建筑物内的设备层、管道层、避难层等有结构层的楼层，结构层高在 2.20m 及以上的，应计算全面积；结构层高在 2.20m 以下的，应计算 1/2 面积。

3.0.27　下列项目不应计算建筑面积：

1　与建筑物内不相连通的建筑部件；

2　骑楼、过街楼底层的开放公共空间和建筑物通道；

3　舞台及后台悬挂幕布和布景的天桥、挑台等；

4　露台、露天游泳池、花架、屋顶的水箱及装饰性结构构件；

5　建筑物内的操作平台、上料平台、安装箱和罐体的平台；

6 勒脚、附墙柱、垛、台阶、墙面抹灰、装饰面、镶贴块料面层、装饰性幕墙，主体结构外的空调室外机搁板（箱）、构件、配件，挑出宽度在 2.10m 以下的无柱雨篷和顶盖高度达到或超过两个楼层的无柱雨篷；

7 窗台与室内地面高差在 0.45m 以下且结构净高在 2.10m 以下的凸（飘）窗，窗台与室内地面高差在 0.45m 及以上的凸（飘）窗；

8 室外爬梯、室外专用消防钢楼梯；

9 无围护结构的观光电梯；

10 建筑物以外的地下人防通道，独立的烟囱、烟道、地沟、油（水）罐、气柜、水塔、贮油（水）池、贮仓、栈桥等构筑物。

3.4 《建筑工程施工质量验收统一标准》GB 50300—2013

1 总则（略）

2 术语（略）

3 基本规定

3.0.1 施工现场应具有健全的质量管理体系、相应的施工技术标准、施工质量检验制度和综合施工质量水平评定考核制度。施工现场质量管理可按本标准附录 A 的要求进行检查记录。

3.0.2 未实行监理的建筑工程，建设单位相关人员应履行本标准涉及的监理职责。

3.0.3 建筑工程的施工质量控制应符合下列规定：

1 建筑工程采用的主要材料、半成品、成品、建筑构配件、器具和设备应进行进场检验。凡涉及安全、节能、环境保护和主要使用功能的重要材料、产品，应按各专业工程施工规范、验收规范和设计文件等规定进行复验，并应经监理工程师检查认可；

2 各施工工序应按施工技术标准进行质量控制，每道施工工序完成后，经施工单位自检符合规定后，才能进行下道工序施工。各专业工种之间的相关工序应进行交接检验，并应记录；

3 对于监理单位提出检查要求的重要工序，应经监理工程师检查认可，才能进行下道工序施工。

3.0.4 符合下列条件之一时，可按相关专业验收规范的规定适当调整抽样复验、试验数量，调整后的抽样复验、试验方案应由施工单位编制，并报监理单位审核确认。

1 同一项目中由相同施工单位施工的多个单位工程，使用同一生产厂家的同品种、同规格、同批次的材料、构配件、设备；

2 同一施工单位在现场加工的成品、半成品、构配件用于同一项目中的多个单位工程；

3 在同一项目中，针对同一抽样对象已有检验成果可以重复利用。

3.0.5 当专业验收规范对工程中的验收项目未作出相应规定时，应由建设单位组织监理、设计、施工等相关单位制定专项验收要求。涉及安全、节能、环境保护等项目的专项验收要求应由建设单位组织专家论证。

3.0.6 建筑工程施工质量应按下列要求进行验收：

1 工程质量验收均应在施工单位自检合格的基础上进行；

2 参加工程施工质量验收的各方人员应具备相应的资格；

3 检验批的质量应按主控项目和一般项目验收；

4 对涉及结构安全、节能、环境保护和主要使用功能的试块、试件及材料，应在进场时或施工中按规定进行见证检验；

5 隐蔽工程在隐蔽前应由施工单位通知监理单位进行验收，并应形成验收文件，验收合格后方可继续施工；

6 对涉及结构安全、节能、环境保护和使用功能的重要分部工程应在验收前按规定进行抽样检验；

7 工程的观感质量应由验收人员现场检查，并应共同确认。

3.0.7 建筑工程施工质量验收合格应符合下列规定：

1 符合工程勘察、设计文件的要求；

2 符合本标准和相关专业验收规范的规定。

3.0.8　检验批的质量检验，可根据检验项目的特点在下列抽样方案中选取：

1　计量、计数或计量－计数的抽样方案；

2　一次、二次或多次抽样方案；

3　对重要的检验项目，当有简易快速的检验方法时，选用全数检验方案；

4　根据生产连续性和生产控制稳定性情况，采用调整型抽样方案；

5　经实践证明有效的抽样方案。

3.0.9　检验批抽样样本应随机抽取，满足分布均匀、具有代表性的要求，抽样数量应符合有关专业验收规范的规定。当采用计数抽样时，最小抽样数量应符合表3.0.9的要求。

明显不合格的个体可不纳入检验批，但应进行处理，使其满足有关专业验收规范的规定，对处理的情况应予以记录并重新验收。

表 3.0.9　检验批最小抽样数量

检验批的容量	最小抽样数量	检验批的容量	最小抽样数量
2～15	2	151～280	13
16～25	3	281～500	20
26～90	5	501～1200	32
91～150	8	1201～3200	50

3.0.10　计量抽样的错判概率α和漏判概率β可按下列规定采取：

1　主控项目：对应于合格质量水平的α和β均不宜超过5%；

2　一般项目：对应于合格质量水平的α不宜超过5%，β不宜超过10%。

4　建筑工程质量验收的划分

4.0.1　建筑工程施工质量验收应划分为单位工程、分部工程、分项工程和检验批。

4.0.2　单位工程应按下列原则划分：

1　具备独立施工条件并能形成独立使用功能的建筑物或构筑物为一个单位工程；

2　对于规模较大的单位工程，可将其能形成独立使用功能的部分划分为一个子单位工程。

4.0.3　分部工程应按下列原则划分：

1　可按专业性质、工程部位确定；

2　当分部工程较大或较复杂时，可按材料种类、施工特点、施工程序、专业系统及类别将分部工程划分为若干子分部工程。

4.0.4　分项工程可按主要工种、材料、施工工艺、设备类别进行划分。

4.0.5　检验批可根据施工、质量控制和专业验收的需要，按工程量、楼层、施工段、变形缝进行划分。

4.0.6　建筑工程的分部工程、分项工程划分宜按本标准附录B采用。

4.0.7　施工前，应由施工单位制定分项工程和检验批的划分方案，并由监理单位审核。对于附录B及相关专业验收规范未涵盖的分项工程和检验批，可由建设单位组织监理、施工等单位协商确定。

4.0.8　室外工程可根据专业类别和工程规模按本标准附录C的规定划分子单位工程、分部工程和分项工程。

5　建筑工程质量验收

5.0.1　检验批质量验收合格应符合下列规定：

1　主控项目的质量经抽样检验均应合格；

2　一般项目的质量经抽样检验合格。当采用计数抽样时，合格点率应符合有关专业验收规范的规定，且不得存在严重缺陷。对于计数抽样的一般项目，正常检验一次、二次抽样可按本标准附录D判定；

3　具有完整的施工操作依据、质量验收记录。

5.0.2　分项工程质量验收合格应符合下列规定：

1　所含检验批的质量均应验收合格；

2　所含检验批的质量验收记录应完整。

5.0.3　分部工程质量验收合格应符合下列规定：

1　所含分项工程的质量均应验收合格；

2 质量控制资料应完整；

3 有关安全、节能、环境保护和主要使用功能的抽样检验结果应符合相应规定；

4 观感质量应符合要求。

5.0.4 单位工程质量验收合格应符合下列规定：

1 所含分部工程的质量均应验收合格；

2 质量控制资料应完整；

3 所含分部工程中有关安全、节能、环境保护和主要使用功能的检验资料应完整；

4 主要使用功能的抽查结果应符合相关专业验收规范的规定；

5 观感质量应符合要求。

5.0.5 建筑工程施工质量验收记录可按下列规定填写：

1 检验批质量验收记录可按本标准附录 E 填写，填写时应具有现场验收检查原始记录；

2 分项工程质量验收记录可按本标准附录 F 填写；

3 分部工程质量验收记录可按本标准附录 G 填写；

4 单位工程质量竣工验收记录、质量控制资料核查记录、安全和功能检验资料核查及主要功能抽查记录、观感质量检查记录应按本标准附录 H 填写。

5.0.6 当建筑工程施工质量不符合要求时，应按下列规定进行处理：

1 经返工或返修的检验批，应重新进行验收；

2 经有资质的检测机构检测鉴定能够达到设计要求的检验批，应予以验收；

3 经有资质的检测机构检测鉴定达不到设计要求、但经原设计单位核算认可能够满足安全和使用功能的检验批，可予以验收；

4 经返修或加固处理的分项、分部工程，满足安全及使用功能要求时，可按技术处理方案和协商文件的要求予以验收。

5.0.7 工程质量控制资料应齐全完整。当部分资料缺失时，应委托有资质的检测机构按有关标准进行相应的实体检验或抽样试验。

5.0.8 经返修或加固处理仍不能满足安全或重要使用要求的分部工程及单位工程，严禁验收。

6 建筑工程质量验收的程序和组织

6.0.1 检验批应由专业监理工程师组织施工单位项目专业质量检查员、专业工长等进行验收。

6.0.2 分项工程应由专业监理工程师组织施工单位项目专业技术负责人等进行验收。

6.0.3 分部工程应由总监理工程师组织施工单位项目负责人和项目技术负责人等进行验收。

勘察、设计单位项目负责人和施工单位技术、质量部门负责人应参加地基与基础分部工程的验收。

设计单位项目负责人和施工单位技术、质量部门负责人应参加主体结构、节能分部工程的验收。

6.0.4 单位工程中的分包工程完工后，分包单位应对所承包的工程项目进行自检，并应按本标准规定的程序进行验收。验收时，总包单位应派人参加。分包单位应将所分包工程的质量控制资料整理完整，移交给总包单位。

6.0.5 单位工程完工后，施工单位应组织有关人员进行自检。总监理工程师应组织各专业监理工程师对工程质量进行竣工预验收。存在施工质量问题时，应由施工单位整改。整改完毕后，由施工单位向建设单位提交工程竣工报告，申请工程竣工验收。

6.0.6 建设单位收到工程竣工报告后，应由建设单位项目负责人组织监理、施工、设计、勘察等单位项目负责人进行单位工程验收。

附　录A

施工现场质量管理检查记录

表A　施工现场质量管理检查记录

开工日期：

工程名称			施工许可证号	
建设单位			项目负责人	
设计单位			项目负责人	
监理单位			总监理工程师	
施工单位		项目负责人		项目技术负责人

序号	项目	主要内容
1	项目部质量管理体系	
2	现场质量责任制	
3	主要专业工种操作岗位证书	
4	分包单位管理制度	
5	图纸会审记录	
6	地质勘察资料	
7	施工技术标准	
8	施工组织设计、施工方案编制及审批	
9	物资采购管理制度	
10	施工设施和机械设备管理制度	
11	计量设备配备	
12	检测试验管理制度	
13	工程质量检查验收制度	
14		

自检结果：　　　　　　　　　　　　检查结论：

施工单位项目负责人：　年　月　日　　　总监理工程师：　年　月　日

■ 附　录B

建筑工程的分部工程、分项工程划分

表B　建筑工程的分部工程、分项工程划分

序号	分部工程	子分部工程	分项工程
1	地基与基础	地基	素土、灰土地基，砂和砂石地基，土工合成材料地基，粉煤灰地基，强夯地基，注浆地基，预压地基，砂石桩复合地基，高压旋喷注浆地基，水泥土搅拌桩地基，土和灰土挤密桩复合地基，水泥粉煤灰碎石桩复合地基，夯实水泥土桩复合地基
		基础	无筋扩展基础，钢筋混凝土扩展基础，筏形与箱形基础，钢结构基础，钢管混凝土结构基础，型钢混凝土结构基础，钢筋混凝土预制桩基础，泥浆护壁成孔灌注桩基础，干作业成孔桩基础，长螺旋钻孔压灌桩基础，沉管灌注桩基础，钢桩基础，锚杆静压桩基础，岩石锚杆基础，沉井与沉箱基础
		基坑支护	灌注桩排桩围护墙，板桩围护墙，咬合桩围护墙，型钢水泥土搅拌墙，土钉墙，地下连续墙，水泥土重力式挡墙，内支撑，锚杆，与主体结构相结合的基坑支护
		地下水控制	降水与排水，回灌
		土方	土方开挖，土方回填，场地平整
		边坡	喷锚支护，挡土墙，边坡开挖
		地下防水	主体结构防水，细部构造防水，特殊施工法结构防水，排水，注浆
2	主体结构	混凝土结构	模板，钢筋，混凝土，预应力，现浇结构，装配式结构
		砌体结构	砖砌体，混凝土小型空心砌块砌体，石砌体，配筋砌体，填充墙砌体
		钢结构	钢结构焊接，紧固件连接，钢零部件加工，钢构件组装及预拼装，单层钢结构安装，多层及高层钢结构安装，钢管结构安装，预应力钢索和膜结构，压型金属板，防腐涂料涂装，防火涂料涂装
		钢管混凝土结构	构件现场拼装，构件安装，钢管焊接，构件连接，钢管内钢筋骨架，混凝土
		型钢混凝土结构	型钢焊接，紧固件连接，型钢与钢筋连接，型钢构件组装及预拼装，型钢安装，模板，混凝土
		铝合金结构	铝合金焊接，紧固件连接，铝合金零部件加工，铝合金构件组装，铝合金构件预拼装，铝合金框架结构安装，铝合金空间网格结构安装，铝合金面板，铝合金幕墙结构安装，防腐处理
		木结构	方木与原木结构，胶合木结构，轻型木结构，木结构的防护
3	建筑装饰装修	建筑地面	基层铺设，整体面层铺设，板块面层铺设，木、竹面层铺设
		抹灰	一般抹灰，保温层薄抹灰，装饰抹灰，清水砌体勾缝
		外墙防水	外墙砂浆防水，涂膜防水，透气膜防水
		门窗	木门窗安装，金属门窗安装，塑料门窗安装，特种门安装，门窗玻璃安装
		吊顶	整体面层吊顶，板块面层吊顶，格栅吊顶
		轻质隔墙	板材隔墙，骨架隔墙，活动隔墙，玻璃隔墙
		饰面板	石板安装，陶瓷板安装，木板安装，金属板安装，塑料板安装
		饰面砖	外墙饰面砖粘贴，内墙饰面砖粘贴

序号	分部工程	子分部工程	分项工程
3	建筑装饰装修	幕墙	玻璃幕墙安装，金属幕墙安装，石材幕墙安装，陶板幕墙安装
		涂饰	水性涂料涂饰，溶剂型涂料涂饰，美术涂饰
		裱糊与软包	裱糊，软包
		细部	橱柜制作与安装，窗帘盒和窗台板制作与安装，门窗套制作与安装，护栏和扶手制作与安装，花饰制作与安装
4	屋面	基层与保护	找坡层和找平层，隔汽层，隔离层，保护层
		保温与隔热	板状材料保温层，纤维材料保温层，喷涂硬泡聚氨酯保温层，现浇泡沫混凝土保温层，种植隔热层，架空隔热层，蓄水隔热层
		防水与密封	卷材防水层，涂膜防水层，复合防水层，接缝密封防水
		瓦面与板面	烧结瓦和混凝土瓦铺装，沥青瓦铺装，金属板铺装，玻璃采光顶铺装
		细部构造	檐口，檐沟和天沟，女儿墙和山墙，水落口，变形缝，伸出屋面管道，屋面出入口，反梁过水孔，设施基座，屋脊，屋顶窗
5	建筑给水排水及供暖	室内给水系统	给水管道及配件安装，给水设备安装，室内消火栓系统安装，消防喷淋系统安装，防腐，绝热，管道冲洗、消毒，试验与调试
		室内排水系统	排水管道及配件安装，雨水管道及配件安装，防腐，试验与调试
		室内热水系统	管道及配件安装，辅助设备安装，防腐，绝热，试验与调试
		卫生器具	卫生器具安装，卫生器具给水配件安装，卫生器具排水管道安装，试验与调试
		室内供暖系统	管道及配件安装，辅助设备安装，散热器安装，低温热水地板辐射供暖系统安装，电加热供暖系统安装，燃气红外辐射供暖系统安装，热风供暖系统安装，热计量及调控装置安装，试验与调试，防腐，绝热
		室外给水管网	给水管道安装，室外消火栓系统安装，试验与调试
		室外排水管网	排水管道安装，排水管沟与井池，试验与调试
		室外供热管网	管道及配件安装，系统水压试验，土建结构，防腐，绝热，试验与调试
		建筑饮用水供应系统	管道及配件安装，水处理设备及控制设施安装，防腐，绝热，试验与调试
		建筑中水系统及雨水利用系统	建筑中水系统、雨水利用系统管道及配件安装，水处理设备及控制设施安装，防腐，绝热，试验与调试
		游泳池及公共浴池水系统	管道及配件系统安装，水处理设备及控制设施安装，防腐，绝热，试验与调试
		水景喷泉系统	管道系统及配件安装，防腐，绝热，试验与调试
		热源及辅助设备	锅炉安装，辅助设备及管道安装，安全附件安装，换热站安装，防腐，绝热，试验与调试
		监测与控制仪表	检测仪器及仪表安装，试验与调试
6	通风与空调	送风系统	风管与配件制作，部件制作，风管系统安装，风机与空气处理设备安装，风管与设备防腐，旋流风口、岗位送风口、织物（布）风管安装，系统调试
		排风系统	风管与配件制作，部件制作，风管系统安装，风机与空气处理设备安装，风管与设备防腐，吸风罩及其他空气处理设备安装，厨房、卫生间排风系统安装，系统调试
		防排烟系统	风管与配件制作，部件制作，风管系统安装，风机与空气处理设备安装，风管与设备防腐，排烟风阀（口）、常闭正压风口、防火风管安装，系统调试

序号	分部工程	子分部工程	分项工程
6	通风与空调	除尘系统	风管与配件制作，部件制作，风管系统安装，风机与空气处理设备安装，风管与设备防腐，除尘器与排污设备安装，吸尘罩安装，高温风管绝热，系统调试
		舒适性空调系统	风管与配件制作，部件制作，风管系统安装，风机与空气处理设备安装，风管与设备防腐，组合式空调机组安装，消声器、静电除尘器、换热器、紫外线灭菌器等设备安装，风机盘管、变风量与定风量送风装置、射流喷口等末端设备安装，风管与设备绝热，系统调试
		恒温恒湿空调系统	风管与配件制作，部件制作，风管系统安装，风机与空气处理设备安装，风管与设备防腐，组合式空调机组安装，电加热器、加湿器等设备安装，精密空调机组安装，风管与设备绝热，系统调试
		净化空调系统	风管与配件制作，部件制作，风管系统安装，风机与空气处理设备安装，风管与设备防腐，净化空调机组安装，消声器、静电除尘器、换热器、紫外线灭菌器等设备安装，中、高效过滤器及风机过滤器单元等末端设备清洗与安装，洁净度测试，风管与设备绝热，系统调试
		地下人防通风系统	风管与配件制作，部件制作，风管系统安装，风机与空气处理设备安装，风管与设备防腐，过滤吸收器、防爆波活门、防爆超压排气活门等专用设备安装，系统调试
		真空吸尘系统	风管与配件制作，部件制作，风管系统安装，风机与空气处理设备安装，风管与设备防腐，管道安装，快速接口安装，风机与滤尘设备安装，系统压力试验及调试
		冷凝水系统	管道系统及部件安装，水泵及附属设备安装，管道冲洗，管道、设备防腐，板式热交换器，辐射板及辐射供热、供冷地埋管，热泵机组设备安装，管道、设备绝热，系统压力试验及调试
		空调（冷、热）水系统	管道系统及部件安装，水泵及附属设备安装，管道冲洗，管道、设备防腐，冷却塔与水处理设备安装，防冻伴热设备安装，管道、设备绝热，系统压力试验及调试
		冷却水系统	管道系统及部件安装，水泵及附属设备安装，管道冲洗，管道、设备防腐，系统灌水渗漏及排放试验，管道、设备绝热
		土壤源热泵换热系统	管道系统及部件安装，水泵及附属设备安装，管道冲洗，管道、设备防腐，埋地换热系统与管网安装，管道、设备绝热，系统压力试验及调试
		水源热泵换热系统	管道系统及部件安装，水泵及附属设备安装，管道冲洗，管道、设备防腐，地表水源换热管及管网安装，除垢设备安装，管道、设备绝热，系统压力试验及调试
		蓄能系统	管道系统及部件安装，水泵及附属设备安装，管道冲洗，管道、设备防腐，蓄水罐与蓄冰槽、罐安装，管道、设备绝热，系统压力试验及调试
		压缩式制冷（热）设备系统	制冷机组及附属设备安装，管道、设备防腐，制冷剂管道及部件安装，制冷剂灌注，管道、设备绝热，系统压力试验及调试
		吸收式制冷设备系统	制冷机组及附属设备安装，管道、设备防腐，系统真空试验，溴化锂溶液加灌，蒸汽管道系统安装，燃气或燃油设备安装，管道、设备绝热，试验及调试
		多联机（热泵）空调系统	室外机组安装，室内机组安装，制冷剂管路连接及控制开关安装，风管安装，冷凝水管道安装，制冷剂灌注，系统压力试验及调试
		太阳能供暖空调系统	太阳能集热器安装，其他辅助能源、换热设备安装，蓄能水箱、管道及配件安装，防腐，绝热，低温热水地板辐射采暖系统安装，系统压力试验及调试
		设备自控系统	温度、压力与流量传感器安装，执行机构安装调试，防排烟系统功能测试，自动控制及系统智能控制软件调试

序号	分部工程	子分部工程	分项工程
7	建筑电气	室外电气	变压器、箱式变电所安装,成套配电柜、控制柜(屏、台)和动力、照明配电箱(盘)及控制柜安装,梯架、支架、托盘和槽盒安装,导管敷设,电缆敷设,管内穿线和槽盒内敷线,电缆头制作、导线连接和线路绝缘测试,普通灯具安装,专用灯具安装,建筑照明通电试运行,接地装置安装
		变配电室	变压器、箱式变电所安装,成套配电柜、控制柜(屏、台)和动力、照明配电箱(盘)安装,母线槽安装,梯架、支架、托盘和槽盒安装,电缆敷设,电缆头制作、导线连接和线路绝缘测试,接地装置安装,接地干线敷设
		供电干线	电气设备试验和试运行,母线槽安装,梯架、支架、托盘和槽盒安装,导管敷设,电缆敷设,管内穿线和槽盒内敷线,电缆头制作、导线连接和线路绝缘测试,接地干线敷设
		电气动力	成套配电柜、控制柜(屏、台)和动力配电箱(盘)安装,电动机、电加热器及电动执行机构检查接线,电气设备试验和试运行,梯架、支架、托盘和槽盒安装,导管敷设,电缆敷设,管内穿线和槽盒内敷线,电缆头制作、导线连接和线路绝缘测试
		电气照明	成套配电柜、控制柜(屏、台)和照明配电箱(盘)安装,梯架、支架、托盘和槽盒安装,导管敷设,管内穿线和槽盒内敷线,塑料护套线直敷布线,钢索配线,电缆头制作、导线连接和线路绝缘测试,普通灯具安装,专用灯具安装,开关、插座、风扇安装,建筑照明通电试运行
		备用和不间断电源	成套配电柜、控制柜(屏、台)和动力、照明配电箱(盘)安装,柴油发电机组安装,不间断电源装置及应急电源装置安装,母线槽安装,导管敷设,电缆敷设,管内穿线和槽盒内敷线,电缆头制作、导线连接和线路绝缘测试,接地装置安装
		防雷及接地	接地装置安装,防雷引下线及接闪器安装,建筑物等电位连接,浪涌保护器安装
8	智能建筑	智能化集成系统	设备安装,软件安装,接口及系统调试,试运行
		信息接入系统	安装场地检查
		用户电话交换系统	线缆敷设,设备安装,软件安装,接口及系统调试,试运行
		信息网络系统	计算机网络设备安装,计算机网络软件安装,网络安全设备安装,网络安全软件安装,系统调试,试运行
		综合布线系统	梯架、托盘、槽盒和导管安装,线缆敷设,机柜、机架、配线架安装,信息插座安装,链路或信道测试,软件安装,系统调试,试运行
		移动通信室内信号覆盖系统	安装场地检查
		卫星通信系统	安装场地检查
		有线电视及卫星电视接收系统	梯架、托盘、槽盒和导管安装,线缆敷设,设备安装,软件安装,系统调试,试运行
		公共广播系统	梯架、托盘、槽盒和导管安装,线缆敷设,设备安装,软件安装,系统调试,试运行
		会议系统	梯架、托盘、槽盒和导管安装,线缆敷设,设备安装,软件安装,系统调试,试运行
		信息导引及发布系统	梯架、托盘、槽盒和导管安装,线缆敷设,显示设备安装,机房设备安装,软件安装,系统调试,试运行

续表 B

序号	分部工程	子分部工程	分项工程
8	智能建筑	时钟系统	梯架、托盘、槽盒和导管安装，线缆敷设，设备安装，软件安装，系统调试，试运行
		信息化应用系统	梯架、托盘、槽盒和导管安装，线缆敷设，设备安装，软件安装，系统调试，试运行
		建筑设备监控系统	梯架、托盘、槽盒和导管安装，线缆敷设，传感器安装，执行器安装，控制器、箱安装，中央管理工作站和操作分站设备安装，软件安装，系统调试，试运行
		火灾自动报警系统	梯架、托盘、槽盒和导管安装，线缆敷设，探测器类设备安装，控制器类设备安装，其他设备安装，软件安装，系统调试，试运行
		安全技术防范系统	梯架、托盘、槽盒和导管安装，线缆敷设，设备安装，软件安装，系统调试，试运行
		应急响应系统	设备安装，软件安装，系统调试，试运行
		机房	供配电系统，防雷与接地系统，空气调节系统，给水排水系统，综合布线系统，监控与安全防范系统，消防系统，室内装饰装修，电磁屏蔽，系统调试，试运行
		防雷与接地	接地装置，接地线，等电位联接，屏蔽设施，电涌保护器，线缆敷设，系统调试，试运行
9	建筑节能	围护系统节能	墙体节能，幕墙节能，门窗节能，屋面节能，地面节能
		供暖空调设备及管网节能	供暖节能，通风与空调设备节能，空调与供暖系统冷热源节能，空调与供暖系统管网节能
		电气动力节能	配电节能，照明节能
		监控系统节能	监测系统节能，控制系统节能
		可再生能源	地源热泵系统节能，太阳能光热系统节能，太阳能光伏节能
10	电梯	电力驱动的曳引式或强制式电梯	设备进场验收，土建交接检验，驱动主机，导轨，门系统，轿厢，对重，安全部件，悬挂装置，随行电缆，补偿装置，电气装置，整机安装验收
		液压电梯	设备进场验收，土建交接检验，液压系统，导轨，门系统，轿厢，对重，安全部件，悬挂装置，随行电缆，电气装置，整机安装验收
		自动扶梯、自动人行道	设备进场验收，土建交接检验，整机安装验收

附 录C

室外工程的划分

表 C 室外工程的划分

单位工程	子单位工程	分部工程
室外设施	道路	路基、基层、面层、广场与停车场、人行道、人行地道、挡土墙、附属构筑物
	边坡	土石方、挡土墙、支护
附属建筑及室外环境	附属建筑	车棚，围墙，大门，挡土墙
	室外环境	建筑小品，亭台，水景，连廊，花坛，场坪绿化，景观桥

附 录 D

一般项目正常检验一次、二次抽样判定

D.0.1 对于计数抽样的一般项目，正常检验一次抽样可按表 D.0.1-1 判定，正常检验二次抽样可按表 D.0.1-2 判定。抽样方案应在抽样前确定。

D.0.2 样本容量在表 D.0.1-1 或表 D.0.1-2 给出的数值之间时，合格判定数可通过插值并四舍五入取整确定。

表 D.0.1-1 一般项目正常检验一次抽样判定

样本容量	合格判定数	不合格判定数	样本容量	合格判定数	不合格判定数
5	1	2	32	7	8
8	2	3	50	10	11
13	3	4	80	14	15
20	5	6	125	21	22

表 D.0.1-2 一般项目正常检验二次抽样判定

抽样次数	样本容量	合格判定数	不合格判定数	抽样次数	样本容量	合格判定数	不合格判定数
（1）	3	0	2	（1）	20	3	6
（2）	6	1	2	（2）	40	9	10
（1）	5	0	3	（1）	32	5	9
（2）	10	3	4	（2）	64	12	13
（1）	8	1	3	（1）	50	7	11
（2）	16	4	5	（2）	100	18	19
（1）	13	2	5	（1）	80	11	16
（2）	26	6	7	（2）	160	26	27

注：（1）和（2）表示抽样次数，（2）对应的样本容量为两次抽样的累计数量。

附　录E

检验批质量验收记录

表 E _____检验批质量验收记录　　编号：_____

单位（子单位）工程名称			分部（子分部）工程名称		分项工程名称	
施工单位			项目负责人		检验批容量	
分包单位			分包单位项目负责人		检验批部位	
施工依据				验收依据		

		验收项目	设计要求及规范规定	最小/实际抽样数量	检查记录	检查结果
主控项目	1					
	2					
	3					
	4					
	5					
	6					
	7					
	8					
	9					
	10					
一般项目	1					
	2					
	3					
	4					
	5					

施工单位 检查结果	专业工长： 项目专业质量检查员： 　　　　　　年　　月　　日
监理单位 验收结论	专业监理工程师： 　　　　　　年　　月　　日

附　录F

分项工程质量验收记录

表 F ＿＿＿＿＿＿＿＿＿＿分项工程质量验收记录　　　编号：＿＿＿＿＿＿

单位（子单位）工程名称			分部（子分部）工程名称			
分项工程数量			检验批数量			
施工单位			项目负责人		项目技术负责人	
分包单位			分包单位项目负责人		分包内容	
序号	检验批名称	检验批容量	部位/区段	施工单位检查结果		监理单位验收结论
1						
2						
3						
4						
5						
6						
7						
8						
9						
10						
11						
12						
13						
14						
15						

说明：

施工单位 检查结果	项目专业技术负责人： 　　　　　　　　年　月　日
监理单位 验收结论	专业监理工程师： 　　　　　　　年　月　日

附 录 G

分部工程质量验收记录

表 G _____分部工程质量验收记录　　　　编号：_____

单位(子单位)工程名称			子分部工程数量			分项工程数量	
施工单位			项目负责人			技术（质量）负责人	
分包单位			分包单位负责人			分包内容	
序号	子分部工程名称	分项工程名称	检验批数量	施工单位检查结果		监理单位验收结论	
1							
2							
3							
4							
5							
6							
7							
8							
质量控制资料							
安全和功能检验结果							
观感质量检验结果							
综合验收结论							

施工单位 项目负责人： 　年　月　日	勘察单位 项目负责人： 　年　月　日	设计单位 项目负责人： 　年　月　日	监理单位 总监理工程师： 　年　月　日

注：1 地基与基础分部工程的验收应由施工、勘察、设计单位项目负责人和总监理工程师参加并签字；

　　2 主体结构、节能分部工程的验收应由施工、设计单位项目负责人和总监理工程师参加并签字。

附 录 H

单位工程质量竣工验收记录

H.0.1 单位工程质量竣工验收应按表 H.0.1-1 记录,单位工程质量控制资料及主要功能抽查核查应按表 H.0.1-2 记录,单位工程安全和功能检验资料核查应按表 H.0.1-3 记录,单位工程观感质量检查应按表 H.0.1-4 记录。

H.0.2 表 H.0.1-1 中的验收记录由施工单位填写,验收结论由监理单位填写。综合验收结论经参加验收各方共同商定,由建设单位填写,应对工程质量是否符合设计文件和相关标准的规定及总体质量水平作出评价。

表 H.0.1-1 单位工程质量竣工验收记录

工程名称		结构类型		层数/建筑面积	
施工单位		技术负责人		开工日期	
项目负责人		项目技术负责人		完工日期	
序号	项目	验收记录		验收结论	
1	分部工程验收	共 分部,经查符合设计及标准规定 分部			
2	质量控制资料核查	共 项,经核查符合规定 项			
3	安全和使用功能核查及抽查结果	共核查 项,符合规定 项,共抽查 项,符合规定 项,经返工处理符合规定项			
4	观感质量验收	共抽查 项,达到"好"和"一般"的 项,经返修处理符合要求的 项			
综合验收结论					

参加验收单位	建设单位	监理单位	施工单位	设计单位	勘察单位
	(公章) 项目负责人: 年 月 日	(公章) 总监理工程师: 年 月 日	(公章) 项目负责人: 年 月 日	(公章) 项目负责人: 年 月 日	(公章) 项目负责人: 年 月 日

注:单位工程验收时,验收签字人员应由相应单位的法人代表书面授权。

表 H.0.1-2 单位工程质量控制资料核查记录

工程名称			施工单位				
序号	项目	资料名称	份数	施工单位		监理单位	
				核查意见	核查人	核查意见	核查人
1	建筑与结构	图纸会审记录、设计变更通知单、工程洽商记录					
2		工程定位测量、放线记录					
3		原材料出厂合格证书及进场检验、试验报告					
4		施工试验报告及见证检测报告					
5		隐蔽工程验收记录					

工程名称			施工单位					
序号	项目	资料名称	份数	施工单位		监理单位		
				核查意见	核查人	核查意见	核查人	
6	建筑与结构	施工记录						
7		地基、基础、主体结构检验及抽样检测资料						
8		分项、分部工程质量验收记录						
9		工程质量事故调查处理资料						
10		新技术论证、备案及施工记录						
1	给水排水与供暖	图纸会审记录、设计变更通知单、工程洽商记录						
2		原材料出厂合格证书及进场检验、试验报告						
3		管道、设备强度试验、严密性试验记录						
4		隐蔽工程验收记录						
5		系统清洗、灌水、通水、通球试验记录						
6		施工记录						
7		分项、分部工程质量验收记录						
8		新技术论证、备案及施工记录						
1	通风与空调	图纸会审记录、设计变更通知单、工程洽商记录						
2		原材料出厂合格证书及进场检验、试验报告						
3		制冷、空调、水管道强度试验、严密性试验记录						
4		隐蔽工程验收记录						
5		制冷设备运行调试记录						
6		通风、空调系统调试记录						
7		施工记录						
8		分项、分部工程质量验收记录						
9		新技术论证、备案及施工记录						
1	建筑电气	图纸会审记录、设计变更通知单、工程洽商记录						
2		原材料出厂合格证书及进场检验、试验报告						
3		设备调试记录						
4		接地、绝缘电阻测试记录						

工程名称				施工单位				
序号	项目	资料名称	份数	施工单位		监理单位		
				核查意见	核查人	核查意见	核查人	
5	建筑电气	隐蔽工程验收记录						
6		施工记录						
7		分项、分部工程质量验收记录						
8		新技术论证、备案及施工记录						
1	智能建筑	图纸会审记录、设计变更通知单、工程洽商记录						
2		原材料出厂合格证书及进场检验、试验报告						
3		隐蔽工程验收记录						
4		施工记录						
5		系统功能测定及设备调试记录						
6		系统技术、操作和维护手册						
7		系统管理、操作人员培训记录						
8		系统检测报告						
9		分项、分部工程质量验收记录						
10		新技术论证、备案及施工记录						
1	建筑节能	图纸会审记录、设计变更通知单、工程洽商记录						
2		原材料出厂合格证书及进场检验、试验报告						
3		隐蔽工程验收记录						
4		施工记录						
5		外墙、外窗节能检验报告						
6		设备系统节能检测报告						
7		分项、分部工程质量验收记录						
8		新技术论证、备案及施工记录						
1	电梯	图纸会审记录、设计变更通知单、工程洽商记录						
2		设备出厂合格证书及开箱检验记录						
3		隐蔽工程验收记录						
4		施工记录						

工程名称			施工单位				
序号	项目	资料名称	份数	施工单位		监理单位	
				核查意见	核查人	核查意见	核查人
5	电梯	接地、绝缘电阻试验记录					
6		负荷试验、安全装置检查记录					
7		分项、分部工程质量验收记录					
8		新技术论证、备案及施工记录					

结论：

施工单位项目负责人：	总监理工程师：
年　月　日	年　月　日

表 H.0.1-3 单位工程安全和功能检验资料核查及主要功能抽查记录

工程名称			施工单位			
序号	项目	安全和功能检查项目	份数	核查意见	抽查结果	核查（抽查）人
1	建筑与结构	地基承载力检验报告				
2		桩基承载力检验报告				
3		混凝土强度试验报告				
4		砂浆强度试验报告				
5		主体结构尺寸、位置抽查记录				
6		建筑物垂直度、标高、全高测量记录				
7		屋面淋水或蓄水试验记录				
8		地下室渗漏水检测记录				
9		有防水要求的地面蓄水试验记录				
10		抽气（风）道检查记录				
11		外窗气密性、水密性、耐风压检测报告				
12		幕墙气密性、水密性、耐风压检测报告				
13		建筑物沉降观测测量记录				
14		节能、保温测试记录				
15		室内环境检测报告				
16		土壤氡气浓度检测报告				

续表 H.0.1-3

工程名称			施工单位				
序号	项目	安全和功能检查项目	份数	核查意见	抽查结果	核查（抽查）人	
1	给水排水与供暖	给水管道通水试验记录					
2		暖气管道、散热器压力试验记录					
3		卫生器具满水试验记录					
4		消防管道、燃气管道压力试验记录					
5		排水干管通球试验记录					
6		锅炉试运行、安全阀及报警联动测试记录					
1	通风与空调	通风、空调系统试运行记录					
2		风量、温度测试记录					
3		空气能量回收装置测试记录					
4		洁净室洁净度测试记录					
5		制冷机组试运行调试记录					
1	建筑电气	建筑照明通电试运行记录					
2		灯具固定装置及悬吊装置的载荷强度试验记录					
3		绝缘电阻测试记录					
4		剩余电流动作保护器测试记录					
5		应急电源装置应急持续供电记录					
6		接地电阻测试记录					
7		接地故障回路阻抗测试记录					
1	智能建筑	系统试运行记录					
2		系统电源及接地检测报告					
3		系统接地检测报告					
1	建筑节能	外墙节能构造检查记录或热工性能检验报告					
2		设备系统节能性能检查记录					
1	电梯	运行记录					
2		安全装置检测报告					

结论：

施工单位项目负责人：　　　　　　　　　　　　　　总监理工程师：

　　　　　　　　　　　　　　年　月　日　　　　　　　　　　　　　　年　月　日

注：抽查项目由验收组协商确定。

表 H.0.1-4 单位工程观感质量检查记录

工程名称				施工单位	
序号		项目	抽查质量状况		质量评价
1	建筑与结构	主体结构外观	共检查 点,好 点,一般 点,差 点		
2		室外墙面	共检查 点,好 点,一般 点,差 点		
3		变形缝、雨水管	共检查 点,好 点,一般 点,差 点		
4		屋面	共检查 点,好 点,一般 点,差 点		
5		室内墙面	共检查 点,好 点,一般 点,差 点		
6		室内顶棚	共检查 点,好 点,一般 点,差 点		
7		室内地面	共检查 点,好 点,一般 点,差 点		
8		楼梯、踏步、护栏	共检查 点,好 点,一般 点,差 点		
9		门窗	共检查 点,好 点,一般 点,差 点		
10		雨罩、台阶、坡道、散水	共检查 点,好 点,一般 点,差 点		
1	给水排水与供暖	管道接口、坡度、支架	共检查 点,好 点,一般 点,差 点		
2		卫生器具、支架、阀门	共检查 点,好 点,一般 点,差 点		
3		检查口、扫除口、地漏	共检查 点,好 点,一般 点,差 点		
4		散热器、支架	共检查 点,好 点,一般 点,差 点		
1	通风与空调	风管、支架	共检查 点,好 点,一般 点,差 点		
2		风口、风阀	共检查 点,好 点,一般 点,差 点		
3		风机、空调设备	共检查 点,好 点,一般 点,差 点		
4		管道、阀门、支架	共检查 点,好 点,一般 点,差 点		
5		水泵、冷却塔	共检查 点,好 点,一般 点,差 点		
6		绝热	共检查 点,好 点,一般 点,差 点		
1	建筑电气	配电箱、盘、板、接线盒	共检查 点,好 点,一般 点,差 点		
2		设备器具、开关、插座	共检查 点,好 点,一般 点,差 点		
3		防雷、接地、防火	共检查 点,好 点,一般 点,差 点		
1	智能建筑	机房设备安装及布局	共检查 点,好 点,一般 点,差 点		
2		现场设备安装	共检查 点,好 点,一般 点,差 点		
1	电梯	运行、平层、开关门	共检查 点,好 点,一般 点,差 点		
2		层门、信号系统	共检查 点,好 点,一般 点,差 点		
3		机房	共检查 点,好 点,一般 点,差 点		

工程名称			施工单位		
序号	项目		抽查质量状况		质量评价
	观感质量综合评价				

结论:

施工单位项目负责人: 年　月　日	总监理工程师: 年　月　日

注：1　对质量评价为差的项目应进行返修；
　　2　观感质量现场检查原始记录应作为本表附件。

3.5 《混凝土结构工程施工质量验收规范》GB 50204—2015

1 总则（略）

2 术语（略）

3 基本规定

3.0.1 混凝土结构子分部工程可划分为模板、钢筋、预应力、混凝土、现浇结构和装配式结构等分项工程。各分项工程可根据与生产和施工方式相一致且便于控制施工质量的原则，按进场批次、工作班、楼层、结构缝或施工段划分为若干检验批。

3.0.2 混凝土结构子分部工程的质量验收，应在钢筋、预应力、混凝土、现浇结构和装配式结构等相关分项工程验收合格的基础上，进行质量控制资料检查、观感质量验收及本规范第 10.1 节规定的结构实体检验。

3.0.3 分项工程的质量验收应在所含检验批验收合格的基础上，进行质量验收记录检查。

3.0.4 检验批的质量验收应包括实物检查和资料检查，并应符合下列规定：

1 主控项目的质量经抽样检验均应合格。

2 一般项目的质量经抽样检验应合格；一般项目当采用计数抽样检验时，除本规范各章有专门规定外，其合格点率应达到 80%及以上，且不得有严重缺陷。

3 应具有完整的质量检验记录，重要工序应具有完整的施工操作记录。

3.0.5 检验批抽样样本应随机抽取，并应满足分布均匀、具有代表性的要求。

3.0.6 不合格检验批的处理应符合下列规定：

1 材料、构配件、器具及半成品检验批不合格时不得使用；

2 混凝土浇筑前施工质量不合格的检验批，应返工、返修，并应重新验收；

3 混凝土浇筑后施工质量不合格的检验批，应按本规范有关规定进行处理。

3.0.7 获得认证的产品或来源稳定且连续三批均一次检验合格的产品，进场验收时检验批的容量可按本规范的有关规定扩大一倍，且检验批容量仅可扩大一倍。扩大检验批后的检验中，出现不合格情况时，应按扩大前的检验批容量重新验收，且该产品不得再次扩大检验批容量。

3.0.8 混凝土结构工程采用的材料、构配件、器具及半成品应按进场批次进行检验。属于同一工程项目且同期施工的多个单位工程，对同一厂家生产的同批材料、构配件、器具及半成品，可统一划分检验批进行验收。

3.0.9 检验批、分项工程、混凝土结构子分部工程的质量验收可按本规范附录 A 记录。

4 模板分项工程

4.1 一般规定

4.1.1 模板工程应编制施工方案。爬升式模板工程、工具式模板工程及高大模板支架工程的施工方案，应按有关规定进行技术论证。

4.1.2 模板及支架应根据安装、使用和拆除工况进行设计，并应满足承载力、刚度和整体稳固性要求。

4.1.3 模板及支架的拆除应符合现行国家标准《混凝土结构工程施工规范》GB 50666 的规定和施工方案的要求。

4.2 模板安装

主控项目

4.2.1 模板及支架用材料的技术指标应符合国家现行有关标准的规定。进场时应抽样检验模板和支架材料的外观、规格和尺寸。

检查数量：按国家现行有关标准的规定确定。

检验方法：检查质量证明文件；观察，尺量。

4.2.2 现浇混凝土结构模板及支架的安装质量，应符合国家现行有关标准的规定和施工方案的要求。

检查数量：按国家现行有关标准的规定确定。

检验方法：按国家现行有关标准的规定执行。

4.2.3 后浇带处的模板及支架应独立设置。

检查数量：全数检查。

检验方法：观察。

4.2.4 支架竖杆或竖向模板安装在土层上时，应符合下列规定：

1 土层应坚实、平整，其承载力或密实度应符合施工方案的要求；

2 应有防水、排水措施；对冻胀性土，应有预防冻融措施；

3 支架竖杆下应有底座或垫板。

检查数量：全数检查。

检验方法：观察；检查土层密实度检测报告、土层承载力验算或现场检测报告。

一般项目

4.2.5 模板安装应符合下列规定：

1 模板的接缝应严密；

2 模板内不应有杂物、积水或冰雪等；

3 模板与混凝土的接触面应平整、清洁；

4 用作模板的地坪、胎膜等应平整、清洁，不应有影响构件质量的下沉、裂缝、起砂或起鼓；

5 对清水混凝土及装饰混凝土构件，应使用能达到设计效果的模板。

检查数量：全数检查。

检验方法：观察。

4.2.6 隔离剂的品种和涂刷方法应符合施工方案的要求。隔离剂不得影响结构性能及装饰施工；不得沾污钢筋、预应力筋、预埋件和混凝土接槎处；不得对环境造成污染。

检查数量：全数检查。

检验方法：检查质量证明文件；观察。

4.2.7 模板的起拱应符合现行国家标准《混凝土结构工程施工规范》GB 50666 的规定，并应符合设计及施工方案的要求。

检查数量：在同一检验批内，对梁，跨度大于 18m 时应全数检查，跨度不大于 18m 时应抽查构件数量的 10%，且不应少于 3 件；对板，应按有代表性的自然间抽查 10%，且不应少于 3 间；对大空间结构，板可按纵、横轴线划分检查面，抽查 10%，且不应少于 3 面。

检验方法：水准仪或尺量。

4.2.8 现浇混凝土结构多层连续支模应符合施工方案的规定。上下层模板支架的竖杆宜对准。竖杆下垫板的设置应符合施工方案的要求。

检查数量：全数检查。

检验方法：观察。

4.2.9 固定在模板上的预埋件和预留孔洞不得遗漏，且应安装牢固。有抗渗要求的混凝土结构中的预埋件，应按设计及施工方案的要求采取防渗措施。

预埋件和预留孔洞的位置应满足设计和施工方案的要求。当设计无具体要求时，其位置偏差应符合表 4.2.9 的规定。

检查数量：在同一检验批内，对梁、柱和独立基础，应抽查构件数量的 10%，且不应少于 3 件；对墙和板，应按有代表性的自然间抽查 10%，且不应少于 3 间；对大空间结构，墙可按相邻轴线间高度 5m 左右划分检查面，板可按纵、横轴线划分检查面，抽查 10%，且均不应少于 3 面。

检验方法：观察，尺量。

表 4.2.9 预埋件和预留孔洞的安装允许偏差

项目		允许偏差（mm）
预埋板中心线位置		3
预埋管、预留孔中心线位置		3
插筋	中心线位置	5
	外露长度	+10，0

项目		允许偏差（mm）
预埋螺栓	中心线位置	2
	外露长度	+10，0
预留洞	中心线位置	10
	尺寸	+10，0

注：检查中心线位置时，沿纵、横两个方向量测，并取其中偏差的较大值。

4.2.10 现浇结构模板安装的偏差及检验方法应符合表 4.2.10 的规定。

检查数量：在同一检验批内，对梁、柱和独立基础，应抽查构件数量的 10%，且不应少于 3 件；对墙和板，应按有代表性的自然间抽查 10%，且不应少于 3 间；对大空间结构，墙可按相邻轴线间高度 5m 左右划分检查面，板可按纵、横轴线划分检查面，抽查 10%，且均不应少于 3 面。

表 4.2.10 现浇结构模板安装的允许偏差及检验方法

项目		允许偏差（mm）	检验方法
轴线位置		5	尺量
底模上表面标高		±5	水准仪或拉线、尺量
模板内部尺寸	基础	±10	尺量
	柱、墙、梁	±5	尺量
	楼梯相邻踏步高差	5	尺量
柱、墙垂直度	层高 ≤6m	8	经纬仪或吊线、尺量
	层高 >6m	10	经纬仪或吊线、尺量
相邻模板表面高差		2	尺量
表面平整度		5	2m 靠尺和塞尺量测

注：检查轴线位置，当有纵横两个方向时，沿纵、横两个方向量测，并取其中偏差的较大值。

4.2.11 预制构件模板安装的偏差及检验方法应符合表 4.2.11 的规定。

检查数量：首次使用及大修后的模板应全数检查；使用中的模板应抽查 10%，且不应少于 5 件，不足 5 件时应全数检查。

表 4.2.11 预制构件模板安装的允许偏差及检验方法

项目		允许偏差（mm）	检验方法
长度	梁、板	±4	尺量两侧边，取其中较大值
	薄腹梁、桁架	±8	
	柱	0，−10	
	墙板	0，−5	
宽度	板、墙板	0，−5	尺量两端及中部，取其中较大值
	梁、薄腹梁、桁架	+2，−5	
高（厚）度	板	+2，−3	尺量两端及中部，取其中较大值
	墙板	0，−5	
	梁、薄腹梁、桁架、柱	+2，−5	
侧向弯曲	梁、板、柱	$L/1000$ 且 ≤15	拉线、尺量最大弯曲处
	墙板、薄腹梁、桁架	$L/1500$ 且 ≤15	
板的表面平整度		3	2m 靠尺和塞尺量测
相邻模板表面高差		1	尺量

项目		允许偏差（mm）	检验方法
对角线差	板	7	尺量两对角线
	墙板	5	
翘曲	板、墙板	$L/1500$	水平尺在两端量测
设计起拱	薄腹梁、桁架、梁	±3	拉线、尺量跨中

注：L为构件长度（mm）。

5 钢筋分项工程

5.1 一般规定

5.1.1 浇筑混凝土之前，应进行钢筋隐蔽工程验收。隐蔽工程验收应包括下列主要内容：

1 纵向受力钢筋的牌号、规格、数量、位置；

2 钢筋的连接方式、接头位置、接头质量、接头面积百分率、搭接长度、锚固方式及锚固长度；

3 箍筋、横向钢筋的牌号、规格、数量、间距、位置，箍筋弯钩的弯折角度及平直段长度；

4 预埋件的规格、数量和位置。

5.1.2 钢筋、成型钢筋进场检验，当满足下列条件之一时，其检验批容量可扩大一倍：

1 获得认证的钢筋、成型钢筋；

2 同一厂家、同一牌号、同一规格的钢筋，连续三批均一次检验合格；

3 同一厂家、同一类型、同一钢筋来源的成型钢筋，连续三批均一次检验合格。

5.2 材料

主控项目

5.2.1 钢筋进场时，应按国家现行相关标准的规定抽取试件作屈服强度、抗拉强度、伸长率、弯曲性能和重量偏差检验，检验结果应符合相应标准的规定。

检查数量：按进场批次和产品的抽样检验方案确定。

检验方法：检查质量证明文件和抽样检验报告。

5.2.2 成型钢筋进场时，应抽取试件作屈服强度、抗拉强度、伸长率和重量偏差检验，检验结果应符合国家现行有关标准的规定。

对由热轧钢筋制成的成型钢筋，当有施工单位或监理单位的代表驻厂监督生产过程，并提供原材钢筋力学性能第三方检验报告时，可仅进行重量偏差检验。

检查数量：同一厂家、同一类型、同一钢筋来源的成型钢筋，不超过 30t 为一批，每批中每种钢筋牌号、规格均应至少抽取 1 个钢筋试件，总数不应少于 3 个。

检验方法：检查质量证明文件和抽样检验报告。

5.2.3 对按一、二、三级抗震等级设计的框架和斜撑构件（含梯段）中的纵向受力普通钢筋应采用HRB335E、HRB400E、HRB500E、HRBF335E、HRBF400E 或 HRBF500E 钢筋，其强度和最大力下总伸长率的实测值应符合下列规定：

1 抗拉强度实测值与屈服强度实测值的比值不应小于 1.25；

2 屈服强度实测值与屈服强度标准值的比值不应大于 1.30；

3 最大力下总伸长率不应小于 9%。

检查数量：按进场的批次和产品的抽样检验方案确定。

检验方法：检查抽样检验报告。

一般项目

5.2.4 钢筋应平直、无损伤，表面不得有裂纹、油污、颗粒状或片状老锈。

检查数量：全数检查。

检验方法：观察。

5.2.5 成型钢筋的外观质量和尺寸偏差应符合国家现行有关标准的规定。

检查数量：同一厂家、同一类型的成型钢筋，不超过 30t 为一批，每批随机抽取 3 个成型钢筋。

检验方法：观察，尺量。

5.2.6 钢筋机械连接套筒、钢筋锚固板以及预埋件等的外观质量应符合国家现行有关标准的规定。

检查数量：按国家现行有关标准的规定确定。

检验方法：检查产品质量证明文件；观察，尺量。

5.3 钢筋加工

主控项目

5.3.1 钢筋弯折的弯弧内直径应符合下列规定：

1 光圆钢筋，不应小于钢筋直径的 2.5 倍；

2 335MPa 级、400MPa 级带肋钢筋，不应小于钢筋直径的 4 倍；

3 500MPa 级带肋钢筋，当直径为 28mm 以下时不应小于钢筋直径的 6 倍，当直径为 28mm 及以上时不应小于钢筋直径的 7 倍；

4 箍筋弯折处尚不应小于纵向受力钢筋的直径。

检查数量：同一设备加工的同一类型钢筋，每工作班抽查不应少于 3 件。

检验方法：尺量。

5.3.2 纵向受力钢筋的弯折后平直段长度应符合设计要求。光圆钢筋末端做 180°弯钩时，弯钩的平直段长度不应小于钢筋直径的 3 倍。

检查数量：同一设备加工的同一类型钢筋，每工作班抽查不应少于 3 件。

检验方法：尺量。

5.3.3 箍筋、拉筋的末端应按设计要求做弯钩，并应符合下列规定：

1 对一般结构构件，箍筋弯钩的弯折角度不应小于 90°，弯折后平直段长度不应小于箍筋直径的 5 倍；对有抗震设防要求或设计有专门要求的结构构件，箍筋弯钩的弯折角度不应小于 135°，弯折后平直段长度不应小于箍筋直径的 10 倍；

2 圆形箍筋的搭接长度不应小于其受拉锚固长度，且两末端弯钩的弯折角度不应小于 135°，弯折后平直段长度对一般结构构件不应小于箍筋直径的 5 倍，对有抗震设防要求的结构构件不应小于箍筋直径的 10 倍；

3 梁、柱复合箍筋中的单肢箍筋两端弯钩的弯折角度均不应小于 135°，弯折后平直段长度应符合本条第 1 款对箍筋的有关规定。

检查数量：同一设备加工的同一类型钢筋，每工作班抽查不应少于 3 件。

检验方法：尺量。

5.3.4 盘卷钢筋调直后应进行力学性能和重量偏差检验，其强度应符合国家现行有关标准的规定，其断后伸长率、重量偏差应符合表 5.3.4 的规定。力学性能和重量偏差检验应符合下列规定：

1 应对 3 个试件先进行重量偏差检验，再取其中 2 个试件进行力学性能检验。

2 重量偏差应按下式计算：

$$\Delta = \frac{W_d - W_0}{w_o} \tag{5.3.4}$$

式中：Δ——重量偏差（%）；

W_d——3 个调直钢筋试件的实际重量之和（kg）；

W_0——钢筋理论重量（kg），取每米理论重量（kg/m）与 3 个调直钢筋试件长度之和（m）的乘积。

3 检验重量偏差时，试件切口应平滑并与长度方向垂直，其长度不应小于 500mm；长度和重量的量测精度分别不应低于 1mm 和 1g。

采用无延伸功能的机械设备调直的钢筋，可不进行本条规定的检验。

检查数量：同一设备加工的同一牌号、同一规格的调直钢筋，重量不大于 30t 为一批，每批见证抽取 3 个试件。

检验方法：检查抽样检验报告。

表 5.3.4　盘卷钢筋调直后的断后伸长率、重量偏差要求

钢筋牌号	断后伸长率A（%）	重量偏差（%）	
		直径 6mm～12mm	直径 14mm～16mm
HPB300	≥21	≥−10	—
HRB335、HRBF335	≥16	≥−8	≥−6
HRB400、HRBF400	≥15		
RRB400	≥13		
HRB500、HRBF500	≥14		

注：断后伸长率A的量测标距为 5 倍钢筋直径。

一般项目

5.3.5　钢筋加工的形状、尺寸应符合设计要求，其偏差应符合表 5.3.5 的规定。

检查数量：同一设备加工的同一类型钢筋，每工作班抽查不应少于 3 件。

检验方法：尺量。

表 5.3.5　钢筋加工的允许偏差

项目	允许偏差（mm）
受力钢筋沿长度方向的净尺寸	±10
弯起钢筋的弯折位置	±20
箍筋外廓尺寸	±5

5.4　钢筋连接

主控项目

5.4.1　钢筋的连接方式应符合设计要求。

检查数量：全数检查。

检验方法：观察。

5.4.2　钢筋采用机械连接或焊接连接时，钢筋机械连接接头、焊接接头的力学性能、弯曲性能应符合国家现行有关标准的规定。接头试件应从工程实体中截取。

检查数量：按现行行业标准《钢筋机械连接技术规程》JGJ 107 和《钢筋焊接及验收规程》JGJ 18 的规定确定。

检验方法：检查质量证明文件和抽样检验报告。

5.4.3　钢筋采用机械连接时，螺纹接头应检验拧紧扭矩值，挤压接头应量测压痕直径，检验结果应符合现行行业标准《钢筋机械连接技术规程》JGJ 107 的相关规定。

检查数量：按现行行业标准《钢筋机械连接技术规程》JGJ 107 的规定确定。

检验方法：采用专用扭力扳手或专用量规检查。

一般项目

5.4.4　钢筋接头的位置应符合设计和施工方案要求。有抗震设防要求的结构中，梁端、柱端箍筋加密区范围内不应进行钢筋搭接。接头末端至钢筋弯起点的距离不应小于钢筋直径的 10 倍。

检查数量：全数检查。

检验方法：观察，尺量。

5.4.5　钢筋机械连接接头、焊接接头的外观质量应符合现行行业标准《钢筋机械连接技术规程》JGJ 107 和《钢筋焊接及验收规程》JGJ 18 的规定。

检查数量：按现行行业标准《钢筋机械连接技术规程》JGJ 107 和《钢筋焊接及验收规程》JGJ 18 的规定确定。

检验方法：观察，尺量。

5.4.6 当纵向受力钢筋采用机械连接接头或焊接接头时,同一连接区段内纵向受力钢筋的接头面积百分率应符合设计要求;当设计无具体要求时,应符合下列规定:

1 受拉接头,不宜大于 50%;受压接头,可不受限制;

2 直接承受动力荷载的结构构件中,不宜采用焊接;当采用机械连接时,不应超过 50%。

检查数量:在同一检验批内,对梁、柱和独立基础,应抽查构件数量的 10%,且不应少于 3 件;对墙和板,应按有代表性的自然间抽查 10%,且不应少于 3 间;对大空间结构,墙可按相邻轴线间高度 5m 左右划分检查面,板可按纵横轴线划分检查面,抽查 10%,且均不应少于 3 面。

检验方法:观察,尺量。

注:1 接头连接区段是指长度为 35d 且不小于 500mm 的区段,d 为相互连接两根钢筋的直径较小值。

2 同一连接区段内纵向受力钢筋接头面积百分率为接头中点位于该连接区段内的纵向受力钢筋截面面积与全部纵向受力钢筋截面面积的比值。

5.4.7 当纵向受力钢筋采用绑扎搭接接头时,接头的设置应符合下列规定:

1 接头的横向净间距不应小于钢筋直径,且不应小于 25mm;

2 同一连接区段内,纵向受拉钢筋的接头面积百分率应符合设计要求;当设计无具体要求时,应符合下列规定:

1)梁类、板类及墙类构件,不宜超过 25%;基础筏板,不宜超过 50%。

2)柱类构件,不宜超过 50%。

3)当工程中确有必要增大接头面积百分率时,对梁类构件,不应大于 50%。

检查数量:在同一检验批内,对梁、柱和独立基础,应抽查构件数量的 10%,且不应少于 3 件;对墙和板,应按有代表性的自然间抽查 10%,且不应少于 3 间;对大空间结构,墙可按相邻轴线间高度 5m 左右划分检查面,板可按纵横轴线划分检查面,抽查 10%,且均不应少于 3 面。

检验方法:观察,尺量。

注:1 接头连接区段是指长度为 1.3 倍搭接长度的区段。搭接长度取相互连接两根钢筋中较小直径计算。

2 同一连接区段内纵向受力钢筋接头面积百分率为接头中点位于该连接区段长度内的纵向受力钢筋截面面积与全部纵向受力钢筋截面面积的比值。

5.4.8 梁、柱类构件的纵向受力钢筋搭接长度范围内箍筋的设置应符合设计要求;当设计无具体要求时,应符合下列规定:

1 箍筋直径不应小于搭接钢筋较大直径的 1/4;

2 受拉搭接区段的箍筋间距不应大于搭接钢筋较小直径的 5 倍,且不应大于 100mm;

3 受压搭接区段的箍筋间距不应大于搭接钢筋较小直径的 10 倍,且不应大于 200mm;

4 当柱中纵向受力钢筋直径大于 25mm 时,应在搭接接头两个端面外 100mm 范围内各设置二道箍筋,其间距宜为 50mm。

检查数量:在同一检验批内,应抽查构件数量的 10%,且不应少于 3 件。

检验方法:观察,尺量。

5.5 钢筋安装

主控项目

5.5.1 钢筋安装时,受力钢筋的牌号、规格和数量必须符合设计要求。

检查数量:全数检查。

检验方法:观察,尺量。

5.5.2 钢筋应安装牢固。受力钢筋的安装位置、锚固方式应符合设计要求。

检查数量:全数检查。

检验方法:观察,尺量。

一般项目

5.5.3 钢筋安装偏差及检验方法应符合表 5.5.3 的规定,受力钢筋保护层厚度的合格点率应达到 90% 及以上,且不得有超过表中数值 1.5 倍的尺寸偏差。

检查数量:在同一检验批内,对梁、柱和独立基础,应抽查构件数量的 10%,且不应少于 3 件;对墙和板,应按有代表性的自然间抽查 10%,且不应少于 3 间;对大空间结构,墙可按相邻轴线间高度 5m 左右划分检查面，板可按纵、横轴线划分检查面，抽查 10%，且均不应少于 3 面。

表 5.5.3　钢筋安装允许偏差和检验方法

项目		允许偏差（mm）	检验方法
绑扎钢筋网	长、宽	±10	尺量
	网眼尺寸	±20	尺量连续三档，取最大偏差值
绑扎钢筋骨架	长	±10	尺量
	宽、高	±5	尺量
纵向受力钢筋	锚固长度	−20	尺量
	间距	±10	尺量两端、中间各一点，取最大偏差值
	排距	±5	
纵向受力钢筋、箍筋的混凝土保护层厚度	基础	±10	尺量
	柱、梁	±5	尺量
	板、墙、壳	±3	尺量
绑扎箍筋、横向钢筋间距		±20	尺量连续三档，取最大偏差值
钢筋弯起点位置		20	尺量
预埋件	中心线位置	5	尺量
	水平高差	+3，0	塞尺量测

注：检查中心线位置时，沿纵、横两个方向量测，并取其中偏差的较大值。

6　预应力分项工程

6.1　一般规定

6.1.1　浇筑混凝土之前，应进行预应力隐蔽工程验收。隐蔽工程验收应包括下列主要内容：

1　预应力筋的品种、规格、级别、数量和位置；

2　成孔管道的规格、数量、位置、形状、连接以及灌浆孔、排气兼泌水孔；

3　局部加强钢筋的牌号、规格、数量和位置；

4　预应力筋锚具和连接器及锚垫板的品种、规格、数量和位置。

6.1.2　预应力筋、锚具、夹具、连接器、成孔管道的进场检验，当满足下列条件之一时，其检验批容量可扩大一倍：

1　获得认证的产品；

2　同一厂家、同一品种、同一规格的产品，连续三批均一次检验合格。

6.1.3　预应力筋张拉机具及压力表应定期维护。张拉设备和压力表应配套标定和使用，标定期限不应超过半年。

6.2　材料

主控项目

6.2.1　预应力筋进场时，应按国家现行相关标准的规定抽取试件作抗拉强度、伸长率检验，其检验结果应符合相应标准的规定。

检查数量：按进场的批次和产品的抽样检验方案确定。

检验方法：检查质量证明文件和抽样检验报告。

6.2.2　无粘结预应力钢绞线进场时，应进行防腐润滑脂量和护套厚度的检验，检验结果应符合现行行业标准《无粘结预应力钢绞线》JG 161 的规定。

经观察认为涂包质量有保证时，无粘结预应力筋可不作油脂量和护套厚度的抽样检验。

检查数量：按现行行业标准《无粘结预应力钢绞线》JG 161 的规定确定。

检验方法：观察，检查质量证明文件和抽样检验报告。

6.2.3　预应力筋用锚具应和锚垫板、局部加强钢筋配套使用，锚具、夹具和连接器进场时，应按现行行业标准《预应力筋用锚具、夹具和连接器应用技术规程》JGJ 85 的相关规定对其性能进行检验，检验结果应符合该标准的规定。

锚具、夹具和连接器用量不足检验批规定数量的 50%，且供货方提供有效的检验报告时，可不作静载锚固性能检验。

检查数量：按现行行业标准《预应力筋用锚具、夹具和连接器应用技术规程》JGJ 85 的规定确定。

检验方法：检查质量证明文件、锚固区传力性能试验报告和抽样检验报告。

6.2.4 处于三 a、三 b 类环境条件下的无粘结预应力筋用锚具系统，应按现行行业标准《无粘结预应力混凝土结构技术规程》JGJ 92 的相关规定检验其防水性能，检验结果应符合该标准的规定。

检查数量：同一品种、同一规格的锚具系统为一批，每批抽取 3 套。

检验方法：检查质量证明文件和抽样检验报告。

6.2.5 孔道灌浆用水泥应采用硅酸盐水泥或普通硅酸盐水泥，水泥、外加剂的质量应分别符合本规范第 7.2.1 条、第 7.2.2 条的规定；成品灌浆材料的质量应符合现行国家标准《水泥基灌浆材料应用技术规范》GB/T 50448 的规定。

检查数量：按进场批次和产品的抽样检验方案确定。

检验方法：检查质量证明文件和抽样检验报告。

一般项目

6.2.6 预应力筋进场时，应进行外观检查，其外观质量应符合下列规定：

1 有粘结预应力筋的表面不应有裂纹、小刺、机械损伤、氧化铁皮和油污等，展开后应平顺、不应有弯折；

2 无粘结预应力钢绞线护套应光滑、无裂缝，无明显褶皱；轻微破损处应外包防水塑料胶带修补，严重破损者不得使用。

检查数量：全数检查。

检验方法：观察。

6.2.7 预应力筋用锚具、夹具和连接器进场时，应进行外观检查，其表面应无污物、锈蚀、机械损伤和裂纹。

检查数量：全数检查。

检验方法：观察。

6.2.8 预应力成孔管道进场时，应进行管道外观质量检查、径向刚度和抗渗漏性能检验，其检验结果应符合下列规定：

1 金属管道外观应清洁，内外表面应无锈蚀、油污、附着物、孔洞；金属波纹管不应有不规则褶皱，咬口应无开裂、脱扣；钢管焊缝应连续；

2 塑料波纹管的外观应光滑、色泽均匀，内外壁不应有气泡、裂口、硬块、油污、附着物、孔洞及影响使用的划伤；

3 径向刚度和抗渗漏性能应符合现行行业标准《预应力混凝土桥梁用塑料波纹管》JT/T 529 或《预应力混凝土用金属波纹管》JG 225 的规定。

检查数量：外观应全数检查；径向刚度和抗渗漏性能的检查数量应按进场的批次和产品的抽样检验方案确定。

检验方法：观察，检查质量证明文件和抽样检验报告。

6.3 制作与安装

主控项目

6.3.1 预应力筋安装时，其品种、规格、级别和数量必须符合设计要求。

检查数量：全数检查。

检验方法：观察，尺量。

6.3.2 预应力筋的安装位置应符合设计要求。

检查数量：全数检查。

检验方法：观察，尺量。

一般项目

6.3.3 预应力筋端部锚具的制作质量应符合下列规定：

1 钢绞线挤压锚具挤压完成后，预应力筋外端露出挤压套筒的长度不应小于 1mm；

2 钢绞线压花锚具的梨形头尺寸和直线锚固段长度不应小于设计值；

3 钢丝镦头不应出现横向裂纹，镦头的强度不得低于钢丝强度标准值的 98%。

检查数量：对挤压锚，每工作班抽查 5%，且不应少于 5 件；对压花锚，每工作班抽查 3 件；对钢丝镦头强度，每批钢丝检查 6 个镦头试件。

检验方法：观察，尺量，检查镦头强度试验报告。

6.3.4 预应力筋或成孔管道的安装质量应符合下列规定：

1 成孔管道的连接应密封；

2 预应力筋或成孔管道应平顺，并应与定位支撑钢筋绑扎牢固；

3 当后张有粘结预应力筋曲线孔道波峰和波谷的高差大于 300mm，且采用普通灌浆工艺时，应在孔道波峰设置排气孔；

4 锚垫板的承压面应与预应力筋或孔道曲线末端垂直，预应力筋或孔道曲线末端直线段长度应符合表 6.3.4 规定。

检查数量：第 1～3 款应全数检查；第 4 款应抽查预应力束总数的 10%，且不少于 5 束。

检验方法：观察，尺量。

表 6.3.4　预应力筋曲线起始点与张拉锚固点之间直线段最小长度

预应力筋张拉控制力 N（kN）	$N \leqslant 1500$	$1500 < N \leqslant 6000$	$N > 6000$
直线段最小长度（mm）	400	500	600

6.3.5 预应力筋或成孔管道定位控制点的竖向位置偏差应符合表 6.3.5 的规定，其合格点率应达到 90% 及以上，且不得有超过表中数值 1.5 倍的尺寸偏差。

检查数量：在同一检验批内，应抽查各类型构件总数的 10%，且不少于 3 个构件，每个构件不应少于 5 处。

检验方法：尺量。

表 6.3.5　预应力筋或成孔管道定位控制点的竖向位置允许偏差

构件截面高（厚）度（mm）	$h \leqslant 300$	$300 < h \leqslant 1500$	$h > 1500$
允许偏差（mm）	±5	±10	±15

6.4 张拉和放张

主控项目

6.4.1 预应力筋张拉或放张前，应对构件混凝土强度进行检验。同条件养护的混凝土立方体试件抗压强度应符合设计要求，当设计无具体要求时应符合下列规定：

1 应达到配套锚固产品技术要求的混凝土最低强度且不应低于设计混凝土强度等级值的 75%；

2 对采用消除应力钢丝或钢绞线作为预应力筋的先张法构件，不应低于 30MPa。

检查数量：全数检查。

检验方法：检查同条件养护试件抗压强度试验报告。

6.4.2 对后张法预应力结构构件，钢绞线出现断裂或滑脱的数量不应超过同一截面钢绞线总根数的 3%，且每根断裂的钢绞线断丝不得超过一丝；对多跨双向连续板，其同一截面应按每跨计算。

检查数量：全数检查。

检验方法：观察，检查张拉记录。

6.4.3 先张法预应力筋张拉锚固后，实际建立的预应力值与工程设计规定检验值的相对允许偏差为 ±5%。

检查数量：每工作班抽查预应力筋总数的 1%，且不应少于 3 根。

检验方法：检查预应力筋应力检测记录。

一般项目

6.4.4　预应力筋张拉质量应符合下列规定：

1　采用应力控制方法张拉时，张拉力下预应力筋的实测伸长值与计算伸长值的相对允许偏差为±6%；

2　最大张拉应力应符合现行国家标准《混凝土结构工程施工规范》GB 50666 的规定。

检查数量：全数检查。

检验方法：检查张拉记录。

6.4.5　先张法预应力构件，应检查预应力筋张拉后的位置偏差，张拉后预应力筋的位置与设计位置的偏差不应大于 5mm，且不应大于构件截面短边边长的 4%。

检查数量：每工作班抽查预应力筋总数的 3%，且不应少于 3 束。

检验方法：尺量。

6.4.6　锚固阶段张拉端预应力筋的内缩量应符合设计要求；当设计无具体要求时，应符合表 6.4.6 的规定。

检查数量：每工作班抽查预应力筋总数的 3%，且不少于 3 束。

检验方法：尺量。

表 6.4.6　张拉端预应力筋的内缩量限值

锚具类别		内缩量限值（mm）
支承式锚具（镦头锚具等）	螺帽缝隙	1
	每块后加垫板的缝隙	1
锥塞式锚具		5
夹片式锚具	有顶压	5
	无顶压	6～8

6.5　灌浆及封锚

主控项目

6.5.1　预留孔道灌浆后，孔道内水泥浆应饱满、密实。

检查数量：全数检查。

检验方法：观察，检查灌浆记录。

6.5.2　灌浆用水泥浆的性能应符合下列规定：

1　3h 自由泌水率宜为 0，且不应大于 1%，泌水应在 24h 内全部被水泥浆吸收；

2　水泥浆中氯离子含量不应超过水泥重量的 0.06%；

3　当采用普通灌浆工艺时，24h 自由膨胀率不应大于 6%；当采用真空灌浆工艺时，24h 自由膨胀率不应大于 3%。

检查数量：同一配合比检查一次。

检验方法：检查水泥浆性能试验报告。

6.5.3　现场留置的灌浆用水泥浆试件的抗压强度不应低于30MPa。试件抗压强度检验应符合下列规定：

1　每组应留取 6 个边长为 70.7mm 的立方体试件，并应标准养护 28d；

2　试件抗压强度应取 6 个试件的平均值；当一组试件中抗压强度最大值或最小值与平均值相差超过 20%时，应取中间 4 个试件强度的平均值。

检查数量：每工作班留置一组。

检验方法：检查试件强度试验报告。

6.5.4　锚具的封闭保护措施应符合设计要求。当设计无具体要求时，外露锚具和预应力筋的混凝土保护层厚度不应小于：一类环境时 20mm，二 a、二 b 类环境时 50mm，三 a、三 b 类环境时 80mm。

检查数量：在同一检验批内，抽查预应力筋总数的 5%，且不应少于 5 处。

检验方法：观察，尺量。

一般项目

6.5.5　后张法预应力筋锚固后，锚具外预应力筋的外露长度不应小于其直径的 1.5 倍，且不应小于 30mm。

检查数量：在同一检验批内，抽查预应力筋总数的 3%，且不应少于 5 束。

检验方法：观察，尺量。

7 混凝土分项工程

7.1 一般规定

7.1.1 混凝土强度应按现行国家标准《混凝土强度检验评定标准》GB/T 50107 的规定分批检验评定。划入同一检验批的混凝土，其施工持续时间不宜超过 3 个月。

检验评定混凝土强度时，应采用 28d 或设计规定龄期的标准养护试件。

试件成型方法及标准养护条件应符合现行国家标准《普通混凝土力学性能试验方法标准》GB/T 50081 的规定。采用蒸汽养护的构件，其试件应先随构件同条件养护，然后再置入标准养护条件下继续养护至 28d 或设计规定龄期。

7.1.2 当采用非标准尺寸试件时，应将其抗压强度乘以尺寸折算系数，折算成边长为 150mm 的标准尺寸试件抗压强度。尺寸折算系数应按现行国家标准《混凝土强度检验评定标准》GB/T 50107 采用。

7.1.3 当混凝土试件强度评定不合格时，应委托具有资质的检测机构按国家现行有关标准的规定对结构构件中的混凝土强度进行检测推定，并应按本规范第 10.2.2 条的规定进行处理。

7.1.4 混凝土有耐久性指标要求时，应按现行行业标准《混凝土耐久性检验评定标准》JGJ/T 193 的规定检验评定。

7.1.5 大批量、连续生产的同一配合比混凝土，混凝土生产单位应提供基本性能试验报告。

7.1.6 预拌混凝土的原材料质量、制备等应符合现行国家标准《预拌混凝土》GB/T 14902 的规定。

7.1.7 水泥、外加剂进场检验，当满足下列条件之一时，其检验批容量可扩大一倍：

1 获得认证的产品；

2 同一厂家、同一品种、同一规格的产品，连续三次进场检验均一次检验合格。

7.2 原材料

主控项目

7.2.1 水泥进场时，应对其品种、代号、强度等级、包装或散装编号、出厂日期等进行检查，并应对水泥的强度、安定性和凝结时间进行检验，检验结果应符合现行国家标准《通用硅酸盐水泥》GB 175 等的相关规定。

检查数量：按同一厂家、同一品种、同一代号、同一强度等级、同一批号且连续进场的水泥，袋装不超过 200t 为一批，散装不超过 500t 为一批，每批抽样数量不应少于一次。

检验方法：检查质量证明文件和抽样检验报告。

7.2.2 混凝土外加剂进场时，应对其品种、性能、出厂日期等进行检查，并应对外加剂的相关性能指标进行检验，检验结果应符合现行国家标准《混凝土外加剂》GB 8076 和《混凝土外加剂应用技术规范》GB 50119 等的规定。

检查数量：按同一厂家、同一品种、同一性能、同一批号且连续进场的混凝土外加剂，不超过 50t 为一批，每批抽样数量不应少于一次。

检验方法：检查质量证明文件和抽样检验报告。

一般项目

7.2.3 混凝土用矿物掺合料进场时，应对其品种、技术指标、出厂日期等进行检查，并应对矿物掺合料的相关技术指标进行检验，检验结果应符合国家现行有关标准的规定。

检查数量：按同一厂家、同一品种、同一技术指标、同一批号且连续进场的矿物掺合料，粉煤灰、石灰石粉、磷渣粉和钢铁渣粉不超过 200t 为一批，粒化高炉矿渣粉和复合矿物掺合料不超过 500t 为一批，沸石粉不超过 120t 为一批，硅灰不超过 30t 为一批，每批抽样数量不应少于一次。

检验方法：检查质量证明文件和抽样检验报告。

7.2.4 混凝土原材料中的粗骨料、细骨料质量应符合现行行业标准《普通混凝土用砂、石质量及检验方法标准》JGJ 52 的规定，使用经过净化处理的海砂应符合现行行业标准《海砂混凝土应用技术规范》JGJ 206 的规定，再生混凝土骨料应符合现行国家标准《混凝土用再生粗骨料》GB/T 25177 和《混凝土和砂浆用再生细骨料》GB/T 25176 的规定。

检查数量：按现行行业标准《普通混凝土用砂、石质量及检验方法标准》JGJ 52 的规定确定。

检验方法：检查抽样检验报告。

7.2.5　混凝土拌制及养护用水应符合现行行业标准《混凝土用水标准》JGJ 63 的规定。采用饮用水时，可不检验；采用中水、搅拌站清洗水、施工现场循环水等其他水源时，应对其成分进行检验。

检查数量：同一水源检查不应少于一次。

检验方法：检查水质检验报告。

7.3　混凝土拌合物

主控项目

7.3.1　预拌混凝土进场时，其质量应符合现行国家标准《预拌混凝土》GB/T 14902 的规定。

检查数量：全数检查。

检验方法：检查质量证明文件。

7.3.2　混凝土拌合物不应离析。

检查数量：全数检查。

检验方法：观察。

7.3.3　混凝土中氯离子含量和碱总含量应符合现行国家标准《混凝土结构设计规范》GB 50010 的规定和设计要求。

检查数量：同一配合比的混凝土检查不应少于一次。

检验方法：检查原材料试验报告和氯离子、碱的总含量计算书。

7.3.4　首次使用的混凝土配合比应进行开盘鉴定，其原材料、强度、凝结时间、稠度等应满足设计配合比的要求。

检查数量：同一配合比的混凝土检查不应少于一次。

检验方法：检查开盘鉴定资料和强度试验报告。

一般项目

7.3.5　混凝土拌合物稠度应满足施工方案的要求。

检查数量：对同一配合比混凝土，取样应符合下列规定：

1　每拌制 100 盘且不超过 100m³ 时，取样不得少于一次；

2　每工作班拌制不足 100 盘时，取样不得少于一次；

3　连续浇筑超过 1000m³ 时，每 200m³ 取样不得少于一次；

4　每一楼层取样不得少于一次。

检验方法：检查稠度抽样检验记录。

7.3.6　混凝土有耐久性指标要求时，应在施工现场随机抽取试件进行耐久性检验，其检验结果应符合国家现行有关标准的规定和设计要求。

检查数量：同一配合比的混凝土，取样不应少于一次，留置试件数量应符合国家现行标准《普通混凝土长期性能和耐久性能试验方法标准》GB/T 50082 和《混凝土耐久性检验评定标准》JGJ/T 193 的规定。

检验方法：检查试件耐久性试验报告。

7.3.7　混凝土有抗冻要求时，应在施工现场进行混凝土含气量检验，其检验结果应符合国家现行有关标准的规定和设计要求。

检查数量：同一配合比的混凝土，取样不应少于一次，取样数量应符合现行国家标准《普通混凝土拌合物性能试验方法标准》GB/T 50080 的规定。

检验方法：检查混凝土含气量试验报告。

7.4　混凝土施工

主控项目

7.4.1　混凝土的强度等级必须符合设计要求。用于检验混凝土强度的试件应在浇筑地点随机抽取。

检查数量：对同一配合比混凝土，取样与试件留置应符合下列规定：

1　每拌制 100 盘且不超过 100m³ 时，取样不得少于一次；

2　每工作班拌制不足 100 盘时，取样不得少于一次；

3 连续浇筑超过 1000m³ 时，每 200m³ 取样不得少于一次；

4 每一楼层取样不得少于一次；

5 每次取样应至少留置一组试件。

检验方法：检查施工记录及混凝土强度试验报告。

一般项目

7.4.2 后浇带的留设位置应符合设计要求。后浇带和施工缝的留设及处理方法应符合施工方案要求。

检查数量：全数检查。

检验方法：观察。

7.4.3 混凝土浇筑完毕后应及时进行养护，养护时间以及养护方法应符合施工方案要求。

检查数量：全数检查。

检验方法：观察，检查混凝土养护记录。

8 现浇结构分项工程

8.1 一般规定

8.1.1 现浇结构质量验收应符合下列规定：

1 现浇结构质量验收应在拆模后、混凝土表面未作修整和装饰前进行，并应作出记录；

2 已经隐蔽的不可直接观察和量测的内容，可检查隐蔽工程验收记录；

3 修整或返工的结构构件或部位应有实施前后的文字及图像记录。

8.1.2 现浇结构的外观质量缺陷应由监理单位、施工单位等各方根据其对结构性能和使用功能影响的严重程度按表 8.1.2 确定。

表 8.1.2 现浇结构外观质量缺陷

名称	现象	严重缺陷	一般缺陷
露筋	构件内钢筋未被混凝土包裹而外露	纵向受力钢筋有露筋	其他钢筋有少量露筋
蜂窝	混凝土表面缺少水泥砂浆而形成石子外露	构件主要受力部位有蜂窝	其他部位有少量蜂窝
孔洞	混凝土中孔穴深度和长度均超过保护层厚度	构件主要受力部位有孔洞	其他部位有少量孔洞
夹渣	混凝土中夹有杂物且深度超过保护层厚度	构件主要受力部位有夹渣	其他部位有少量夹渣
疏松	混凝土中局部不密实	构件主要受力部位有疏松	其他部位有少量疏松
裂缝	裂缝从混凝土表面延伸至混凝土内部	构件主要受力部位有影响结构性能或使用功能的裂缝	其他部位有少量不影响结构性能或使用功能的裂缝
连接部位缺陷	构件连接处混凝土有缺陷或连接钢筋、连接件松动	连接部位有影响结构传力性能的缺陷	连接部位有基本不影响结构传力性能的缺陷
外形缺陷	缺棱掉角、棱角不直、翘曲不平、飞边凸肋等	清水混凝土构件有影响使用功能或装饰效果的外形缺陷	其他混凝土构件有不影响使用功能的外形缺陷
外表缺陷	构件表面麻面、掉皮、起砂、沾污等	具有重要装饰效果的清水混凝土构件有外表缺陷	其他混凝土构件有不影响使用功能的外表缺陷

8.1.3 装配式结构现浇部分的外观质量、位置偏差、尺寸偏差验收应符合本章要求。

8.2 外观质量

主控项目

8.2.1 现浇结构的外观质量不应有严重缺陷。

对已经出现的严重缺陷，应由施工单位提出技术处理方案，并经监理单位认可后进行处理；对裂缝或连接部位的严重缺陷及其他影响结构安全的严重缺陷，技术处理方案尚应经设计单位认可。对经处理的部位应重新验收。

检查数量：全数检查。

检验方法：观察，检查处理记录。

一般项目

8.2.2　现浇结构的外观质量不应有一般缺陷。

对已经出现的一般缺陷，应由施工单位按技术处理方案进行处理。对经处理的部位应重新验收。

检查数量：全数检查。

检验方法：观察，检查处理记录。

8.3　位置和尺寸偏差

主控项目

8.3.1　现浇结构不应有影响结构性能或使用功能的尺寸偏差；混凝土设备基础不应有影响结构性能或设备安装的尺寸偏差。

对超过尺寸允许偏差且影响结构性能或安装、使用功能的部位，应由施工单位提出技术处理方案，并经监理、设计单位认可后进行处理。对经处理的部位应重新验收。

检查数量：全数检查。

检验方法：量测，检查处理记录。

一般项目

8.3.2　现浇结构的位置和尺寸偏差及检验方法应符合表 8.3.2 的规定。

检查数量：按楼层、结构缝或施工段划分检验批。在同一检验批内，对梁、柱和独立基础，应抽查构件数量的 10%，且不应少于 3 件；对墙和板，应按有代表性的自然间抽查 10%，且不应少于 3 间；对大空间结构，墙可按相邻轴线间高度 5m 左右划分检查面，板可按纵、横轴线划分检查面，抽查 10%，且均不应少于 3 面；对电梯井，应全数检查。

表 8.3.2　现浇结构位置和尺寸允许偏差及检验方法

项目			允许偏差（mm）	检验方法
轴线位置	整体基础		15	经纬仪及尺量
	独立基础		10	经纬仪及尺量
	柱、墙、梁		8	尺量
垂直度	层高	≤6m	10	经纬仪或吊线、尺量
		>6m	12	经纬仪或吊线、尺量
	全高（H）≤300m		$H/30000 + 20$	经纬仪、尺量
	全高（H）>300m		$H/10000$ 且 ≤80	经纬仪、尺量
标高	层高		±10	水准仪或拉线、尺量
	全高		±30	水准仪或拉线、尺量
截面尺寸	基础		+15，−10	尺量
	柱、梁、板、墙		+10，−5	尺量
	楼梯相邻踏步高差		6	尺量
电梯井	中心位置		10	尺量
	长、宽尺寸		+25，0	尺量
表面平整度			8	2m靠尺和塞尺量测
预埋件中心位置	预埋板		10	尺量
	预埋螺栓		5	尺量
	预埋管		5	尺量
	其他		10	尺量
预留洞、孔中心线位置			15	尺量

注：1　检查柱轴线、中心线位置时，沿纵、横两个方向测量，并取其中偏差的较大值。

　　2　H为全高，单位为 mm。

8.3.3 现浇设备基础的位置和尺寸应符合设计和设备安装的要求。其位置和尺寸偏差及检验方法应符合表 8.3.3 的规定。

检查数量：全数检查。

表 8.3.3 现浇设备基础位置和尺寸允许偏差及检验方法

项目		允许偏差（mm）	检验方法
坐标位置		20	经纬仪及尺量
不同平面标高		0，−20	水准仪或拉线、尺量
平面外形尺寸		±20	尺量
凸台上平面外形尺寸		0，−20	尺量
凹槽尺寸		+20，0	尺量
平面水平度	每米	5	水平尺、塞尺量测
	全长	10	水准仪或拉线、尺量
垂直度	每米	5	经纬仪或吊线、尺量
	全高	10	经纬仪或吊线、尺量
预埋地脚螺栓	中心位置	2	尺量
	顶标高	+20，0	水准仪或拉线、尺量
	中心距	±2	尺量
	垂直度	5	吊线、尺量
预埋地脚螺栓孔	中心线位置	10	尺量
	截面尺寸	+20，0	尺量
	深度	+20，0	尺量
	垂直度	$h/100$ 且 $\leqslant 10$	吊线、尺量
预埋活动地脚螺栓锚板	中心线位置	5	尺量
	标高	+20，0	水准仪或拉线、尺量
	带槽锚板平整度	5	直尺、塞尺量测
	带螺纹孔锚板平整度	2	直尺、塞尺量测

注：1 检查坐标、中心线位置时，应沿纵、横两个方向测量，并取其中偏差的较大值。
  2 h 为预埋地脚螺栓孔孔深，单位为 mm。

9 装配式结构分项工程

9.1 一般规定

9.1.1 装配式结构连接部位及叠合构件浇筑混凝土之前，应进行隐蔽工程验收。隐蔽工程验收应包括下列主要内容：

1 混凝土粗糙面的质量，键槽的尺寸、数量、位置；

2 钢筋的牌号、规格、数量、位置、间距，箍筋弯钩的弯折角度及平直段长度；

3 钢筋的连接方式、接头位置、接头数量、接头面积百分率、搭接长度、锚固方式及锚固长度；

4 预埋件、预留管线的规格、数量、位置。

9.1.2 装配式结构的接缝施工质量及防水性能应符合设计要求和国家现行有关标准的规定。

9.2 预制构件

主控项目

9.2.1 预制构件的质量应符合本规范、国家现行有关标准的规定和设计的要求。

检查数量：全数检查。

检验方法：检查质量证明文件或质量验收记录。

9.2.2　专业企业生产的预制构件进场时，预制构件结构性能检验应符合下列规定：

1　梁板类简支受弯预制构件进场时应进行结构性能检验，并应符合下列规定：

1）结构性能检验应符合国家现行有关标准的有关规定及设计的要求，检验要求和试验方法应符合本规范附录 B 的规定。

2）钢筋混凝土构件和允许出现裂缝的预应力混凝土构件应进行承载力、挠度和裂缝宽度检验；不允许出现裂缝的预应力混凝土构件应进行承载力、挠度和抗裂检验。

3）对大型构件及有可靠应用经验的构件，可只进行裂缝宽度、抗裂和挠度检验。

4）对使用数量较少的构件，当能提供可靠依据时，可不进行结构性能检验。

2　对其他预制构件，除设计有专门要求外，进场时可不做结构性能检验。

3　对进场时不做结构性能检验的预制构件，应采取下列措施：

1）施工单位或监理单位代表应驻厂监督生产过程。

2）当无驻厂监督时，预制构件进场时应对其主要受力钢筋数量、规格、间距、保护层厚度及混凝土强度等进行实体检验。

检验数量：同一类型预制构件不超过 1000 个为一批，每批随机抽取 1 个构件进行结构性能检验。

检验方法：检查结构性能检验报告或实体检验报告。

注："同类型"是指同一钢种、同一混凝土强度等级、同一生产工艺和同一结构形式。抽取预制构件时，宜从设计荷载最大、受力最不利或生产数量最多的预制构件中抽取。

9.2.3　预制构件的外观质量不应有严重缺陷，且不应有影响结构性能和安装、使用功能的尺寸偏差。

检查数量：全数检查。

检验方法：观察，尺量；检查处理记录。

9.2.4　预制构件上的预埋件、预留插筋、预埋管线等的规格和数量以及预留孔、预留洞的数量应符合设计要求。

检查数量：全数检查。

检验方法：观察。

一般项目

9.2.5　预制构件应有标识。

检查数量：全数检查。

检验方法：观察。

9.2.6　预制构件的外观质量不应有一般缺陷。

检查数量：全数检查。

检验方法：观察，检查处理记录。

9.2.7　预制构件尺寸偏差及检验方法应符合表 9.2.7 的规定；设计有专门规定时，尚应符合设计要求。施工过程中临时使用的预埋件，其中心线位置允许偏差可取表 9.2.7 中规定数值的 2 倍。

检查数量：同一类型的构件，不超过 100 个为一批，每批应抽查构件数量的 5%，且不应少于 3 个。

表 9.2.7　预制构件尺寸允许偏差及检验方法

项目			允许偏差（mm）	检验方法
长度	楼板、梁、柱、桁架	＜ 12m	±5	尺量
		≥ 12m 且＜ 18m	±10	
		≥ 18m	±20	
	墙板		±4	
宽度、高（厚）度	楼板、梁、柱、桁架		±5	尺量一端及中部，取其中偏差绝对值较大处
	墙板		±4	
表面平整度	楼板、梁、柱、墙板内表面		5	2m 靠尺和塞尺量测
	墙板外表面		3	

项目		允许偏差（mm）	检验方法
侧向弯曲	楼板、梁、柱	L/750 且 ≤ 20	拉线、直尺量测最大侧向弯曲处
	墙板、桁架	L/1000 且 ≤ 20	
翘曲	楼板	L/750	调平尺在两端量测
	墙板	L/1000	
对角线	楼板	10	尺量两个对角线
	墙板	5	
预留孔	中心线位置	5	尺量
	孔尺寸	±5	
预留洞	中心线位置	10	尺量
	洞口尺寸、深度	±10	
预埋件	预埋板中心线位置	5	尺量
	预埋板与混凝土面平面高差	0，−5	
	预埋螺栓	2	
	预埋螺栓外露长度	+10，−5	
	预埋套筒、螺母中心线位置	2	
	预埋套筒、螺母与混凝土面平面高差	±5	
预留插筋	中心线位置	5	尺量
	外露长度	+10，−5	
键槽	中心线位置	5	尺量
	长度、宽度	±5	
	深度	±10	

注：1 L为构件长度，单位为 mm；
  2 检查中心线、螺栓和孔道位置偏差时，沿纵、横两个方向量测，并取其中偏差较大值。

9.2.8 预制构件的粗糙面的质量及键槽的数量应符合设计要求。

检查数量：全数检查。

检验方法：观察。

9.3 安装与连接

主控项目

9.3.1 预制构件临时固定措施应符合施工方案的要求。

检查数量：全数检查。

检验方法：观察。

9.3.2 钢筋采用套筒灌浆连接时，灌浆应饱满、密实，其材料及连接质量应符合国家现行行业标准《钢筋套筒灌浆连接应用技术规程》JGJ 355 的规定。

检查数量：按国家现行行业标准《钢筋套筒灌浆连接应用技术规程》JGJ 355 的规定确定。

检验方法：检查质量证明文件、灌浆记录及相关检验报告。

9.3.3 钢筋采用焊接连接时，其接头质量应符合现行行业标准《钢筋焊接及验收规程》JGJ 18 的规定。

检查数量：按现行行业标准《钢筋焊接及验收规程》JGJ 18 的有关规定确定。

检验方法：检查质量证明文件及平行加工试件的检验报告。

9.3.4 钢筋采用机械连接时，其接头质量应符合现行行业标准《钢筋机械连接技术规程》JGJ 107 的规定。

检查数量：按现行行业标准《钢筋机械连接技术规程》JGJ 107 的规定确定。

检验方法：检查质量证明文件、施工记录及平行加工试件的检验报告。

9.3.5 预制构件采用焊接、螺栓连接等连接方式时，其材料性能及施工质量应符合国家现行标准《钢结构工程施工质量验收规范》GB 50205 和《钢筋焊接及验收规程》JGJ 18 的相关规定。

检查数量：按国家现行标准《钢结构工程施工质量验收规范》GB 50205 和《钢筋焊接及验收规程》JGJ 18 的规定确定。

检验方法：检查施工记录及平行加工试件的检验报告。

9.3.6 装配式结构采用现浇混凝土连接构件时，构件连接处后浇混凝土的强度应符合设计要求。

检查数量：按本规范第 7.4.1 条的规定确定。

检验方法：检查混凝土强度试验报告。

9.3.7 装配式结构施工后，其外观质量不应有严重缺陷，且不应有影响结构性能和安装、使用功能的尺寸偏差。

检查数量：全数检查。

检验方法：观察，量测；检查处理记。

一般项目

9.3.8 装配式结构施工后，其外观质量不应有一般缺陷。

检查数量：全数检查。

检验方法：观察，检查处理记录。

9.3.9 装配式结构施工后，预制构件位置、尺寸偏差及检验方法应符合设计要求；当设计无具体要求时，应符合表 9.3.9 的规定。预制构件与现浇结构连接部位的表面平整度应符合表 9.3.9 的规定。

检查数量：按楼层、结构缝或施工段划分检验批。在同一检验批内，对梁、柱和独立基础，应抽查构件数量的 10%，且不应少于 3 件；对墙和板，应按有代表性的自然间抽查 10%，且不应少于 3 间；对大空间结构，墙可按相邻轴线间高度 5m 左右划分检查面，板可按纵、横轴线划分检查面，抽查 10%，且均不应少于 3 面。

表 9.3.9 装配式结构构件位置和尺寸允许偏差及检验方法

项目			允许偏差（mm）	检验方法
构件轴线位置	竖向构件（柱、墙板、桁架）		8	经纬仪及尺量
	水平构件（梁、楼板）		5	
标高	梁、柱、墙板楼板底面或顶面		±5	水准仪或拉线、尺量
构件垂直度	柱、墙板安装后的高度	≤6m	5	经纬仪或吊线、尺量
		>6m	10	
构件倾斜度	梁、桁架		5	经纬仪或吊线、尺量
相邻构件平整度	梁、楼板底面	外露	3	2m 靠尺和塞尺量测
		不外露	5	
	柱、墙板	外露	5	
		不外露	8	
构件搁置长度	梁、板		±10	尺量
支座、支垫中心位置	板、梁、柱、墙板、桁架		10	尺量
墙板接缝宽度			±5	尺量

10 混凝土结构子分部工程

10.1 结构实体检验

10.1.1 对涉及混凝土结构安全的有代表性的部位应进行结构实体检验。结构实体检验应包括混凝土强度、钢筋保护层厚度、结构位置与尺寸偏差以及合同约定的项目；必要时可检验其他项目。

结构实体检验应由监理单位组织施工单位实施，并见证实施过程。施工单位应制定结构实体检验专项方案，并经监理单位审核批准后实施。除结构位置与尺寸偏差外的结构实体检验项目，应由具有相应资质的检测机构完成。

10.1.2　结构实体混凝土强度应按不同强度等级分别检验，检验方法宜采用同条件养护试件方法；当未取得同条件养护试件强度或同条件养护试件强度不符合要求时，可采用回弹-取芯法进行检验。

结构实体混凝土同条件养护试件强度检验应符合本规范附录 C 的规定；结构实体混凝土回弹-取芯法强度检验应符合本规范附录 D 的规定。

混凝土强度检验时的等效养护龄期可取日平均温度逐日累计达到 600℃·d 时所对应的龄期，且不应小于 14d。日平均温度为 0℃及以下的龄期不计入。

冬期施工时，等效养护龄期计算时温度可取结构构件实际养护温度，也可根据结构构件的实际养护条件，按照同条件养护试件强度与在标准养护条件下 28d 龄期试件强度相等的原则由监理、施工等各方共同确定。

10.1.3　钢筋保护层厚度检验应符合本规范附录 E 的规定。

10.1.4　结构位置与尺寸偏差检验应符合本规范附录 F 的规定。

10.1.5　结构实体检验中，当混凝土强度或钢筋保护层厚度检验结果不满足要求时，应委托具有资质的检测机构按国家现行有关标准的规定进行检测。

10.2　混凝土结构子分部工程验收

10.2.1　混凝土结构子分部工程施工质量验收合格应符合下列规定：

1　所含分项工程质量验收应合格；

2　应有完整的质量控制资料；

3　观感质量验收应合格；

4　结构实体检验结果应符合本规范第 10.1 节的要求。

10.2.2　当混凝土结构施工质量不符合要求时，应按下列规定进行处理：

1　经返工、返修或更换构件、部件的，应重新进行验收；

2　经有资质的检测机构按国家现行有关标准检测鉴定达到设计要求的，应予以验收；

3　经有资质的检测机构按国家现行有关标准检测鉴定达不到设计要求，但经原设计单位核算并确认仍可满足结构安全和使用功能的，可予以验收；

4　经返修或加固处理能够满足结构可靠性要求的，可根据技术处理方案和协商文件进行验收。

10.2.3　混凝土结构子分部工程施工质量验收时，应提供下列文件和记录：

1　设计变更文件；

2　原材料质量证明文件和抽样检验报告；

3　预拌混凝土的质量证明文件；

4　混凝土、灌浆料的性能检验报告；

5　钢筋接头的试验报告；

6　预制构件的质量证明文件和安装验收记录；

7　预应力筋用锚具、连接器的质量证明文件和抽样检验报告；

8　预应力筋安装、张拉的检验记录；

9　钢筋套筒灌浆连接及预应力孔道灌浆记录；

10　隐蔽工程验收记录；

11　混凝土工程施工记录；

12　混凝土试件的试验报告；

13　分项工程验收记录；

14　结构实体检验记录；

15　工程的重大质量问题的处理方案和验收记录；

16　其他必要的文件和记录。

10.2.4　混凝土结构工程子分部工程施工质量验收合格后，应按有关规定将验收文件存档备案。

附 录A

质量验收记录

A.0.1 检验批质量验收可按表 A.0.1 记录。

表 A.0.1 _____检验批质量验收记录 编号：

单位（子单位） 工程名称		分部（子分部） 工程名称		分项工程 名称	
施工单位		项目负责人		检验批容量	
分包单位		分包单位 项目负责人		检验批部位	
施工依据		验收依据			

验收项目		设计要求及 规范规定	样本总数	最小/实际 抽样数量	检查记录	检查 结果
主控项目	1					
	2					
	3					
	4					
	5					
	6					
	7					
	8					
一般项目	1					
	2					
	3					
	4					
	5					
施工单位 检查结果		专业工长： 项目专业质量检查员： 年 月 日				
监理单位 验收结论		专业监理工程师： 年 月 日				

A.0.2 分项工程质量验收可按表 A.0.2 记录。

表 A.0.2 _____分项工程质量验收记录 编号：

单位（子单位）工程名称		分部（子分部）工程名称		
分项工程数量		检验批数量		
施工单位		项目负责人		项目技术负责人
分包单位		分包单位项目负责人		分包内容

序号	检验批名称	检验批容量	部位/区段	施工单位检查结果	监理单位验收结论
1					
2					
3					
4					
5					
6					
7					
8					
9					
10					
11					
12					
13					
14					
15					

说明：

施工单位检查结果	项目专业技术负责人： 年 月 日
监理单位验收结论	专业监理工程师： 年 月 日

A.0.3 混凝土结构子分部工程质量验收可按表 A.0.3 记录。

表 A.0.3 混凝土结构子分部工程质量验收记录 编号：

单位（子单位）工程名称				分项工程数量	
施工单位		项目负责人		技术（质量）负责人	
分包单位		分包单位负责人		分包内容	
序号	分项工程名称	检验批数量	施工单位检查结果	监理单位验收结论	
1	钢筋分项工程				
2	预应力分项工程				
3	混凝土分项工程				
4	现浇结构分项工程				
5	装配式结构分项工程				
质量控制资料					
结构实体检验报告					
观感质量检验结果					
综合验收结论					
施工单位 项目负责人： 年 月 日		设计单位 项目负责人： 年 月 日		监理单位 总监理工程师： 年 月 日	

附 录 B

受弯预制构件结构性能检验

B.1 检验要求

B.1.1 预制构件的承载力检验应符合下列规定：

1 当按现行国家标准《混凝土结构设计规范》GB 50010 的规定进行检验时，应满足下式的要求：

$$\gamma_u^0 \geqslant \gamma_0[\gamma_u] \tag{B.1.1-1}$$

式中：γ_u^0——构件的承载力检验系数实测值，即试件的荷载实测值与荷载设计值（均包括自重）的比值；

γ_0——结构重要性系数，按设计要求的结构等级确定，当无专门要求时取 1.0；

$[\gamma_u]$——构件的承载力检验系数允许值，按表 B.1.1 取用。

2 当按构件实配钢筋进行承载力检验时，应满足下式的要求：

$$\gamma_u^0 \geqslant \gamma_0\eta[\gamma_u] \tag{B.1.1-2}$$

式中：η——构件承载力检验修正系数，根据现行国家标准《混凝土结构设计规范》GB 50010 按实配钢筋的承载力计算确定。

表 B.1.1 构件的承载力检验系数允许值

受力情况	达到承载能力极限状态的检验标志		$[\gamma_u]$
受弯	受拉主筋处的最大裂缝宽度达到 1.5mm；或挠度达到跨度的 1/50	有屈服点热轧钢筋	1.20
		无屈服点钢筋（钢丝、钢绞线、冷加工钢筋、无屈服点热轧钢筋）	1.35
	受压区混凝土破坏	有屈服点热轧钢筋	1.30
		无屈服点钢筋（钢丝、钢绞线、冷加工钢筋、无屈服点热轧钢筋）	1.50
	受拉主筋拉断		1.50
受弯构件的受剪	腹部斜裂缝达到 1.5mm，或斜裂缝末端受压混凝土剪压破坏		1.40
	沿斜截面混凝土斜压、斜拉破坏；受拉主筋在端部滑脱或其他锚固破坏		1.55
	叠合构件叠合面、接槎处		1.45

B.1.2 预制构件的挠度检验应符合下列规定：

1 当按现行国家标准《混凝土结构设计规范》GB 50010 规定的挠度允许值进行检验时，应满足下式的要求：

$$a_s^0 \leqslant [a_s] \tag{B.1.2-1}$$

式中：a_s^0——在检验用荷载标准组合值或荷载准永久组合值作用下的构件挠度实测值；

$[a_s]$——挠度检验允许值，按本规范第 B.1.3 条的有关规定计算。

2 当按构件实配钢筋进行挠度检验或仅检验构件的挠度、抗裂或裂缝宽度时，应满足下式的要求：

$$a_s^0 \leqslant 1.2a_s^c \tag{B.1.2-2}$$

a_s^0应同时满足公式(B.1.2-1)的要求。

式中：a_s^c——在检验用荷载标准组合值或荷载准永久组合值作用下，按实配钢筋确定的构件短期挠度计算值，按现行国家标准《混凝土结构设计规范》GB 50010 确定。

B.1.3 挠度检验允许值$[a_s]$应按下列公式进行计算：

按荷载准永久组合值计算钢筋混凝土受弯构件

$$[a_s] = [a_f]/\theta \tag{B.1.3-1}$$

按荷载标准组合值计算预应力混凝土受弯构件

$$[a_s] = \frac{M_k}{M_q(\theta - 1) + M_k}[a_f] \tag{B.1.3-2}$$

式中：M_k——按荷载标准组合值计算的弯矩值；

　　　M_q——按荷载准永久组合值计算的弯矩值；

　　　θ——考虑荷载长期效应组合对挠度增大的影响系数，按现行国家标准《混凝土结构设计规范》GB 50010确定；

　　　$[a_f]$——受弯构件的挠度限值，按现行国家标准《混凝土结构设计规范》GB 50010确定。

B.1.4　预制构件的抗裂检验应满足公式(B.1.4-1)的要求：

$$\gamma_{cr}^0 \geqslant [\gamma_{cr}] \tag{B.1.4-1}$$

$$[\gamma_{cr}] = 0.95\frac{\sigma_{pc} + \gamma f_{tk}}{\sigma_{ck}} \tag{B.1.4-2}$$

式中：γ_{cr}^0——构件的抗裂检验系数实测值，即试件的开裂荷载实测值与检验用荷载标准组合值（均包括自重）的比值；

　　　$[\gamma_{cr}]$——构件的抗裂检验系数允许值；

　　　σ_{pc}——由预加力产生的构件抗拉边缘混凝土法向应力值，按现行国家标准《混凝土结构设计规范》GB 50010确定；

　　　γ——混凝土构件截面抵抗矩塑性影响系数，按现行国家标准《混凝土结构设计规范》GB 50010确定；

　　　f_{tk}——混凝土抗拉强度标准值；

　　　σ_{ck}——按荷载标准组合值计算的构件抗拉边缘混凝土法向应力值，按现行国家标准《混凝土结构设计规范》GB 50010确定。

B.1.5　预制构件的裂缝宽度检验应满足下式的要求：

$$w_{s,max}^0 \leqslant [w_{max}] \tag{B.1.5}$$

式中：$w_{s,max}^0$——在检验用荷载标准组合值或荷载准永久组合值作用下，受拉主筋处的最大裂缝宽度实测值；

　　　$[w_{max}]$——构件检验的最大裂缝宽度允许值，按表B.1.5取用。

表 B.1.5　构件的最大裂缝宽度允许值（mm）

设计要求的最大裂缝宽度限值	0.1	0.2	0.3	0.4
$[w_{max}]$	0.07	0.15	0.20	0.25

B.1.6　预制构件结构性能检验的合格判定应符合下列规定：

1　当预制构件结构性能的全部检验结果均满足本规范第B.1.1条～第B.1.5条的检验要求时，该批构件可判为合格；

2　当预制构件的检验结果不满足第1款的要求，但又能满足第二次检验指标要求时，可再抽两个预制构件进行二次检验。第二次检验指标，对承载力及抗裂检验系数的允许值应取本规范第B.1.1条和第B.1.4条规定的允许值减0.05；对挠度的允许值应取本规范第B.1.3条规定允许值的1.10倍；

3　当进行二次检验时，如第一个检验的预制构件的全部检验结果均满足本规范第B.1.1条～第B.1.5条的要求，该批构件可判为合格；如两个预制构件的全部检验结果均满足第二次检验指标的要求，该批构件也可判为合格。

B.2　检验方法

B.2.1　进行结构性能检验时的试验条件应符合下列规定：

1　试验场地的温度应在0℃以上；

2　蒸汽养护后的构件应在冷却至常温后进行试验；

3　预制构件的混凝土强度应达到设计强度的100%以上；

4 构件在试验前应量测其实际尺寸，并检查构件表面，所有的缺陷和裂缝应在构件上标出；

5 试验用的加荷设备及量测仪表应预先进行标定或校准。

B.2.2 试验预制构件的支承方式应符合下列规定：

1 对板、梁和桁架等简支构件，试验时应一端采用铰支承，另一端采用滚动支承。铰支承可采用角钢、半圆型钢或焊于钢板上的圆钢，滚动支承可采用圆钢；

2 对四边简支或四角简支的双向板，其支承方式应保证支承处构件能自由转动，支承面可相对水平移动；

3 当试验的构件承受较大集中力或支座反力时，应对支承部分进行局部受压承载力验算；

4 构件与支承面应紧密接触；钢垫板与构件、钢垫板与支墩间，宜铺砂浆垫平；

5 构件支承的中心线位置应符合设计的要求。

B.2.3 试验荷载布置应符合设计的要求。当荷载布置不能完全与设计的要求相符时，应按荷载效应等效的原则换算，并应计入荷载布置改变后对构件其他部位的不利影响。

B.2.4 加载方式应根据设计加载要求、构件类型及设备等条件选择。当按不同形式荷载组合进行加载试验时，各种荷载应按比例增加，并应符合下列规定：

1 荷重块加载可用于均布加载试验。荷重块应按区格成垛堆放，垛与垛之间的间隙不宜小于100mm，荷重块的最大边长不宜大于500mm。

2 千斤顶加载可用于集中加载试验。集中加载可采用分配梁系统实现多点加载。千斤顶的加载值宜采用荷载传感器量测，也可采用油压表量测。

3 梁或桁架可采用水平对顶加荷方法，此时构件应垫平且不应妨碍构件在水平方向的位移。梁也可采用竖直对顶的加荷方法。

4 当屋架仅作挠度、抗裂或裂缝宽度检验时，可将两榀屋架并列，安放屋面板后进行加载试验。

B.2.5 加载过程应符合下列规定：

1 预制构件应分级加载。当荷载小于标准荷载时，每级荷载不应大于标准荷载值的20%；当荷载大于标准荷载时，每级荷载不应大于标准荷载值的10%；当荷载接近抗裂检验荷载值时，每级荷载不应大于标准荷载值的5%；当荷载接近承载力检验荷载值时，每级荷载不应大于荷载设计值的5%；

2 试验设备重量及预制构件自重应作为第一次加载的一部分；

3 试验前宜对预制构件进行预压，以检查试验装置的工作是否正常，但应防止构件因预压而开裂；

4 对仅作挠度、抗裂或裂缝宽度检验的构件应分级卸载。

B.2.6 每级加载完成后，应持续10min～15min；在标准荷载作用下，应持续30min。在持续时间内，应观察裂缝的出现和开展，以及钢筋有无滑移等；在持续时间结束时，应观察和记录各项读数。

B.2.7 进行承载力检验时，应加载至预制构件出现本规范表B.1.1所列承载能力极限状态的检验标志之一后结束试验。当在规定的荷载持续时间内出现上述检验标志之一时，应取本级荷载值与前一级荷载值的平均值作为其承载力检验荷载实测值；当在规定的荷载持续时间结束后出现上述检验标志之一时，应取本级荷载值作为其承载力检验荷载实测值。

B.2.8 挠度量测应符合下列规定：

1 挠度可采用百分表、位移传感器、水平仪等进行观测。接近破坏阶段的挠度，可采用水平仪或拉线、直尺等测量。

2 试验时，应量测构件跨中位移和支座沉陷。对宽度较大的构件，应在每一量测截面的两边或两肋布置测点，并取其量测结果的平均值作为该处的位移。

3 当试验荷载竖直向下作用时，对水平放置的试件，在各级荷载下的跨中挠度实测值应按下列公式计算：

$$a_t^0 = a_q^0 + a_g^0 \tag{B.2.8-1}$$

$$a_q^0 = v_m^0 - \frac{1}{2}(v_l^0 + v_r^0) \tag{B.2.8-2}$$

$$a_g^0 = \frac{M_g}{M_b} a_b^0 \tag{B.2.8-3}$$

式中：a_t^0——全部荷载作用下构件跨中的挠度实测值，mm；

a_q^0——外加试验荷载作用下构件跨中的挠度实测值，mm；

a_g^0——构件自重及加荷设备重产生的跨中挠度值，mm；

v_m^0——外加试验荷载作用下构件跨中的位移实测值，mm；

v_l^0，v_r^0——外加试验荷载作用下构件左、右端支座沉陷的实测值，mm；

M_g——构件自重和加荷设备重产生的跨中弯矩值，kN·m；

M_b——从外加试验荷载开始至构件出现裂缝的前一级荷载为止的外加荷载产生的跨中弯矩值，kN·m；

a_b^0——从外加试验荷载开始至构件出现裂缝的前一级荷载为止的外加荷载产生的跨中挠度实测值，mm。

4 当采用等效集中力加载模拟均布荷载进行试验时，挠度实测值应乘以修正系数ψ。当采用三分点加载时ψ可取 0.98；当采用其他形式集中力加载时，ψ应经计算确定。

B.2.9 裂缝观测应符合下列规定：

1 观察裂缝出现可采用放大镜。试验中未能及时观察到正截面裂缝的出现时，可取荷载-挠度曲线上第一弯转段两端点切线的交点的荷载值作为构件的开裂荷载实测值；

2 在对构件进行抗裂检验时，当在规定的荷载持续时间内出现裂缝时，应取本级荷载值与前一级荷载值的平均值作为其开裂荷载实测值；当在规定的荷载持续时间结束后出现裂缝时，应取本级荷载值作为其开裂荷载实测值；

3 裂缝宽度宜采用精度为 0.05mm 的刻度放大镜等仪器进行观测，也可采用满足精度要求的裂缝检验卡进行观测；

4 对正截面裂缝，应量测受拉主筋处的最大裂缝宽度；对斜截面裂缝，应量测腹部斜裂缝的最大裂缝宽度。当确定受弯构件受拉主筋处的裂缝宽度时，应在构件侧面量测。

B.2.10 试验时应采用安全防护措施，并应符合下列规定：

1 试验的加荷设备、支架、支墩等，应有足够的承载力安全储备；

2 试验屋架等大型构件时，应根据设计要求设置侧向支承；侧向支承应不妨碍构件在其平面内的位移；

3 试验过程中应采取安全措施保护试验人员和试验设备安全。

B.2.11 试验报告应符合下列规定：

1 试验报告内容应包括试验背景、试验方案、试验记录、检验结论等，不得有漏项缺检；

2 试验报告中的原始数据和观察记录应真实、准确，不得任意涂抹篡改；

3 试验报告宜在试验现场完成，并应及时审核、签字、盖章、登记归档。

附 录 C

结构实体混凝土同条件养护试件强度检验

C.0.1 同条件养护试件的取样和留置应符合下列规定：

1 同条件养护试件所对应的结构构件或结构部位，应由施工、监理等各方共同选定，且同条件养护试件的取样宜均匀分布于工程施工周期内；

2 同条件养护试件应在混凝土浇筑入模处见证取样；

3 同条件养护试件应留置在靠近相应结构构件的适当位置，并应采取相同的养护方法；

4 同一强度等级的同条件养护试件不宜少于 10 组，且不应少于 3 组。每连续两层楼取样不应少于 1 组；每 2000m³ 取样不得少于一组。

C.0.2 每组同条件养护试件的强度值应根据强度试验结果按现行国家标准《普通混凝土力学性能试验方法标准》GB/T 50081 的规定确定。

C.0.3 对同一强度等级的同条件养护试件，其强度值应除以 0.88 后按现行国家标准《混凝土强度检验评定标准》GB/T 50107 的有关规定进行评定，评定结果符合要求时可判结构实体混凝土强度合格。

附 录D

结构实体混凝土回弹–取芯法强度检验

D.0.1 回弹构件的抽取应符合下列规定：

1 同一混凝土强度等级的柱、梁、墙、板，抽取构件最小数量应符合表 D.0.1 的规定，并应均匀分布；

2 不宜抽取截面高度小于 300mm 的梁和边长小于 300mm 的柱。

表 D.0.1 回弹构件抽取最小数量

构件总数量	最小抽样数量
20 以下	全数
20～150	20
151～280	26
281～500	40
501～1200	64
1201～3200	100

D.0.2 每个构件应选取不少于 5 个测区进行回弹检测及回弹值计算，并应符合现行行业标准《回弹法检测混凝土抗压强度技术规程》JGJ/T 23 对单个构件检测的有关规定。楼板构件的回弹宜在板底进行。

D.0.3 对同一强度等级的混凝土，应将每个构件 5 个测区中的最小测区平均回弹值进行排序，并在其最小的 3 个测区各钻取 1 个芯样。芯样应采用带水冷却装置的薄壁空心钻钻取，其直径宜为 100mm，且不宜小于混凝土骨料最大粒径的 3 倍。

D.0.4 芯样试件的端部宜采用环氧胶泥或聚合物水泥砂浆补平，也可采用硫黄胶泥修补。加工后芯样试件的尺寸偏差与外观质量应符合下列规定：

1 芯样试件的高度与直径之比实测值不应小于 0.95，也不应大于 1.05；

2 沿芯样高度的任一直径与其平均值之差不应大于 2mm；

3 芯样试件端面的不平整度在 100mm 长度内不应大于 0.1mm；

4 芯样试件端面与轴线的不垂直度不应大于 1°；

5 芯样不应有裂缝、缺陷及钢筋等杂物。

D.0.5 芯样试件尺寸的量测应符合下列规定：

1 应采用游标卡尺在芯样试件中部互相垂直的两个位置测量直径，取其算术平均值作为芯样试件的直径，精确至 0.1mm；

2 应采用钢板尺测量芯样试件的高度，精确至 1mm；

3 垂直度应采用游标量角器测量芯样试件两个端线与轴线的夹角，精确至 0.1°；

4 平整度应采用钢板尺或角尺紧靠在芯样试件端面上，一面转动钢板尺，一面用塞尺测量钢板尺与芯样试件端面之间的缝隙；也可采用其他专用设备测量。

D.0.6 芯样试件应按现行国家标准《普通混凝土力学性能试验方法标准》GB/T 50081 中圆柱体试件的规定进行抗压强度试验。

D.0.7 对同一强度等级的混凝土，当符合下列规定时，结构实体混凝土强度可判为合格：

1 三个芯样的抗压强度算术平均值不小于设计要求的混凝土强度等级值的 88%；

2 三个芯样抗压强度的最小值不小于设计要求的混凝土强度等级值的 80%。

附 录 E

结构实体钢筋保护层厚度检验

E.0.1 结构实体钢筋保护层厚度检验构件的选取应均匀分布，并应符合下列规定：

1 对非悬挑梁板类构件，应各抽取构件数量的 2%且不少于 5 个构件进行检验。

2 对悬挑梁，应抽取构件数量的 5%且不少于 10 个构件进行检验；当悬挑梁数量少于 10 个时，应全数检验。

3 对悬挑板，应抽取构件数量的 10%且不少于 20 个构件进行检验；当悬挑板数量少于 20 个时，应全数检验。

E.0.2 对选定的梁类构件，应对全部纵向受力钢筋的保护层厚度进行检验；对选定的板类构件，应抽取不少于 6 根纵向受力钢筋的保护层厚度进行检验。对每根钢筋，应选择有代表性的不同部位量测 3 点取平均值。

E.0.3 钢筋保护层厚度的检验，可采用非破损或局部破损的方法，也可采用非破损方法并用局部破损方法进行校准。当采用非破损方法检验时，所使用的检测仪器应经过计量检验，检测操作应符合相应规程的规定。

钢筋保护层厚度检验的检测误差不应大于 1mm。

E.0.4 钢筋保护层厚度检验时，纵向受力钢筋保护层厚度的允许偏差应符合表 E.0.4 的规定。

表 E.0.4 结构实体纵向受力钢筋保护层厚度的允许偏差

构件类型	允许偏差（mm）
梁	+10，−7
板	+8，−5

E.0.5 梁类、板类构件纵向受力钢筋的保护层厚度应分别进行验收，并应符合下列规定：

1 当全部钢筋保护层厚度检验的合格率为 90%及以上时，可判为合格；

2 当全部钢筋保护层厚度检验的合格率小于 90%但不小于 80%时，可再抽取相同数量的构件进行检验；当按两次抽样总和计算的合格率为 90%及以上时，仍可判为合格；

3 每次抽样检验结果中不合格点的最大偏差均不应大于本规范附录 E.0.4 条规定允许偏差的 1.5 倍。

附 录 F

结构实体位置与尺寸偏差检验

F.0.1 结构实体位置与尺寸偏差检验构件的选取应均匀分布，应符合下列规定：

1 梁、柱应抽取构件数量的 1%，且不应少于 3 个构件；

2 墙、板应按有代表性的自然间抽取 1%，且不应少于 3 间；

3 层高应按有代表性的自然间抽查 1%，且不应少于 3 间。

F.0.2 对选定的构件，检验项目及检验方法应符合表 F.0.2 的规定，允许偏差及检验方法应符合本规范表 8.3.2 和表 9.3.9 的规定，精确至 1mm。

表 F.0.2 结构实体位置与尺寸偏差检验项目及检验方法

项目	检验方法
柱截面尺寸	选取柱的一边量测柱中部、下部及其他部位，取 3 点平均值
柱垂直度	沿两个方向分别量测，取较大值
墙厚	墙身中部量测 3 点，取平均值；测点间距不应小于 1m
梁高	量测一侧边跨中及两个距离支座 0.1m 处，取 3 点平均值；量测值可取腹板高度加上此处楼板的实测厚度
板厚	悬挑板取距离支座 0.1m 处，沿宽度方向取包括中心位置在内的随机 3 点取平均值；其他楼板，在同一对角线上量测中间及距离两端各 0.1m 处，取 3 点平均值
层高	与板厚测点相同，量测板顶至上层楼板板底净高，层高量测值为净高与板厚之和，取 3 点平均值

F.0.3 墙厚、板厚、层高的检验可采用非破损或局部破损的方法，也可采用非破损方法并用局部破损方法进行校准。当采用非破损方法检验时，所使用的检测仪器应经过计量检验，检测操作应符合国家现行有关标准的规定。

F.0.4 结构实体位置与尺寸偏差项目应分别进行验收，并应符合下列规定：

1 当检验项目的合格率为 80% 及以上时，可判为合格；

2 当检验项目的合格率小于 80% 但不小于 70% 时，可再抽取相同数量的构件进行检验；当按两次抽样总和计算的合格率为 80% 及以上时，仍可判为合格。

3.6 《住宅室内防水工程技术规范》JGJ 298—2013

1 总则（略）

2 术语（略）

3 基本规定

3.0.1 住宅室内防水工程应遵循防排结合、刚柔相济、因地制宜、经济合理、安全环保、综合治理的原则。

3.0.2 住宅室内防水工程宜根据不同的设防部位，按柔性防水涂料、防水卷材、刚性防水材料的顺序，选用适宜的防水材料，且相邻材料之间应具有相容性。

3.0.3 密封材料宜采用与主体防水层相匹配的材料。

3.0.4 住宅室内防水工程完成后，楼、地面和独立水容器的防水性能应通过蓄水试验进行检验。

3.0.5 住宅室内外排水系统应保持畅通。

3.0.6 住宅室内防水工程应积极采用通过技术评估或鉴定，并经工程实践证明质量可靠的新材料、新技术、新工艺。

4 防水材料

4.1 防水涂料

4.1.1 住宅室内防水工程宜使用聚氨酯防水涂料、聚合物乳液防水涂料、聚合物水泥防水涂料和水乳型沥青防水涂料等水性或反应型防水涂料。

4.1.2 住宅室内防水工程不得使用溶剂型防水涂料。

4.1.3 对于住宅室内长期浸水的部位，不宜使用遇水产生溶胀的防水涂料。

4.1.4 聚氨酯防水涂料的性能指标应符合表 4.1.4 的规定。

表 4.1.4　聚氨酯防水涂料的性能指标

项目			性能指标	
			单组分	双组分
拉伸强度（MPa）			≥1.9	
断裂伸长率（%）			≥450	
撕裂强度（N/mm）			≥12	
不透水性（0.3MPa，30min）			不透水	
固体含量（%）			≥80	≥92
加热伸缩率（%）		伸长	≤1.0	
		缩短	≤4.0	
热处理		拉伸强度保持率（%）	80～150	
		断裂伸长率（%）	≥400	
碱处理		拉伸强度保持率（%）	60～150	
		断裂伸长率（%）	≥400	
酸处理		拉伸强度保持率（%）	80～150	
		断裂伸长率（%）	≥400	

注：对于加热伸缩率及热处理后的拉伸强度保持率和断裂伸长率，仅当聚氨酯防水涂料用于地面辐射采暖工程时才作要求。

4.1.5 聚合物乳液防水涂料的性能指标应符合表 4.1.5 的规定。

表 4.1.5　聚合物乳液防水涂料的性能指标

项目		性能指标
拉伸强度（MPa）		≥1.0
断裂延伸率（%）		≥300
不透水性（0.3MPa，30min）		不透水
固体含量（%）		≥65
干燥时间（h）	表干时间	≤4
	实干时间	≤8
处理后的拉伸强度保持率（%）	加热处理	≥80
	碱处理	≥60
	酸处理	≥40
处理后的断裂延伸率（%）	加热处理	≥200
	碱处理	≥200
	酸处理	≥200
加热伸缩率（%）	伸长	≤1.0
	缩短	≤1.0

注：对于加热伸缩率及热处理后的拉伸强度保持率和断裂伸长率，仅当聚合物乳液防水涂料用于地面辐射采暖工程时才作要求。

4.1.6　聚合物水泥防水涂料的性能指标应符合表 4.1.6 的规定。Ⅰ型产品不宜用于长期浸水环境的防水工程；Ⅱ型产品可用于长期浸水环境和干湿交替环境的防水工程；Ⅲ型产品宜用于住宅室内墙面或顶棚的防潮。

表 4.1.6　聚合物水泥防水涂料的性能指标

项目		性能指标		
		Ⅰ型	Ⅱ型	Ⅲ型
固体含量（%）		≥70	≥70	≥70
拉伸强度	无处理（MPa）	≥1.2	≥1.8	≥1.8
	加热处理后保持率（%）	≥80	≥80	≥80
	碱处理后保持率（%）	≥60	≥70	≥70
断裂伸长率	无处理（%）	≥200	≥80	≥30
	加热处理（%）	≥150	≥65	≥20
	碱处理（%）	≥150	≥65	≥20
粘结强度	无处理（MPa）	≥0.5	≥0.7	≥1.0
	潮湿基层（MPa）	≥0.5	≥0.7	≥1.0
	碱处理（MPa）	≥0.5	≥0.7	≥1.0
	浸水处理（MPa）	≥0.5	≥0.7	≥1.0
不透水性（0.3MPa，30min）		不透水	不透水	不透水
抗渗性（砂浆背水面）（MPa）		—	≥0.6	≥0.8

注：对于加热处理后的拉伸强度和断裂伸长率，仅当聚合物水泥防水涂料用于地面辐射采暖工程时才作要求。

4.1.7　水乳型沥青防水涂料的性能指标应符合表 4.1.7 的规定。

表 4.1.7　水乳型沥青防水涂料的性能指标

项目	性能指标
固体含量（%）	≥45
耐热度（℃）	80±2，无流淌、滑移、滴落

项目		性能指标
不透水性（0.1MPa，30min）		不透水
粘结强度（MPa）		≥ 0.30
断裂伸长率（%）	标准条件	≥ 600
	碱处理	≥ 600
	热处理	≥ 600

注：对于耐热度及热处理后的断裂伸长率，仅当水乳型沥青防水涂料用于地面辐射采暖工程时才作要求。

4.1.8 防水涂料的有害物质限量应分别符合表 4.1.8-1 和表 4.1.8-2 的规定。

表 4.1.8-1 水性防水涂料中有害物质含量指标

项目		水性防水涂料
挥发性有机化合物（VOC）（g/L）		≤ 120
游离甲醛（mg/kg）		≤ 200
苯、甲苯、乙苯和二甲苯总和（mg/kg）		≤ 300
氨（mg/kg）		≤ 1000
可溶性重金属（mg/kg）	铅	≤ 90
	镉	≤ 75
	铬	≤ 60
	汞	≤ 60

注：对于无色、白色、黑色防水涂料，不需测定可溶性重金属。

表 4.1.8-2 反应型防水涂料中有害物质含量指标

项目		反应型防水涂料
挥发性有机化合物（VOC）（g/L）		≤ 200
甲苯 + 乙苯 + 二甲苯（g/kg）		≤ 1.0
苯（mg/kg）		≤ 200
苯酚（mg/kg）		≤ 500
蒽（mg/kg）		≤ 100
萘（mg/kg）		≤ 500
游离 TDI（g/kg）		≤ 7
可溶性重金属（mg/kg）	铅	≤ 90
	镉	≤ 75
	铬	≤ 60
	汞	≤ 60

注：1 游离 TDI 仅适用于聚氨酯类防水涂料；
　　2 对于无色、白色、黑色防水涂料，不需测定可溶性重金属。

4.1.9 用于附加层的胎体材料宜选用（30～50）g/m² 的聚酯纤维无纺布、聚丙烯纤维无纺布或耐碱玻璃纤维网格布。

4.1.10 住宅室内防水工程采用防水涂料时，涂膜防水层厚度应符合表 4.1.10 的规定。

表 4.1.10 涂膜防水层厚度

防水涂料	涂膜防水层厚度（mm）	
	水平面	垂直面
聚合物水泥防水涂料	≥1.5	≥1.2
聚合物乳液防水涂料	≥1.5	≥1.2
聚氨酯防水涂料	≥1.5	≥1.2
水乳型沥青防水涂料	≥2.0	≥1.5

4.2 防水卷材

4.2.1 住宅室内防水工程可选用自粘聚合物改性沥青防水卷材和聚乙烯丙纶复合防水卷材。

4.2.2 自粘聚合物改性沥青防水卷材的性能指标应符合表 4.2.2-1 和表 4.2.2-2 的规定。

表 4.2.2-1 无胎基（N 类）自粘聚合物改性沥青防水卷材的性能指标

项目		性能指标	
		PE 类	PET 类
拉伸性能	拉力（N/50mm）	≥150	≥150
	最大拉力时延伸率（%）	≥200	≥30
耐热性		70℃滑动不超过 2mm	
不透水性		0.2MPa，120min 不透水	
剥离强度（N/mm）	卷材与卷材	≥1.0	
	卷材与铝板	≥1.5	
热老化	拉力保持率（%）	≥80	
	最大拉力时延伸率（%）	≥200	≥30
	剥离强度（N/mm）	≥1.5	
热稳定性	外观	无起鼓、皱折、滑动、流淌	
	尺寸变化（%）	≤2	

注：对于耐热性、热老化和热稳定性，仅当 N 类自粘聚合物改性沥青防水卷材用于地面辐射采暖工程时才作要求。

表 4.2.2-2 聚氨酯基（PY 类）自粘聚合物改性沥青防水卷材的性能指标

项目			性能指标
可溶物含量（g/m²）	2.0mm		≥1300
	3.0mm		≥2100
	4.0mm		≥2900
拉伸性能	拉力（N/50mm）	2.0mm	≥350
		3.0mm	≥450
		4.0mm	≥450
	最大拉力时延伸率（%）		≥30
耐热性			70℃滑动不超过 2mm
不透水性			0.3MPa，120min 不透水
剥离强度（N/mm）	卷材与卷材		≥1.0
	卷材与铝板		≥1.5
热老化	最大拉力时延伸率（%）		≥30
	剥离强度（N/mm）		≥1.5

注：对于耐热性和热老化，仅当 PY 类自粘聚合物改性沥青防水卷材用于地面辐射采暖工程时才作要求。

4.2.3 聚乙烯丙纶复合防水均采应采用与之相配套的聚合物水泥防水粘结料，共同组成复合防水层，且聚乙烯丙纶复合防水卷材和聚合物水泥防水粘结料的性能应分别符合表 4.2.3-1 和表 4.2.3-2 的规定。

表 4.2.3-1 聚乙烯丙纶复合防水卷材的性能指标

项目		性能指标
断裂拉伸强度（常温）（N/cm）		$\geqslant 60 \times 80\%$
扯断伸长率（常温）（%）		$\geqslant 400 \times 50\%$
热空气老化（80℃×168h）	断裂拉伸强度保持率（%）	$\geqslant 80$
	扯断伸长率保持率（%）	$\geqslant 70$
不透水性（0.3MPa，30min）		不透水
撕裂强度（N）		$\leqslant 20$

注：对于热空气老化，仅当聚乙烯丙纶复合防水卷材用于地面辐射采暖工程时才作要求。

表 4.2.3-2 聚合物水泥防水粘结料的性能指标

项目		性能指标
与水泥基面的粘结拉伸强度（MPa）	常温 7d	$\geqslant 0.6$
	耐水性	$\geqslant 0.4$
剪切状态下的粘合性（卷材与卷材，标准试验条件）（N/mm）		$\geqslant 2.0$ 或卷材断裂
剪切状态下的粘合性（卷材与水泥基面，标准试验条件）（N/mm）		$\geqslant 1.8$ 或卷材断裂
抗渗性（MPa，7d）		$\geqslant 1.0$

4.2.4 防水卷材宜采用冷粘法施工，胶粘剂应与卷材相容，并应与基层粘结可靠。

4.2.5 防水卷材胶粘剂应具有良好的耐水性、耐腐蚀性和耐霉变性，且有害物质限量值应符合表 4.2.5 的规定。

表 4.2.5 防水卷材胶粘剂有害物质限量值

项目	指标
总挥发性有机物（g/L）	$\leqslant 350$
甲苯＋二甲苯（g/kg）	$\leqslant 10$
苯（g/kg）	$\leqslant 0.2$
游离甲醛（g/kg）	$\leqslant 1.0$

4.2.6 卷材防水层厚度应符合表 4.2.6 的规定。

表 4.2.6 卷材防水层厚度

防水卷材	卷材防水层厚度（mm）	
自粘聚合物改性沥青防水卷材	无胎基 $\geqslant 1.5$	聚酯胎基 $\geqslant 2.0$
聚乙烯丙纶复合防水卷材	卷材 $\geqslant 0.7$（芯材 $\geqslant 0.5$），胶结料 $\geqslant 1.3$	

4.3 防水砂浆

4.3.1 防水砂浆应使用由专业生产厂家生产的商品砂浆，并应符合现行行业标准《商品砂浆》JG/T 230 的规定。

4.3.2 掺防水剂的防水砂浆的性能指标应符合表 4.3.2 的规定。

表 4.3.2　掺防水剂的防水砂浆的性能指标

项目		性能指标
净浆安定性		合格
凝结时间	初凝（min）	≥ 45
	终凝（h）	≤ 10
抗压强度比	7d（%）	≥ 95
	28d（%）	≥ 85
渗水压力比（%）		≥ 200
48h 吸水量比（%）		≤ 75

4.3.3　聚合物水泥防水砂浆的性能指标应符合表 4.3.3 的规定。

表 4.3.3　聚合物水泥防水砂浆性能的性能指标

项目		性能指标	
		干粉类（Ⅰ类）	乳液类（Ⅱ类）
凝结时间	初凝（min）	≥ 45	≥ 45
	终凝（h）	≤ 12	≤ 24
抗渗压力（MPa）	7d	≥ 1.0	
	28d	≥ 1.5	
抗压强度（MPa）	28d	≥ 24.0	
抗折强度（MPa）	28d	≥ 8.0	
压折比		≤ 3.0	
粘结强度（MPa）	7d	≥ 1.0	
	28d	≥ 1.2	
耐碱性（饱和 $Ca(OH)_2$ 溶液，168h）		无开裂，无剥落	
耐热性（100℃水，5h）		无开裂，无剥落	

注：1　凝结时间可根据用户需要及季节变化进行调整；
　　2　对于耐热性，仅当聚合物水泥防水砂浆用于地面辐射采暖工程时才作要求。

4.3.4　防水砂浆的厚度应符合表 4.3.4 的规定。

表 4.3.4　防水砂浆的厚度

防水砂浆		砂浆层厚度（mm）
掺防水剂的防水砂浆		≥ 20
聚合物水泥防水砂浆	涂刮型	≥ 3.0
	抹压型	≥ 15

4.4　防水混凝土

4.4.1　用于配制防水混凝土的水泥应符合下列规定：

1　水泥宜采用硅酸盐水泥、普通硅酸盐水泥，并应符合现行国家标准《通用硅酸盐水泥》GB 175 的规定；

2　不得使用过期或受潮结块的水泥，不得将不同品种或强度等级的水泥混合使用。

4.4.2　用于配制防水混凝土的化学外加剂、矿物掺合料、砂、石及拌合用水等应符合国家现行有关标准的规定。

4.5　密封材料

4.5.1　住宅室内防水工程的密封材料宜采用丙烯酸建筑密封胶、聚氨酯建筑密封胶或硅酮建筑密封胶。

4.5.2　对于地漏、大便器、排水立管等穿越楼板的管道根部，宜使用丙烯酸酯建筑密封胶或聚氨酯建筑密封胶嵌填，且性能指标应分别符合表 4.5.2-1 和表 4.5.2-2 的规定。

表 4.5.2-1　丙烯酸酯建筑密封胶的性能指标

项目	性能指标
表干时间（h）	≤ 1
挤出性（mL/min）	≥ 100
弹性恢复率（%）	≥ 40
定伸粘结性	无破坏
浸水后定伸粘结性	无破坏

表 4.5.2-2　聚氨酯建筑密封胶的性能指标

项目	性能指标
表干时间（h）	≤ 24
挤出性（mL/min）①	≥ 80
弹性恢复率（%）	≥ 70
定伸粘结性	无破坏
浸水后定伸粘结性	无破坏

注：①对于挤出性，仅适用于单组分产品。

4.5.3　对于热水管管根部、套管与穿墙管间隙及长期浸水的部位，宜使用硅酮建筑密封胶（F 类）嵌填，其性能指标应符合表 4.5.3 的规定。

表 4.5.3　硅酮建筑密封胶（F 类）的性能指标

项目	性能指标
表干时间（h）	≤ 3
挤出性（mL/min）	≥ 80
弹性恢复率（%）	≥ 70
定伸粘结性	无破坏
浸水后定伸粘结性	无破坏

4.6　防潮材料

4.6.1　墙面、顶棚宜采用防水砂浆、聚合物水泥防水涂料做防潮层；无地下室的地面可采用聚氨酯防水涂料、聚合物乳液防水涂料、水乳型沥青防水涂料和防水卷材做防潮层。

4.6.2　采用不同材料做防潮层时，防潮层厚度可按表 4.6.2 确定。

表 4.6.2　防潮层厚度

材料种类			防潮层厚度（mm）
防水砂浆	掺防水剂的防水砂浆		15～20
	涂刷型聚合物水泥防水砂浆		2～3
	抹压型聚合物水泥防水砂浆		10～15
防水涂料	聚合物水泥防水涂料		1.0～1.2
	聚合物乳液防水涂料		1.0～1.2
	聚氨酯防水涂料		1.0～1.2
	水乳型沥青防水涂料		1.0～1.5
防水卷材	自粘聚合物改性沥青防水卷材	无胎基	1.2
		聚酯毡基	2.0
	聚乙烯丙纶复合防水卷材		卷材 ≥ 0.7（芯材 ≥ 0.5），胶结料 ≥ 1.3

5 防水设计

5.1 一般规定

5.1.1 住宅卫生间、厨房、浴室、设有配水点的封闭阳台、独立水容器等均应进行防水设计。

5.1.2 住宅室内防水设计应包括下列内容：

1 防水构造设计；

2 防水、密封材料的名称、规格型号、主要性能指标；

3 排水系统设计；

4 细部构造防水、密封措施。

5.2 功能房间防水设计

5.2.1 卫生间、浴室的楼、地面应设置防水层，墙面、顶棚应设置防潮层。门口应有阻止积水外溢的措施。

5.2.2 厨房的楼、地面应设置防水层，墙面宜设置防潮层；厨房布置在无用水点房间的下层时，顶棚应设置防潮层。

5.2.3 当厨房设有采暖系统的分集水器、生活热水控制总阀门时，楼、地面宜就近设置地漏。

5.2.4 排水立管不应穿越下层住户的居室；当厨房设有地漏时，地漏的排水支管不应穿过楼板进入下层住户的居室。

5.2.5 厨房的排水立管支架和洗涤池不应直接安装在与卧室相邻的墙体上。

5.2.6 设有配水点的封闭阳台，墙面应设防水层，顶棚宜防潮，楼、地面应有排水措施，并应设置防水层。

5.2.7 独立水容器应有整体的防水构造。现场浇筑的独立水容器应采用刚柔结合的防水设计。

5.2.8 采用地面辐射采暖的无地下室住宅，底层无配水点的房间地面应在绝热层下部设置防潮层。

5.3 技术措施

5.3.1 住宅室内防水应包括楼、地面防水、排水，室内墙体防水和独立水容器防水、防渗。

5.3.2 楼、地面防水设计应符合下列规定：

1 对于有排水要求的房间，应绘制放大布置平面图，并应以门口及沿墙周边为标志标高，标注主要排水坡度和地漏表面标高。

2 对于无地下室的住宅，地面宜采用强度等级为 C15 的混凝土作为刚性垫层，且厚度不宜小于60mm。楼面基层宜为现浇钢筋混凝土楼板，当为预制钢筋混凝土条板时，板缝间应采用防水砂浆堵严抹平，并应沿通缝涂刷宽度不小于 300mm 的防水涂料形成防水涂膜带。

3 混凝土找坡层最薄处的厚度不应小于 30mm；砂浆找坡层最薄处的厚度不应小于 20mm。找平层兼找坡层时，应采用强度等级为 C20 的细石混凝土；需设填充层铺设管道时，宜与找坡层合并，填充材料宜选用轻骨料混凝土。

4 装饰层宜采用不透水材料和构造，主要排水坡度应为 0.5%~1.0%，粗糙面层排水坡度不应小于1.0%。

5 防水层应符合下列规定：

1）对于有排水的楼、地面，应低于相邻房间楼、地面 20mm 或做挡水门槛；当需进行无障碍设计时，应低于相邻房间面层 15mm，并应以斜坡过渡。

2）当防水层需要采取保护措施时，可采用 20mm 厚 1：3 水泥砂浆做保护层。

5.3.3 墙面防水设计应符合下列规定：

1 卫生间、浴室和设有配水点的封闭阳台等墙面应设置防水层；防水层高度宜距楼、地面面层 1.2m。

2 当卫生间有非封闭式洗浴设施时，花洒所在及其邻近墙面防水层高度不应小于 1.8m。

5.3.4 有防水设防的功能房间，除应设置防水层的墙面外，其余部分墙面和顶棚均应设置防潮层。

5.3.5 钢筋混凝土结构独立水容器的防水、防渗应符合下列规定：

1 应采用强度等级为 C30、抗渗等级为 P6 的防水钢筋混凝土结构，且受力壁体厚度不宜小于 200mm；

2 水容器内侧应设置柔性防水层；

3 设备与水容器壁体连接处应做防水密封处理。

5.4 细部构造

5.4.1 楼、地面的防水层在门口处应水平延展，且向外延展的长度不应小于 500mm，向两侧延展的宽度不应小于 200mm（图 5.4.1）。

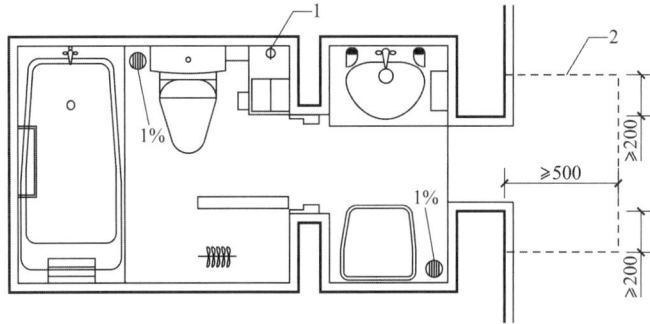

图 5.4.1 楼、地面门口处防水层延展示意

1—穿越楼板的管道及其防水套管；2—门口处防水层延展范围

5.4.2 穿越楼板的管道应设置防水套管，高度应高出装饰层完成面 20mm 以上；套管与管道间应采用防水密封材料嵌填压实（图 5.4.2）。

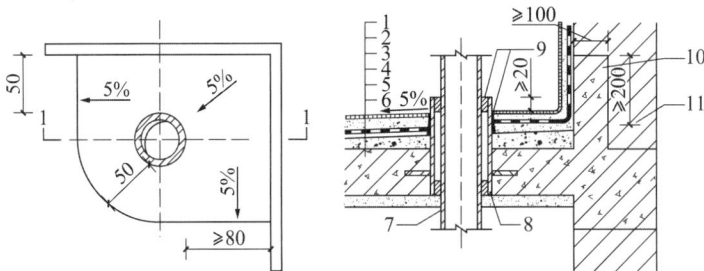

图 5.4.2 管道穿越楼板的防水构造

1—楼、地面面层；2—粘结层；3—防水层；4—找平层；5—垫层或找坡层；6—钢筋混凝土楼板；7—排水立管；
8—防水套管；9—密封膏；10—C20 细石混凝土翻边；11—装饰层完成面高度

5.4.3 地漏、大便器、排水立管等穿越楼板的管道根部应用密封材料嵌填压实（图 5.4.3）。

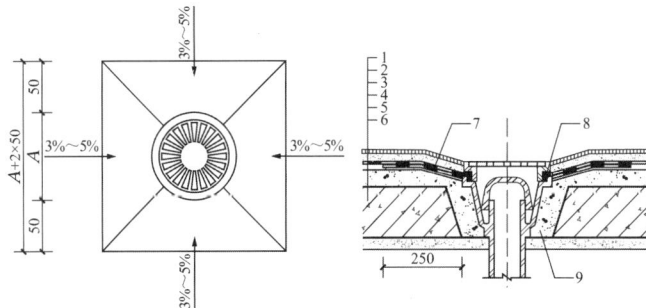

图 5.4.3 地漏防水构造

1—楼、地面面层；2—粘结层；3—防水层；4—找平层；5—垫层或找坡层；6—钢筋混凝土楼板；7—防水层的附加层；
8—密封膏；9—C20 细石混凝土掺聚合物填实

5.4.4　水平管道在下降楼板上采用同层排水措施时，楼板、楼面应做双层防水设防。对降板后可能出现的管道渗水，应有密闭措施（图 5.4.4），且宜在贴临下降楼板上表面处设泄水管，并宜采取增设独立的泄水立管的措施。

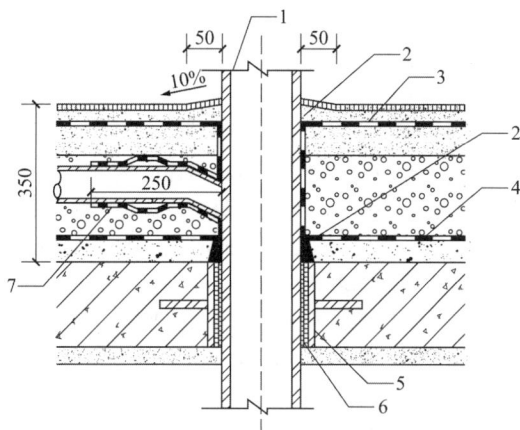

图 5.4.4　同层排水时管道穿越楼板的防水构造

1—排水立管；2—密封膏；3—设防房间装修面层下设防的防水层；4—钢筋混凝土楼板基层上设防的防水层；5—防水套管；6—管壁间用填充材料塞实；7—附加层

5.4.5　对于同层排水的地漏，其旁通水平支管宜与下降楼板上表面处的泄水管联通，并接至增设的独立泄水立管上（图 5.4.5）。

5.4.6　当墙面设置防潮层时，楼、地面防水层应沿墙面上翻，且至少应高出饰面层 200mm。当卫生间、厨房采用轻质隔墙时，应做全防水墙面，其四周根部除门洞外，应做 C20 细石混凝土坎台，并应至少高出相连房间的楼、地面饰面层 200mm（图 5.4.6）。

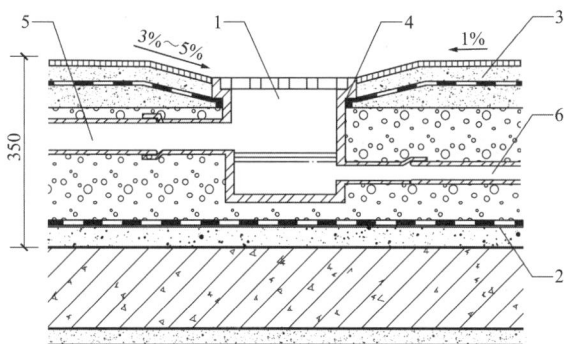

图 5.4.5　同层排水时的地漏防水构造

1—产品多通道地漏；2—下降的钢筋混凝土楼板基层上设防的防水层；3—设防房间装修面层下设防的防水层；4—密封膏；5—排水支管接至排水立管；6—旁通水平支管接至增设的独立泄水立管

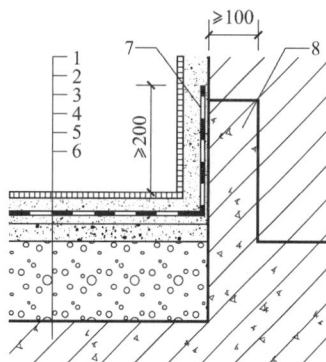

图 5.4.6　防潮墙面的底部构造

1—楼、地面面层；2—粘结层；3—防水层；4—找平层；5—垫层或找坡层；6—钢筋混凝土楼板；7—防水层翻起高度；8—C20 细石混凝土翻边

6　防水施工

6.1　一般规定

6.1.1　住宅室内防水工程施工单位应有专业施工资质，作业人员应持证上岗。

6.1.2　住宅室内防水工程应按设计施工。

6.1.3 施工前，应通过图纸会审和现场勘查，明确细部构造和技术要求，并应编制施工方案。

6.1.4 进场的防水材料，应抽样复验，并应提供检验报告。严禁使用不合格材料。

6.1.5 防水材料及防水施工过程不得对环境造成污染。

6.1.6 穿越楼板、防水墙面的管道和预埋件等，应在防水施工前完成安装。

6.1.7 住宅室内防水工程的施工环境温度宜为5℃～35℃。

6.1.8 住宅室内防水工程施工，应遵守过程控制和质量检验程序，并应有完整检查记录。

6.1.9 防水层完成后，应在进行下一道工序前采取保护措施。

6.2 基层处理

6.2.1 基层应符合设计的要求，并应通过验收。基层表面应坚实平整，无浮浆，无起砂、裂缝现象。

6.2.2 与基层相连接的各类管道、地漏、预埋件、设备支座等应安装牢固。

6.2.3 管根、地漏与基层的交接部位，应预留宽10mm，深10mm的环形凹槽，槽内应嵌填密封材料。

6.2.4 基层的阴、阳角部位宜做成圆弧形。

6.2.5 基层表面不得有积水，基层的含水率应满足施工要求。

6.3 防水涂料施工

6.3.1 防水涂料施工时，应采用与涂料配套的基层处理剂。基层处理剂涂刷应均匀、不流淌、不堆积。

6.3.2 防水涂料在大面积施工前，应先在阴阳角、管根、地漏、排水口、设备基础根等部位施做附加层，并应夹铺胎体增强材料，附加层的宽度和厚度应符合设计要求。

6.3.3 防水涂料施工操作应符合下列规定：

1 双组分涂料应按配比要求在现场配制，并应使用机械搅拌均匀，不得有颗粒悬浮物；

2 防水涂料应薄涂、多遍施工，前后两遍的涂刷方向应相互垂直，涂层厚度应均匀，不得有漏刷或堆积现象；

3 应在前一遍涂层实干后，再涂刷下一遍涂料；

4 施工时宜先涂刷立面，后涂刷平面；

5 夹铺胎体增强材料时，应使防水涂料充分浸透胎体层，不得有折皱、翘边现象。

6.3.4 防水涂膜最后一遍施工时，可在涂层表面撒砂。

6.4 防水卷材施工

6.4.1 防水卷材与基层应满粘施工，防水卷材搭接缝应采用与基材相容的密封材料封严。

6.4.2 涂刷基层处理剂应符合下列规定：

1 基层潮湿时，应涂刷湿固化胶粘剂或潮湿界面隔离剂；

2 基层处理剂不得在施工现场配制或添加溶剂稀释；

3 基层处理剂应涂刷均匀，无露底、堆积；

4 基层处理剂干燥后应立即进行下道工序的施工。

6.4.3 防水卷材的施工应符合下列规定：

1 防水卷材应在阴阳角、管根、地漏等部位先铺设附加层，附加层材料可采用与防水层同品种的卷材或与卷材相容的涂料；

2 卷材与基层应满粘施工，表面应平整、顺直，不得有空鼓、起泡、皱折；

3 防水卷材应与基层粘结牢固，搭接缝处应粘结牢固。

6.4.4 聚乙烯丙纶复合防水卷材施工时，基层应湿润，但不得有明水。

6.4.5 自粘聚合物改性沥青防水卷材在低温施工时，搭接部位宜采用热风加热。

6.5 防水砂浆施工

6.5.1 施工前应洒水润湿基层，但不得有明水，并宜做界面处理。

6.5.2 防水砂浆应用机械搅拌均匀，并应随拌随用。

6.5.3 防水砂浆宜连续施工。当需留施工缝时，应采用坡形接槎，相邻两层接槎应错开100mm以上，距转角不得小于200mm。

6.5.4 水泥砂浆防水层终凝后，应及时进行保湿养护，养护温度不宜低于5℃。

6.5.5 聚合物防水砂浆，应按产品的使用要求进行养护。

6.6 密封施工

6.6.1 基层应干净、干燥，可根据需要涂刷基层处理剂。

6.6.2 密封施工宜在卷材、涂料防水层施工之前、刚性防水层施工之后完成。

6.6.3 双组分密封材料应配比准确，混合均匀。

6.6.4 密封材料施工宜采用胶枪挤注施工，也可用腻子刀等嵌填压实。

6.6.5 密封材料应根据预留凹槽的尺寸、形状和材料的性能采用一次或多次嵌填。

6.6.6 密封材料嵌填完成后，在硬化前应避免灰尘、破损及污染等。

7 质量验收

7.1 一般规定

7.1.1 室内防水工程质量验收的程序和组织，应符合现行国家标准《建筑工程施工质量验收统一标准》GB 50300 的规定。

7.1.2 住宅室内防水施工的各种材料应有产品合格证书和性能检测报告。材料的品种、规格、性能等应符合国家现行有关标准和防水设计的要求。

7.1.3 防水涂料、防水卷材、防水砂浆和密封胶等防水、密封材料应进行见证取样复验，复验项目及现场抽样要求应按本规范附录 A 执行。

7.1.4 住宅室内防水工程分项工程的划分应符合表 7.1.4 的规定。

表 7.1.4 室内防水工程分项工程的划分

部位	分项工程
基层	找平层、找坡层
防水与密封	防水层，密封、细部构造
面层	保护层

7.1.5 住宅室内防水工程应以每一个自然间或每一个独立水容器作为检验批，逐一检验。

7.1.6 室内防水工程验收后，工程质量验收记录应进行存档。

7.2 基层

7.2.1 防水基层所用材料的质量及配合比，应符合设计要求。

检验方法：检查出厂合格证、质量检验报告和计量措施。

检验数量：按材料进场批次为一检验批。

7.2.2 防水基层的排水坡度，应符合设计要求。

检验方法：用坡度尺检查。

检验数量：全数检验。

7.2.3 防水基层应抹平、压光，不得有疏松、起砂、裂缝。

检验方法：观察检查。

检验数量：全数检验。

7.2.4 阴、阳角处宜按设计要求做成圆弧形，且应整齐平顺。

检验方法：观察和尺量检查。

检验数量：全数检验。

7.2.5 防水基层表面平整度的允许偏差不宜大于 4mm。

检验方法：用 2m 靠尺和楔形塞尺检查。

检验数量：全数检验。

7.3 防水与密封

7.3.1 防水材料、密封材料、配套材料的质量应符合设计要求，计量、配合比应准确。

检验方法：检查出厂合格证、计量措施、质量检验报告和现场抽样复验报告。

检验数量：进场检验按材料进场批次为一检验批；现场抽样复验，按本规范附录A执行。

7.3.2 在转角、地漏、伸出基层的管道等部位，防水层的细部构造应符合设计要求。

检验方法：观察检查和检查隐蔽工程验收记录。

检验数量：全数检验。

7.3.3 防水层的平均厚度应符合设计要求，最小厚度不应小于设计厚度的90%。

检验方法：用涂层测厚仪量测或现场取20mm×20mm的样品，用卡尺测量。

检验数量：在每一个自然间的楼、地面及墙面各取一处；在每一个独立水容器的水平面及立面各取一处。

7.3.4 密封材料的嵌填宽度和深度应符合设计要求。

检验方法：观察和尺量检查。

检验数量：全数检验。

7.3.5 密封材料嵌填应密实、连续、饱满，粘结牢固，无气泡、开裂、脱落等缺陷。

检验方法：观察检查。

检验数量：全数检验。

7.3.6 防水层不得渗漏。

检验方法：在防水层完成后进行蓄水试验，楼、地面蓄水高度不应小于20mm。蓄水时间不应少于24h；独立水容器应满池蓄水。蓄水时间不应少于24h。

检验数量：每一自然间或每一独立水容器逐一检验。

7.3.7 涂膜防水层与基层应粘结牢固，表面平整，涂刷均匀，不得有流淌、皱折、鼓泡、露胎体和翘边等缺陷。

检验方法：观察检查。

检验数量：全数检验。

7.3.8 涂膜防水层的胎体增强材料应铺贴平整，每层的短边搭接缝应错开。

检验方法：观察检查。

检验数量：全数检验。

7.3.9 防水卷材的搭接缝应牢固，不得有皱折、开裂、翘边和鼓泡等缺陷；卷材在立面上的收头应与基层粘贴牢固。

检验方法：观察检查。

检验数量：全数检验。

7.3.10 防水砂浆各层之间应结合牢固，无空鼓；表面应密实、平整、不得有开裂、起砂、麻面等缺陷；阴阳角部位应做圆弧状。

检验方法：观察和用小锤轻击检查。

检验数量：全数检验。

7.3.11 密封材料表面应平滑，缝边应顺直，周边无污染。

检验方法：观察检查。

检验数量：全数检验。

7.3.12 密封接缝宽度的允许偏差应为设计宽度的±10%。

检验方法：尺量检查。

检验数量：全数检验。

7.4 保护层

7.4.1 防水保护层所用材料的质量及配合比应符合设计要求。

检验方法：检查出厂合格证、质量检验报告和计量措施。

检验数量：按材料进场批次为一检验批。

7.4.2 水泥砂浆、混凝土的强度应符合设计要求。

检验数量：按材料进场批次为一检验批。

检验方法：检查砂浆、混凝土的抗压强度试验报告。

7.4.3　防水保护层表面的坡度应符合设计要求，不得有倒坡或积水。

检验方法：用坡度尺检查和淋水检验。

检验数量：全数检验。

7.4.4　防水层不得渗漏。

检验方法：在保护层完成后应再次作蓄水试验，楼、地面蓄水高度不应小于20mm，蓄水时间不应少于24h；独立水容器应满池蓄水，蓄水时间不应少于24h。

检验数量：每一自然间或每一独立水容器逐一检验。

7.4.5　保护层应与防水层粘结牢固，结合紧密，无空鼓。

检验方法：观察检查，用小锤轻击检查。

检验数量：全数检验。

7.4.6　保护层应表面平整，不得有裂缝、起壳、起砂等缺陷；保护层表面平整度不应大于5mm。

检验方法：观察检查，用2m靠尺和楔形塞尺检查。

检验数量：全数检验。

7.4.7　保护层厚度的允许偏差应为设计厚度的±10%，且不应大于5mm。

检验方法：用钢针插入和尺量检查。

检验数量：在每一自然间的楼、地面及墙面各取一处；在每一个独立水容器的水平面及立面各取一处。

附 录A

防水材料复验项目及现场抽样要求

表A 防水材料复验项目及现场抽样要求

序号	材料名称	现场抽样数量	外观质量检验	物理性能检验
1	聚氨酯防水涂料	（1）同一生产厂，以甲组分每5t为一验收批，不足5t也按一批计算。乙组分按产品重量配比相应增加。 （2）每一验收批按产品的配比分别取样，甲、乙组分样品总重为2kg。 （3）单组产品随机抽取，抽样数应不低于$\sqrt{\frac{n}{2}}$（n是产品的桶数）	产品为均匀黏稠体，无凝胶、结块	固体含量、拉伸强度、断裂伸长率、不透水性、挥发性有机化合物、苯+甲苯+乙苯+二甲苯、游离TDI
2	聚合物乳液防水涂料	（1）同一生产厂、同一品种、同一规格每5t产品为一验收批，不足5t也按一批计。 （2）随机抽取，抽样数应不低于$\sqrt{\frac{n}{2}}$（n是产品的桶数）	产品经搅拌后无结块，呈均匀状态	固体含量、拉伸强度、断裂延伸率、不透水性、挥发性有机化合物、苯+甲苯十乙苯+二甲苯、游离甲醛
3	聚合物水泥防水涂料	（1）同一生产厂每10t产品为一验收批，不足10t也按一批计。 （2）产品的液体组分抽样数不低于$\sqrt{\frac{n}{2}}$（n是产品的桶数）。 （3）配套固体组分的抽样按《水泥取样方法》GB/T 12573中的袋装水泥的规定进行，两组分共取5kg样品	产品的两组分经分别搅拌后，其液体组分应为无杂质、无凝胶的均匀乳液；固体组分应为无杂质、无结块的粉末	固体含量、拉伸强度、断裂延伸率、粘结强度、不透水性、挥发性有机化合物、苯+甲苯+乙苯+二甲苯、游离甲醛
4	水乳型沥青防水涂料	（1）同一生产厂、同一品种、同一规格每5t产品为一验收批，不足5t也按一批计。 （2）随机抽取，抽样数应不低于$\sqrt{\frac{n}{2}}$（n是产品的桶数）	产品搅拌后为黑色或黑灰色均匀膏体或黏稠体	固体含量、断裂延伸率、粘结强度、不透水性、挥发性有机化合物、苯+甲苯+乙苯+二甲苯、游离甲醛
5	自粘聚合物改性沥青防水卷材	同一生产厂的同一品种、同一等级的产品，大于1000卷抽5卷，500～1000卷抽4卷，100～499卷抽3卷，100卷以下抽2卷	卷材表面应平整，不允许有孔洞、结块、气泡、缺边和裂口；PY类卷材胎基应浸透，不应有未被浸渍的浅色条纹	拉力、最大拉力时延伸率、不透水性、卷材与铝板剥离强度
6	聚乙烯丙纶卷材	（1）同一生产厂的同一品种、同一等级的产品，大于1000卷抽5卷，500～1000卷抽4卷，100～499卷抽3卷，100卷以下抽2卷。 （2）聚合物水泥防水粘结料的抽样数量同聚合物水泥防水涂料	卷材表面应平整，不能有影响使用性能的杂质、机械损伤、折痕及异常粘着等缺陷；聚合物水泥胶粘料的两组分经分别搅拌后，其液体组分应为无杂质、无凝胶的均匀乳液；固体组分应为无杂质、无结块的粉末	断裂拉伸强度、扯断伸长率、撕裂强度、不透水性、剪切状态下的粘合性（卷材—卷材、卷材—水泥基面）
7	聚合物水泥防水砂浆	（1）同一生产厂的同一品种、同一等级的产品，每400t为一验收批，不足400t也按一批计。 （2）每批从20个以上的不同部位取等量样品，总质量不少于15kg。 （3）乳液类产品的抽样数量同聚合物水泥防水涂料	干粉类：均匀、无结块； 乳液类：液体经搅拌后均匀、无沉淀，粉料均匀、无结块	凝结时间、7d抗渗压力、7d粘结强度、压折比

续表 A

序号	材料名称	现场抽样数量	外观质量检验	物理性能检验
8	砂浆防水剂	（1）同一生产厂的同一品种、同一等级的产品，30t 为一验收批，不足 30t 也按一批计。 （2）从不少于三个点取等量样品混匀。 （3）取样数量，不少于 0.2t 水泥所需量	—	净浆安定性、凝结时间、抗压强度比、渗水压力比、48h 吸水量比
9	丙烯酸酯建筑密封胶	（1）以同一生产厂、同等级、同类型产品每 2t 为一验收批，不足 2t 也按一批计。每批随机抽取试样 1 组，试样量不少于 1kg。 （2）随机抽取试样，抽样数应不低于 $\sqrt{\dfrac{n}{2}}$（n 是产品的桶数或支数）	产品应为无结块、无离析的均匀细腻膏状体	表干时间、挤出性、弹性恢复率、定伸粘结性、浸水后定伸粘结性
10	聚氨酯建筑密封胶		产品应为细腻、均匀膏状物或黏稠液，不应有气泡	表干时间、挤出性、弹性恢复率、定伸粘结性、浸水后定伸粘结性
11	硅酮建筑密封胶		产品应为细腻、均匀膏状物，不应有气泡、结皮和凝胶	表干时间、挤出性、弹性恢复率、定伸粘结性、浸水后定伸粘结性

3.7 《建筑电气工程施工质量验收规范》GB 50303—2015

1 总则（略）

2 术语（略）

3 基本规定

3.1 一般规定

3.1.1 建筑电气工程施工现场的质量管理除应符合现行国家标准《建筑工程施工质量验收统一标准》GB 50300 的有关规定外，尚应符合下列规定：

1 安装电工、焊工、起重吊装工和电力系统调试等人员应持证上岗；

2 安装和调试用各类计量器具应检定合格，且使用时应在检定有效期内。

3.1.2 电气设备、器具和材料的额定电压区段划分应符合表 3.1.2 的规定

表 3.1.2　额定电压区段划分

额定电压区段	交流	直流
特低压	50V 及以下	120V 及以下
低压	50V～1.0kV（含 1.0kV）	120V～1.5kV（含 1.5kV）
高压	1.0kV 以上	1.5kV 以上

3.1.3 电气设备上的计量仪表、与电气保护有关的仪表应检定合格，且当投入运行时，应在检定有效期内。

3.1.4 建筑电气动力工程的空载试运行和建筑电气照明工程负荷试运行前，应根据电气设备及相关建筑设备的种类、特性和技术参数等编制试运行方案或作业指导书，并应经施工单位审核同意、经监理单位确认后执行。

3.1.5 高压的电气设备、布线系统以及继电保护系统必须交接试验合格。

3.1.6 低压和特低压的电气设备和布线系统的检测或交接试验应符合本规范的规定。

3.1.7 电气设备的外露可导电部分应单独与保护导体相连接，不得串联连接，连接导体的材质、截面积应符合设计要求。

3.1.8 除采取下列任一间接接触防护措施外，电气设备或布线系统应与保护导体可靠连接：

1 采用Ⅱ类设备；

2 已采取电气隔离措施；

3 采用特低电压供电；

4 将电气设备安装在非导电场所内；

5 设置不接地的等电位联结。

3.2 主要设备、材料、成品和半成品进场验收

3.2.1 主要设备、材料、成品和半成品应进场验收合格，并应做好验收记录和验收资料归档。当设计有技术参数要求时，应核对其技术参数，并应符合设计要求。

3.2.2 实行生产许可证或强制性认证（CCC 认证）的产品，应有许可证编号或 CCC 认证标志，并应抽查生产许可证或 CCC 认证证书的认证范围、有效性及真实性。

3.2.3 新型电气设备、器具和材料进场验收时应提供安装、使用、维修和试验要求等技术文件。

3.2.4 进口电气设备、器具和材料进场验收时应提供质量合格证明文件，性能检测报告以及安装、使用、维修、试验要求和说明等技术文件；对有商检规定要求的进口电气设备，尚应提供商检证明。

3.2.5 当主要设备、材料、成品和半成品的进场验收需进行现场抽样检测或因有异议送有资质试验室抽样检测时，应符合下列规定：

1 现场抽样检测：对于母线槽、导管、绝缘导线、电缆等，同厂家、同批次、同型号、同规格的，每批至少应抽取 1 个样本；对于灯具、插座、开关等电器设备，同厂家、同材质、同类型的，应各抽检 3%，自带蓄电池的灯具应按 5% 抽检，且均不应少于 1 个（套）。

2 因有异议送有资质的试验室而抽样检测：对于母线槽、绝缘导线、电缆、梯架、托盘、槽盒、导管、型钢、镀锌制品等，同厂家、同批次、不同种规格的，应抽检 10%，且不应少于 2 个规格；对于灯具、插座、开关等电器设备，同厂家、同材质、同类型的，数量 500 个（套）及以下时应抽检 2 个（套），但应各不少于 1 个（套），500 个（套）以上时应抽检 3 个（套）。

3 对于由同一施工单位施工的同一建设项目的多个单位工程，当使用同一生产厂家、同材质、同批次、同类型的主要设备、材料、成品和半成品时，其抽检比例宜合并计算。

4 当抽样检测结果出现不合格，可加倍抽样检测，仍不合格时，则该批设备、材料、成品或半成品应判定为不合格品，不得使用。

5 应有检测报告。

3.2.6 变压器、箱式变电所、高压电器及电瓷制品的进场验收应包括下列内容：

1 查验合格证和随带技术文件：变压器应有出厂试验记录；

2 外观检查：设备应有铭牌，表面涂层应完整，附件应齐全，绝缘件应无缺损、裂纹，充油部分不应渗漏，充气高压设备气压指示应正常。

3.2.7 高压成套配电柜、蓄电池柜、UPS 柜、EPS 柜、低压成套配电柜（箱）、控制柜（台、箱）的进场验收应符合下列规定：

1 查验合格证和随带技术文件：高压和低压成套配电柜、蓄电池柜、UPS 柜、EPS 柜等成套柜应有出厂试验报告；

2 核对产品型号、产品技术参数：应符合设计要求；

3 外观检查：设备应有铭牌，表面涂层应完整、无明显碰撞凹陷，设备内元器件应完好无损、接线无脱落脱焊，绝缘导线的材质、规格应符合设计要求，蓄电池柜内电池壳体应无碎裂、漏液，充油、充气设备应无泄漏。

3.2.8 柴油发电机组的进场验收应包括下列内容：

1 核对主机、附件、专用工具、备品备件和随机技术文件：合格证和出厂试运行记录应齐全、完整，发电机及其控制柜应有出厂试验记录；

2 外观检查：设备应有铭牌，涂层应完整，机身应无缺件。

3.2.9 电动机、电加热器、电动执行机构和低压开关设备等的进场验收应包括下列内容：

1 查验合格证和随机技术文件：内容应填写齐全、完整；

2 外观检查：设备应有铭牌，涂层应完整，设备器件或附件应齐全、完好、无缺损。

3.2.10 照明灯具及附件的进场验收应符合下列规定：

1 查验合格证：合格证内容应填写齐全、完整，灯具材质应符合设计要求和产品标准要求；新型气体放电灯应随带技术文件；太阳能灯具的内部短路保护、过载保护、反向放电保护、极性反接保护等功能性试验资料应齐全，并应符合设计要求。

2 外观检查：

1）灯具涂层应完整、无损伤，附件应齐全，Ⅰ类灯具的外露可导电部分应具有专用的 PE 端子；

2）固定灯具带电部件及提供防触电保护的部位应为绝缘材料，且应耐燃烧和防引燃；

3）消防应急灯具应获得消防产品型式试验合格评定，且具有认证标志；

4）疏散指示标志灯具的保护罩应完整、无裂纹；

5）游泳池和类似场所灯具（水下灯及防水灯具）的防护等级应符合设计要求，当对其密闭和绝缘性能有异议时，应按批抽样送有资质的试验室检测；

6）内部接线应为铜芯绝缘导线，其截面积应与灯具功率相匹配，且不应小于 0.5mm^2。

3 自带蓄电池的供电时间检测：对于自带蓄电池的应急灯具，应现场检测蓄电池最少持续供电时间，且应符合设计要求。

4 绝缘性能检测：对灯具的绝缘性能进行现场抽样检测，灯具的绝缘电阻值不应小于 2MΩ，灯具内绝缘导线的绝缘层厚度不应小于 0.6mm。

3.2.11 开关、插座、接线盒和风扇及附件的进场验收应包括下列内容：

1 查验合格证：合格证内容填写应齐全、完整。

2 外观检查：开关、插座的面板及接线盒盒体应完整、无碎裂、零件齐全，风扇应无损坏、涂层完整，调速器等附件应适配。

3 电气和机械性能检测：对开关、插座的电气和机械性能应进行现场抽样检测，并应符合下列规定：

1）不同极性带电部件间的电气间隙不应小于 3mm，爬电距离不应小于 3mm；

2）绝缘电阻值不应小于 5MΩ；

3）用自攻锁紧螺钉或自切螺钉安装的，螺钉与软塑固定件旋合长度不应小于 8mm，绝缘材料固定件在经受 10 次拧紧退出试验后，应无松动或掉渣，螺钉及螺纹应无损坏现象；

4）对于金属间相旋合的螺钉螺母，拧紧后完全退出，反复 5 次后，应仍然能正常使用。

4 对开关、插座、接线盒及面板等绝缘材料的耐非正常热、耐燃和耐漏电起痕性能有异议时，应按批抽样送有资质的试验室检测。

3.2.12 绝缘导线、电缆的进场验收应符合下列规定：

1 查验合格证：合格证内容填写应齐全、完整。

2 外观检查：包装完好，电缆端头应密封良好，标识应齐全。抽检的绝缘导线或电缆绝缘层应完整无损，厚度均匀。电缆无压扁、扭曲，铠装不应松卷。绝缘导线、电缆外护层应有明显标识和制造厂标。

3 检测绝缘性能：电线、电缆的绝缘性能应符合产品技术标准或产品技术文件规定。

4 检查标称截面积和电阻值：绝缘导线、电缆的标称截面积应符合设计要求，其导体电阻值应符合现行国家标准《电缆的导体》GB/T 3956 的有关规定。当对绝缘导线和电缆的导电性能、绝缘性能、绝缘厚度、机械性能和阻燃耐火性能有异议时，应按批抽样送有资质的试验室检测。检测项目和内容应符合国家现行有关产品标准的规定。

3.2.13 导管的进场验收应符合下列规定：

1 查验合格证：钢导管应有产品质量证明书，塑料导管应有合格证及相应检测报告。

2 外观检查：钢导管应无压扁，内壁应光滑；非镀锌钢导管不应有锈蚀，油漆应完整；镀锌钢导管镀层覆盖应完整、表面无锈斑；塑料导管及配件不应碎裂、表面应有阻燃标记和制造厂标。

3 应按批抽样检测导管的管径、壁厚及均匀度，并应符合国家现行有关产品标准的规定。

4 对机械连接的钢导管及其配件的电气连续性有异议时，应按现行国家标准《电气安装用导管系统》GB 20041 的有关规定进行检验。

5 对塑料导管及配件的阻燃性能有异议时，应按批抽样送有资质的试验室检测。

3.2.14 型钢和电焊条的进场验收应符合下列规定：

1 查验合格证和材质证明书：有异议时，应按批抽样送有资质的试验室检测；

2 外观检查：型钢表面应无严重锈蚀、过度扭曲和弯折变形；电焊条包装应完整，拆包检查焊条尾部应无锈斑。

3.2.15 金属镀锌制品的进场验收应符合下列规定：

1 查验产品质量证明书：应按设计要求查验其符合性；

2 外观检查：镀锌层应覆盖完整、表面无锈斑，金具配件应齐全，无砂眼；

3 埋入土壤中的热浸镀锌钢材应检测其镀锌层厚度不应小于 63μm；

4 对镀锌质量有异议时，应按批抽样送有资质的试验室检测。

3.2.16 梯架、托盘和槽盒的进场验收应符合下列规定：

1 查验合格证及出厂检验报告：内容填写应齐全、完整；

2 外观检查：配件应齐全，表面应光滑、不变形；钢制梯架、托盘和槽盒涂层应完整、无锈蚀；塑料槽盒应无破损、色泽均匀，对阻燃性能有异议时，应按批抽样送有资质的试验室检测；铝合金梯架、托盘和槽盒涂层应完整，不应有扭曲变形、压扁或表面划伤等现象。

3.2.17 母线槽的进场验收应符合下列规定：

1 查验合格证和随带安装技术文件，并应符合下列规定：

1）CCC 型式试验报告中的技术参数应符合设计要求，导体规格及相应温升值应与 CCC 型式试验报告中的导体规格一致，当对导体的载流能力有异议时，应送有资质的试验室做极限温升试验，额定电流的温升应符合国家现行有关产品标准的规定；

2）耐火母线槽除应通过 CCC 认证外，还应提供由国家认可的检测机构出具的型式检验报告，其耐火时间应符合设计要求；

3）保护接地导体（PE）应与外壳有可靠的连接，其截面积应符合产品技术文件规定；当外壳兼作保护接地导体（PE）时，CCC 型式试验报告和产品结构应符合国家现行有关产品标准的规定。

2 外观检查：防潮密封应良好，各段编号应标志清晰，附件应齐全、无缺损，外壳应无明显变形，母线螺栓搭接面应平整、镀层覆盖应完整、无起皮和麻面；插接母线槽上的静触头应无缺损、表面光滑、镀层完整；对有防护等级要求的母线槽尚应检查产品及附件的防护等级与设计的符合性，其标识应完整。

3.2.18 电缆头部件、导线连接器及接线端子的进场验收应符合下列规定：

1 查验合格证及相关技术文件，并应符合下列规定：

1）铝及铝合金电缆附件应具有与电缆导体匹配的检测报告；

2）矿物绝缘电缆的中间连接附件的耐火等级不应低于电缆本体的耐火等级；

3）导线连接器和接线端子的额定电压、连接容量及防护等级应满足设计要求。

2 外观检查：部件应齐全，包装标识和产品标志应清晰，表面应无裂纹和气孔，随带的袋装涂料或填料不应泄漏；铝及铝合金电缆用接线端子和接头附件的压接圆筒内表面应有抗氧化剂；矿物绝缘电缆专用终端接线端子规格应与电缆相适配；导线连接器的产品标识应清晰明了、经久耐用。

3.2.19 金属灯柱的进场验收应符合下列规定：

1 查验合格证：合格证应齐全、完整；

2 外观检查：涂层应完整，根部接线盒盖紧固件和内置熔断器、开关等器件应齐全，盒盖密封垫片应完整。金属灯柱内应设有专用接地螺栓，地脚螺孔位置应与提供的附图尺寸一致，允许偏差应为±2mm。

3.2.20 使用的降阻剂材料应符合设计及国家现行有关标准的规定，并应提供经国家相应检测机构检验检测合格的证明。

3.3 工序交接确认

3.3.1 变压器、箱式变电所的安装应符合下列规定：

1 变压器、箱式变电所安装前，室内顶棚、墙体的装饰面应完成施工，无渗漏水，地面的找平层应完成施工，基础应验收合格，埋入基础的导管和变压器进线、出线预留孔及相关预埋件等经检查应合格；

2 变压器、箱式变电所通电前，变压器及系统接地的交接试验应合格。

3.3.2 成套配电柜、控制柜（台、箱）和配电箱（盘）的安装应符合下列规定：

1 成套配电柜（台）、控制柜安装前，室内顶棚、墙体的装饰工程应完成施工，无渗漏水，室内地面的找平层应完成施工，基础型钢和柜、台、箱下的电缆沟等经检查应合格，落地式柜、台、箱的基础及埋入基础的导管应验收合格；

2 墙上明装的配电箱（盘）安装前，室内顶棚、墙体、装饰面应完成施工，暗装的控制（配电）箱的预留孔和动力、照明配线的线盒及导管等经检查应合格；

3 电源线连接前，应确认电涌保护器（SPD）型号、性能参数符合设计要求，接地线与 PE 排连接可靠；

4 试运行前，柜、台、箱、盘内 PE 排应完成连接，柜、台、箱、盘内的元件规格、型号符合设计要求，接线应正确且交接试验合格。

3.3.3 电动机、电加热器及电动执行机构接线前，应与机械设备完成连接，且经手动操作检验符合工艺要求，绝缘电阻应测试合格。

3.3.4 柴油发电机组的安装应符合下列规定：

1 机组安装前，基础应验收合格。

2 机组安放后，采取地脚螺栓固定的机组应初平，螺栓孔灌浆、精平、紧固地脚螺栓、二次灌浆等安装合格；安放式的机组底部应垫平、垫实。

3 空载试运行前，油、气、水冷、风冷、烟气排放等系统和隔振防噪声设施应完成安装，消防器材应配置齐全、到位且符合设计要求，发电机应进行静态试验，随机配电盘、柜接线经检查应合格，柴油发电机组接地经检查应符合设计要求。

4 负荷试运行前，空载试运行和试验调整应合格。

5 投入备用状态前，应在规定时间内，连续无故障负荷试运行合格。

3.3.5 UPS 或 EPS 接至馈电线路前，应按产品技术要求进行试验调整，并应经检查确认。

3.3.6 电气动力设备试验和试运行应符合下列规定：

1 电气动力设备试验前，其外露可导电部分应与保护导体完成连接，并经检查应合格；

2 通电前，动力成套配电（控制）柜、台、箱的交流工频耐压试验和保护装置的动作试验应合格；

3 空载试运行前，控制回路模拟动作试验应合格，盘车或手动操作检查电气部分与机械部分的转动或动作应协调一致。

3.3.7 母线槽安装应符合下列规定：

1 变压器和高低压成套配电柜上的母线槽安装前，变压器、高低压成套配电柜、穿墙套管等应安装就位，并应经检查合格；

2 母线槽支架的设置应在结构封顶、室内底层地面完成施工或确定地面标高、清理场地、复核层间距离后进行；

3 母线槽安装前，与母线槽安装位置有关的管道、空调及建筑装修工程应完成施工；

4 母线槽组对前，每段母线的绝缘电阻应经测试合格，且绝缘电阻值不应小于 20MΩ；

5 通电前，母线槽的金属外壳应与外部保护导体完成连接，且母线绝缘电阻测试和交流工频耐压试验应合格。

3.3.8 梯架、托盘和槽盒安装应符合下列规定：

1 支架安装前，应先测量定位；

2 梯架、托盘和槽盒安装前，应完成支架安装，且顶棚和墙面的喷浆、油漆或壁纸等应基本完成。

3.3.9 导管敷设应符合下列规定：

1 配管前，除埋入混凝土中的非镀锌钢导管的外壁外，应确认其他场所的非镀锌钢导管内、外壁均已做防腐处理；

2 埋设导管前，应检查确认室外直埋导管的路径、沟槽深度、宽度及垫层处理等符合设计要求；

3 现浇混凝土板内的配管，应在底层钢筋绑扎完成，上层钢筋未绑扎前进行，且配管完成后应经检查确认后，再绑扎上层钢筋和浇捣混凝土；

4 墙体内配管前，现浇混凝土墙体内的钢筋绑扎及门、窗等位置的放线应已完成；

5 接线盒和导管在隐蔽前，经检查应合格；

6 穿梁、板、柱等部位的明配导管敷设前，应检查其套管、埋件、支架等设置符合要求；

7 吊顶内配管前，吊顶上的灯位及电气器具位置应先进行放样，并应与土建及各专业施工协调配合。

3.3.10 电缆敷设应符合下列规定：

1 支架安装前，应先清除电缆沟、电气竖井内的施工临时设施、模板及建筑废料等，并应对支架进行测量定位；

2 电缆敷设前，电缆支架、电缆导管、梯架、托盘和槽盒应完成安装，并已与保护导体完成连接，且经检查应合格；

3 电缆敷设前，绝缘测试应合格；

4 通电前，电缆交接试验应合格，检查并确认线路去向、相位和防火隔堵措施等应符合设计要求。

3.3.11 绝缘导线、电缆穿导管及槽盒内敷线应符合下列规定：

1 焊接施工作业应已完成，检查导管、槽盒安装质量应合格；

2 导管或槽盒与柜、台、箱应已完成连接，导管内积水及杂物应清理干净；

3 绝缘导线、电缆的绝缘电阻应经测试合格；

4 通电前，绝缘导线、电缆交接试验应合格，检查并确认接线去向和相位等应符合设计要求。

3.3.12 塑料护套线直敷布线应符合下列规定：

1 弹线定位前，应完成墙面、顶面装饰工程施工；

2 布线前，应确认穿梁、墙、楼板等建筑结构上的套管已安装到位，且塑料护套线经绝缘电阻测试合格。

3.3.13 钢索配线的钢索吊装及线路敷设前，除地面外的装修工程应已结束，钢索配线所需的预埋件及预留孔应已预埋、预留完成。

3.3.14 电缆头制作和接线应符合下列规定：

1 电缆头制作前，电缆绝缘电阻测试应合格，检查并确认电缆头的连接位置、连接长度应满足要求；

2 控制电缆接线前，应确认绝缘电阻测试合格，校线正确；

3 电力电缆或绝缘导线接线前，电缆交接试验或绝缘电阻测试应合格，相位核对应正确。

3.3.15 照明灯具安装应符合下列规定：

1 灯具安装前，应确认安装灯具的预埋螺栓及吊杆、吊顶上安装嵌入式灯具用的专用支架等已完成，对需做承载试验的预埋件或吊杆经试验应合格；

2 影响灯具安装的模板、脚手架应已拆除，顶棚和墙面喷浆、油漆或壁纸等及地面清理工作应已完成；

3 灯具接线前，导线的绝缘电阻测试应合格；

4 高空安装的灯具，应先在地面进行通断电试验合格。

3.3.16 照明开关、插座、风扇安装前，应检查吊扇的吊钩已预埋完成、导线绝缘电阻测试应合格，顶棚和墙面的喷浆、油漆或壁纸等已完工。

3.3.17 照明系统的测试和通电试运行应符合下列规定：

1 导线绝缘电阻测试应在导线接续前完成；

2 照明箱（盘）、灯具、开关、插座的绝缘电阻测试应在器具就位前或接线前完成；

3 通电试验前，电气器具及线路绝缘电阻应测试合格，当照明回路装有剩余电流动作保护器时，剩余电流动作保护器应检测合格；

4 备用照明电源或应急照明电源做空载自动投切试验前，应卸除负荷，有载自动投切试验应在空载自动投切试验合格后进行；

5 照明全负荷试验前，应确认上述工作应已完成。

3.3.18 接地装置安装应符合下列规定：

1 对于利用建筑物基础接地的接地体，应先完成底板钢筋敷设，然后按设计要求进行接地装置施工，经检查确认后，再支模或浇捣混凝土。

2 对于人工接地的接地体，应按设计要求利用基础沟槽或开挖沟槽，然后经检查确认，再埋入或打入接地极和敷设地下接地干线。

3 降低接地电阻的施工应符合下列规定：

1）采用接地模块降低接地电阻的施工，应先按设计位置开挖模块坑，并将地下接地干线引到模块上，经检查确认，再相互焊接；

2）采用添加降阻剂降低接地电阻的施工，应先按设计要求开挖沟槽或钻孔垂直埋管，再将沟槽清理干净，检查接地体埋入位置后，再灌注降阻剂；

3）采用换土降低接地电阻的施工，应先按设计要求开挖沟槽，并将沟槽清理干净，再在沟槽底部铺设经确认合格的低电阻率土壤，经检查铺设厚度达到设计要求后，再安装接地装置；接地装置连接完好，并完成防腐处理后，再覆盖上一层低电阻率土壤。

4 隐蔽装置前，应先检查验收合格后，再覆土回填。

3.3.19 防雷引下线安装应符合下列规定：

1 当利用建筑物柱内主筋作引下线时，应在柱内主筋绑扎或连接后，按设计要求进行施工，经检查确认，再支模；

2 对于直接从基础接地体或人工接地体暗敷埋入粉刷层内的引下线，应先检查确认不外露后，再贴面砖或刷涂料等；

3 对于直接从基础接地体或人工接地体引出明敷的引下线，应先埋设或安装支架，并经检查确认后，再敷设引下线。

3.3.20 接闪器安装前，应先完成接地装置和引下线的施工，接闪器安装后应及时与引下线连接。

3.3.21 防雷接地系统测试前，接地装置应完成施工且测试合格；防雷接闪器应完成安装，整个防雷接地系统应连成回路。

3.3.22 等电位联结应符合下列规定：

1 对于总等电位联结，应先检查确认总等电位联结端子的接地导体位置，再安装总等电位联结端子板，然后按设计要求作总等电位联结；

2 对于局部等电位联结，应先检查确认连接端子位置及连接端子板的截面积，再安装局部等电位联结端子板，然后按设计要求作局部等电位联结；

3 对特殊要求的建筑金属屏蔽网箱，应先完成网箱施工，经检查确认后，再与 PE 连接。

3.4 分部（子分部）工程划分及验收

3.4.1 建筑电气分部工程的质量验收，应按检验批、分项工程、子分部工程逐级进行验收，各子分部工程、分项工程和检验批的划分应符合本规范附录 A 的规定。

3.4.2 建筑电气分部工程检验批的划分应符合下列规定：

1 变配电室安装工程中分项工程的检验批，主变配电室应作为 1 个检验批；对于有数个分变配电室，且不属于子单位工程的子分部工程，应分别作为 1 个检验批，其验收记录应汇入所有变配电室有关分项工程的验收记录中；当各分变配电室属于各子单位工程的子分部工程时，所属分项工程应分别作为 1 个检验批，其验收记录应作为分项工程验收记录，且应经子分部工程验收记录汇总后纳入分部工程验收记录中。

2 供电干线安装工程中分项工程的检验批，应按供电区段和电气竖井的编号划分。

3 对于电气动力和电气照明安装工程中分项工程的检验批，其界区的划分应与建筑土建工程一致。

4 自备电源和不间断电源安装工程中分项工程，应分别作为 1 个检验批。

5 对于防雷及接地装置安装工程中分项工程的检验批，人工接地装置和利用建筑物基础钢筋的接地体应分别作为 1 个检验批，且大型基础可按区块划分成若干个检验批；对于防雷引下线安装工程，6 层以下的建筑应作为 1 个检验批，高层建筑中依均压环设置间隔的层数应作为 1 个检验批；接闪器安装同一屋面，应作为 1 个检验批；建筑物的总等电位联结应作为 1 个检验批，每个局部等电位联结应作为 1 个检验批，电子系统设备机房应作为 1 个检验批。

6 对于室外电气安装工程中分项工程的检验批，应按庭院大小、投运时间先后、功能区块等进行划分。

3.4.3 当验收建筑电气工程时，应核查下列各项质量控制资料，且资料内容应真实、齐全、完整：

1 设计文件和图纸会审记录及设计变更与工程洽商记录；

2 主要设备、器具、材料的合格证和进场验收记录；

3 隐蔽工程检查记录；

4 电气设备交接试验检验记录；

5 电动机检查（抽芯）记录；

6 接地电阻测试记录；

7 绝缘电阻测试记录；

8 接地故障回路阻抗测试记录；

9 剩余电流动作保护器测试记录；

10 电气设备空载试运行和负荷试运行记录；

11 EPS 应急持续供电时间记录；

12 灯具固定装置及悬吊装置的载荷强度试验记录；

13 建筑照明通电试运行记录；

14 接闪线和接闪带固定支架的垂直拉力测试记录；

15 接地（等电位）联结导通性测试记录；

16 工序交接合格等施工安装记录。

3.4.4 建筑电气分部（子分部）工程和所含分项工程的质量验收记录应无遗漏缺项、填写正确。

3.4.5 技术资料应齐全，且应符合工序要求、有可追溯性；责任单位和责任人均应确认且签章齐全。

3.4.6 检验批验收时应按本规范主控项目和一般项目中规定的检查数量和抽查比例进行检查，施工单位过程检查时应进行全数检查。

3.4.7 单位工程质量验收时，建筑电气分部（子分部）工程实物质量应抽检下列部位和设施，且抽检结果应符合本规范的规定：

1 变配电室，技术层、设备层的动力工程，电气竖井，建筑顶部的防雷工程，电气系统接地，重要的或大面积活动场所的照明工程，以及5%自然间的建筑电气动力、照明工程；

2 室外电气工程的变配电室，以及灯具总数的5%。

3.4.8 变配电室通电后可抽测下列项目，抽测结果应符合本规范的规定和设计要求：

1 各类电源自动切换或通断装置；

2 馈电线路的绝缘电阻；

3 接地故障回路阻抗；

4 开关插座的接线正确性；

5 剩余电流动作保护器的动作电流和时间；

6 接地装置的接地电阻；

7 照度。

4～10（略）

11 梯架、托盘和槽盒安装

11.1 主控项目

11.1.1 金属梯架、托盘或槽盒本体之间的连接应牢固可靠，与保护导体的连接应符合下列规定：

1 梯架、托盘和槽盒全长不大于30m时，不应少于2处与保护导体可靠连接；全长大于30m时，每隔20m～30m应增加一个连接点，起始端和终点端均应可靠接地。

2 非镀锌梯架、托盘和槽盒本体之间连接板的两端应跨接保护联结导体，保护联结导体的截面积应符合设计要求。

3 镀锌梯架、托盘和槽盒本体之间不跨接保护联结导体时，连接板每端不应少于2个有防松螺帽或防松垫圈的连接固定螺栓。

检查数量：第1款全数检查，第2款和第3款按每个检验批的梯架或托盘或槽盒的连接点数量各抽查10%，且各不得少于2个点。

检查方法：观察检查并用尺量检查。

11.1.2 电缆梯架、托盘和槽盒转弯、分支处宜采用专用连接配件，其弯曲半径不应小于梯架、托盘和槽盒内电缆最小允许弯曲半径，电缆最小允许弯曲半径应符合表11.1.2的规定。

表 11.1.2 电缆最小允许弯曲半径

电缆形式		电缆外径（mm）	多芯电缆	单芯电芯
塑料绝缘电缆	无铠装		15D	20D
	有铠装		12D	15D
橡皮绝缘电缆		—	10D	
控制电缆	非铠装型、屏蔽型软电缆		6D	
	铠装型、铜屏蔽型		12D	—
	其他		10D	

电缆形式	电缆外径（mm）	多芯电缆	单芯电芯
铝合金导体电力电缆	—		7D
氧化镁绝缘刚性矿物绝缘电缆	<7		2D
	≥7，且<12		3D
	≥12，且<15		4D
	≥15		6D
其他矿物绝缘电缆	—		15D

注：D为电缆外径。

检查数量：按每个检验批的梯架、托盘或槽盒的弯头数量各抽查10%，且各不得少于1个弯头。

检查方法：观察检查并用尺量检查。

11.2 一般项目

11.2.1 当直线段钢制或塑料梯架、托盘和槽盒长度超过30m，铝合金或玻璃钢制梯架、托盘和槽盒长度超过15m时，应设置伸缩节；当梯架、托盘和槽盒跨越建筑物变形缝处时，应设置补偿装置。

检查数量：全数检查。

检查方法：观察检查并用尺量检查。

11.2.2 梯架、托盘和槽盒与支架间及与连接板的固定螺栓应紧固无遗漏，螺母应位于梯架、托盘、槽盒外侧；当铝合金梯架、托盘和槽盒与钢支架固定时，应有相互间绝缘的防电化腐蚀措施。

检查数量：按每个检验批的梯架或托盘或槽盒的固定点数量各抽查10%，且各不得少于2个点。

检查方法：观察检查。

11.2.3 当设计无要求时，梯架、托盘、槽盒及支架安装应符合下列规定：

1 电缆梯架、托盘和槽盒宜敷设在易燃易爆气体管道和热力管道的下方，与各类管道的最小净距应符合本规范附录F的规定。

2 配线槽盒与水管同侧上下敷设时，宜安装在水管的上方；与热水管、蒸气管平行上下敷设时，应敷设在热水管、蒸气管的下方，当有困难时，可敷设在热水管、蒸气管的上方；相互间的最小距离宜符合本规范附录G的规定。

3 敷设在电气竖井内穿楼板处和穿越不同防火区的梯架、托盘和槽盒，应有防火隔堵措施。

4 敷设在电气竖井内的电缆梯架或托盘，其固定支架不应安装在固定电缆的横担上，且每隔3层～5层应设置承重支架。

5 对于敷设在室外的梯架、托盘和槽盒，当进入室内或配电箱（柜）时应有防雨水措施，槽盒底部应有泄水孔。

6 承力建筑钢结构构件上不得熔焊支架，且不得热加工开孔。

7 水平安装的支架间距宜为1.5m～3.0m，垂直安装的支架间距不应大于2m。

8 采用金属吊架固定时，圆钢直径不得小于8mm，并应有防晃支架，在分支处或端部0.3m～0.5m处应有固定支架。

检查数量：第1款～第5款全数检查，其余按每个检验批的支架总数抽查10%，且各不得少于1处并应覆盖支架的安装形式。

检查方法：观察检查并用尺量和卡尺检查。

11.2.4 支吊架设置应符合设计或产品技术文件要求，支吊架安装应牢固、无明显扭曲；与预埋件焊接固定时，焊缝应饱满；膨胀螺栓固定时，螺栓应选用适配、防松零件齐全、连接紧固。

检查数量：按每个检验批的支架总数抽查10%，且各不得少于1处，并应覆盖支架的安装形式。

检查方法：观察检查。

11.2.5 金属支架应进行防腐，位于室外及潮湿场所的应按设计要求做处理。

检查数量：按每个检验批的金属支架总数抽查10%，且不得少于1处。

检查方法：观察检查。

12 导管敷设

12.1 主控项目

12.1.1 金属导管应与保护导体可靠连接，并应符合下列规定：

1 镀锌钢导管、可弯曲金属导管和金属柔性导管不得熔焊连接；

2 当非镀锌钢导管采用螺纹连接时，连接处的两端应熔焊焊接保护联结导体；

3 镀锌钢导管、可弯曲金属导管和金属柔性导管连接处的两端宜采用专用接地卡固定保护联结导体；

4 机械连接的金属导管，管与管、管与盒（箱）体的连接配件应选用配套部件，其连接应符合产品技术文件要求，当连接处的接触电阻值符合现行国家标准《电气安装用导管系统 第 1 部分：通用要求》GB/T 20041.1 的相关要求时，连接处可不设置保护联结导体，但导管不应作为保护导体的接续导体；

5 金属导管与金属梯架、托盘连接时，镀锌材质的连接端宜用专用接地卡固定保护联结导体，非镀锌材质的连接处应熔焊焊接保护联结导体；

6 以专用接地卡固定的保护联结导体应为铜芯软导线，截面积不应小于 4mm²；以熔焊焊接的保护联结导体宜为圆钢，直径不应小于 6mm，其搭接长度应为圆钢直径的 6 倍。

检查数量：按每个检验批的导管连接头总数抽查 10%，并各不得少于 1 处，并应能覆盖不同的检查内容。

检查方法：施工时观察检查并查阅隐蔽工程检查记录。

12.1.2 钢导管不得采用对口熔焊连接；镀锌钢导管或壁厚小于或等于 2mm 的钢导管，不得采用套管熔焊连接。

检查数量：按每个检验批的钢导管连接头总数抽查 20%，并应能覆盖不同的连接方式，且各不得少于 1 处。

检查方法：施工时观察检查。

12.1.3 当塑料导管在砌体上剔槽埋设时，应采用强度等级不小于 M10 的水泥砂浆抹面保护，保护层厚度不应小于 15mm。

检查数量：按每个检验批的配管回路数量抽查 20%，且不得少于 1 个回路。

检查方法：观察检查并用尺量检查，查阅隐蔽工程检查记录。

12.1.4 导管穿越密闭或防护密闭隔墙时，应设置预埋套管，预埋套管的制作和安装应符合设计要求，套管两端伸出墙面的长度宜为 30mm～50mm，导管穿越密闭穿墙套管的两侧应设置过线盒，并应做好封堵。

检查数量：按套管数量抽查 20%，且不得少于 1 个。

检查方法：观察检查，查阅隐蔽工程检查记录。

12.2 一般项目

12.2.1 导管的弯曲半径应符合下列规定：

1 明配导管的弯曲半径不宜小于管外径的 6 倍，当两个接线盒间只有一个弯曲时，其弯曲半径不宜小于管外径的 4 倍；

2 埋设于混凝土内的导管的弯曲半径不宜小于管外径的 6 倍，当直埋于地下时，其弯曲半径不宜小于管外径的 10 倍；

3 电缆导管的弯曲半径不应小于电缆最小允许弯曲半径，电缆最小允许弯曲半径应符合本规范表 11.1.2 的规定。

检查数量：按每个检验批的导管弯头总数抽查 10%，各不得少于 1 个弯头，并应覆盖不同规格和不同敷设方式的导管。

检查方法：观察检查并用尺量检查，查阅隐蔽工程检查记录。

12.2.2 导管支架安装应符合下列规定：

1 除设计要求外，承力建筑钢结构构件上不得熔焊导管支架，且不得热加工开孔；

2 当导管采用金属吊架固定时，圆钢直径不得小于 8mm，并应设置防晃支架，在距离盒（箱）、分支处或端部 0.3m～0.5m 处应设置固定支架；

3 金属支架应进行防腐，位于室外及潮湿场所的应按设计要求做处理；

4 导管支架应安装牢固、无明显扭曲。

检查数量：第 1 款全数检查，第 2 款～第 4 款按每个检验批的支吊架总数抽查 10%，且各不得少于 1 处。

检查方法：观察检查并用尺量检查。

12.2.3 除设计要求外，对于暗配的导管，导管表面埋设深度与建筑物、构筑物表面的距离不应小于 15mm。

检查数量：按每个检验批的配管回路数量抽查 10%，且不得少于 1 个回路。

检查方法：观察检查并用尺量检查。

12.2.4 进入配电（控制）柜、台、箱内的导管管口，当箱底无封板时，管口应高出柜、台、箱、盘的基础面 50mm～80mm。

检查数量：按每个检验批的落地式柜、台、箱、盘总数抽查 10%，且不得少于 1 台。

检查方法：观察检查并用尺量检查，查阅隐蔽工程检查记录。

12.2.5 室外导管敷设应符合下列规定：

1 对于埋地敷设的钢导管，埋设深度应符合设计要求，钢导管的壁厚应大于 2mm；

2 导管的管口不应敞口垂直向上，导管管口应在盒、箱内或导管端部设置防水弯；

3 由箱式变电所或落地式配电箱引向建筑物的导管，建筑物一侧的导管管口应设在建筑物内；

4 导管的管口在穿入绝缘导线、电缆后应做密封处理。

检查数量：按每个检验批各种敷设形式的总数抽查 20%，且各不得少于 1 处。

检查方法：观察检查并用尺量检查，查阅隐蔽工程检查记录。

12.2.6 明配的电气导管应符合下列规定：

1 导管应排列整齐、固定点间距均匀、安装牢固；

2 在距终端、弯头中点或柜、台、箱、盘等边缘 150mm～500mm 范围内应设有固定管卡，中间直线段固定管卡间的最大距离应符合表 12.2.6 的规定；

3 明配管采用的接线或过渡盒（箱）应选用明装盒（箱）。

检查数量：按每个检验批的导管固定点或盒（箱）的总数各抽查 20%，且各不得少于 1 处。

检查方法：观察检查并用尺量检查。

表 12.2.6 管卡间的最大距离

敷设方式	导管种类	导管直径（mm）			
		15～20	25～32	40～50	65 以上
		管卡间最大间距			
支架或沿墙明敷	壁厚＞2mm 刚性导管	1.5	2.0	2.5	3.5
	壁厚≤2mm 刚性导管	1.0	1.5	2.0	—
	刚性塑料导管	1.0	1.5	2.0	2.0

12.2.7 塑料导管敷设应符合下列规定：

1 管口应平整光滑，管与管、管与盒（箱）等器件采用插入法连接时，连接处结合面应涂专用胶合剂，接口应牢固密封；

2 直埋于地下或楼板内的刚性塑料导管，在穿出地面或楼板易受机械损伤的一段应采取保护措施；

3 当设计无要求时，埋设在墙内或混凝土内的塑料导管应采用中型及以上的导管；

4 沿建筑物、构筑物表面和在支架上敷设的刚性塑料导管，应按设计要求装设温度补偿装置。

检查数量：第 2 款、第 4 款全数检查，其余按每个检验批的接头或导管数量各抽查 10%，且各不得少于 1 处。

检查方法：观察检查和手感检查，查阅隐蔽工程检查记录，核查材料合格证明文件和材料进场验收记录。

12.2.8 可弯曲金属导管及柔性导管敷设应符合下列规定：

1 刚性导管经柔性导管与电气设备、器具连接时，柔性导管的长度在动力工程中不宜大于 0.8m，在照明工程中不宜大于 1.2m。

2 可弯曲金属导管或柔性导管与刚性导管或电气设备、器具间的连接应采用专用接头；防液型可弯曲金属导管或柔性导管的连接处应密封良好，防液覆盖层应完整无损。

3 当可弯曲金属导管有可能受重物压力或明显机械撞击时，应采取保护措施。

4 明配的金属、非金属柔性导管固定点间距应均匀，不应大于 1m，管卡与设备、器具、弯头中点、管端等边缘的距离应小于 0.3m。

5 可弯曲金属导管和金属柔性导管不应做保护导体的接续导体。

检查数量：第 1 款、第 2 款、第 5 款按每个检验批的导管连接点或导管总数抽查 10%，且各不得少于 1 处；第 3 款全数检查；第 4 款按每个检验批的导管固定点总数抽查 10%，且各不得少于 1 处并应能覆盖不同的导管和不同的固定部位。

检查方法：观察检查并用尺量检查，查阅隐蔽工程检查记录。

12.2.9 导管敷设应符合下列规定：

1 导管穿越外墙时应设置防水套管，且应做好防水处理；

2 钢导管或刚性塑料导管跨越建筑物变形缝处应设置补偿装置；

3 除埋设于混凝土内的钢导管内壁应防腐处理，外壁可不防腐处理外，其余场所敷设的钢导管内、外壁均应做防腐处理；

4 导管与热水管、蒸气管平行敷设时，宜敷设在热水管、蒸气管的下面，当有困难时，可敷设在其上面；相互间的最小距离宜符合本规范附录 G 的规定。

检查数量：第 1 款、第 2 款全数检查，第 3 款、第 4 款按每个检验批的导管总数抽查 10%，且各不得少于 1 根（处），并应覆盖不同的敷设场所及不同规格的导管。

检查方法：观察检查并查阅隐蔽工程检查记录。

13 电缆敷设

13.1 主控项目

13.1.1 金属电缆支架必须与保护导体可靠连接。

检查数量：明敷的全数检查，暗敷的按每个检验批抽查 20%，且不得少于 2 处。

检查方法：观察检查并查阅隐蔽工程检查记录。

13.1.2 电缆敷设不得存在绞拧、铠装压扁、护层断裂和表面严重划伤等缺陷。

检查数量：全数检查。

检查方法：观察检查。

13.1.3 当电缆敷设存在可能受到机械外力损伤、振动、浸水及腐蚀性或污染物质等损害时，应采取防护措施。

检查数量：全数检查。

检查方法：观察检查。

13.1.4 除设计要求外，并联使用的电力电缆的型号、规格、长度应相同。

检查数量：全数检查。

检查方法：核对设计图观察检查。

13.1.5 交流单芯电缆或分相后的每相电缆不得单根独穿于钢导管内，固定用的夹具和支架不应形成闭合磁路。

检查数量：全数检查。

检查方法：核对设计图观察检查。

13.1.6 当电缆穿过零序电流互感器时，电缆金属护层和接地线应对地绝缘。对穿过零序电流互感器后制作的电缆头，其电缆接地线应回穿互感器后接地；对尚未穿过零序电流互感器的电缆接地线应在零序电流互感器前直接接地。

检查数量：按电缆穿过零序电流互感器的总数抽查 5%，且不得少于 1 处。

检查方法：观察检查。

13.1.7 电缆的敷设和排列布置应符合设计要求，矿物绝缘电缆敷设在温度变化大的场所、振动场所或穿越建筑物变形缝时应采取"S"或"Ω"弯。

检查数量：全数检查。

检查方法：观察检查。

13.2 一般项目

13.2.1 电缆支架安装应符合下列规定：

1 除设计要求外，承力建筑钢结构构件上不得熔焊支架，且不得热加工开孔。

2 当设计无要求时，电缆支架层间最小距离不应小于表 13.2.1-1 的规定，层间净距不应小于 2 倍电缆外径加 10mm，35kV 电缆不应小于 2 倍电缆外径加 50mm。

表 13.2.1-1 电缆支架层间最小距离（mm）

电缆种类		支架上敷设	梯架、托盘内敷设
控制电缆明敷		120	200
电力电缆明敷	10kV 及以下电力电缆（除 6kV～10kV 交联聚乙烯绝缘电力电缆）	150	250
	6kV～10kV 交联聚乙烯绝缘电力电缆	200	300
	35kV 单芯电力电缆	250	300
	35kV 三芯电力电缆	300	350
电缆敷设在槽盒内		$h + 100$	

注：h 为槽盒高度

3 最上层电缆支架距构筑物顶板或梁底的最小净距应满足电缆引接至上方配电柜、台、箱、盘时电缆弯曲半径的要求，且不宜小于表 13.2.1-1 所列数再加 80mm～150mm；距其他设备的最小净距不应小于 300mm，当无法满足要求时应设置防护板。

4 当设计无要求时，最下层电缆支架距沟底、地面的最小距离不应小于表 13.2.1-2 的规定。

表 13.2.1-2 最下层电缆支架距沟底、地面的最小净距（mm）

电缆敷设场所及其特征		垂直净距
电缆沟		50
隧道		100
电缆夹层	非通道处	200
	至少在一侧不小于 800mm 宽通道处	1400
公共廊道中电缆支架无围栏防护		1500
室内机房或活动区间		2000
室外	无车辆通过	2500
	有车辆通过	4500
	屋面	200

5 当支架与预埋件焊接固定时，焊缝应饱满；当采用膨胀螺栓固定时，螺栓应适配、连接紧固、防松零件齐全，支架安装应牢固、无明显扭曲。

6 金属支架应进行防腐，位于室外及潮湿场所的应按设计要求做处理。

检查数量：第 1 款全数检查，第 2 款～第 6 款按每个检验批的支架总数抽查 10%，且各不得少于 1 处。

检查方法：观察检查，并用尺量检查。

13.2.2 电缆敷设应符合下列规定：

1 电缆的敷设排列应顺直、整齐，并宜少交叉；

2 电缆转弯处的最小弯曲半径应符合表 11.1.2 的规定；

3 在电缆沟或电气竖井内垂直敷设或大于 45°倾斜敷设的电缆应在每个支架上固定；

4 在梯架、托盘或槽盒内大于 45°倾斜敷设的电缆应每隔 2m 固定，水平敷设的电缆，首尾两端、转弯两侧及每隔 5m～10m 处应设固定点；

5 当设计无要求时，电缆支持点间距不应大于表 13.2.2 的规定；

表 13.2.2 电缆支持点间距（mm）

电缆种类		电缆外径	敷设方式	
			水平	垂直
电力电缆	全塑型	—	400	1000
	除全塑型外的中低压电缆		800	1500
	25kV 高压电缆		1500	2000
	铝合金带联锁铠装的铝合金电缆		1800	1800
控制电缆			800	1000
矿物绝缘电缆		< 9	600	800
		≥9，且 < 15	900	1200
		≥15，且 < 20	1500	2000
		≥ 20	2000	2500

6 当设计无要求时，电缆与管道的最小净距应符合本规范附录 F 的规定；

7 无挤塑外护层电缆金属护套与金属支（吊）架直接接触的部位应采取防电化腐蚀的措施；

8 电缆出入电缆沟，电气竖井，建筑物，配电（控制）柜、台、箱处以及管子管口处等部位应采取防火或密封措施；

9 电缆出入电缆梯架、托盘、槽盒及配电（控制）柜、台、箱、盘处应做固定；

10 当电缆通过墙、楼板或室外敷设穿导管保护时，导管的内径不应小于电缆外径的 1.5 倍。

检查数量：按每检验批电缆线路抽查 20%，且不得少于 1 条电缆线路并应能覆盖上述不同的检查内容。

检查方法：观察检查并用尺量检查，查阅电缆敷设记录。

13.2.3 直埋电缆的上、下应有细沙或软土，回填土应无石块、砖头等尖锐硬物。

检查数量：全数检查。

检查方法：施工中观察检查并查阅隐蔽工程检查记录。

13.2.4 电缆的首端、末端和分支处应设标志牌，直埋电缆应设标示桩。

检查数量：按每检验批的电缆线路抽查 20%，且不得少于 1 条电缆线路。

检查方法：观察检查

14 导管内穿线和槽盒内敷线

14.1 主控项目

14.1.1 同一交流回路的绝缘导线不应敷设于不同的金属槽盒内或穿于不同金属导管内。

检查数量：按每个检验批的配线总回路数抽查 20%，且不得少于 1 个回路。

检查方法：观察检查。

14.1.2 除设计要求以外，不同回路、不同电压等级和交流与直流线路的绝缘导线不应穿于同一导管内。

检查数量：按每个检验批的配线总回路数抽查 20%，且不得少于 1 个回路。

检查方法：观察检查。

14.1.3 绝缘导线接头应设置在专用接线盒（箱）或器具内，不得设置在导管和槽盒内，盒（箱）的设置位置应便于检修。

检查数量：按每个检验批的配线回路总数抽查 10%，且不得少于 1 个回路。

检查方法：观察检查并用尺量检查。

14.2 一般项目

14.2.1 除塑料护套线外，绝缘导线应采取导管或槽盒保护，不可外露明敷。

检查数量：按每个检验批的绝缘导线配线回路数抽查 10%，且不得少于 1 个回路。

检查方法：观察检查。

14.2.2 绝缘导线穿管前，应清除管内杂物和积水，绝缘导线穿入导管的管口在穿线前应装设护线口。

检查数量：按每个检验批的绝缘导线穿管数抽查 10%，且不得少于 1 根导管。

检查方法：施工中观察检查。

14.2.3 与槽盒连接的接线盒（箱）应选用明装盒（箱）；配线工程完成后，盒（箱）盖板应齐全、完好。

检查数量：全数检查。

检查方法：观察检查。

14.2.4 当采用多相供电时，同一建（构）筑物的绝缘导线绝缘层颜色应一致。

检查数量：按每个检验批的绝缘导线配线总回路数抽查 10%，且不得少于 1 个回路。

检查方法：观察检查。

14.2.5 槽盒内敷线应符合下列规定：

1 同一槽盒内不宜同时敷设绝缘导线和电缆。

2 同一路径无防干扰要求的线路，可敷设于同一槽盒内；槽盒内的绝缘导线总截面积（包括外护套）不应超过槽盒内截面积的 40%，且载流导体不宜超过 30 根。

3 当控制和信号等非电力线路敷设于同一槽盒内时，绝缘导线的总截面积不应超过槽盒内截面积的 50%。

4 分支接头处绝缘导线的总截面面积（包括外护层）不应大于该点盒（箱）内截面面积的 75%。

5 绝缘导线在槽盒内应留有一定余量，并应按回路分段绑扎，绑扎点间距不应大于 1.5m；当垂直或大于 45°倾斜敷设时，应将绝缘导线分段固定在槽盒内的专用部件上，每段至少应有一个固定点；当直线段长度大于 3.2m 时，其固定点间距不应大于 1.6m；槽盒内导线排列应整齐、有序。

6 敷线完成后，槽盒盖板应复位，盖板应齐全、平整、牢固。

检查数量：按每个检验批的槽盒总长度抽查 10%，且不得少于 1m。

检查方法：观察检查并用尺量检查。

15～17（略）

18 普通灯具安装

18.1 主控项目

18.1.1 灯具固定应符合下列规定：

1 灯具固定应牢固可靠，在砌体和混凝土结构上严禁使用木楔、尼龙塞或塑料塞固定；

2 质量大于 10kg 的灯具，固定装置及悬吊装置应按灯具重量的 5 倍恒定均布载荷做强度试验，且持续时间不得少于 15min。

检查数量：第 1 款按每检验批的灯具数量抽查 5%，且不得少于 1 套；第 2 款全数检查。

检查方法：施工或强度试验时观察检查，查阅灯具固定装置及悬吊装置的载荷强度试验记录。

18.1.2 悬吊式灯具安装应符合下列规定：

1 带升降器的软线吊灯在吊线展开后，灯具下沿应高于工作台面 0.3m；

2 质量大于 0.5kg 的软线吊灯，灯具的电源线不应受力；

3 质量大于 3kg 的悬吊灯具，固定在螺栓或预埋吊钩上，螺栓或预埋吊钩的直径不应小于灯具挂销直径，且不应小于 6mm；

4 当采用铜管作灯具吊杆时，其内径不应小于 10mm，壁厚不应小于 15mm；

5 灯具与固定装置及灯具连接件之间采用螺纹连接的，螺纹啮合扣数不应少于 5 扣。

检查数量：按每检验批的不同灯具型号各抽查 5%，且各不得少于 1 套。

检查方法：观察检查并用尺量检查。

18.1.3 吸顶或墙面上安装的灯具，其固定用的螺栓或螺钉不应少于 2 个，灯具应紧贴饰面。

检查数量：按每检验批的不同安装形式各抽查 5%，且各不得少于 1 套。

检查方法：观察检查。

18.1.4 由接线盒引至嵌入式灯具或槽灯的绝缘导线应符合下列规定：

1 绝缘导线应采用柔性导管保护，不得裸露，且不应在灯槽内明敷；

2 柔性导管与灯具壳体应采用专用接头连接。

检查数量：按每检验批的灯具数量抽查 5%，且不得少于 1 套。

检查方法：观察检查。

18.1.5 普通灯具的 I 类灯具外露可导电部分必须采用铜芯软导线与保护导体可靠连接，连接处应设置接地标识，铜芯软导线的截面积应与进入灯具的电源线截面积相同。

检查数量：按每检验批的灯具数量抽查 5%，且不得少于 1 套。

检查方法：尺量检查、工具拧紧和测量检查。

18.1.6 除采用安全电压以外，当设计无要求时，敞开式灯具的灯头对地面距离应大于 2.5m。

检查数量：按每检验批的灯具数量抽查 10%，且各不得少于 1 套。

检查方法：观察检查并用尺量检查。

18.1.7 埋地灯安装应符合下列规定：

1 埋地灯的防护等级应符合设计要求；

2 埋地灯的接线盒采用防护等级为 IPX7 的防水接线盒，盒内绝缘导线接头应做防水绝缘处理。

检查数量：按灯具总数抽查 5%，且不得少于 1 套。

检查方法：观察检查，查阅产品进场验收记录及产品质量合格证明文件。

18.1.8 庭院灯、建筑物附属路灯安装应符合下列规定：

1 灯具与基础固定应可靠，地脚螺栓备帽应齐全；灯具接线盒应采用防护等级不小于 IPX5 的防水接线盒，盒盖防水密封垫应齐全、完整。

2 灯具的电器保护装置应齐全，规格应与灯具适配。

3 灯杆的检修门应采取防水措施，且闭锁防盗装置完好。

检查数量：按灯具型号各抽查 5%，且各不得少于 1 套。

检查方法：观察检查、工具拧紧及用手感检查，查阅产品进场验收记录及产品质量合格证明文件。

18.1.9 安装在公共场所的大型灯具的玻璃罩，应采取防止玻璃罩向下溅落的措施。

检查数量：全数检查。

检查方法：观察检查。

18.1.10 LED 灯具安装应符合下列规定：

1 灯具安装应牢固可靠，饰面不应使用胶类粘贴。

2 灯具安装位置应有较好的散热条件，且不宜安装在潮湿场所。

3 灯具用的金属防水接头密封圈应齐全、完好。

4 灯具的驱动电源、电子控制装置室外安装时，应置于金属箱（盒）内；金属箱（盒）的 IP 防护等级和散热应符合设计要求，驱动电源的极性标记应清晰、完整；

5 室外灯具配线管路应按明配管敷设，且应具备防雨功能，IP 防护等级应符合设计要求。

检查数量：按灯具型号各抽查 5%，且不得少于 1 套。

检查方法：观察检查，查阅产品进场验收记录及产品质量合格证明文件。

18.2 一般项目

18.2.1 引向单个灯具的绝缘导线截面积应与灯具功率相匹配，绝缘铜芯导线的线芯截面积不应小于

1mm^2。

检查数量：按每检验批的灯具数量抽查 5%，且不得少于 1 套。

检查方法：观察检查。

18.2.2 灯具的外形、灯头及其接线应符合下列规定：

1 灯具及其配件应齐全，不应有机械损伤、变形、涂层剥落和灯罩破裂等缺陷；

2 软线吊灯的软线两端应做保护扣，两端线芯应搪锡；当装升降器时，应采用安全灯头；

3 除敞开式灯具外，其他各类容量在 100W 及以上的灯具，引入线应采用瓷管、矿棉等不燃材料作隔热保护；

4 连接灯具的软线应盘扣、搪锡压线，当采用螺口灯头时，相线应接于螺口灯头中间的端子上；

5 灯座的绝缘外壳不应破损和漏电；带有开关的灯座，开关手柄应无裸露的金属部分。

检查数量：按每检验批的灯具型号各抽查 5%，且各不得少于 1 套。

检查方法：观察检查。

18.2.3 灯具表面及其附件的高温部位靠近可燃物时，应采取隔热、散热等防火保护措施。

检查数量：按每检验批的灯具总数量抽查 20%，且各不得少于 1 套。

检查方法：观察检查。

18.2.4 高低压配电设备、裸母线及电梯曳引机的正上方不应安装灯具。

检查数量：全数检查。

检查方法：观察检查。

18.2.5 投光灯的底座及支架应牢固，枢轴应沿需要的光轴方向拧紧固定。

检查数量：按灯具总数抽查 10%，且不得少于 1 套。

检查方法：观察检查和手感检查。

18.2.6 聚光灯和类似灯具出光口面与被照物体的最短距离应符合产品技术文件要求。

检查数量：按灯具型号各抽查 10%，且各不得少于 1 套。

检查方法：尺量检查，并核对产品技术文件。

18.2.7 导轨灯的灯具功率和载荷应与导轨额定载流量和最大允许载荷相适配。

检查数量：按灯具总数抽查 10%，且不得少于 1 台。

检查方法：观察检查并核对产品技术文件。

18.2.8 露天安装的灯具应有泄水孔，且泄水孔应设置在灯具腔体的底部。灯具及其附件、紧固件、底座和与其相连的导管、接线盒等应有防腐蚀和防水措施。

检查数量：按灯具数量抽查 10%，且不得少于 1 套。

检查方法：观察检查。

18.2.9 安装于槽盒底部的荧光灯具应紧贴槽盒底部，并应固定牢固。

检查数量：按每检验批的灯具数量抽查 10%，且不得少于 1 套。

检查方法：观察检查和手感检查。

18.2.10 庭院灯、建筑物附属路灯安装应符合下列规定：

1 灯具的自动通、断电源控制装置应动作准确；

2 灯具应固定可靠、灯位正确，紧固件应齐全、拧紧。

检查数量：按灯具型号各抽查 10%，且各不得少于 1 套。

检查方法：模拟试验、观察检查和手感检查。

19 专用灯具安装

19.1 主控项目

19.1.1 专用灯具的 I 类灯具外露可导电部分必须用铜芯软导线与保护导体可靠连接，连接处应设置接地标识，铜芯软导线的截面积应与进入灯具的电源线截面积相同。

检查数量：按每检验批的灯具数量抽查 5%，且不得少于 1 套。

检查方法：尺量检查、工具拧紧和测量检查。

19.1.2 手术台无影灯安装应符合下列规定：

1 固定灯座的螺栓数量不应少于灯具法兰底座上的固定孔数，且螺栓直径应与底座孔径相适配；螺栓应采用双螺母锁固。

2 无影灯的固定装置除应按本规范第18.1.1条第2款进行均布载荷试验外，尚应符合产品技术文件的要求。

检查数量：全数检查。

检查方法：施工或强度试验时观察检查，查阅灯具固定装置的载荷强度试验记录。

19.1.3 应急灯具安装应符合下列规定：

1 消防应急照明回路的设置除应符合设计要求外，尚应符合防火分区设置的要求，穿越不同防火分区时应采取防火隔堵措施；

2 对于应急灯具、运行中温度大于60℃的灯具，当靠近可燃物时，应采取隔热、散热等防火措施；

3 EPS供电的应急灯具安装完毕后，应检验EPS供电运行的最少持续供电时间，并应符合设计要求；

4 安全出口指示标志灯设置应符合设计要求；

5 疏散指示标志灯安装高度及设置部位应符合设计要求；

6 疏散指示标志灯的设置不应影响正常通行，且不应在其周围设置容易混同疏散标志灯的其他标志牌等；

7 疏散指示标志灯工作应正常，并应符合设计要求；

8 消防应急照明线路在非燃烧体内穿钢导管暗敷时，暗敷钢导管保护层厚度不应小于30mm。

检查数量：第2款全数检查；第1款、第3款～第7款按每检验批的灯具型号各抽查10%，且均不得少于1套；第8款按检验批数量抽查10%，且不得少于1个检验批。

检查方法：第1款、第2款、第4款～第7款观察检查，第3款试验检验并核对设计文件，第8款尺量检查、查阅隐蔽工程检查记录。

19.1.4 霓虹灯安装应符合下列规定：

1 霓虹灯管应完好、无破裂；

2 灯管应采用专用的绝缘支架固定，且牢固可靠；灯管固定后，与建（构）筑物表面的距离不宜小于20mm；

3 霓虹灯专用变压器应为双绕组式，所供灯管长度不应大于允许负载长度，露天安装的应采取防雨措施；

4 霓虹灯专用变压器的二次侧和灯管间的连接线应采用额定电压大于15kV的高压绝缘导线，导线连接应牢固，防护措施应完好；高压绝缘导线与附着物表面的距离不应小于20mm。

检查数量：全数检查。

检查方法：观察检查并用尺量和手感检查。

19.1.5 高压钠灯、金属卤化物灯安装应符合下列规定：

1 光源及附件应与镇流器、触发器和限流器配套使用，触发器与灯具本体的距离应符合产品技术文件的要求；

2 电源线应经接线柱连接，不应使电源线靠近灯具表面。

检查数量：按灯具型号各抽查10%，且均不得少于1套。

检查方法：观察检查并用尺量检查，核对产品技术文件。

19.1.6 景观照明灯具安装应符合下列规定：

1 在人行道等人员来往密集场所安装的落地式灯具，当无围栏防护时，灯具距地面高度应大于2.5m；

2 金属构架及金属保护管应分别与保护导体采用焊接或螺栓连接，连接处应设置接地标识。

检查数量：全数检查。

检查方法：观察检查并用尺量检查，查阅隐蔽工程检查记录。

19.1.7 航空障碍标志灯安装应符合下列规定：

1 灯具安装应牢固可靠，且应有维修和更换光源的措施；

2 当灯具在烟囱顶上装设时，应安装在低于烟囱口 1.5m～3m 的部位且应呈正三角形水平排列；

3 对于安装在屋面接闪器保护范围以外的灯具，当需设置接闪器时，其接闪器应与屋面接闪器可靠连接。

检查数量：全数检查。

检查方法：观察检查，查阅隐蔽工程检查记录。

19.1.8 太阳能灯具安装应符合下列规定：

1 太阳能灯具与基础固定应可靠，地脚螺栓有防松措施，灯具接线盒盖的防水密封垫应齐全、完整；

2 灯具表面应平整光洁、色泽均匀，不应有明显的裂纹、划痕、缺损、锈蚀及变形等缺陷。

检查数量：按灯具数量抽查 10%，且不得少于 1 套。

检查方法：观察检查和手感检查。

19.1.9 洁净场所灯具嵌入安装时，灯具与顶棚之间的间隙应用密封胶条和衬垫密封，密封胶条和衬垫应平整，不得扭曲、折叠。

检查数量：按灯具数量抽查 10%，且不得少于 1 套。

检查方法：观察检查。

19.1.10 游泳池和类似场所灯具（水下灯及防水灯具）安装应符合下列规定：

1 当引入灯具的电源采用导管保护时，应采用塑料导管；

2 固定在水池构筑物上的所有金属部件应与保护联结导体可靠连接，并应设置标识。

检查数量：全数检查。

检查方法：观察检查和手感检查，查阅隐蔽工程检查记录和等电位联结导通性测试记录。

19.2 一般项目

19.2.1 手术台无影灯安装应符合下列规定：

1 底座应紧贴顶板、四周无缝隙；

2 表面应保持整洁、无污染，灯具镀、涂层应完整无划伤。

检查数量：全数检查。

检查方法：观察检查。

19.2.2 当应急电源或镇流器与灯具分离安装时，应固定可靠，应急电源或镇流器与灯具本体之间的连接绝缘导线应用金属柔性导管保护，导线不得外露。

检查数量：按每检验批的灯具数量抽查 10%，且不得少于 1 套。

检查方法：观察检查和手感检查。

19.2.3 霓虹灯安装应符合下列规定：

1 明装的霓虹灯变压器安装高度低于 3.5m 时应采取防护措施；室外安装距离晒台、窗口、架空线等不应小于 1m，并应有防雨措施。

2 霓虹灯变压器应固定可靠，安装位置宜方便检修，且应隐蔽在不易被非检修人触及的场所。

3 当橱窗内装有霓虹灯时，橱窗门与霓虹灯变压器一次侧开关应有联锁装置，开门时不得接通霓虹灯变压器的电源。

4 霓虹灯变压器二次侧的绝缘导线应采用高绝缘材料的支持物固定，对于支持点的距离，水平线段不应大于 0.5m，垂直线段不应大于 0.75m。

5 霓虹灯管附着基面及其托架应采用金属或不燃材料制作，并应固定可靠，室外安装应耐风压。

检查数量：按灯具安装部位各抽查 10%，且各不得少于 1 套。

检查方法：观察检查并用尺量和手感检查。

19.2.4 高压钠灯、金属卤化物灯安装应符合下列规定：

1 灯具的额定电压、支架形式和安装方式应符合设计要求；

2 光源的安装朝向应符合产品技术文件的要求。

检查数量：按灯具型号各抽查 10%，且各不得少于 1 套。

检查方法：观察检查并查验产品技术文件、核对设计文件。

19.2.5 建筑物景观照明灯具构架应固定可靠、地脚螺栓拧紧、备帽齐全；灯具的螺栓应紧固、无遗漏。灯具外露的绝缘导线或电缆应有金属柔性导管保护。

检查数量：按灯具数量抽查10%，且不得少于1套。

检查方法：观察检查和手感检查。

19.2.6 航空障碍标志灯安装位置应符合设计要求，灯具的自动通、断电源控制装置应动作准确。

检查数量：全数检查。

检查方法：模拟试验和观察检查。

19.2.7 太阳能灯具的电池板朝向和仰角调整应符合地区纬度，迎光面上应无遮挡物，电池板上方应无直射光源。电池组件与支架连接应牢固可靠，组件的输出线不应裸露，并应用扎带绑扎固定。

检查数量：按灯具总数抽查10%，且不得少于1套。

检查方法：观察检查。

20 开关、插座、风扇安装

20.1 主控项目

20.1.1 当交流、直流或不同电压等级的插座安装在同一场所时，应有明显的区别，插座不得互换；配套的插头应按交流、直流或不同电压等级区别使用。

检查数量：按每检验批的插座数量抽查20%，且不得少于1个。

检查方法：观察检查并用插头进行试插检查。

20.1.2 不间断电源插座及应急电源插座应设置标识。

检查数量：按插座总数抽查10%，且不得少于1套。

检查方法：观察检查。

20.1.3 插座接线应符合下列规定：

1 对于单相两孔插座，面对插座的右孔或上孔应与相线连接，左孔或下孔应与中性导体（N）连接；对于单相三孔插座，面对插座的右孔应与相线连接，左孔应与中性导体（N）连接。

2 单相三孔、三相四孔及三相五孔插座的保护接地导体（PE）应接在上孔；插座的保护接地导体端子不得与中性导体端子连接；同一场所的三相插座，其接线的相序应一致。

3 保护接地导体（PE）在插座之间不得串联连接。

4 相线与中性导体（N）不应利用插座本体的接线端子转接供电。

检查数量：按每检验批的插座型号各抽查5%，且均不得少于1套。

检查方法：观察检查并用专用测试工具检查。

20.1.4 照明开关安装应符合下列规定：

1 同一建（构）筑物的开关宜采用同一系列的产品，单控开关的通断位置应一致，且应操作灵活、接触可靠；

2 相线应经开关控制；

3 紫外线杀菌灯的开关应有明显标识，并应与普通照明开关的位置分开。

检查数量：第3款全数检查，第1款和第2款按每检验批的开关数量抽查5%，且按规格型号各不得少于1套。

检查方法：观察检查、用电笔测试检查和手动开启开关检查。

20.1.5 温控器接线应正确，显示屏指示应正常，安装标高应符合设计要求。

检查数量：按每检验批的数量抽查10%，且不得少于1套。

检查方法：观察检查。

20.1.6 吊扇安装应符合下列规定：

1 吊扇挂钩安装应牢固，吊扇挂钩的直径不应小于吊扇挂销直径，且不应小于8mm；挂钩销钉应有防振橡胶垫；挂销的防松零件应齐全、可靠。

2 吊扇扇叶距地高度不应小于2.5m。

3 吊扇组装不应改变扇叶角度，扇叶的固定螺栓防松零件应齐全。

4 吊杆间、吊杆与电机间螺纹连接，其啮合长度不应小于20mm，且防松零件应齐全紧固。

5 吊扇应接线正确，运转时扇叶应无明显颤动和异常声响。

6 吊扇开关安装标高应符合设计要求。

检查数量：按吊扇数量抽查5%，且不得少于1套。

检查方法：听觉检查、观察检查、尺量检查和卡尺检查。

20.1.7 壁扇安装应符合下列规定：

1 壁扇底座应采用膨胀螺栓或焊接固定，固定应牢固可靠；膨胀螺栓的数量不应少于3个，且直径不应小于8mm。

2 防护罩应扣紧、固定可靠，当运转时扇叶和防护罩应无明显颤动和异常声响。

检查数量：按壁扇数量抽查5%，且不得少于1套。

检查方法：听觉检查、观察检查和手感检查。

20.2 一般项目

20.2.1 暗装的插座盒或开关盒应与饰面平齐，盒内干净整洁，无锈蚀，绝缘导线不得裸露在装饰层内；面板应紧贴饰面、四周无缝隙、安装牢固，表面光滑、无碎裂、划伤，装饰帽（板）齐全。

检查数量：按每检验批的盒子数量抽查10%，且不得少于1个。

检查方法：观察检查和手感检查。

20.2.2 插座安装应符合下列规定：

1 插座安装高度应符合设计要求，同一室内相同规格并列安装的插座高度宜一致；

2 地面插座应紧贴饰面，盖板应固定牢固、密封良好。

检查数量：按每个检验批的插座总数抽查10%，且按型号各不得少于1个。

检查方法：观察检查并用尺量和手感检查。

20.2.3 照明开关安装应符合下列规定：

1 照明开关安装高度应符合设计要求；

2 开关安装位置应便于操作，开关边缘距门框边缘的距离宜为0.15m～0.20m；

3 相同型号并列安装高度宜一致，并列安装的拉线开关的相邻间距不宜小于20mm。

检查数量：按每检验批的开关数量抽查10%，且不得少于1个。

检查方法：观察检查并用尺量检查。

20.2.4 温控器安装高度应符合设计要求；同一室内并列安装的温控器高度宜一致，且控制有序不错位。

检查数量：按每检验批数量抽查10%，且不得少于1个。

检查方法：观察检查并用尺量检查。

20.2.5 吊扇安装应符合下列规定：

1 吊扇涂层应完整、表面无划痕、无污染，吊杆上、下扣碗安装应牢固到位；

2 同一室内并列安装的吊扇开关高度宜一致，并应控制有序、不错位。

检查数量：按吊扇数量抽查10%，且不得少于1套。

检查方法：观察检查，用尺量和手感检查。

20.2.6 壁扇安装应符合下列规定：

1 壁扇安装高度应符合设计要求；

2 涂层应完整、表面无划痕、无污染，防护罩应无变形。

检查数量：按壁扇数量抽查10%，且不得少于1套。

检查方法：观察检查并用尺量检查。

20.2.7 换气扇安装应紧贴饰面、固定可靠。无专人管理场所的换气扇宜设置定时开关。

检查数量：按换气扇数量抽查10%，且不得少于1套。

检查方法：观察检查和手感检查。

21　建筑物照明通电试运行

21.1　主控项目

21.1.1　灯具回路控制应符合设计要求，且应与照明控制柜、箱（盘）及回路的标识一致；开关宜与灯具控制顺序相对应，风扇的转向及调速开关应正常。

检查数量：按每检验批的末级照明配电箱数量抽查20%，且不得少于1台配电箱及相应回路。

检查方法：核对技术文件，观察检查并操作检查。

21.1.2　公共建筑照明系统通电连续试运行时间应为24h，住宅照明系统通电连续试运行时间应为8h。所有照明灯具均应同时开启，且应每2h按回路记录运行参数，连续试运行时间内应无故障。

检查数量：按每检验批的末级照明配电箱总数抽查5%，且不得少于1台配电箱及相应回路。

检查方法：试验运行时观察检查或查阅建筑照明通电试运行记录。

21.1.3　对设计有照度测试要求的场所，试运行时应检测照度，并应符合设计要求。

检查数量：全数检查。

检查方法：用照度测试仪测试，并查阅照度测试记录。

22～24（略）

25　建筑物等电位联结

25.1　主控项目

25.1.1　建筑物等电位联结的范围、形式、方法、部位及联结导体的材料和截面积应符合设计要求。

检查数量：全数检查。

检查方法：施工中核对设计文件观察检查并查阅隐蔽工程检查记录，核查产品质量证明文件、材料进场验收记录。

25.1.2　需做等电位联结的外露可导电部分或外界可导电部分的连接应可靠。采用焊接时，应符合本规范第22.2.2条的规定；采用螺栓连接时，应符合本规范第23.2.1条第2款的规定，其螺栓、垫圈、螺母等应为热镀锌制品，且应连接牢固。

检查数量：按总数抽查10%，且不得少于1处。

检查方法：观察检查。

25.2　一般项目

25.2.1　需做等电位联结的卫生间内金属部件或零件的外界可导电部分，应设置专用接线螺栓与等电位联结导体连接，并应设置标识；连接处螺帽应紧固、防松零件应齐全。

检查数量：按连接点总数抽查10%，且不得少于1处。

检查方法：观察检查和手感检查。

25.2.2　当等电位联结导体在地下暗敷时，其导体间的连接不得采用螺栓压接。

检查数量：全数检查。

检查方法：施工中观察检查并查阅隐蔽工程检查记录。

附 录A

各子分部工程所含的分项工程和检验批

表 A 各子分部工程所含的分项工程和检验批

分项工程		子分部工程						
		01	02	03	04	05	06	07
		室外电气安装工程	变配电室安装工程	供电干线安装工程	电气动力安装工程	电气照明安装工程	自备电源安装工程	防雷接地装置安装工程
序号	名称							
04	变压器、箱式变电所安装	●	●					
05	成套配电柜、控制台（台箱）和配电箱（盘）安装	●	●		●	●	●	
06	电动机、电加热器及电动执行机构检查接线				●			
07	柴油发电机组安装						●	
08	UPS 及 EPS 安装						●	
09	电气设备试验和试运行			●	●			
10	母线槽安装		●	●			●	
11	梯架、托盘和槽盒安装	●		●	●	●		
12	导线敷设	●		●	●	●	●	
13	电缆敷设	●	●	●	●	●	●	
14	管内穿线和槽盒内敷线	●		●	●	●	●	
15	塑料护套线直覆布线					●		
16	钢索配线					●		
17	电缆头制作、导线连接和线路绝缘测试	●	●	●	●	●	●	
18	普通灯具安装	●				●		
19	专用灯具安装	●				●		
20	开关、插座、风扇安装				●	●		
21	建筑物照明通电试运行	●				●		
22	接地装置安装	●	●				●	●
23	接地干线敷设		●	●				
24	防雷引下线及接闪器安装							●
25	建筑物等电位联结							●

注：1 本表有●符号者为该子分部工程所含的分项工程；
　　2 每个分项工程含 1 个及以上检验批。

3.8 《建筑给水排水及采暖工程施工质量验收规范》GB 50242—2002

1 总则（略）

2 术语（略）

3 基本规定

3.1 质量管理

3.1.1 建筑给水、排水及采暖工程施工现场应具有必要的施工技术标准、健全的质量管理体系和工程质量检测制度，实现施工全过程质量控制。

3.1.2 建筑给水、排水及采暖工程的施工应按照批准的工程设计文件和施工技术标准进行施工。修改设计应有设计单位出具的设计变更通知单。

3.1.3 建筑给水、排水及采暖工程的施工应编制施工组织设计或施工方案，经批准后方可实施。

3.1.4 建筑给水、排水及采暖工程的分部、分项工程划分见附录 A。

3.1.5 建筑给水、排水及采暖工程的分项工程，应按系统、区域、施工段或楼层等划分。分项工程应划分成若干个检验批进行验收。

3.1.6 建筑给水、排水及采暖工程的施工单位应当具有相应的资质。工程质量验收人员应具备相应的专业技术资格。

3.2 材料设备管理

3.2.1 建筑给水、排水及采暖工程所使用的主要材料、成品、半成品、配件、器具和设备必须具有中文质量合格证明文件，规格、型号及性能检测报告应符合国家技术标准或设计要求。进场时应做检查验收，并经监理工程师核查确认。

3.2.2 所有材料进场时应对品种、规格、外观等进行验收。包装应完好，表面无划痕及外力冲击破损。

3.2.3 主要器具和设备必须有完整的安装使用说明书。在运输、保管和施工过程中，应采取有效措施防止损坏或腐蚀。

3.2.4 阀门安装前，应作强度和严密性试验。试验应在每批（同牌号、同型号、同规格）数量中抽查10%，且不小于一个。对于安装在主干管上起切断作用的闭路阀门，应逐个作强度和严密性试验。

3.2.5 阀门的强度和严密性试验，应符合以下规定：阀门的强度试验压力为公称压力的 1.5 倍；严密性试验压力为公称压力的 1.1 倍；试验压力在试验持续时间内应保持不变，且壳体填料及阀瓣密封面无渗漏。阀门试压的试验持续时间应不少于表 3.2.5 的规定。

表 3.2.5 阀门试验持续时间

公称直径 DN（mm）	最短试验持续时间（s）		
	严密性试验		强度试验
	金属密封	非金属密封	
≤50	15	15	15
65～200	30	15	60
250～450	60	30	180

3.2.6 管道上使用冲压弯头时，所使用的冲压弯头外径应与管道外径相同。

3.3 施工过程质量控制

3.3.1 建筑给水、排水及采暖工程与相关各专业之间，应进行交接质量检验，并形成记录。

3.3.2 隐蔽工程应在隐蔽前经验收各方检验合格后，才能隐蔽，并形成记录。

3.3.3 地下室或地下构筑物外墙有管道穿过的，应采取防水措施。对有严格防水要求的建筑物，必须采用柔性防水套管；

3.3.4 管道穿过结构伸缩缝、抗震缝及沉降缝敷设时，应根据情况采取下列保护措施：

1 在墙体两侧采取柔性连接。

2 在管道或保温层外皮上、下部留有不小于 150mm 的净空。

3 在穿墙处做成方形补偿器，水平安装。

3.3.5 在同一房间内，同类型的采暖设备、卫生器具有管道配件，除有特殊要求外，应安装在同一高度上。

3.3.6 明装管道成排安装时，直线部分应互相平和。曲线部分：当管道水平或垂直并行时，应与直线部分保持等距；管道水平上下并行时，弯管部分的曲率半径应一致。

3.3.7 管道支、吊、托架的安装，应符合下列规定：

1 位置正确，埋设应平整牢固。

2 固定支架与管道接触应紧密，固定应牢靠。

3 滑动支架应灵活，滑托与滑槽两侧间应留有 3～5mm 的间隙，纵向移动量应符合设计要求。

4 无热伸长管道的吊架、吊杆应垂直安装。

5 有热伸长管道的吊架、吊杆应向热膨胀的反方向偏移。

6 固定在建筑结构上的管道支、吊架不得影响结构的安全。

3.3.8 钢管水平安装的支、吊架间距不应大于表 3.3.8 的规定。

表 3.3.8 钢管管道支架的最大间距

公称直径（mm）		15	20	25	32	40	50	70	80	100	125	150	200	250	300
支架的最大间距（m）	保温管	2	2.5	2.5	2.5	3	3	4	4	4.5	6	7	7	8	8.5
	不保温管	2.5	3	3.5	4	4.5	5	6	6	6.5	7	8	9.5	11	12

3.3.9 采暖、给水及热水供应系统的塑料管及复合管垂直或水平安装的支架间距应符合表 3.3.9 的规定。采用金属制作的管道支架，应在管道与支架间加衬非金属垫或套管。

表 3.3.9 塑料管及复合管管道支架的最大间距

管径（mm）			12	14	16	18	20	25	32	40	50	63	75	90	110
支架最大间距（m）	立管		0.5	0.6	0.7	0.8	0.9	1.0	1.1	1.3	1.6	1.8	2.0	2.2	2.4
	水平管	冷水管	0.4	0.4	0.5	0.5	0.6	0.7	0.8	0.9	1.0	1.1	1.2	1.35	1.55
		热水管	0.2	0.2	0.25	0.3	0.3	0.35	0.4	0.5	0.6	0.7	0.8		

3.3.10 铜管垂直或水平安装的支架间距应符合表 3.3.10 的规定。

表 3.3.10 铜管管道支架的最大间距

公称直径（mm）		15	20	25	32	40	50	65	80	100	125	150	200
支架最大间距（m）	垂直管	1.8	2.4	2.4	3.0	3.0	3.0	3.5	3.5	3.5	3.5	4.0	4.0
	水平管	1.2	1.8	1.8	2.4	2.4	3.0	3.0	3.0	3.0	3.0	3.5	3.5

3.3.11 采暖、给水及热水供应系统的金属管道立管管卡安装应符合下列规定：

1 楼层高度小于或等于 5m，每层必须安装 1 个。

2 楼层高度大于 5m，每层不得少于 2 个。

3 管卡安装高度，距地面应为 1.5～1.8m，2 个以上管卡应匀称安装，同一房间管卡应安装在同一高度上。

3.3.12 管道及管道支墩（座），严禁铺设在冻土和未经处理的松土上。

3.3.13 管道穿过墙壁和楼板，宜设置金属或塑料套管。安装在楼板内的套管，其顶部高出装饰地面 20mm；安装在卫生间及厨房内的套管，其顶部应高出装饰地面 50mm，底部应与楼板底面相平；安装在墙壁内的套管其两端与饰面相平。穿过楼板的套管与管道之间缝隙应用阻燃密实材料和防水油膏填实，端面光滑。穿墙套管与管道之间缝隙宜用阻燃密实材料填实，且端面应光滑。管道的接口不得设在套管内。

3.3.14　弯制钢管，弯曲半径应符合下列规定：

1　热弯：应不小于管道外径的 3.5 倍。

2　冷弯：应不小于管道外径的 4 倍。

3　焊接弯头：应不小于管道外径的 1.5 倍。

4　冲压弯头：应不小于管道外径。

3.3.15　管道接口应符合下列规定：

1　管道采用粘接接口，管端插入承口的深度不得小于表 3.3.15 的规定。

表 3.3.15　管端插入承口的深度

公称直径（mm）	20	25	32	40	50	75	100	125	150
插入深度（mm）	16	19	22	26	31	44	61	69	80

2　熔接连接管道的结合面应有一均匀的熔接圈，不得出现局部熔瘤或熔接圈凹凸不匀现象。

3　采用橡胶圈接口的管道，允许沿曲线敷设，每个接口的最大偏转角不得超过 2℃。

4　法兰连接时衬垫不得凸入管内，其外边缘接近螺栓孔为宜。不得安放双垫或偏垫。

5　连接法兰的螺栓，直径和长度应符合标准，拧紧后，突出螺母的长度不应大于螺杆直径的 1/2。

6　螺栓连接管道安装后的管螺纹根部应有 2～3 扣的外露螺纹，多余的麻丝应清理干净并做防腐处理。

7　承插口采用水泥捻口时，油麻必须清洁、填塞密实，水泥应捻入并密实饱满，其接口面凹入承口边缘的深度不得大于 2mm。

8　卡箍（套）式连接两管口端应平整、无缝隙，沟槽应均匀，卡紧螺栓后管道应平直，卡箍（套）安装方向应一致。

3.3.16　各种承压管道系统和设备应做水压试验，非承压管道系统和设备应做灌水试验。

4　室内给水系统安装

4.1　一般规定

4.1.1　本章适用于工作压力不大于 1.0MPa 的室内给水和消火栓系统管道安装工程的质量检验与验收。

4.1.2　给水管道必须采用管材相适应的管件。生活给水系统所涉及的材料必须达到饮用水卫生标准。

4.1.3　管径小于或等于 100mm 的镀锌钢管应采用螺纹连接，套丝扣时破坏的镀锌层表面及外露螺纹部分应做防腐处理；管径大于 100mm 的镀锌钢管应采用法兰或卡套式专用管件连接，镀锌钢管与法兰的焊接处应二次镀锌。

4.1.4　给水塑料管和复合管可以采用橡胶圈接口、粘接接口、热熔连接、专用管件连接及法兰连接等形式。塑料管和复合管与金属管件、阀门等的连接应使用专用管件连接，不得在塑料管上套丝。

4.1.5　给水铸铁管管道应采用水泥捻口或橡胶圈接口方式进行连接。

4.1.6　铜管连接可采用专用接头或焊接，当管径小于 22mm 时宜采用插或套管焊接，承口应迎介质流向安装；当管径大于或等于 22mm 时宜采用对口焊接。

4.1.7　给水立管和装有 3 个或 3 个以上配水点的支管始端，均应安装可拆卸的连接件。

4.1.8　冷、热水管道同时安装应符合下列规定：

1　上、下平行安装时热水管应在冷水管上方。

2　垂直平行安装时热水管应在冷水管左侧。

4.2　给水管道及配件安装

4.2.1　室内给水管道的水压试验必须符合设计要求。当设计未注明时，各种材质的给水管道系统试验压力均为工作压力的 1.5 倍，但不得小于 0.6MPa。

检验方法：金属及复合管给水管道系统在试验压力下观测 10min，压力降不应大于 0.02MPa，然后降到工作压力进行检查，应不渗不漏；塑料管给水系统应在试验压力下稳压 1h，压力降不得超过 0.05MPa，然后在工作压力的 1.15 倍状态下稳压 2h，压力降不得超过 0.03MPa，同时检查各连接处不得渗漏。

4.2.2 给水系统交付使用前必须进行通水试验并做好记录。

检查方法：观察和开启阀门、水嘴等放水。

4.2.3 生产给水系统管道在交付使用前必须冲洗和消毒，并经有关部门取样检验，符合国家《生活饮用水标准》方可使用。

检验方法：检查有关部门提供的检测报告。

4.2.4 室内直埋给水管道（塑料管道和复合管道除外）应做防腐处理。埋地管道防腐层材质和结构应符合设计要求。

检验方法：观察或局部解剖检查。

4.2.5 给水引入管与排水排出管的水平净距不得小于 1m。室内给水与排水管道平行敷设时，两管间的最小水平净距不得小于 0.5m；交叉铺设时，垂直净距不得小于 0.15m。给水管应铺在排水管上面，若给水管必须铺在排水管下面时，给水管应加套管，其长度不得小于排水管管道径的 3 倍。

检验方法：尺量检查。

4.2.6 管道及管件焊接的焊缝表面质量应符合下列要求：

1 焊缝外形尺寸应符合图纸和工艺文件的规定，焊缝高度不得低于母材表面，焊缝与母材应圆滑过渡。

2 焊缝及热影响区表面应无裂纹、未熔合、未焊透、夹渣、弧坑和气孔等缺陷。

检验方法：观察检查。

4.2.7 给水水平管道应有 2‰～5‰的坡度坡向泄水装置。

检验方法：水平尺和尺量检查。

4.2.8 给水管道和阀门安装的允许偏差应符合表 4.2.8 的规定。

表 4.2.8　管道和阀门安装的允许偏差和检验方法

项次	项目			允许偏差（mm）	检验方法
1	水平管道纵横方向弯曲	钢管	每米全长 25m 以上	1 ≯25	用水平尺、直尺、拉线和尺量检查
		塑料管复合管	每米全长 25m 以上	1.5 ≯25	
		铸铁管	每米全长 25m 以上	2 ≯25	
2	立管垂直度	钢管	每米 5m 以上	3 ≯8	吊线和尺量检查
		塑料管复合管	每米 5m 以上	2 ≯8	
		铸铁管	每米 5m 以上	3 ≯10	
3	成排管段和成排阀门		在同一平面上间距	3	尺量检查

4.2.9 管道的支、吊架安装应平整牢固，其间距应符合本规范第 3.3.8 条、第 3.3.9 条或第 3.3.10 条的规定。

检验方法：观察、尺量及手扳检查。

4.2.10 水表应安装在便于检修、不受暴晒、污染和冻结的地方。安装螺翼式水表，表前与阀应有不小于 8 倍水表接口直径的直线管段。表外壳距墙表面净距为 10～30mm；水表进水口中心标高按设计要求，允许偏差为±10mm。

检验方法：观察和尺量检查。

4.3 室内消火栓系统安装

4.3.1 室内消火栓系统安装完成后应取屋顶层（或水箱间内）试验消火栓和首层取二处消火栓做试射试验，达到设计要求为合格。

检验方法：实地试射检查。

4.3.2 安装消火栓水龙带，水龙带与水枪和快速接头绑扎好后，应根据箱内构造将水龙带挂放在箱内的挂钉、托盘或支架上。

检查方法：观察检查。

4.3.3 箱式消火栓的安装应符合下列规定：

1 栓口应朝外，并不应安装在门轴侧。

2 栓口中心距地面为 1.1m，允许偏差±20mm。

3 阀门中心距箱侧面为 140mm，距箱后内表面为 100mm，允许偏差±5mm。

4 消火栓箱体安装的垂直度允许偏差为 3mm。

检验方法：观察和尺量检查。

4.4 给水设备安装

4.4.1 水泵就位前的基础混凝土强度、坐标、标高、尺寸和螺栓孔位置必须符合设计规定。

检验方法：对照图纸用仪器和尺量检查。

4.4.2 水泵试运转的轴承温升必须符合设备说明书的规定。

检验方法：温度计实测检查。

4.4.3 敞口水箱的满水试验和密闭水箱（罐）的水压试验必须符合设计与本规范的规定。

检验方法：满水试验静置 24h 观察，不渗不漏；水压试验在试验压力下 10min 压力不降，不渗不漏。

4.4.4 水箱支架或底座安装，其尺寸及位置应符合设计规定，埋设平整牢固。

检验方法：对照图纸，尺量检查。

4.4.5 水箱溢流管和泄放管应设置在排水地点附近但不得与排水管直接连接。

检验方法：观察检查。

4.4.6 立式水泵的减振装置不应采用弹簧减振器。

检验方法：观察检查。

4.4.7 室内给水设备安装的允许偏差应符合表 4.4.7 的规定。

表 4.4.7 室内给水设备安装的允许偏差和检验方法

项次	项目		允许偏差（mm）	检验方法
1	静置设备	坐标	15	经纬仪或拉线、尺量
		标高	±5	用水准仪、拉线和尺量检查
		垂直度（每米）	5	吊线和尺量检查
2	离心式水泵	立式泵体垂直度（每米）	0.1	水平尺和塞尺检查
		卧式泵体水平度（每米）	0.1	水平尺和塞尺检查
		联轴器同心度 轴向倾斜（每米）	0.8	在联轴器互相垂直的四个位置上用水准仪、百分表或测微螺钉和塞尺检查
		联轴器同心度 径向位移	0.1	

4.4.8 管道及设备保温层的厚度和平整度的允许偏差应符合表 4.4.8 的规定。

表 4.4.8 管道及设备保温的允许偏差和检验方法

项次	项目		允许偏差（mm）	检验方法
1	厚度		$+0.1\delta$ -0.05δ	用钢针刺入
2	表面平整度	卷材	5	用 2m 靠尺和楔形塞尺检查
		涂抹	10	

注：δ 为保温层厚度。

5 室内排水系统安装

5.1 一般规定

5.1.1 本章适用于室内排水管道、雨水管道安装工程的质量检验与验收。

5.1.2 生活污水管道应使用塑料管、铸铁管或混凝土管（由成组洗脸盆或饮用喷水器到共用水封之间的排水管和连接卫生器具的排水短管，可使用钢管）。

雨水管道宜使用塑料管、铸铁管、镀锌和非镀锌钢管或混凝土管等。

悬吊式雨水管道应选用钢管、铸铁管或塑料管。易受振动的雨水管道（如锻造车间等）应使用钢管。

5.2 排水管道及配件安装

5.2.1 隐蔽或埋地的排水管道在隐蔽前必须做灌水试验，其灌水高度应不低于底层卫生器具的上边缘或底层地面高度。

检验方法：满水 15min 水面下降后，再灌满观察 5min，液面不降，管道及接口无渗漏为合格。

5.2.2 生活污水铸铁管道的坡度必须符合设计或本规范表 5.2.2 的规定。

表 5.2.2 生活污水铸铁管道的坡度

项次	管径（mm）	标准坡度（‰）	最小坡度（‰）
1	50	35	25
2	75	25	15
3	100	20	12
4	125	15	10
5	150	10	7
6	200	8	5

检验方法：水平尺、拉线尺量检查。

5.2.3 生活污水塑料管道的坡度必须符合设计或本规范表 5.2.3 的规定。

表 5.2.3 生活污水塑料管道的坡度

项次	管径（mm）	标准坡度（‰）	最小坡度（‰）
1	50	25	12
2	75	15	8
3	110	12	6
4	125	10	5
5	160	7	4

检验方法：水平尺、拉线尺量检查。

5.2.4 排水塑料管必须按设计要求及位置装设伸缩节。如设计无要求时，伸缩节间距不得大于 4m。高层建筑中明设排水塑料管道应按设计要求设置阻火圈或防火套管。

检验方法：观察检查。

5.2.5 排水主立管及水平干管管道均应做通球试验，通球球径不小于排水管道管径的 2/3，通球率必须达到 100%。

检查方法：通球检查。

5.2.6 在生活污水管道上设置的检查口或清扫口，当设计无要求时应符合下列规定：

1 在立管上应每隔一层设置一个检查口，但在最底层和有卫生器具的最高层必须设置。如为两层建筑时，可仅在底层设置立管检查口；如有乙字弯管时，则在该层乙字弯管的上部设置检查口。检查口中心高度距操作地面一般为 1m，允许偏差±20mm；检查口的朝向应便于检修。暗装立管，在检查口处应安装检修门。

2 在连接 2 个及 2 个以上大便器或 3 个及 3 个以上卫生器具的污水横管上应设置清扫口。当污水管在楼板下悬吊敷设时，可将清扫口设在上一层楼地面上，污水管起点的清扫口与管道相垂直的墙面距离不得小于 200mm；若污水管起点设置堵头代替清扫口时，与墙面距离不得小于 400mm。

3 在转角小于135°的污水横管上，应设置检查口或清扫口。

4 污水横管的直线管段，应按设计要求的距离设置检查口或清扫口。

检验方法：观察和尺量检查。

5.2.7 埋在地下或地板下的排水管道的检查口，应设在检查井内。井底表面标高与检查口的法兰相平，井底表面应有5%坡度，坡向检查口。

检验方法：尺量检查。

5.2.8 金属排水管道上的吊钩或卡箍应固定在承重结构上。固定件间距：横管不大于2m；立管不大于3m。楼层高度小于或等于4m，立管可安装1个固定件。立管底部的弯管处应设支墩或采取固定措施。

检验方法：观察和尺量检查。

5.2.9 排水塑料管道支、吊架间距应符合表5.2.9的规定。

表5.2.9 排水塑料管道支吊架最大间距（单位：m）

管径（mm）	50	75	110	125	160
立管	1.2	1.5	2.0	2.0	2.0
横管	0.5	0.75	1.10	1.30	1.6

检验方法：尺量检查。

5.2.10 排水通气管不得与风道或烟道连接，且应符合下列规定：

1 通气管应高出屋面300mm，但必须大于最大积雪厚度。

2 在通气管出口4m以内有门、窗时，通气管应高出门、窗顶600mm或引向无门、窗一侧。

3 在经常有人停留的平屋顶上，通气管应高出屋面2m，并应根据防雷要求设置防雷装置。

4 屋顶有隔热层应从隔热层板面算起。

检验方法：观察和尺量检查。

5.2.11 安装未经消毒处理的医院含菌污水管道，不得与其他排水管道直接连接。

检验方法：观察检查。

5.2.12 饮食业工艺设备引出的排水管及饮用水水箱的溢流管，不得与污水道直接连接，并应留出不小于100mm的隔断空间。

检验方法：观察和尺量检查。

5.2.13 通向室外的排水管，穿过墙壁或基础必须下返时，应采用45°三通和45°弯头连接，并应在垂直管段顶部设置清扫口。

检验方法：观察和尺量检查。

5.2.14 由室内通向室外排水检查井的排水管，井内引入管应高于排出管或两管顶相平，并不小于90°的水流转角，如跌落差大于300mm可不受角度限制。

检验方法：观察和尺量检查。

5.2.15 用于室内排水的水平管道与水平管道、水平管道与立管的连接，应采用45°三通或45°四通和90°斜三通或90°斜四通。立管与排出管端部的连接，应采用两个45°弯头或曲率半径不小于4倍管径的90°弯头。

检验方法：观察和尺量检查。

5.2.16 室内排水管道安装的允许偏差应符合表5.2.16的相关规定。

表5.2.16 室内排水和雨水管道安装的允许偏差和检验方法

项次	项目			允许偏差（mm）	检验方法
1	坐标			15	用水准仪（水平尺）、直尺、拉线和尺量检查
2	标高			±15	
3	横管纵横方向弯曲	铸铁管	每1m	≯1	
			全长（25m以上）	≯25	

项次	项目			允许偏差（mm）	检验方法
3	横管纵横方向弯曲	钢管	每1m	管径小于或等于100mm	1	用水准仪（水平尺）、直尺、拉线和尺量检查
				管径大于100mm	1.5	
			全长（25m以上）	管径小于或等于100mm	≯25	
				管径大于100mm	≯308	
		塑料管	每1m		1.5	
			全长（25m以上）		≯38	
		钢筋混凝土管、混凝土管	每1m		3	
			全长（25m以上）		≯75	
4	立管垂直度	铸铁管	每1m		3	吊线和尺量检查
			全长（5m以上）		≯15	
		钢管	每1m		3	
			全长（5m以上）		≯10	
		塑料管	每1m		3	
			全长（5m以上）		≯15	

5.3 雨水管道及配件安装

5.3.1 安装在室内的雨水管道安装后应做灌水试验，灌水高度必须到每根立管上部的雨水斗。

检验方法：灌水试验持续1h，不渗不漏。

5.3.2 雨水管道如采用塑料管，其伸缩节安装应符合设计要求。

检验方法：对照图纸检查。

5.3.3 悬吊式雨水管道的敷设坡度不得小于5‰；埋地雨水管道的最小坡度，应符合表5.3.3的规定。

表5.3.3 地下埋设雨水排水管道的最小坡度

项次	管径（mm）	最小坡度（‰）
1	50	20
2	75	15
3	100	8
4	125	6
5	150	5
6	200～400	4

检验方法：水平尺、拉线尺量检查。

一般项目

5.3.4 雨水管道不得与生活污水管道相连接。

检验方法：观察检查。

5.3.5 雨水斗管的连接应固定在屋面承重结构上。雨水斗边缘与屋面相连处应严密不漏。连接管管径当设计无要求时，不得小于100mm。

检验方法：观察和尺量检查。

5.3.6　悬吊式雨水管道的检查口或带法兰堵口的三通的间距不得大于表 5.3.6 的规定。

表 5.3.6　悬吊管检查口间距

项次	悬吊管直径（mm）	检查口间距（mm）
1	≤ 150	≯ 15
2	≥ 200	≯ 20

检验方法：拉线、尺量检查。

5.3.7　雨水管道安装的允许偏差应符合本规范表 5.2.16 的规定。

5.3.8　雨水钢管管道焊接的焊口允许偏差应符合表 5.3.8 的规定。

表 5.3.8　钢管管道焊口允许偏差和检验方法

项次	项目			允许偏差	检验方法
1	焊口平直度	管壁厚 10mm 以内		管壁厚 1/4	焊接检验尺和游标卡尺检查
2	焊缝加强面	高度		+1mm	
		宽度			
3	咬边	深度		小于 0.5mm	直尺检查
		长度	连续长度	25mm	
			总长度（两侧）	小于焊缝长度的 10%	

6　室内热水供应系统安装

6.1　一般规定

6.1.1　本章节适用于工作压力不大于 1.0MPa，热水温度不超过 75℃的室内热水供应管道安装工程的质量检验与验收。

6.1.2　热水供应系统的管道应采用塑料管、复合管、镀锌钢管和铜管。

6.1.3　热水供应系统管道及配件安装应按本规范第 4.2 节的相关规定执行。

6.2　管道及配件安装

6.2.1　热水供应系统安装完毕，管道保温之前应进行水压试验。试验压力应符合设计要求。当设计未注明时，热水供应系统水压试验压力应为系统顶点的工作压力加 0.1MPa，同时在系统顶点的试验压力不小于 0.3MPa。

检验方法：钢管或复合管道系统试验压力下 10min 内压力降不大于 0.02MPa，然后降至工作压力检查，压力应不降，且不渗不漏；塑料管道系统在试验压力下稳压 1h，压力降不得超过 0.05MPa，然后在工作压力 1.15 倍状态下稳压 2h，压力降不得超过 0.03MPa，连接处不得渗漏。

6.2.2　热水供应管道应尽量利用自然弯补偿热伸缩，直线段过长则应设置补偿器。补偿器型式、规格、位置应符合设计要求，并按有关规定进行预拉伸。

检验方法：对照设计图纸检查。

6.2.3　热水供应系统竣工后必须进行冲洗。

检验方法：现场观察检查。

6.2.4　管道安装坡度应符合设计规定。

检验方法：水平尺、拉线尺量检查。

6.2.5　温度控制器及阀门应安装在便于观察和维护的位置。

检验方法：观察检查。

6.2.6　热水供应管道和阀门安装的允许偏差应符合本规范表 4.2.8 的规定。

6.2.7　热水供应系统管道应保温（浴室内明装管道除外），保温材料、厚度、保护壳等应符合设计规定。保温层厚度和平整度的允许偏差应符合本规范表 4.4.8 的规定。

6.3 辅助设备安装

6.3.1 在安装太阳能集热器玻璃前，应对集热排管和上、下集管作水压试验，试验压力为工作压力的 1.5 倍。

检验方法：试验压力下 10min 内压力不降，不渗不漏。

6.3.2 热交换器应以工作压力的 1.5 倍作水压试验。蒸汽部分应不低于蒸汽供汽压力加 0.3MPa；热水部分应不低于 0.4MPa。

检验方法：试验压力下 10min 内压力不降，不渗不漏。

6.3.3 水泵就位前的基础混凝土强度、坐标、标高、尺寸和螺栓孔位置必须符合设计要求。

检验方法：对照图纸用仪器和尺量检查。

6.3.4 水泵试运转的轴承温升必须符合设备说明书的规定。

检验方法：温度计实测检查。

6.3.5 敞口水箱的满水试验和密闭水箱（罐）的水压试验必须符合设计与本规范的规定。

检验方法：满水试验静置 24h，观察不渗不漏；水压试验在试验压力下 10min 压力不降，不渗不漏。

6.3.6 安装固定式太阳能热水器，朝向应正南。如果受条件限制时，其偏移角不得大于 15°。集热器的倾角，对于春、夏、秋三个季节使用的，应采用当地纬度为倾角；若以夏季为主，可比当地纬度减少 10°。

检验方法：观察和分度仪检查。

6.3.7 由集热器上、下集管接往热水箱的循环管道，应有不小于 5‰的坡度。

检验方法：尺量检查。

6.3.8 自然循环的热水箱底部与集热器上集管之间的距离为 0.3～1.0m。

检验方法：尺量检查。

6.3.9 制作吸热钢板凹槽时，其圆度应准确，间距应一致。安装集热排管时，应用卡箍和钢丝紧固在钢板凹槽内。

检验方法：手扳和尺量检查。

6.3.10 太阳能热水器的最低处应安装泄水装置。

检验方法：观察检查。

6.3.11 热水箱及上、下集管等循环管道均应保温。

检验方法：观察检查。

6.3.12 凡以水作介质的太阳能热水器，在 0℃以下地区使用，应采取防冻措施。

检验方法：观察检查。

6.3.13 热水供应辅助设备安装的允许偏差应符合本规范表 4.4.7 的规定。

6.3.14 太阳能热水器安装的允许偏差应符合表 6.3.14 的规定。

表 6.3.14　太阳能热水器安装的允许偏差和检验方法

项目			允许偏差	检验方法
板式直管太阳能热水器	标高	中心线距地面（mm）	±20	尺量
	固定安装朝向	最大偏移角	不大于 15°	分度仪检查

7 卫生器具安装

7.1 一般规定

7.1.1 本章适用于室内污水盆、洗涤盆、洗脸（手）盆、盥洗槽、浴盆、淋浴器、大便器、小便器、小便槽、大便冲洗槽、妇女卫生盆、化验盆、排水栓、地漏、加热器、煮沸消毒器和饮水器等卫生器具安装的质量检验与验收。

7.1.2 卫生器具的安装应采用预埋螺栓或膨胀螺栓安装固定。

7.1.3 卫生器具安装高度如设计无要求时，应符合表 7.1.3 的规定。

表 7.1.3 卫生器具的安装高度

项次	卫生器具名称		卫生器具安装高度（mm）		备注
			居住和公共建筑	幼儿园	
1	污水盆（池）	架空式落地式	800 500	800 500	
2	洗涤盆（池）		800	800	
3	洗脸盆、洗手盆（有塞、无塞）		800	500	自地面至器具上边缘
4	盥洗槽		800	500	
5	浴盆		≯520		
6	蹲式大便器	高水箱低水箱	1800 900	1800 900	自台阶面至高水箱底 自台阶面至低水箱底
7	坐式大便器	高水箱	1800	1800	自地面至高水箱底自 地面至低水箱底
		低水箱 外露排水管式虹吸喷射式	510 470	370	
8	小便器	挂式	600	450	自地面至下边缘
9	水便槽		200	150	自地面至台阶面
10	大便槽冲洗水箱		≯2000		自台阶面至水箱底
11	妇女卫生盆		360		自地面至器具上边缘
12	化验盆		800		自地面至器具上边缘

7.1.4 卫生器具给水配件的安装高度，如设计无要求时，应符合表 7.1.4 的规定。

表 7.1.4 卫生器具给水配件的安装高度

项次	给水配件名称		配件中心距地面高度（mm）	冷热水龙头距离（mm）
1	架空式污水盆（池）水龙头		1000	—
2	落地式污水盆（池）水龙头		800	
3	洗涤盆（池）水龙头		1000	150
4	住宅集中给水龙头		1000	—
5	洗手盆水龙头		1000	
6	洗脸盆	水龙头（上配水）	1000	150
		水龙头（下配水）	800	150
		角阀（下配水）	450	—
7	盥洗槽	水龙头	1000	150
		冷热水管 其中热水龙头上下并行	1100	150
8	浴盆	水龙头（上配水）	670	150
9	淋浴器	截止阀	1150	95
		混合阀	1150	
		淋浴喷头下沿	2100	—
10	蹲式大便器 （台阶面算起）	高水箱角阀及截止阀	2040	
		低水箱角阀	250	
		手动式自闭冲洗阀	600	
		脚踏式自闭冲洗阀	150	

项次	给水配件名称		配件中心距地面高度（mm）	冷热水龙头距离（mm）
10	蹲式大便器 （台阶面算起）	拉管式冲洗阀（从地面算起）	1600	—
		带防污助冲器阀门（从地面算起）	900	—
11	坐式大便器	高水箱角阀及截止阀	2040	—
		低水箱角阀	150	—
12	大便槽冲洗水箱截止阀（从台阶面算起）		≮2400	—
13	立式小便器角阀		1130	—
14	挂式小便器角阀及截止阀		1050	—
15	小便槽多孔冲洗管		1100	—
16	实验室化验水龙头		1000	—
17	妇女卫生盆混合阀		360	—

注：装设在幼儿园内的洗手盆、洗脸盆和盥洗槽水嘴中心离地面安装高度应为700mm，其他卫生器具给水配件的安装高度，应按卫生器具实际尺寸相应减少。

7.2 卫生器具安装

7.2.1 排水栓和地漏的安装应平正、牢固，低于排水表面，周边无渗漏。地漏水封高度不得小于50mm。

检验方法：试水观察检查。

7.2.2 卫生器具交工前应做满水和通水试验。

检验方法：满水后各连接件不渗不漏；通水试验给、排水畅通。

7.2.3 卫生器具安装的允许偏差应符合表7.2.3的规定。

表7.2.3 卫生器具安装的允许偏差和检验方法

项次	项目		允许偏差（mm）	检验方法
1	坐标	单独器具	10	拉线、吊线和尺量检查
		成排器具	5	
2	标高	单独器具	±15	
		成排器具	±10	
3	器具水平度		2	用水平尺和尺量检查
4	器具垂直度		3	吊线和尺量检查

7.2.4 有饰面的浴盆，应留有通向浴盆排水口的检修门。

检验方法：观察检查。

7.2.5 小便槽冲洗管，应采用镀锌钢管或硬质资料管。冲洗孔应斜向下方安装，冲洗水流同墙面成45°角。镀锌钢管钻孔后应进行二次镀锌。

检验方法：观察检查。

7.2.6 卫生器具的支、托架必须防腐良好，安装平整、牢固，与器具接触紧密、平稳。

检验方法：观察和手扳检查。

7.3 卫生器具给水配件安装

7.3.1 卫生器具给水配件应完好无损伤，接口严密，启闭部分灵活。

检验方法：观察及手扳检查。

7.3.2 卫生器具给水配件安装标高的允许偏差应符合表7.3.2的规定。

7.3.3 浴盆软管淋浴器挂钩的高度，如设计无要求，应距地面1.8m。

检验方法：尺量检查。

表 7.3.2　卫生器具给水配件安装标高的允许偏差和检验方法

项次	项目	允许偏差（mm）	检验方法
1	大便器高、低水箱角阀及截止阀	±10	尺量检查
2	水嘴	±10	
3	淋浴器喷头下沿	±15	
4	浴盆软管淋浴器挂钩	±20	

7.4　卫生器具排水管道安装

7.4.1　与排水横管连接的各卫生器具受水口和立管均应采取妥善可靠的固定措施;管道与楼板的接合部位应采取牢固可靠的防渗、防漏措施。

检验方法：观察和手扳检查。

7.4.2　边境卫生器具的排水管道接口应紧密不漏，其固定支架、管卡等支撑位置应正确、牢固，与管道的接触应平整。

检验方法：观察及通水检查。

7.4.3　卫生器具排水管道安装的允许偏差应符合表 7.4.3 的规定。

表 7.4.3　卫生器具排水管道安装的允许偏差及检验方法

项次	检查项目		允许偏差（mm）	检验方法
1	横管弯曲度	每 1m 长	2	用水平尺量检查
		横管长度 ≤10m，全长	< 8	
		横管长度 > 10m，全长	10	
2	卫生器具的排水管口及横支管的纵横坐标	单独器具	10	用尺量检查
		成排器具	5	
3	卫生器具的接口标高	单独器具	±10	用水平尺和尺量检查
		成排器具	±5	

7.4.4　连接卫生器具的排水管管径和最小坡度，如设计无要求时，应符合表 7.4.4 的规定。

表 7.4.4　连接卫生器具的排水管道管径和最小坡度

项次	卫生器具名称		排水管管径（mm）	管道的最小坡度（‰）
1	污水盆（池）		50	25
2	单、双格洗涤盆（池）		50	25
3	洗手盆、洗脸盆		32～50	20
4	浴盆		50	20
5	淋浴器		50	20
6	大便器	高、低水箱	100	12
		自闭式冲洗阀	100	12
		拉管式冲洗阀	100	12
7	小便器	手动、自闭式冲洗阀	40～50	20
		自动冲洗水箱	40～50	20
8	化验盆（无塞）		40～50	25
9	净身器		40～50	20
10	饮水器		20～50	10～20
11	家用洗衣机		50（软管为 30）	

检验方法：用水平尺和尺量检查。

8　室内采暖系统安装

8.1　一般规定

8.1.1　本章适用于饱和蒸汽压力不人于 0.7MPa，热水温度不超过 130℃的室内采暖系统安装的质量检验与验收。

8.1.2　焊接钢管的连接，管径小于或等于 32mm，应采用螺纹连接；管径大于 32mm，采用焊接。镀锌钢管的连接见本规范第 4.1.3 条。

8.2　管道及配件安装

8.2.1　管道安装坡度，当设计未注明时，应符合下列规定：

1　气、水同向流动的热水采暖管道和汽、水不同向流动的蒸汽管道及凝结水管道，坡度应为 3‰，不得小于 2‰；

2　气、水逆向流动的热水采暖管道和汽、水逆向流动的蒸汽管道，坡度不应小于 5‰；

3　散热器支管的坡度应为 1%，坡向应利于排气和泄水。

检验方法：观察，水平尺、拉线、尺量检查。

8.2.2　补偿器的型号、安装位置及预拉伸和固定支架的构造及安装位置应符合设计要求。

检验方法：对照图纸，现场观察，并查验预拉伸记录。

8.2.3　平衡阀及调节阀型号、规格、公称压力及安装位置应符合设计要求。安装完后应根据系统平衡要求进行调试并作出标志。

检验方法：对照图纸查验产品合格证，并现场查看。

8.2.4　蒸汽减压阀和管道及设备上安全阀的型号、规格、公称压力及安装位置应符合设计要求。安装完毕后应根据系统工作压力进行调试，并做出标志。

检验方法：对照图纸查验产品合格证及调试结果证明书。

8.2.5　方形补偿器制作时，应用整根无缝钢管煨制，如需要接口，其接口应设在垂直臂的中间位置，且接口必须焊接。

检验方法：观察检查。

8.2.6　方形补偿器应水平安装，并与管道的坡度一致；如其臂长方向垂直安装必须设排气及泄水装置。

检验方法：观察检查。

一般项目

8.2.7　热量表、疏水器、除污器、过滤器及阀门的型号、规格、公称压力及安装位置应符合设计要求。

检验方法：对照图纸查验产品合格证。

8.2.8　钢管管道焊口尺寸的允许偏差应符合本规范表 5.3.8 的规定。

8.2.9　采暖系统入口装置及分户热计量系统入户装置，应符合设计要求。安装位置应便于检修、维护和观察。

检验方法：现场观察。

8.2.10　散热器支管长度超过 1.5m 时，应在支管上安装管卡。

检验方法：尺量和观察检查。

8.2.11　上供下回式系统的热水干管变径应顶平偏心连接，蒸汽干管变径应底平偏心连接。

检验方法：观察检查。

8.2.12　在管道干管上焊接垂直或水平分支管道时，干管开孔所产生的钢渣及管壁等废弃物不得残留管内，且分支管道在焊接时不得插入干管内。

检验方法：观察检查。

8.2.13　膨胀水箱的膨胀管及循环管上不得安装阀门。

检验方法：观察检查。

8.2.14　当采暖热媒为 110～130℃的高温水时，管道可拆卸件应使用法兰，不得使用长丝和活接头。

法兰垫料应使用耐热橡胶板。

检验方法：观察和查验进料单。

8.2.15 焊接钢管管径大于 32mm 的管道转弯，在作为自然补偿时应使用煨弯。塑料管及复合管除必须使用直角弯头的场合外应使用管道直接弯曲转弯。

检验方法：观察检查。

8.2.16 管道、金属支架和设备的防腐和涂漆应附着良好，无脱皮、起泡、流淌和漏涂缺陷。

检验方法：现场观察检查。

8.2.17 管道和设备保温的允许偏差应符合本规范表 4.4.8 的规定。

8.2.18 采暖管道安装的允许偏差应符合表 8.2.18 的规定。

表 8.2.18 采暖管道安装的允许偏差和检验方法

项次	项目			允许偏差	检验方法
1	横管道纵、横方向弯曲（mm）	每 1m	管径 ≤100mm	1	用水平尺、直尺、拉线和尺量检查
			管径 >100mm	1.5	
		全长（25m 以上）	管径 ≤100mm	≯13	
			管径 >100mm	≯25	
2	立管垂直度（mm）	每 1m		2	吊线和尺量检查
		全长（5m 以上）		≯10	
3	弯管	椭圆率 $\frac{D_{max}-D_{min}}{D_{max}}$	管径 ≤100mm	10%	用外卡钳和尺量检查
			管径 >100mm	8%	
		折皱不平度（mm）	管径 ≤100mm	4	
			管径 >100mm	5	

注：D_{max}，D_{min} 分别为管子最大外径及最小外径。

8.3 辅助设备及散热器安装

8.3.1 散热器组对后，以及整组出厂的散热器在安装之前应作水压试验。试验压力如设计无要求时应为工作压力的 1.5 倍，但不小于 0.6MPa。

检验方法：试验时间为 2～3min，压力不降且不渗不漏。

8.3.2 水泵、水箱、热交换器等辅助设备安装的质量检验与验收应按本规范第 4.4 节和第 13.6 节的相关规定执行。

8.3.3 散热器组对应平直紧密，组对后的平直度应符合表 8.3.3 规定。

表 8.3.3 组对后的散热器平直度允许偏差

项次	散热器类型	片数	允许偏差（mm）
1	长翼型	2～4	4
		5～7	6
2	铸铁片式	3～15	4
	钢制片式	16～25	6

检验方法：拉线和尺量

8.3.4 组对散热器的垫片应符合下列规定：

1 组对散热器垫片应使用成品，组对后垫片外露不应大于 1mm。

2 散热器垫片材质当设计无要求时，应采用耐热橡胶。

检验方法：观察和尺量检查。

8.3.5 散热器支架、托架安装，位置应准确，埋设牢固。散热器支架、托架数量，应符合设计或产品说明书要求。如设计未注时，则应符合表 8.3.5 的规定。

表 8.3.5　散热器支架、托架数量

项次	散热器型式	安装方式	每组片数	上部托钩或卡架数	下部托钩或卡架数	合计
1	长翼型	挂墙	2～4	1	2	3
			5	2	2	4
			6	2	3	5
			7	2	4	6
2	柱型柱翼型	挂墙	3～8	1	2	3
			9～12	1	3	4
			13～16	2	4	6
			17～20	2	5	7
			21～25	2	6	8
3	柱型柱翼型	带足落地	3～8	1	—	1
			8～12	1	—	1
			13～16	2	—	2
			17～20	2	—	2
			21～25	2	—	2

检验方法：现场清点检查

8.3.6　散热器背面与装饰后的墙内表面安装距离，应符合设计或产品说明书要求。如设计未注明，应为 30mm。

检验方法：尺量检查。

8.3.7　散热器安装允许偏差应符合表 8.3.7 的规定。

表 8.3.7　散热器安装允许偏差和检验方法

项次	项目	允许偏差（mm）	检验方法
1	散热器背面与墙内表面距离	3	尺量
2	与窗中心线或设计定位尺寸	20	
3	散热器垂直度	3	吊线和尺量

8.3.8　铸铁或钢制散热器表面的防腐及面漆应附着良好，色泽均匀，无脱落、起泡、流淌和漏涂缺陷。

检验方法：现场观察。

8.4　金属辐射板安装

8.4.1　辐射板在安装前应作水压试验，如设计无要求时试验压力应为工作压力 1.5 倍，但不得小于 0.6MPa。

检验方法：试验压力下 2～3min 压力不降且不渗不漏。

8.4.2　水平安装的辐射板应有不小于 5‰ 的坡度坡向回水管。

检验方法：水平尺、拉线和尺量检查。

8.4.3　辐射板管道及带状辐射板之间的连接，应使用法兰连接。

检验方法：观察检查。

8.5　低温热水地板辐射采暖系统安装

8.5.1　地面下敷设的盘管埋地部分不应有接头。

检验方法：隐蔽前现场查看。

8.5.2　盘管隐蔽前必须进行水压试验，试验压力为工作压力的 1.5 倍，但不小于 0.6MPa。

检验方法：稳压 1h 内压力降不大于 0.05MPa 且不渗不漏。

8.5.3 加热盘管弯曲部分不得出现硬折弯现象，曲率半径应符合下列规定：

1 塑料管：不应小于管道外径的 8 倍。

2 复合管：不应小于管道外径的 5 倍。

检验方法：尺量检查。

8.5.4 分、集水器型号、规格、公称压力及安装位置、高度等应符合设计要求。

检验方法：对照图纸及产品说明书，尺量检查。

8.5.5 加热盘管管径、间距和长度应符合设计要求。间距偏差不大于±10mm。

检验方法：拉线和尺量检查。

8.5.6 防潮层、防水层、隔热层及伸缩缝应符合设计要求。

检验方法：填充层浇灌前观察检查。

8.5.7 填充层强度标号应符合设计要求。

检验方法：作试块抗压试验。

8.6 系统水压试验及调试

8.6.1 采暖系统安装完毕，管道保温之前应进行水压试验。试验压力应符合设计要求。当设计未注明时，应符合下列规定：

1 蒸汽、热水采暖系统，应以系统顶点工作压力加 0.1MPa 作水压试验，同时在系统顶点的试验压力不小于 0.3MPa。

2 高温热水采暖系统，试验压力应为系统顶点工作压力加 0.4MPa。

3 使用塑料管及复合管的热水采暖系统，应以系统顶点工作压力加 0.2MPa 作水压试验，同时在系统顶点的试验压力小于 0.4MPa。

检验方法：使用钢管及复合管的采暖系统应在试验压力下 10min 内压力降不大于 0.02MPa，降至工作压力后检查，不渗、不漏；使用塑料管的采暖系统应在试验压力下 1h 内压力降不大于 0.05MPa，然后降至工作压力的 1.15 倍，稳压 2h，压力降不大于 0.03MPa，同时各连接处不渗、不漏。

8.6.2 系统试压合格后，应对系统进行冲洗并清扫过滤器及除污器。

检验方法：现场观察，直至排出水不含泥沙、铁屑杂质，且水色不浑浊为合格。

8.6.3 系统冲洗完毕应充水、加热，进行试运行和调试。

检验方法：观察、测量室温应满足设计要求。

9~13（略）

附 录A

建筑给水排水及采暖工程分部、分项工程划分

建筑给水排水及采暖工程的分部、子分部和分项工程可按附件表A划分。

附表A　建筑给水排水及采暖工程分部、分项工程划分表

分部工程	序号	子分部工程	分项工程
建筑给水、排水及采暖工程	1	室内给水系统	给水管道及配件安装、室内消火栓系统安装、给水设备安装、管道防腐、绝热
	2	室内排水系统	排水管道及配件安装、雨水管道及配件安装
	3	室内热水供应系统	管道及配件安装、辅助设备安装、防腐、绝热
	4	卫生器具安装	卫生器具安装、卫生器具给水配件安装、卫生器具排水管道安装
	5	室内采暖系统	管道及配件安装、辅助设备及散热器安装、金属辐射板安装、低温热水地板辐射采暖系统安装、系统水压试验及调试、防腐、绝热
	6	室外给水管网	给水管道安装、消防水泵接合器及室外消火栓安装、管沟及井室
	7	室外排水管网	排水管道安装、排水管沟与井池
	8	室外供热管网	管道及配件安装、系统水压试验及调试、防腐、绝热
	9	建筑中水系统及游泳池系统	建筑中水系统管道及辅助设备安装、游泳池水系统安装
	10	供热锅炉及辅助设备安装	锅炉安装、辅助设备及管道安装、安全附件安装、烘炉、煮炉和试运行、换热站安装、防腐、绝热

3.9 《建筑装饰装修工程质量验收标准》GB 50210—2018

1 总则（略）

2 术语（略）

3 基本规定

3.1 设计

3.1.1 建筑装饰装修工程应进行设计，并应出具完整的施工图设计文件。

3.1.2 建筑装饰装修设计应符合城市规划、防火、环保、节能、减排等有关规定。建筑装饰装修耐久性应满足使用要求。

3.1.3 承担建筑装饰装修工程设计的单位应对建筑物进行了解和实地勘察，设计深度应满足施工要求。由施工单位完成的深化设计应经建筑装饰装修设计单位确认。

3.1.4 既有建筑装饰装修工程设计涉及主体和承重结构变动时，必须在施工前委托原结构设计单位或者具有相应资质条件的设计单位提出设计方案，或由检测鉴定单位对建筑结构的安全性进行鉴定。

3.1.5 建筑装饰装修工程的防火、防雷和抗震设计应符合现行国家标准的规定。

3.1.6 当墙体或吊顶内的管线可能产生冰冻或结露时，应进行防冻或防结露设计。

3.2 材料

3.2.1 建筑装饰装修工程所用材料的品种、规格和质量应符合设计要求和国家现行标准的规定。不得使用国家明令淘汰的材料。

3.2.2 建筑装饰装修工程所用材料的燃烧性能应符合现行国家标准《建筑内部装修设计防火规范》GB 50222 和《建筑设计防火规范》GB 50016 的规定。

3.2.3 建筑装饰装修工程所用材料应符合国家有关建筑装饰装修材料有害物质限量标准的规定。

3.2.4 建筑装饰装修工程采用的材料、构配件应按进场批次进行检验。属于同一工程项目且同期施工的多个单位工程，对同一厂家生产的同批材料、构配件、器具及半成品，可统一划分检验批对品种、规格、外观和尺寸等进行验收，包装应完好，并应有产品合格证书、中文说明书及性能检验报告，进口产品应按规定进行商品检验。

3.2.5 进场后需要进行复验的材料种类及项目应符合本标准各章的规定，同一厂家生产的同一品种、同一类型的进场材料应至少抽取一组样品进行复验，当合同另有更高要求时应按合同执行。抽样样本应随机抽取，满足分布均匀、具有代表性的要求，获得认证的产品或来源稳定且连续三批均一次检验合格的产品，进场验收时检验批的容量可扩大一倍，且仅可扩大一次。扩大检验批后的检验中，出现不合格情况时，应按扩大前的检验批容量重新验收，且该产品不得再次扩大检验批容量。

3.2.6 当国家规定或合同约定应对材料进行见证检验时，或对材料质量发生争议时，应进行见证检验。

3.2.7 建筑装饰装修工程所使用的材料在运输、储存和施工过程中，应采取有效措施防止损坏、变质和污染环境。

3.2.8 建筑装饰装修工程所使用的材料应按设计要求进行防火、防腐和防虫处理。

3.3 施工

3.3.1 施工单位应编制施工组织设计并经过审查批准。施工单位应按有关的施工工艺标准或经审定的施工技术方案施工，并应对施工全过程实行质量控制。

3.3.2 承担建筑装饰装修工程施工的人员上岗前应进行培训。

3.3.3 建筑装饰装修工程施工中，不得违反设计文件擅自改动建筑主体、承重结构或主要使用功能。

3.3.4 未经设计确认和有关部门批准，不得擅自拆改主体结构和水、暖、电、燃气、通信等配套设施。

3.3.5 施工单位应采取有效措施控制施工现场的各种粉尘、废气、废弃物、噪声、振动等对周围环境造成的污染和危害。

3.3.6 施工单位应建立有关施工安全、劳动保护、防火和防毒等管理制度，并应配备必要的设备、器具和标识。

3.3.7　建筑装饰装修工程应在基体或基层的质量验收合格后施工。对既有建筑进行装饰装修前，应对基层进行处理。

3.3.8　建筑装饰装修工程施工前应有主要材料的样板或做样板间（件），并应经有关各方确认。

3.3.9　墙面采用保温隔热材料的建筑装饰装修工程，所用保温隔热材料的类型、品种、规格及施工工艺应符合设计要求。

3.3.10　管道、设备安装及调试应在建筑装饰装修工程施工前完成；当必须同步进行时，应在饰面层施工前完成。装饰装修工程不得影响管道、设备等的使用和维修。涉及燃气管道和电气工程的建筑装饰装修工程施工应符合有关安全管理的规定。

3.3.11　建筑装饰装修工程的电气安装应符合设计要求。不得直接埋设电线。

3.3.12　隐蔽工程验收应有记录，记录应包含隐蔽部位照片。施工质量的检验批验收应有现场检查原始记录。

3.3.13　室内外装饰装修工程施工的环境条件应满足施工工艺的要求。

3.3.14　建筑装饰装修工程施工过程中应做好半成品、成品的保护，防止污染和损坏。

3.3.15　建筑装饰装修工程验收前应将施工现场清理干净。

4　抹灰工程

4.1　一般规定

4.1.1　本章适用于一般抹灰、保温层薄抹灰、装饰抹灰和清水砌体勾缝等分项工程的质量验收。一般抹灰工程分为普通抹灰和高级抹灰，当设计无要求时，按普通抹灰验收。一般抹灰包括水泥砂浆、水泥混合砂浆、聚合物水泥砂浆和粉刷石膏等抹灰；保温层薄抹灰包括保温层外面聚合物砂浆薄抹灰；装饰抹灰包括水刷石、斩假石、干粘石和假面砖等装饰抹灰；清水砌体勾缝包括清水砌体砂浆勾缝和原浆勾缝。

4.1.2　抹灰工程验收时应检查下列文件和记录：

1　抹灰工程的施工图、设计说明及其他设计文件；

2　材料的产品合格证书、性能检验报告、进场验收记录和复验报告；

3　隐蔽工程验收记录；

4　施工记录。

4.1.3　抹灰工程应对下列材料及其性能指标进行复验：

1　砂浆的拉伸粘结强度；

2　聚合物砂浆的保水率。

4.1.4　抹灰工程应对下列隐蔽工程项目进行验收：

1　抹灰总厚度大于或等于 35mm 时的加强措施；

2　不同材料基体交接处的加强措施。

4.1.5　各分项工程的检验批应按下列规定划分：

1　相同材料、工艺和施工条件的室外抹灰工程每 1000m² 应划分为一个检验批，不足 1000m² 时也应划分为一个检验批；

2　相同材料、工艺和施工条件的室内抹灰工程每 50 个自然间应划分为一个检验批，不足 50 间也应划分为一个检验批，大面积房间和走廊可按抹灰面积每 30m² 计为 1 间。

4.1.6　检查数量应符合下列规定：

1　室内每个检验批应至少抽查 10%，并不得少于 3 间，不足 3 间时应全数检查。

2　室外每个检验批每 100m² 应至少抽查一处，每处不得小于 10m²。

4.1.7　外墙抹灰工程施工前应先安装钢木门窗框、护栏等，应将墙上的施工孔洞堵塞密实，并对基层进行处理。

4.1.8　室内墙面、柱面和门洞口的阳角做法应符合设计要求。设计无要求时，应采用不低于 M20 水泥砂浆做护角，其高度不应低于 2m，每侧宽度不应小于 50mm。

4.1.9　当要求抹灰层具有防水、防潮功能时，应采用防水砂浆。

4.1.10　各种砂浆抹灰层，在凝结前应防止快干、水冲、撞击、振动和受冻，在凝结后应采取措施防止沾污和损坏。水泥砂浆抹灰层应在湿润条件下养护。

4.1.11 外墙和顶棚的抹灰层与基层之间及各抹灰层之间应粘结牢固。

4.2 一般抹灰工程

4.2.1 一般抹灰所用材料的品种和性能应符合设计要求及国家现行标准的有关规定。

检验方法：检查产品合格证书、进场验收记录、性能检验报告和复验报告。

4.2.2 抹灰前基层表面的尘土、污垢和油渍等应清除干净，并应洒水润湿或进行界面处理。

检验方法：检查施工记录。

4.2.3 抹灰工程应分层进行。当抹灰总厚度大于或等于35mm时，应采取加强措施。不同材料基体交接处表面的抹灰，应采取防止开裂的加强措施，当采用加强网时，加强网与各基体的搭接宽度不应小于100mm。

检验方法：检查隐蔽工程验收记录和施工记录。

4.2.4 抹灰层与基层之间及各抹灰层之间应粘结牢固，抹灰层应无脱层和空鼓，面层应无爆灰和裂缝。

检验方法：观察；用小锤轻击检查；检查施工记录。

4.2.5 一般抹灰工程的表面质量应符合下列规定：

1 普通抹灰表面应光滑、洁净、接槎平整，分格缝应清晰；

2 高级抹灰表面应光滑、洁净、颜色均匀、无抹纹，分格缝和灰线应清晰美观。

检验方法：观察；手摸检查。

4.2.6 护角、孔洞、槽、盒周围的抹灰表面应整齐、光滑；管道后面的抹灰表面应平整。

检验方法：观察。

4.2.7 抹灰层的总厚度应符合设计要求；水泥砂浆不得抹在石灰砂浆上；罩面石膏灰不得抹在水泥砂浆层上。

检验方法：检查施工记录。

4.2.8 抹灰分格缝的设置应符合设计要求，宽度和深度应均匀，表面应光滑，棱角应整齐。

检验方法：观察；尺量检查。

4.2.9 有排水要求的部位应做滴水线（槽）。滴水线（槽）应整齐顺直，滴水线应内高外低，滴水槽的宽度和深度应满足设计要求，且均不应小于10mm。

检验方法：观察；尺量检查。

4.2.10 一般抹灰工程质量的允许偏差和检验方法应符合表4.2.10的规定。

表 4.2.10 一般抹灰的允许偏差和检验方法

项次	项目	允许偏差（mm）		检验方法
		普通抹灰	高级抹灰	
1	立面垂直度	4	3	用2m垂直检测尺检查
2	表面平整度	4	3	用2m靠尺和塞尺检查
3	阴阳角方正	4	3	用200mm直角检测尺检查
4	分格条（缝）直线度	4	3	拉5m线，不足5m拉通线，用钢直尺检查
5	墙裙、勒脚上口直线度	4	3	拉5m线，不足5m拉通线，用钢直尺检查

注：1 普通抹灰，本表第3项阴角方正可不检查；

　　2 顶棚抹灰，本表第2项表面平整度可不检查，但应平顺。

4.3 保温层薄抹灰工程

4.3.1 保温层薄抹灰所用材料的品种和性能应符合设计要求及国家现行标准的有关规定。

检验方法：检查产品合格证书、进场验收记录、性能检验报告和复验报告。

4.3.2 基层质量应符合设计和施工方案的要求。基层表面的尘土、污垢和油渍等应清除干净。基层含水率应满足施工工艺的要求。

检验方法：检查施工记录。

4.3.3 保温层薄抹灰及其加强处理应符合设计要求和国家现行标准的有关规定。

检验方法：检查隐蔽工程验收记录和施工记录。

4.3.4 抹灰层与基层之间及各抹灰层之间应粘结牢固，抹灰层应无脱层和空鼓，面层应无爆灰和裂缝。

检验方法：观察；用小锤轻击检查；检查施工记录。

4.3.5 保温层薄抹灰表面应光滑、洁净、颜色均匀、无抹纹，分格缝和灰线应清晰美观。

检验方法：观察；手摸检查。

4.3.6 护角、孔洞、槽、盒周围的抹灰表面应整齐、光滑；管道后面的抹灰表面应平整。

检验方法：观察。

4.3.7 保温层薄抹灰层的总厚度应符合设计要求。

检验方法：检查施工记录。

4.3.8 保温层薄抹灰分格缝的设置应符合设计要求，宽度和深度应均匀，表面应光滑，棱角应整齐。

检验方法：观察；尺量检查。

4.3.9 有排水要求的部位应做滴水线（槽）。滴水线（槽）应整齐顺直，滴水线应内高外低，滴水槽宽度和深度均不应小于10mm。

检验方法：观察；尺量检查。

4.3.10 保温层薄抹灰工程质量的允许偏差和检验方法应符合表4.3.10的规定。

表 4.3.10 保温层薄抹灰的允许偏差和检验方法

项次	项目	允许偏差（mm）	检验方法
1	立面垂直度	3	用2m垂直检测尺检查
2	表面平整度	3	用2m靠尺和塞尺检查
3	阴阳角方正	3	用200mm直角检测尺检查
4	分格条（缝）直线度	3	拉5m线，不足5m拉通线，用钢直尺检查

4.4 装饰抹灰工程

4.4.1 装饰抹灰工程所用材料的品种和性能应符合设计要求及国家现行标准的有关规定。

检验方法：检查产品合格证书、进场验收记录、性能检验报告和复验报告。

4.4.2 抹灰前基层表面的尘土、污垢和油渍等应清除干净，并应洒水润湿或进行界面处理。

检验方法：检查施工记录。

4.4.3 抹灰工程应分层进行。当抹灰总厚度大于或等于35mm时，应采取加强措施。不同材料基体交接处表面的抹灰，应采取防止开裂的加强措施，当采用加强网时，加强网与各基体的搭接宽度不应小于100mm。

检验方法：检查隐蔽工程验收记录和施工记录。

4.4.4 各抹灰层之间及抹灰层与基体之间应粘结牢固，抹灰层应无脱层、空鼓和裂缝。

检验方法：观察；用小锤轻击检查；检查施工记录。

4.4.5 装饰抹灰工程的表面质量应符合下列规定：

1 水刷石表面应石粒清晰、分布均匀、紧密平整、色泽一致，应无掉粒和接槎痕迹；

2 斩假石表面剁纹应均匀顺直、深浅一致，应无漏剁处；阳角处应横剁并留出宽窄一致的不剁边条，棱角应无损坏；

3 干粘石表面应色泽一致、不露浆、不漏粘，石粒应粘结牢固、分布均匀，阳角处应无明显黑边；

4 假面砖表面应平整、沟纹清晰、留缝整齐、色泽一致，应无掉角、脱皮和起砂等缺陷。

检验方法：观察；手摸检查。

4.4.6 装饰抹灰分格条（缝）的设置应符合设计要求，宽度和深度应均匀，表面应平整光滑，棱角应整齐。

检验方法：观察。

4.4.7 有排水要求的部位应做滴水线（槽）。滴水线（槽）应整齐顺直，滴水线应内高外低，滴水槽的宽度和深度均不应小于 10mm。

检验方法：观察；尺量检查。

4.4.8 装饰抹灰工程质量的允许偏差和检验方法应符合表 4.4.8 的规定。

表 4.4.8　装饰抹灰的允许偏差和检验方法

项次	项目	允许偏差（mm）				检验方法
		水刷石	斩假石	干粘石	假面砖	
1	立面垂直度	5	4	5	5	用 2m 垂直检测尺检查
2	表面平整度	3	3	5	4	用 2m 靠尺和塞尺检查
3	阳角方正	3	3	4	4	用 200mm 直角检测尺检查
4	分格条（缝）直线度	3	3	3	3	拉 5m 线，不足 5m 拉通线，用钢直尺检查
5	墙裙、勒脚上口直线度	3	3	—	—	拉 5m 线，不足 5m 拉通线，用钢直尺检查

4.5　清水砌体勾缝工程

4.5.1 清水砌体勾缝所用砂浆的品种和性能应符合设计要求及国家现行标准的有关规定。

检验方法：检查产品合格证书、进场验收记录、性能检验报告和复验报告。

4.5.2 清水砌体勾缝应无漏勾。勾缝材料应粘结牢固、无开裂。

检验方法：观察。

4.5.3 清水砌体勾缝应横平竖直，交接处应平顺，宽度和深度应均匀，表面应压实抹平。

检验方法：观察；尺量检查。

4.5.4 灰缝应颜色一致，砌体表面应洁净。

检验方法：观察。

5　外墙防水工程

5.1　一般规定

5.1.1 本章适用于外墙砂浆防水、涂膜防水和透气膜防水等分项工程的质量验收。

5.1.2 外墙防水工程验收时应检查下列文件和记录：

1 外墙防水工程的施工图、设计说明及其他设计文件；

2 材料的产品合格证书、性能检验报告、进场验收记录和复验报告；

3 施工方案及安全技术措施文件；

4 雨后或现场淋水检验记录；

5 隐蔽工程验收记录；

6 施工记录；

7 施工单位的资质证书及操作人员的上岗证书。

5.1.3 外墙防水工程应对下列材料及其性能指标进行复验：

1 防水砂浆的粘结强度和抗渗性能；

2 防水涂料的低温柔性和不透水性；

3 防水透气膜的不透水性。

5.1.4 外墙防水工程应对下列隐蔽工程项目进行验收：

1 外墙不同结构材料交接处的增强处理措施的节点；

2 防水层在变形缝、门窗洞口、穿外墙管道、预埋件及收头等部位的节点；

3 防水层的搭接宽度及附加层。

5.1.5 相同材料、工艺和施工条件的外墙防水工程每 1000m² 应划分为一个检验批，不足 1000m² 时也应划分为一个检验批。

5.1.6 每个检验批每 100m² 应至少抽查一处，每处检查不得小于 10m²，节点构造应全数进行检查。

5.2 砂浆防水工程

5.2.1 砂浆防水层所用砂浆品种及性能应符合设计要求及国家现行标准的有关规定。

检验方法：检查产品合格证书、性能检验报告、进场验收记录和复验报告。

5.2.2 砂浆防水层在变形缝、门窗洞口、穿外墙管道和预埋件等部位的做法应符合设计要求。

检验方法：观察；检查隐蔽工程验收记录。

5.2.3 砂浆防水层不得有渗漏现象。

检验方法：检查雨后或现场淋水检验记录。

5.2.4 砂浆防水层与基层之间及防水层各层之间应粘结牢固，不得有空鼓。

检验方法：观察；用小锤轻击检查。

5.2.5 砂浆防水层表面应密实、平整，不得有裂纹、起砂和麻面等缺陷。

检验方法：观察。

5.2.6 砂浆防水层施工缝位置及施工方法应符合设计及施工方案要求。

检验方法：观察。

5.2.7 砂浆防水层厚度应符合设计要求。

检验方法：尺量检查；检查施工记录。

5.3 涂膜防水工程

5.3.1 涂膜防水层所用防水涂料及配套材料的品种及性能应符合设计要求及国家现行标准的有关规定。

检验方法：检查产品出厂合格证书、性能检验报告、进场验收记录和复验报告。

5.3.2 涂膜防水层在变形缝、门窗洞口、穿外墙管道、预埋件等部位的做法应符合设计要求。

检验方法：观察；检查隐蔽工程验收记录。

5.3.3 涂膜防水层不得有渗漏现象。

检验方法：检查雨后或现场淋水检验记录。

5.3.4 涂膜防水层与基层之间应粘结牢固。

检验方法：观察。

5.3.5 涂膜防水层表面应平整，涂刷应均匀，不得有流坠、露底、气泡、皱折和翘边等缺陷。

检验方法：观察。

5.3.6 涂膜防水层的厚度应符合设计要求。

检验方法：针测法或割取 20mm × 20mm 实样用卡尺测量。

5.4 透气膜防水工程

5.4.1 透气膜防水层所用透气膜及配套材料的品种及性能应符合设计要求及国家现行标准的有关规定。

检验方法：检查产品出厂合格证书、性能检验报告、进场验收记录和复验报告。

5.4.2 透气膜防水层在变形缝、门窗洞口、穿外墙管道和预埋件等部位的做法应符合设计要求。

检验方法：观察；检查隐蔽工程验收记录。

5.4.3 透气膜防水层不得有渗漏现象。

检验方法：检查雨后或现场淋水检验记录。

5.4.4 防水透气膜应与基层粘结固定牢固。

检验方法：观察。

5.4.5 透气膜防水层表面应平整，不得有皱折、伤痕、破裂等缺陷。

检验方法：观察。

5.4.6 防水透气膜的铺贴方向应正确，纵向搭接缝应错开，搭接宽度应符合设计要求。

检验方法：观察；尺量检查。

5.4.7 防水透气膜的搭接缝应粘结牢固、密封严密；收头应与基层粘结固定牢固，缝口应严密，不得有翘边现象。

检验方法：观察。

6　门窗工程

6.1　一般规定

6.1.1　本章适用于木门窗、金属门窗、塑料门窗和特种门安装，以及门窗玻璃安装等分项工程的质量验收。金属门窗包括钢门窗、铝合金门窗和涂色镀锌钢板门窗等；特种门包括自动门、全玻门和旋转门等；门窗玻璃包括平板、吸热、反射、中空、夹层、夹丝、磨砂、钢化、防火和压花玻璃等。

6.1.2　门窗工程验收时应检查下列文件和记录：

1　门窗工程的施工图、设计说明及其他设计文件；

2　材料的产品合格证书、性能检验报告、进场验收记录和复验报告；

3　特种门及其配件的生产许可文件；

4　隐蔽工程验收记录；

5　施工记录。

6.1.3　门窗工程应对下列材料及其性能指标进行复验：

1　人造木板门的甲醛释放量；

2　建筑外窗的气密性能、水密性能和抗风压性能。

6.1.4　门窗工程应对下列隐蔽工程项目进行验收：

1　预埋件和锚固件；

2　隐蔽部位的防腐和填嵌处理；

3　高层金属窗防雷连接节点。

6.1.5　各分项工程的检验批应按下列规定划分：

1　同一品种、类型和规格的木门窗、金属门窗、塑料门窗和门窗玻璃每 100 樘应划分为一个检验批，不足 100 樘也应划分为一个检验批；

2　同一品种、类型和规格的特种门每 50 樘应划分为一个检验批，不足 50 樘也应划分为一个检验批。

6.1.6　检查数量应符合下列规定：

1　木门窗、金属门窗、塑料门窗和门窗玻璃每个检验批应至少抽查 5%，并不得少于 3 樘，不足 3 樘时应全数检查；高层建筑的外窗每个检验批应至少抽查 10%，并不得少于 6 樘，不足 6 樘时应全数检查；

2　特种门每个检验批应至少抽查 50%，并不得少于 10 樘，不足 10 樘时应全数检查。

6.1.7　门窗安装前，应对门窗洞口尺寸及相邻洞口的位置偏差进行检验。同一类型和规格外门窗洞口垂直、水平方向的位置应对齐，位置允许偏差应符合下列规定：

1　垂直方向的相邻洞口位置允许偏差应为 10mm；全楼高度小于 30m 的垂直方向洞口位置允许偏差应为 15mm，全楼高度不小于 30m 的垂直方向洞口位置允许偏差应为 20mm；

2　水平方向的相邻洞口位置允许偏差应为 10mm；全楼长度小于 30m 的水平方向洞口位置允许偏差应为 15mm，全楼长度不小于 30m 的水平方向洞口位置允许偏差应为 20mm。

6.1.8　金属门窗和塑料门窗安装应采用预留洞口的方法施工。

6.1.9　木门窗与砖石砌体、混凝土或抹灰层接触处应进行防腐处理，埋入砌体或混凝土中的木砖应进行防腐处理。

6.1.10　当金属窗或塑料窗为组合窗时，其拼樘料的尺寸、规格、壁厚应符合设计要求。

6.1.11　建筑外门窗安装必须牢固。在砌体上安装门窗严禁采用射钉固定。

6.1.12　推拉门窗扇必须牢固，必须安装防脱落装置。

6.1.13　特种门安装除应符合设计要求外，还应符合国家现行标准的有关规定。

6.1.14　门窗安全玻璃的使用应符合现行行业标准《建筑玻璃应用技术规程》JGJ 113 的规定。

6.1.15　建筑外窗口的防水和排水构造应符合设计要求和国家现行标准的有关规定。

6.2　木门窗安装工程

6.2.1　木门窗的品种、类型、规格、尺寸、开启方向、安装位置、连接方式及性能应符合设计要求及国家现行标准的有关规定。

检验方法：观察；尺量检查；检查产品合格证书、性能检验报告、进场验收记录和复验报告；检查隐蔽工程验收记录。

6.2.2 木门窗应采用烘干的木材，含水率及饰面质量应符合国家现行标准的有关规定。

检验方法：检查材料进场验收记录，复验报告及性能检验报告。

6.2.3 木门窗的防火、防腐、防虫处理应符合设计要求。

检验方法：观察；检查材料进场验收记录。

6.2.4 木门窗框的安装应牢固。预埋木砖的防腐处理、木门窗框固定点的数量、位置和固定方法应符合设计要求。

检验方法：观察；手扳检查；检查隐蔽工程验收记录和施工记录。

6.2.5 木门窗扇应安装牢固、开关灵活、关闭严密、无倒翘。

检验方法：观察；开启和关闭检查；手扳检查。

6.2.6 木门窗配件的型号、规格和数量应符合设计要求，安装应牢固，位置应正确，功能应满足使用要求。

检验方法：观察；开启和关闭检查；手扳检查。

6.2.7 木门窗表面应洁净，不得有刨痕和锤印。

检验方法：观察。

6.2.8 木门窗的割角和拼缝应严密平整。门窗框、扇裁口应顺直，刨面应平整。

检验方法：观察。

6.2.9 木门窗上的槽和孔应边缘整齐，无毛刺。

检验方法：观察。

6.2.10 木门窗与墙体间的缝隙应填嵌饱满。严寒和寒冷地区外门窗（或门窗框）与砌体间的空隙应填充保温材料。

检验方法：轻敲门窗框检查；检查隐蔽工程验收记录和施工记录。

6.2.11 木门窗批水、盖口条、压缝条和密封条安装应顺直，与门窗结合应牢固、严密。

检验方法：观察；手扳检查。

6.2.12 平开木门窗安装的留缝限值、允许偏差和检验方法应符合表 6.2.12 的规定。

表 6.2.12 平开木门窗安装的留缝限值、允许偏差和检验方法

项次	项目		留缝限值（mm）	允许偏差（mm）	检验方法
1	门窗框的正、侧面垂直度		—	2	用1m垂直检测尺检查
2	框与扇接缝高低差		—	1	用塞尺检查
	扇与扇接缝高低差			1	
3	门窗扇对口缝		1～4	—	用塞尺检查
4	工业厂房、围墙双扇大门对口缝		2～7	—	
5	门窗扇与上框间留缝		1～3	—	
6	门窗扇与合页侧框间留缝		1～3	—	
7	室外门扇与锁侧框间留缝		1～3	—	
8	门扇与下框间留缝		3～5	—	用塞尺检查
9	窗扇与下框间留缝		1～3	—	
10	双层门窗内外框间距		—	4	用钢直尺检查
11	无下框时门扇与地面间留缝	室外门	4～7		用钢直尺或塞尺检查
		室内门	4～8		
		卫生间门	10～20		
		厂房大门			
		围墙大门			
12	框与扇搭接宽度	门	—		用钢直尺检查
		窗	—		用钢直尺检查

6.3 金属门窗安装工程

6.3.1 金属门窗的品种、类型、规格、尺寸、性能、开启方向、安装位置、连接方式及门窗的型材壁厚应符合设计要求及国家现行标准的有关规定。金属门窗的防雷、防腐处理及填嵌、密封处理应符合设计要求。

检验方法：观察；尺量检查；检查产品合格证书、性能检验报告、进场验收记录和复验报告；检查隐蔽工程验收记录。

6.3.2 金属门窗框和附框的安装应牢固。预埋件及锚固件的数量、位置、埋设方式、与框的连接方式应符合设计要求。

检验方法：手扳检查；检查隐蔽工程验收记录。

6.3.3 金属门窗扇应安装牢固、开关灵活、关闭严密、无倒翘。推拉门窗扇应安装防止扇脱落的装置。

检验方法：观察；开启和关闭检查；手扳检查。

6.3.4 金属门窗配件的型号、规格、数量应符合设计要求，安装应牢固，位置应正确，功能应满足使用要求。

检验方法：观察；开启和关闭检查；手扳检查。

6.3.5 金属门窗表面应洁净、平整、光滑、色泽一致，应无锈蚀、擦伤、划痕和碰伤。漆膜或保护层应连续。型材的表面处理应符合设计要求及国家现行标准的有关规定。

检验方法：观察。

6.3.6 金属门窗推拉门窗扇开关力不应大于 50N。

检验方法：用测力计检查。

6.3.7 金属门窗框与墙体之间的缝隙应填嵌饱满，并应采用密封胶密封。密封胶表面应光滑、顺直、无裂纹。

检验方法：观察；轻敲门窗框检查；检查隐蔽工程验收记录。

6.3.8 金属门窗扇的密封胶条或密封毛条装配应平整、完好，不得脱槽，交角处应平顺。

检验方法：观察；开启和关闭检查。

6.3.9 排水孔应畅通，位置和数量应符合设计要求。

检验方法：观察。

6.3.10 钢门窗安装的留缝限值、允许偏差和检验方法应符合表 6.3.10 的规定。

表 6.3.10　钢门窗安装的留缝限值、允许偏差和检验方法

项次	项目		留缝限值（mm）	允许偏差（mm）	检验方法
1	门窗槽口宽度、高度	≤1500mm	—	2	用钢卷尺检查
		>1500mm	—	3	
2	门窗槽口对角线长度差	≤2000mm	—	3	用钢卷尺检查
		>2000mm	—	4	
3	门窗框的正、侧面垂直度		—	3	用1m垂直检测尺检查
4	门窗横框的水平度		—	3	用1m水平尺和塞尺检查
5	门窗横框标高		—	5	用钢卷尺检查
6	门窗竖向偏离中心		—	4	用钢卷尺检查
7	双层门窗内外框间距		—	5	用钢卷尺检查
8	门窗框、扇配合间隙		≤2	—	用塞尺检查
9	平开门窗框扇搭接宽度	门	≥6	—	用钢直尺检查
		窗	≥4	—	用钢直尺检查
	推拉门窗框扇搭接宽度		≥6	—	用钢直尺检查
10	无下框时门扇与地面间留缝		4~8	—	用塞尺检查

6.3.11　铝合金门窗安装的允许偏差和检验方法应符合表 6.3.11 的规定。

表 6.3.11　铝合金门窗安装的允许偏差和检验方法

项次	项目		允许偏差（mm）	检验方法
1	门窗槽口宽度、高度	≤ 2000mm	2	用钢卷尺检查
		> 2000mm	3	
2	门窗槽口对角线长度差	≤ 2500mm	4	用钢卷尺检查
		> 2500mm	5	
3	门窗框的正、侧面垂直度		2	用 1m 垂直检测尺检查
4	门窗横框的水平度		2	用 1m 水平尺和塞尺检查
5	门窗横框标高		5	用钢卷尺检查
6	门窗竖向偏离中心		5	用钢卷尺检查
7	双层门窗内外框间距		4	用钢卷尺检查
8	推拉门窗扇与框搭接宽度	门	2	用钢直尺检查
		窗	1	

6.3.12　涂色镀锌钢板门窗安装的允许偏差和检验方法应符合表 6.3.12 的规定。

表 6.3.12　涂色镀锌钢板门窗安装的允许偏差和检验方法

项次	项目		允许偏差（mm）	检验方法
1	门窗槽口宽度、高度	≤ 1500mm	2	用钢卷尺检查
		> 1500mm	3	
2	门窗槽口对角线长度差	≤ 2000mm	4	用钢卷尺检查
		> 2000mm	5	
3	门窗框的正、侧面垂直度		3	用 1m 垂直检测尺检查
4	门窗横框的水平度		3	用 1m 水平尺和塞尺检查
5	门窗横框标高		5	用钢卷尺检查
6	门窗竖向偏离中心		5	用钢卷尺检查
7	双层门窗内外框间距		4	用钢卷尺检查
8	推拉门窗扇与框搭接宽度		2	用钢直尺检查

6.4　塑料门窗安装工程

6.4.1　塑料门窗的品种、类型、规格、尺寸、性能、开启方向、安装位置、连接方式和填嵌密封处理应符合设计要求及国家现行标准的有关规定，内衬增强型钢的壁厚及设置应符合现行国家标准《建筑用塑料门》GB/T 28886 和《建筑用塑料窗》GB/T 28887 的规定。

检验方法：观察；尺量检查；检查产品合格证书、性能检验报告、进场验收记录和复验报告；检查隐蔽工程验收记录。

6.4.2　塑料门窗框、附框和扇的安装应牢固。固定片或膨胀螺栓的数量与位置应正确，连接方式应符合设计要求。固定点应距窗角、中横框、中竖框 150mm～200mm，固定点间距不应大于 600mm。

检验方法：观察；手扳检查；尺量检查；检查隐蔽工程验收记录。

6.4.3　塑料组合门窗使用的拼樘料截面尺寸及内衬增强型钢的形状和壁厚应符合设计要求。承受风荷载的拼樘料应采用与其内腔紧密吻合的增强型钢作为内衬，其两端应与洞口固定牢固。窗框应与拼樘料连接紧密，固定点间距不应大于 600mm。

检验方法：观察；手扳检查；尺量检查；吸铁石检查；检查进场验收记录。

6.4.4　窗框与洞口之间的伸缩缝内应采用聚氨酯发泡胶填充，发泡胶填充应均匀、密实。发泡胶成型后不宜切割。表面应采用密封胶密封。密封胶应粘结牢固，表面应光滑、顺直、无裂纹。

检验方法：观察；检查隐蔽工程验收记录。

6.4.5　滑撑铰链的安装应牢固，紧固螺钉应使用不锈钢材质。螺钉与框扇连接处应进行防水密封处理。

检验方法：观察；手扳检查；检查隐蔽工程验收记录。

6.4.6　推拉门窗扇应安装防止扇脱落的装置。

检验方法：观察。

6.4.7　门窗扇关闭应严密，开关应灵活。

检验方法：观察；尺量检查；开启和关闭检查。

6.4.8　塑料门窗配件的型号、规格和数量应符合设计要求，安装应牢固，位置应正确，使用应灵活，功能应满足各自使用要求。平开窗扇高度大于 900mm 时，窗扇锁闭点不应少于 2 个。

检验方法：观察；手扳检查；尺量检查。

6.4.9　安装后的门窗关闭时，密封面上的密封条应处于压缩状态，密封层数应符合设计要求。密封条应连续完整，装配后应均匀、牢固，应无脱槽、收缩和虚压等现象；密封条接口应严密，且应位于窗的上方。

检验方法：观察。

6.4.10　塑料门窗扇的开关力应符合下列规定：

1　平开门窗扇平铰链的开关力不应大于 80N；滑撑铰链的开关力不应大于 80N，并不应小于 30N；

2　推拉门窗扇的开关力不应大于 100N。

检验方法：观察；用测力计检查。

6.4.11　门窗表面应洁净、平整、光滑，颜色应均匀一致。可视面应无划痕、碰伤等缺陷，门窗不得有焊角开裂和型材断裂等现象。

检验方法：观察。

6.4.12　旋转窗间隙应均匀。

检验方法：观察。

6.4.13　排水孔应畅通，位置和数量应符合设计要求。

检验方法：观察。

6.4.14　塑料门窗安装的允许偏差和检验方法应符合表 6.4.14 的规定。

表 6.4.14　塑料门窗安装的允许偏差和检验方法

项次	项目		允许偏差（mm）	检验方法
1	门、窗框外形（高、宽）尺寸长度差	≤1500mm	2	用钢卷尺检查
		>1500mm	3	
2	门、窗框两对角线长度差	≤2000mm	3	用钢卷尺检查
		>2000mm	5	
3	门、窗框（含拼樘料）正、侧面垂直度		3	用1m垂直检测尺检查
4	门、窗框（含拼樘料）水平度		3	用1m水平尺和塞尺检查
5	门、窗下横框的标高		5	用钢卷尺检查，与基准线比较
6	门、窗竖向偏离中心		5	用钢卷尺检查
7	双层门、窗内外框间距		4	用钢卷尺检查
8	平开门窗及上悬、下悬、中悬窗	门、窗扇与框搭接宽度	2	用深度尺或钢直尺检查
		同樘门、窗相邻扇的水平高度差	2	用靠尺和钢直尺检查
		门、窗框扇四周的配合间隙	1	用楔形塞尺检查
9	推拉门窗	门、窗扇与框搭接宽度	2	用深度尺或钢直尺检查
		门、窗扇与框或相邻扇立边平行度	2	用钢直尺检查

项次	项目		允许偏差（mm）	检验方法
10	组合门窗	平整度	3	用2m靠尺和钢直尺检查
		缝直线度	3	用2m靠尺和钢直尺检查

6.5 特种门安装工程

6.5.1 特种门的质量和性能应符合设计要求。

检验方法：检查生产许可证、产品合格证书和性能检验报告。

6.5.2 特种门的品种、类型、规格、尺寸、开启方向、安装位置和防腐处理应符合设计要求及国家现行标准的有关规定。

检验方法：观察；尺量检查；检查进场验收记录和隐蔽工程验收记录。

6.5.3 带有机械装置、自动装置或智能化装置的特种门，其机械装置、自动装置或智能化装置的功能应符合设计要求。

检验方法：启动机械装置、自动装置或智能化装置，观察。

6.5.4 特种门的安装应牢固。预埋件及锚固件的数量、位置、埋设方式、与框的连接方式应符合设计要求。

检验方法：观察；手扳检查；检查隐蔽工程验收记录。

6.5.5 特种门的配件应齐全，位置应正确，安装应牢固，功能应满足使用要求和特种门的性能要求。

检验方法：观察；手扳检查；检查产品合格证书、性能检验报告和进场验收记录。

6.5.6 特种门的表面装饰应符合设计要求。

检验方法：观察。

6.5.7 特种门的表面应洁净，应无划痕和碰伤。

检验方法：观察。

6.5.8 推拉自动门的感应时间限值和检验方法应符合表6.5.8的规定。

表6.5.8 推拉自动门的感应时间限值和检验方法

项次	项目	感应时间限值（s）	检验方法
1	开门响应时间	≤0.5	用秒表检查
2	堵门保护延时	16～20	用秒表检查
3	门扇全开启后保持时间	13～17	用秒表检查

6.5.9 人行自动门活动扇在启闭过程中对所要求保护的部位应留有安全间隙。安全间隙应小于8mm或大于25mm。

检验方法：用钢直尺检查。

6.5.10 自动门安装的允许偏差和检验方法应符合表6.5.10的规定。

表6.5.10 自动门安装的允许偏差和检验方法

项次	项目	允许偏差（mm）				检验方法
		推拉自动门	平开自动门	折叠自动门	旋转自动门	
1	上框、平梁水平度	1	1	1	—	用1m水平尺和塞尺检查
2	上框、平梁直线度	2	2	2	—	用钢直尺和塞尺检查
3	立框垂直度	1	1	1	1	用1m垂直检测尺检查
4	导轨和平梁平行度	2	—	2	2	用钢直尺检查
5	门框固定扇内侧对角线尺寸	2	2	2	2	用钢卷尺检查

续表

项次	项目	允许偏差（mm）				检验方法
		推拉 自动门	平开 自动门	折叠 自动门	旋转 自动门	
6	活动扇与框、横梁、固定扇间隙差	1	1	1	1	用钢直尺检查
7	板材对接接缝平整度	0.3	0.3	0.3	0.3	用2m靠尺和塞尺检查

6.5.11　自动门切断电源，应能手动开启，开启力和检验方法应符合表 6.5.11 的规定。

表 6.5.11　自动门手动开启力和检验方法

项次	门的启闭方式	手动开启力（N）	检验方法
1	推拉自动门	≤100	
2	平开自动门	≤100（门扇边梃着力点）	用测力计检查
3	折叠自动门	≤100（垂直于门扇折叠处铰链推拉）	
4	旋转自动门	150～300（门扇边梃着力点）	

注：1　推拉自动门和平开自动门为双扇时，手动开启力仅为单扇的测值；
2　平开自动门在没有风力情况测定；
3　重叠推拉着力点在门扇前、侧结合部的门扇边缘。

6.6　门窗玻璃安装工程

6.6.1　玻璃的层数、品种、规格、尺寸、色彩、图案和涂膜朝向应符合设计要求。

检验方法：观察；检查产品合格证书、性能检验报告和进场验收记录。

6.6.2　门窗玻璃裁割尺寸应正确。安装后的玻璃应牢固，不得有裂纹、损伤和松动。

检验方法：观察；轻敲检查。

6.6.3　玻璃的安装方法应符合设计要求。固定玻璃的钉子或钢丝卡的数量、规格应保证玻璃安装牢固。

检验方法：观察；检查施工记录。

6.6.4　镶钉木压条接触玻璃处应与裁口边缘平齐。木压条应互相紧密连接，并应与裁口边缘紧贴，割角应整齐。

检验方法：观察。

6.6.5　密封条与玻璃、玻璃槽口的接触应紧密、平整。密封胶与玻璃、玻璃槽口的边缘应粘结牢固、接缝平齐。

检验方法：观察。

6.6.6　带密封条的玻璃压条，其密封应与玻璃贴紧，压条与型材之间应无明显缝隙。

检验方法：观察；尺量检查。

6.6.7　玻璃表面应洁净，不得有腻子、密封胶和涂料等污渍。中空玻璃内外表面均应洁净，玻璃中空层内不得有灰尘和水蒸气。门窗玻璃不应直接接触型材。

检验方法：观察。

6.6.8　腻子及密封胶应填抹饱满、粘结牢固；腻子及密封胶边缘与裁口应平齐。固定玻璃的卡子不应在腻子表面显露。

检验方法：观察。

6.6.9　密封条不得卷边、脱槽，密封条接缝应粘接。

检验方法：观察。

7　吊顶工程

7.1　一般规定

7.1.1　本章适用于整体面层吊顶、板块面层吊顶和格栅吊顶等分项工程的质量验收。整体面层吊顶包括以轻钢龙骨、铝合金龙骨和木龙骨等为骨架，以石膏板、水泥纤维板和木板等为整体面层的吊顶；板块面层吊顶包括以轻钢龙骨、铝合金龙骨和木龙骨等为骨架,以石膏板、金属板、矿棉板、木板、塑料板、玻璃板和复合板等为板块面层的吊顶;格栅吊顶包括以轻钢龙骨、铝合金龙骨和木龙骨等为骨架,以金属、木材、塑料和复合材料等为格栅面层的吊顶。

7.1.2 吊顶工程验收时应检查下列文件和记录:

1 吊顶工程的施工图、设计说明及其他设计文件;

2 材料的产品合格证书、性能检验报告、进场验收记录和复验报告;

3 隐蔽工程验收记录;

4 施工记录。

7.1.3 吊顶工程应对人造木板的甲醛释放量进行复验。

7.1.4 吊顶工程应对下列隐蔽工程项目进行验收:

1 吊顶内管道、设备的安装及水管试压、风管严密性检验;

2 木龙骨防火、防腐处理;

3 埋件;

4 吊杆安装;

5 龙骨安装;

6 填充材料的设置;

7 反支撑及钢结构转换层。

7.1.5 同一品种的吊顶工程每50间应划分为一个检验批,不足50间也应划分为一个检验批,大面积房间和走廊可按吊顶面积每30m²计为1间。

7.1.6 每个检验批应至少抽查10%,并不得少于3间,不足3间时应全数检查。

7.1.7 安装龙骨前,应按设计要求对房间净高、洞口标高和吊顶内管道、设备及其支架的标高进行交接检验。

7.1.8 吊顶工程的木龙骨和木面板应进行防火处理,并应符合有关设计防火标准的规定。

7.1.9 吊顶工程中的埋件、钢筋吊杆和型钢吊杆应进行防腐处理。

7.1.10 安装面板前应完成吊顶内管道和设备的调试及验收。

7.1.11 吊杆距主龙骨端部距离不得大于300mm。当吊杆长度大于1500mm时,应设置反支撑。当吊杆与设备相遇时,应调整并增设吊杆或采用型钢支架。

7.1.12 重型设备和有振动荷载的设备严禁安装在吊顶工程的龙骨上。

7.1.13 吊顶埋件与吊杆的连接、吊杆与龙骨的连接、龙骨与面板的连接应安全可靠。

7.1.14 吊杆上部为网架、钢屋架或吊杆长度大于2500mm时,应设有钢结构转换层。

7.1.15 大面积或狭长形吊顶面层的伸缩缝及分格缝应符合设计要求。

7.2 整体面层吊顶工程

7.2.1 吊顶标高、尺寸、起拱和造型应符合设计要求。

检验方法:观察;尺量检查。

7.2.2 面层材料的材质、品种、规格、图案、颜色和性能应符合设计要求及国家现行标准的有关规定。

检验方法:观察;检查产品合格证书、性能检验报告、进场验收记录和复验报告。

7.2.3 整体面层吊顶工程的吊杆、龙骨和面板的安装应牢固。

检验方法:观察;手扳检查;检查隐蔽工程验收记录和施工记录。

7.2.4 吊杆和龙骨的材质、规格、安装间距及连接方式应符合设计要求。金属吊杆和龙骨应经过表面防腐处理;木龙骨应进行防腐、防火处理。

检验方法:观察;尺量检查;检查产品合格证书、性能检验报告、进场验收记录和隐蔽工程验收记录。

7.2.5 石膏板、水泥纤维板的接缝应按其施工工艺标准进行板缝防裂处理。安装双层板时,面层板与基层板的接缝应错开,并不得在同一根龙骨上接缝。

检验方法:观察。

7.2.6 面层材料表面应洁净、色泽一致,不得有翘曲、裂缝及缺损。压条应平直、宽窄一致。

检验方法:观察;尺量检查。

7.2.7 面板上的灯具、烟感器、喷淋头、风口算子和检修口等设备设施的位置应合理、美观,与面板的交接应吻合、严密。

检验方法：观察。

7.2.8 金属龙骨的接缝应均匀一致，角缝应吻合，表面应平整，应无翘曲和锤印。木质龙骨应顺直，应无劈裂和变形。

检验方法：检查隐蔽工程验收记录和施工记录。

7.2.9 吊顶内填充吸声材料的品种和铺设厚度应符合设计要求，并应有防散落措施。

检验方法：检查隐蔽工程验收记录和施工记录。

7.2.10 整体面层吊顶工程安装的允许偏差和检验方法应符合表 7.2.10 的规定。

表 7.2.10 整体面层吊顶工程安装的允许偏差和检验方法

项次	项目	允许偏差（mm）	检验方法
1	表面平整度	3	用 2m 靠尺和塞尺检查
2	缝格、凹槽直线度	3	拉 5m 线，不足 5m 拉通线，用钢直尺检查

7.3 板块面层吊顶工程

7.3.1 吊顶标高、尺寸、起拱和造型应符合设计要求。

检验方法：观察；尺量检查。

7.3.2 面层材料的材质、品种、规格、图案、颜色和性能应符合设计要求及国家现行标准的有关规定。当面层材料为玻璃板时，应使用安全玻璃并采取可靠的安全措施。

检验方法：观察；检查产品合格证书、性能检验报告、进场验收记录和复验报告。

7.3.3 面板的安装应稳固严密。面板与龙骨的搭接宽度应大于龙骨受力面宽度的 2/3。

检验方法：观察；手扳检查；尺量检查。

7.3.4 吊杆和龙骨的材质、规格、安装间距及连接方式应符合设计要求。金属吊杆和龙骨应进行表面防腐处理；木龙骨应进行防腐、防火处理。

检验方法：观察；尺量检查；检查产品合格证书、性能检验报告、进场验收记录和隐蔽工程验收记录。

7.3.5 板块面层吊顶工程的吊杆和龙骨安装应牢固。

检验方法：手扳检查；检查隐蔽工程验收记录和施工记录。

7.3.6 面层材料表面应洁净、色泽一致，不得有翘曲、裂缝及缺损。面板与龙骨的搭接应平整、吻合，压条应平直、宽窄一致。

检验方法：观察；尺量检查。

7.3.7 面板上的灯具、烟感器、喷淋头、风口算子和检修口等设备设施的位置应合理、美观，与面板的交接应吻合、严密。

检验方法：观察。

7.3.8 金属龙骨的接缝应平整、吻合、颜色一致，不得有划伤和擦伤等表面缺陷。木质龙骨应平整、顺直，应无劈裂。

检验方法：观察。

7.3.9 吊顶内填充吸声材料的品种和铺设厚度应符合设计要求，并应有防散落措施。

检验方法：检查隐蔽工程验收记录和施工记录。

7.3.10 板块面层吊顶工程安装的允许偏差和检验方法应符合表 7.3.10 的规定。

表 7.3.10 板块面层吊顶工程安装的允许偏差和检验方法

项次	项目	允许偏差（mm）				检验方法
		石膏板	金属板	矿棉板	木板、塑料板、玻璃板、复合板	
1	表面平整度	3	2	3	2	用 2m 靠尺和塞尺检查
2	接缝直线度	3	2	3	3	拉 5m 线，不足 5m 拉通线，用钢直尺检查
3	接缝高低差	1	1	2	1	用钢直尺和塞尺检查

7.4 格栅吊顶工程

7.4.1 吊顶标高、尺寸、起拱和造型应符合设计要求。

检验方法：观察；尺量检查。

7.4.2 格栅的材质、品种、规格、图案、颜色和性能应符合设计要求及国家现行标准的有关规定。

检验方法：观察；检查产品合格证书、性能检验报告、进场验收记录和复验报告。

7.4.3 吊杆和龙骨的材质、规格、安装间距及连接方式应符合设计要求。金属吊杆和龙骨应进行表面防腐处理；木龙骨应进行防腐、防火处理。

检验方法：观察；尺量检查；检查产品合格证书、性能检验报告、进场验收记录和隐蔽工程验收记录。

7.4.4 格栅吊顶工程的吊杆、龙骨和格栅的安装应牢固。

检验方法：观察；手扳检查；检查隐蔽工程验收记录和施工记录。

7.4.5 格栅表面应洁净、色泽一致，不得有翘曲、裂缝及缺损。栅条角度应一致，边缘应整齐，接口应无错位。压条应平直、宽窄一致。

检验方法：观察；尺量检查。

7.4.6 吊顶的灯具、烟感器、喷淋头、风口算子和检修口等设备设施的位置应合理、美观，与格栅的套割交接处应吻合、严密。

检验方法：观察。

7.4.7 金属龙骨的接缝应平整、吻合、颜色一致，不得有划伤和擦伤等表面缺陷。木质龙骨应平整、顺直，应无劈裂。

检验方法：观察。

7.4.8 吊顶内填充吸声材料的品种和铺设厚度应符合设计要求，并应有防散落措施。

检验方法：观察；检查隐蔽工程验收记录和施工记录。

7.4.9 格栅吊顶内楼板、管线设备等表面处理应符合设计要求，吊顶内各种设备管线布置应合理、美观。

检验方法：观察。

7.4.10 格栅吊顶工程安装的允许偏差和检验方法应符合表 7.4.10 的规定。

表 7.4.10 格栅吊顶工程安装的允许偏差和检验方法

项次	项目	允许偏差（mm）		检验方法
		金属格栅	木格栅、塑料格栅、复合材料格栅	
1	表面平整度	2	3	用 2m 靠尺和塞尺检查
2	格栅直线度	2	3	拉 5m 线，不足 5m 拉通线，用钢直尺检查

8 轻质隔墙工程

8.1 一般规定

8.1.1 本章适用于板材隔墙、骨架隔墙、活动隔墙和玻璃隔墙等分项工程的质量验收。板材隔墙包括复合轻质墙板、石膏空心板、增强水泥板和混凝土轻质板等隔墙；骨架隔墙包括以轻钢龙骨、木龙骨等为骨架，以纸面石膏板、人造木板、水泥纤维板等为墙面板的隔墙；玻璃隔墙包括玻璃板、玻璃砖隔墙。

8.1.2 轻质隔墙工程验收时应检查下列文件和记录：

1 轻质隔墙工程的施工图、设计说明及其他设计文件；

2 材料的产品合格证书、性能检验报告、进场验收记录和复验报告；

3 隐蔽工程验收记录；

4 施工记录。

8.1.3 轻质隔墙工程应对人造木板的甲醛释放量进行复验。

8.1.4 轻质隔墙工程应对下列隐蔽工程项目进行验收：

1 骨架隔墙中设备管线的安装及水管试压；

2 木龙骨防火和防腐处理；

3 预埋件或拉结筋；

4 龙骨安装；

5 填充材料的设置。

8.1.5 同一品种的轻质隔墙工程每 50 间应划分为一个检验批，不足 50 间也应划分为一个检验批，大面积房间和走廊可按轻质隔墙面积每 30m² 计为 1 间。

8.1.6 板材隔墙和骨架隔墙每个检验批应至少抽查 10%，并不得少于 3 间，不足 3 间时应全数检查；活动隔墙和玻璃隔墙每个检验批应至少抽查 20%，并不得少于 6 间，不足 6 间时应全数检查。

8.1.7 轻质隔墙与顶棚和其他墙体的交接处应采取防开裂措施。

8.1.8 民用建筑轻质隔墙工程的隔声性能应符合现行国家标准《民用建筑隔声设计规范》GB 50118 的规定。

8.2 板材隔墙工程

8.2.1 隔墙板材的品种、规格、颜色和性能应符合设计要求。有隔声、隔热、阻燃和防潮等特殊要求的工程，板材应有相应性能等级的检验报告。

检验方法：观察；检查产品合格证书、进场验收记录和性能检验报告。

8.2.2 安装隔墙板材所需预埋件、连接件的位置、数量及连接方法应符合设计要求。

检验方法：观察；尺量检查；检查隐蔽工程验收记录。

8.2.3 隔墙板材安装应牢固。

检验方法：观察；手扳检查。

8.2.4 隔墙板材所用接缝材料的品种及接缝方法应符合设计要求。

检验方法：观察；检查产品合格证书和施工记录。

8.2.5 隔墙板材安装应位置正确，板材不应有裂缝或缺损。

检验方法：观察；尺量检查。

8.2.6 板材隔墙表面应光洁、平顺、色泽一致，接缝应均匀、顺直。

检验方法：观察；手摸检查。

8.2.7 隔墙上的孔洞、槽、盒应位置正确、套割方正、边缘整齐。

检验方法：观察。

8.2.8 板材隔墙安装的允许偏差和检验方法应符合表 8.2.8 的规定

表 8.2.8 板材隔墙安装的允许偏差和检验方法

项次	项目	允许偏差（mm）				检验方法
		复合轻质墙板		石膏空心板	增强水泥板、混凝土轻质板	
		金属夹芯板	其他复合板			
1	立面垂直度	2	3	3	3	用 2m 垂直检测尺检查
2	表面平整度	2	3	3	3	用 2m 靠尺和塞尺检查
3	阴阳角方正	3	3	3	4	用 200mm 直角检测尺检查
4	接缝高低差	1	2	2	3	用钢直尺和塞尺检查

8.3 骨架隔墙工程

8.3.1 骨架隔墙所用龙骨、配件、墙面板、填充材料及嵌缝材料的品种、规格、性能和木材的含水率应符合设计要求。有隔声、隔热、阻燃和防潮等特殊要求的工程，材料应有相应性能等级的检验报告。

检验方法：观察；检查产品合格证书、进场验收记录、性能检验报告和复验报告。

8.3.2 骨架隔墙地梁所用材料、尺寸及位置等应符合设计要求。骨架隔墙的沿地、沿顶及边框龙骨应与基体结构连接牢固。

检验方法：手扳检查；尺量检查；检查隐蔽工程验收记录。

8.3.3 骨架隔墙中龙骨间距和构造连接方法应符合设计要求。骨架内设备管线的安装、门窗洞口等部位加强龙骨的安装应牢固、位置正确。填充材料的品种、厚度及设置应符合设计要求。

检验方法：检查隐蔽工程验收记录。

8.3.4 木龙骨及木墙面板的防火和防腐处理应符合设计要求。

检验方法：检查隐蔽工程验收记录。

8.3.5 骨架隔墙的墙面板应安装牢固，无脱层、翘曲、折裂及缺损。

检验方法：观察；手扳检查。

8.3.6 墙面板所用接缝材料的接缝方法应符合设计要求。

检验方法：观察。

8.3.7 骨架隔墙表面应平整光滑、色泽一致、洁净、无裂缝，接缝应均匀、顺直。

检验方法：观察；手摸检查。

8.3.8 骨架隔墙上的孔洞、槽、盒应位置正确、套割吻合、边缘整齐。

检验方法：观察。

8.3.9 骨架隔墙内的填充材料应干燥，填充应密实、均匀、无下坠。

检验方法：轻敲检查；检查隐蔽工程验收记录。

8.3.10 骨架隔墙安装的允许偏差和检验方法应符合表 8.3.10 的规定。

表 8.3.10　骨架隔墙安装的允许偏差和检验方法

项次	项目	允许偏差（mm）		检验方法
		纸面石膏板	人造木板、水泥纤维板	
1	立面垂直度	3	4	用 2m 垂直检测尺检查
2	表面平整度	3	3	用 2m 靠尺和塞尺检查
3	阴阳角方正	3	3	用 200mm 直角检测尺检查
4	接缝直线度	—	3	拉 5m 线，不足 5m 拉通线，用钢直尺检查
5	压条直线度	—	3	拉 5m 线，不足 5m 拉通线，用钢直尺检查
6	接缝高低差	1	1	用钢直尺和塞尺检查

8.4 活动隔墙工程

8.4.1 活动隔墙所用墙板、轨道、配件等材料的品种、规格、性能和人造木板甲醛释放量、燃烧性能应符合设计要求。

检验方法：观察；检查产品合格证书、进场验收记录、性能检验报告和复验报告。

8.4.2 活动隔墙轨道应与基体结构连接牢固，并应位置正确。

检验方法：尺量检查；手扳检查。

8.4.3 活动隔墙用于组装、推拉和制动的构配件应安装牢固、位置正确，推拉应安全、平稳、灵活。

检验方法：尺量检查；手扳检查；推拉检查。

8.4.4 活动隔墙的组合方式、安装方法应符合设计要求。

检验方法：观察。

8.4.5 活动隔墙表面应色泽一致、平整光滑、洁净，线条应顺直、清晰。

检验方法：观察；手摸检查。

8.4.6 活动隔墙上的孔洞、槽、盒应位置正确、套割吻合、边缘整齐。

检验方法：观察；尺量检查。

8.4.7 活动隔墙推拉应无噪声。

检验方法：推拉检查。

8.4.8 活动隔墙安装的允许偏差和检验方法应符合表 8.4.8 的规定。

表 8.4.8 活动隔墙安装的允许偏差和检验方法

项次	项目	允许偏差（mm）	检验方法
1	立面垂直度	3	用 2m 垂直检测尺检查
2	表面平整度	2	用 2m 靠尺和塞尺检查
3	接缝直线度	3	拉 5m 线，不足 5m 拉通线，用钢直尺检查
4	接缝高低差	2	用钢直尺和塞尺检查
5	接缝宽度	2	用钢直尺检查

8.5 玻璃隔墙工程

8.5.1 玻璃隔墙工程所用材料的品种、规格、图案、颜色和性能应符合设计要求。玻璃板隔墙应使用安全玻璃。

检验方法：观察；检查产品合格证书、进场验收记录和性能检验报告。

8.5.2 玻璃板安装及玻璃砖砌筑方法应符合设计要求。

检验方法：观察。

8.5.3 有框玻璃板隔墙的受力杆件应与基体结构连接牢固，玻璃板安装橡胶垫位置应正确。玻璃板安装应牢固，受力应均匀。

检验方法：观察；手推检查；检查施工记录。

8.5.4 无框玻璃板隔墙的受力爪件应与基体结构连接牢固，爪件的数量、位置应正确，爪件与玻璃板的连接应牢固。

检验方法：观察；手推检查；检查施工记录。

8.5.5 玻璃门与玻璃墙板的连接、地弹簧的安装位置应符合设计要求。

检验方法：观察；开启检查；检查施工记录。

8.5.6 玻璃砖隔墙砌筑中埋设的拉结筋应与基体结构连接牢固，数量、位置应正确。

检验方法：手扳检查；尺量检查；检查隐蔽工程验收记录。

8.5.7 玻璃隔墙表面应色泽一致、平整洁净、清晰美观。

检验方法：观察。

8.5.8 玻璃隔墙接缝应横平竖直，玻璃应无裂痕、缺损和划痕。

检验方法：观察。

8.5.9 玻璃板隔墙嵌缝及玻璃砖隔墙勾缝应密实平整、均匀顺直、深浅一致。

检验方法：观察。

8.5.10 玻璃隔墙安装的允许偏差和检验方法应符合表 8.5.10 的规定。

表 8.5.10 玻璃隔墙安装的允许偏差和检验方法

项次	项目	允许偏差（mm）		检验方法
		玻璃板	玻璃砖	
1	立面垂直度	2	3	用 2m 垂直检测尺检查
2	表面平整度	—	3	用 2m 靠尺和塞尺检查
3	阴阳角方正	2	—	用 200mm 直角检测尺检查
4	接缝直线度	2	—	拉 5m 线，不足 5m 拉通线，用钢直尺检查
5	接缝高低差	2	3	用钢直尺和塞尺检查
6	接缝宽度	1	—	用钢直尺检查

9 饰面板工程

9.1 一般规定

9.1.1 本章适用于内墙饰面板安装工程和高度不大于 24m、抗震设防烈度不大于 8 度的外墙饰面板安装工程的石板安装、陶瓷板安装、木板安装、金属板安装、塑料板安装等分项工程的质量验收。

9.1.2　饰面板工程验收时应检查下列文件和记录：

1　饰面板工程的施工图、设计说明及其他设计文件；

2　材料的产品合格证书、性能检验报告、进场验收记录和复验报告；

3　后置埋件的现场拉拔检验报告；

4　满粘法施工的外墙石板和外墙陶瓷板粘结强度检验报告；

5　隐蔽工程验收记录；

6　施工记录。

9.1.3　饰面板工程应对下列材料及其性能指标进行复验：

1　室内用花岗石板的放射性、室内用人造木板的甲醛释放量；

2　水泥基粘结料的粘结强度；

3　外墙陶瓷板的吸水率；

4　严寒和寒冷地区外墙陶瓷板的抗冻性。

9.1.4　饰面板工程应对下列隐蔽工程项目进行验收：

1　预埋件（或后置埋件）；

2　龙骨安装；

3　连接节点；

4　防水、保温、防火节点；

5　外墙金属板防雷连接节点。

9.1.5　各分项工程的检验批应按下列规定划分：

1　相同材料、工艺和施工条件的室内饰面板工程每 50 间应划分为一个检验批，不足 50 间也应划分为一个检验批，大面积房间和走廊可按饰面板面积每 30m² 计为 1 间；

2　相同材料、工艺和施工条件的室外饰面板工程每 1000m² 应划分为一个检验批，不足 1000m² 也应划分为一个检验批。

9.1.6　检查数量应符合下列规定：

1　室内每个检验批应至少抽查 10%，并不得少于 3 间，不足 3 间时应全数检查；

2　室外每个检验批每 100m² 应至少抽查一处，每处不得小于 10m²。

9.1.7　饰面板工程的防震缝、伸缩缝、沉降缝等部位的处理应保证缝的使用功能和饰面的完整性。

9.2　石板安装工程

9.2.1　石板的品种、规格、颜色和性能应符合设计要求及国家现行标准的有关规定。

检验方法：观察；检查产品合格证书、进场验收记录、性能检验报告和复验报告。

9.2.2　石板孔、槽的数量、位置和尺寸应符合设计要求。

检验方法：检查进场验收记录和施工记录。

9.2.3　石板安装工程的预埋件（或后置埋件）、连接件的材质、数量、规格、位置、连接方法和防腐处理应符合设计要求。后置埋件的现场拉拔力应符合设计要求。石板安装应牢固。

检验方法：手扳检查；检查进场验收记录、现场拉拔检验报告、隐蔽工程验收记录和施工记录。

9.2.4　采用满粘法施工的石板工程，石板与基层之间的粘结料应饱满、无空鼓。石板粘结应牢固。

检验方法：用小锤轻击检查；检查施工记录；检查外墙石板粘结强度检验报告。

9.2.5　石板表面应平整、洁净、色泽一致，应无裂痕和缺损。石板表面应无泛碱等污染。

检验方法：观察。

9.2.6　石板填缝应密实、平直，宽度和深度应符合设计要求，填缝材料色泽应一致。

检验方法：观察；尺量检查。

9.2.7　采用湿作业法施工的石板安装工程，石板应进行防碱封闭处理。石板与基体之间的灌注材料应饱满、密实。

检验方法：用小锤轻击检查；检查施工记录。

9.2.8 石板上的孔洞应套割吻合，边缘应整齐。

检验方法：观察。

9.2.9 石板安装的允许偏差和检验方法应符合表 9.2.9 的规定。

表 9.2.9 石板安装的允许偏差和检验方法

项次	项目	允许偏差（mm）			检验方法
		光面	剁斧石	蘑菇石	
1	立面垂直度	2	3	3	用 2m 垂直检测尺检查
2	表面平整度	2	3	—	用 2m 靠尺和塞尺检查
3	阴阳角方正	2	4	4	用 200mm 直角检测尺检查
4	接缝直线度	2	4	4	拉 5m 线，不足 5m 拉通线，用钢直尺检查
5	墙裙、勒脚上口直线度	2	3	3	
6	接缝高低差	1	3	—	用钢直尺和塞尺检查
7	接缝宽度	1	2	2	用钢直尺检查

9.3 陶瓷板安装工程

9.3.1 陶瓷板的品种、规格、颜色和性能应符合设计要求及国家现行标准的有关规定。

检验方法：观察；检查产品合格证书、进场验收记录和性能检验报告。

9.3.2 陶瓷板孔、槽的数量、位置和尺寸应符合设计要求。

检验方法：检查进场验收记录和施工记录。

9.3.3 陶瓷板安装工程的预埋件（或后置埋件）、连接件的材质、数量、规格、位置、连接方法和防腐处理应符合设计要求。后置埋件的现场拉拔力应符合设计要求。陶瓷板安装应牢固。

检验方法：手扳检查；检查进场验收记录、现场拉拔检验报告、隐蔽工程验收记录和施工记录。

9.3.4 采用满粘法施工的陶瓷板工程，陶瓷板与基层之间的粘结料应饱满、无空鼓。陶瓷板粘结应牢固。

检验方法：用小锤轻击检查；检查施工记录；检查外墙陶瓷板粘结强度检验报告。

9.3.5 陶瓷板表面应平整、洁净、色泽一致，应无裂痕和缺损。

检验方法：观察。

9.3.6 陶瓷板填缝应密实、平直，宽度和深度应符合设计要求，填缝材料色泽应一致。

检验方法：观察；尺量检查。

9.3.7 陶瓷板安装的允许偏差和检验方法应符合表 9.3.7 的规定。

表 9.3.7 陶瓷板安装的允许偏差和检验方法

项次	项目	允许偏差（mm）	检验方法
1	立面垂直度	2	用 2m 垂直检测尺检查
2	表面平整度	2	用 2m 靠尺和塞尺检查
3	阴阳角方正	2	用 200mm 直角检测尺检查
4	接缝直线度	2	拉 5m 线，不足 5m 拉通线，用钢直尺检查
5	墙裙、勒脚上口直线度	2	拉 5m 线，不足 5m 拉通线，用钢直尺检查
6	接缝高低差	1	用钢直尺和塞尺检查
7	接缝宽度	1	用钢直尺检查

9.4 木板安装工程

9.4.1 木板的品种、规格、颜色和性能应符合设计要求及国家现行标准的有关规定。木龙骨、木饰面板的燃烧性能等级应符合设计要求。

检验方法：观察；检查产品合格证书、进场验收记录、性能检验报告和复验报告。

9.4.2　木板安装工程的龙骨、连接件的材质、数量、规格、位置、连接方法和防腐处理应符合设计要求。木板安装应牢固。

检验方法：手扳检查；检查进场验收记录、隐蔽工程验收记录和施工记录。

9.4.3　木板表面应平整、洁净、色泽一致，应无缺损。

检验方法：观察。

9.4.4　木板接缝应平直，宽度应符合设计要求。

检验方法：观察；尺量检查。

9.4.5　木板上的孔洞应套割吻合，边缘应整齐。

检验方法：观察。

9.4.6　木板安装的允许偏差和检验方法应符合表 9.4.6 的规定。

表 9.4.6　木板安装的允许偏差和检验方法

项次	项目	允许偏差（mm）	检验方法
1	立面垂直度	2	用 2m 垂直检测尺检查
2	表面平整度	1	用 2m 靠尺和塞尺检查
3	阴阳角方正	2	用 200mm 直角检测尺检查
4	接缝直线度	2	拉 5m 线，不足 5m 拉通线，用钢直尺检查
5	墙裙、勒脚上口直线度	2	拉 5m 线，不足 5m 拉通线，用钢直尺检查
6	接缝高低差	1	用钢直尺和塞尺检查
7	接缝宽度	1	用钢直尺检查

9.5　金属板安装工程

9.5.1　金属板的品种、规格、颜色和性能应符合设计要求及国家现行标准的有关规定。

检验方法：观察；检查产品合格证书、进场验收记录和性能检验报告。

9.5.2　金属板安装工程的龙骨、连接件的材质、数量、规格、位置、连接方法和防腐处理应符合设计要求。金属板安装应牢固。

检验方法：手扳检查；检查进场验收记录、隐蔽工程验收记录和施工记录。

9.5.3　外墙金属板的防雷装置应与主体结构防雷装置可靠接通。

检验方法：检查隐蔽工程验收记录。

9.5.4　金属板表面应平整、洁净、色泽一致。

检验方法：观察。

9.5.5　金属板接缝应平直，宽度应符合设计要求。

检验方法：观察；尺量检查。

9.5.6　金属板上的孔洞应套割吻合，边缘应整齐。

检验方法：观察。

9.5.7　金属板安装的允许偏差和检验方法应符合表 9.5.7 的规定。

表 9.5.7　金属板安装的允许偏差和检验方法

项次	项目	允许偏差（mm）	检验方法
1	立面垂直度	2	用 2m 垂直检测尺检查
2	表面平整度	3	用 2m 靠尺和塞尺检查
3	阴阳角方正	3	用 200mm 直角检测尺检查
4	接缝直线度	2	拉 5m 线，不足 5m 拉通线，用钢直尺检查
5	墙裙、勒脚上口直线度	2	拉 5m 线，不足 5m 拉通线，用钢直尺检查
6	接缝高低差	1	用钢直尺和塞尺检查
7	接缝宽度	1	用钢直尺检查

9.6　塑料板安装工程

9.6.1　塑料板的品种、规格、颜色和性能应符合设计要求及国家现行标准的有关规定。塑料饰面板的燃烧性能等级应符合设计要求。

检验方法：观察；检查产品合格证书、进场验收记录和性能检验报告。

9.6.2　塑料板安装工程的龙骨、连接件的材质、数量、规格、位置、连接方法和防腐处理应符合设计要求。塑料板安装应牢固。

检验方法：手扳检查；检查进场验收记录、隐蔽工程验收记录和施工记录。

9.6.3　塑料板表面应平整、洁净、色泽一致，应无缺损。

检验方法：观察。

9.6.4　塑料板接缝应平直，宽度应符合设计要求。

检验方法：观察；尺量检查。

9.6.5　塑料板上的孔洞应套割吻合，边缘应整齐。

检验方法：观察。

9.6.6　塑料板安装的允许偏差和检验方法应符合表 9.6.6 的规定。

表 9.6.6　塑料板安装的允许偏差和检验方法

项次	项目	允许偏差（mm）	检验方法
1	立面垂直度	2	用 2m 垂直检测尺检查
2	表面平整度	3	用 2m 靠尺和塞尺检查
3	阴阳角方正	3	用 200mm 直角检测尺检查
4	接缝直线度	2	拉 5m 线，不足 5m 拉通线，用钢直尺检查
5	墙裙、勒脚上口直线度	2	拉 5m 线，不足 5m 拉通线，用钢直尺检查
6	接缝高低差	1	用钢直尺和塞尺检查
7	接缝宽度	1	用钢直尺检查

10　饰面砖工程

10.1　一般规定

10.1.1　本章适用于内墙饰面砖粘贴和高度不大于 100m、抗震设防烈度不大于 8 度、采用满粘法施工的外墙饰面砖粘贴等分项工程的质量验收。

10.1.2　饰面砖工程验收时应检查下列文件和记录：

1　饰面砖工程的施工图、设计说明及其他设计文件；

2　材料的产品合格证书、性能检验报告、进场验收记录和复验报告；

3　外墙饰面砖施工前粘贴样板和外墙饰面砖粘贴工程饰面砖粘结强度检验报告；

4　隐蔽工程验收记录；

5　施工记录。

10.1.3　饰面砖工程应对下列材料及其性能指标进行复验：

1　室内用花岗石和瓷质饰面砖的放射性；

2　水泥基粘结材料与所用外墙饰面砖的拉伸粘结强度；

3　外墙陶瓷饰面砖的吸水率；

4　严寒及寒冷地区外墙陶瓷饰面砖的抗冻性。

10.1.4　饰面砖工程应对下列隐蔽工程项目进行验收：

1　基层和基体；

2　防水层。

10.1.5　各分项工程的检验批应按下列规定划分：

1　相同材料、工艺和施工条件的室内饰面砖工程每 50 间应划分为一个检验批，不足 50 间也应划分为一个检验批，大面积房间和走廊可按饰面砖面积每30m²计为1间；

2 相同材料、工艺和施工条件的室外饰面砖工程每1000m²应划分为一个检验批，不足1000m²也应划分为一个检验批。

10.1.6 检查数量应符合下列规定：

1 室内每个检验批应至少抽查10%，并不得少于3间，不足3间时应全数检查；

2 室外每个检验批每100m²应至少抽查一处，每处不得小于10m²。

10.1.7 外墙饰面砖工程施工前，应在待施工基层上做样板，并对样板的饰面砖粘结强度进行检验，检验方法和结果判定应符合现行行业标准《建筑工程饰面砖粘结强度检验标准》JGJ/T 110的规定。

10.1.8 饰面砖工程的防震缝、伸缩缝、沉降缝等部位的处理应保证缝的使用功能和饰面的完整性。

10.2 内墙饰面砖粘贴工程

10.2.1 内墙饰面砖的品种、规格、图案、颜色和性能应符合设计要求及国家现行标准的有关规定。

检验方法：观察；检查产品合格证书、进场验收记录、性能检验报告和复验报告。

10.2.2 内墙饰面砖粘贴工程的找平、防水、粘结和填缝材料及施工方法应符合设计要求及国家现行标准的有关规定。

检验方法：检查产品合格证书、复验报告和隐蔽工程验收记录。

10.2.3 内墙饰面砖粘贴应牢固。

检验方法：手拍检查，检查施工记录。

10.2.4 满粘法施工的内墙饰面砖应无裂缝，大面和阳角应无空鼓。

检验方法：观察；用小锤轻击检查。

10.2.5 内墙饰面砖表面应平整、洁净、色泽一致，应无裂痕和缺损。

检验方法：观察。

10.2.6 内墙面凸出物周围的饰面砖应整砖套割吻合，边缘应整齐。墙裙、贴脸突出墙面的厚度应一致。

检验方法：观察；尺量检查。

10.2.7 内墙饰面砖接缝应平直、光滑，填嵌应连续、密实；宽度和深度应符合设计要求。

检验方法：观察；尺量检查。

10.2.8 内墙饰面砖粘贴的允许偏差和检验方法应符合表10.2.8的规定。

表 10.2.8　内墙饰面砖粘贴的允许偏差和检验方法

项次	项目	允许偏差（mm）	检验方法
1	立面垂直度	2	用2m垂直检测尺检查
2	表面平整度	3	用2m靠尺和塞尺检查
3	阴阳角方正	3	用200mm直角检测尺检查
4	接缝直线度	2	拉5m线，不足5m拉通线，用钢直尺检查
5	接缝高低差	1	用钢直尺和塞尺检查
6	接缝宽度	1	用钢直尺检查

10.3 外墙饰面砖粘贴工程

10.3.1 外墙饰面砖的品种、规格、图案、颜色和性能应符合设计要求及国家现行标准的有关规定。

检验方法：观察；检查产品合格证书、进场验收记录、性能检验报告和复验报告。

10.3.2 外墙饰面砖粘贴工程的找平、防水、粘结、填缝材料及施工方法应符合设计要求和现行行业标准《外墙饰面砖工程施工及验收规程》JGJ 126的规定。

检验方法：检查产品合格证书、复验报告和隐蔽工程验收记录。

10.3.3 外墙饰面砖粘贴工程的伸缩缝设置应符合设计要求。

检验方法：观察；尺量检查。

10.3.4 外墙饰面砖粘贴应牢固。

检验方法：检查外墙饰面砖粘结强度检验报告和施工记录。

10.3.5 外墙饰面砖工程应无空鼓、裂缝。

检验方法：观察；用小锤轻击检查。

10.3.6 外墙饰面砖表面应平整、洁净、色泽一致，应无裂痕和缺损。

检验方法：观察。

10.3.7 饰面砖外墙阴阳角构造应符合设计要求。

检验方法：观察。

10.3.8 墙面凸出物周围的外墙饰面砖应整砖套割吻合，边缘应整齐。墙裙、贴脸突出墙面的厚度应一致。

检验方法：观察；尺量检查。

10.3.9 外墙饰面砖接缝应平直、光滑，填嵌应连续、密实；宽度和深度应符合设计要求。

检验方法：观察；尺量检查。

10.3.10 有排水要求的部位应做滴水线（槽）。滴水线（槽）应顺直，流水坡向应正确，坡度应符合设计要求。

检验方法：观察；用水平尺检查。

10.3.11 外墙饰面砖粘贴的允许偏差和检验方法应符合表 10.3.11 的规定。

表 10.3.11 外墙饰面砖粘贴的允许偏差和检验方法

项次	项目	允许偏差（mm）	检验方法
1	立面垂直度	3	用 2m 垂直检测尺检查
2	表面平整度	4	用 2m 靠尺和塞尺检查
3	阴阳角方正	3	用 200mm 直角检测尺检查
4	接缝直线度	3	拉 5m 线，不足 5m 拉通线，用钢直尺检查
5	接缝高低差	1	用钢直尺和塞尺检查
6	接缝宽度	1	用钢直尺检查

11 幕墙工程

11.1 一般规定

11.1.1 本章适用于玻璃幕墙、金属幕墙、石材幕墙、人造板材幕墙等分项工程的质量验收。玻璃幕墙包括构件式玻璃幕墙、单元式玻璃幕墙、全玻璃幕墙和点支承玻璃幕墙。

11.1.2 幕墙工程验收时应检查下列文件和记录：

1 幕墙工程的施工图、结构计算书、热工性能计算书、设计变更文件、设计说明及其他设计文件；

2 建筑设计单位对幕墙工程设计的确认文件；

3 幕墙工程所用材料、构件、组件、紧固件及其他附件的产品合格证书、性能检验报告、进场验收记录和复验报告；

4 幕墙工程所用硅酮结构胶的抽查合格证明；国家批准的检测机构出具的硅酮结构胶相容性和剥离粘结性检验报告；石材用密封胶的耐污染性检验报告；

5 后置埋件和槽式预埋件的现场拉拔力检验报告；

6 封闭式幕墙的气密性能、水密性能、抗风压性能及层间变形性能检验报告；

7 注胶、养护环境的温度、湿度记录；双组分硅酮结构胶的混匀性试验记录及拉断试验记录；

8 幕墙与主体结构防雷接地点之间的电阻检测记录；

9 隐蔽工程验收记录；

10 幕墙构件、组件和面板的加工制作检验记录；

11 幕墙安装施工记录；

12 张拉杆索体系预拉力张拉记录；

13 现场淋水检验记录。

11.1.3 幕墙工程应对下列材料及其性能指标进行复验：

1 铝塑复合板的剥离强度；

2 石材、瓷板、陶板、微晶玻璃板、木纤维板、纤维水泥板和石材蜂窝板的抗弯强度；严寒、寒冷地区石材、瓷板、陶板、纤维水泥板和石材蜂窝板的抗冻性；室内用花岗石的放射性；

3 幕墙用结构胶的邵氏硬度、标准条件拉伸粘结强度、相容性试验、剥离粘结性试验；石材用密封胶的污染性；

4 中空玻璃的密封性能；

5 防火、保温材料的燃烧性能；

6 铝材、钢材主受力杆件的抗拉强度。

11.1.4 幕墙工程应对下列隐蔽工程项目进行验收：

1 预埋件或后置埋件、锚栓及连接件；

2 构件的连接节点；

3 幕墙四周、幕墙内表面与主体结构之间的封堵；

4 伸缩缝、沉降缝、防震缝及墙面转角节点；

5 隐框玻璃板块的固定；

6 幕墙防雷连接节点；

7 幕墙防火、隔烟节点；

8 单元式幕墙的封口节点。

11.1.5 各分项工程的检验批应按下列规定划分：

1 相同设计、材料、工艺和施工条件的幕墙工程每 1000m² 应划分为一个检验批，不足 1000m² 也应划分为一个检验批；

2 同一单位工程不连续的幕墙工程应单独划分检验批；

3 对于异形或有特殊要求的幕墙，检验批的划分应根据幕墙的结构、工艺特点及幕墙工程规模，由监理单位（或建设单位）和施工单位协商确定。

11.1.6 幕墙工程主控项目和一般项目的验收内容、检验方法、检查数量应符合现行行业标准《玻璃幕墙工程技术规范》JGJ 102、《金属与石材幕墙工程技术规范》JGJ 133 和《人造板材幕墙工程技术规范》JGJ 336 的规定。

11.1.7 幕墙及其连接件具有足够的承载力、刚度和相对于主体结构的位移能力。当幕墙构架立柱的连接金属角码与其他连接件采用螺栓连接时，应有防松动措施。

11.1.8 玻璃幕墙采用中性硅酮结构密封胶时，其性能应符合现行国家标准《建筑用硅酮结构密封胶》GB 16776 的规定；硅酮结构密封胶应在有效期内使用。

11.1.9 不同金属材料接触时应采用绝缘垫片分隔。

11.1.10 硅酮结构密封胶的注胶应在洁净的专用注胶室进行，且养护环境、温度、湿度条件应符合结构胶产品的使用规定。

11.1.11 幕墙的防火应符合设计要求和现行国家标准《建筑设计防火规范》GB 50016 的规定。

11.1.12 幕墙与主体结构连接的各种预埋件，其数量、规格、位置和防腐处理必须符合设计要求。

11.1.13 幕墙的变形缝等部位处理应保证缝的使用功能和饰面的完整性。

11.2 玻璃幕墙工程主控项目和一般项目

11.2.1 玻璃幕墙工程主控项目应包括下列项目：

1 玻璃幕墙工程所用材料、构件和组件质量；

2 玻璃幕墙的造型和立面分格；

3 玻璃幕墙主体结构上的埋件；

4 玻璃幕墙连接安装质量；

5 隐框或半隐框玻璃幕墙玻璃托条；

6 明框玻璃幕墙的玻璃安装质量；

7 吊挂在主体结构上的全玻璃幕墙吊夹具和玻璃接缝密封;

8 玻璃幕墙节点、各种变形缝、墙角的连接点;

9 玻璃幕墙的防火、保温、防潮材料的设置;

10 玻璃幕墙防水效果;

11 金属框架和连接件的防腐处理;

12 玻璃幕墙开启窗的配件安装质量;

13 玻璃幕墙防雷。

11.2.2 玻璃幕墙工程一般项目应包括下列项目:

1 玻璃幕墙表面质量;

2 玻璃和铝合金型材的表面质量;

3 明框玻璃幕墙的外露框或压条;

4 玻璃幕墙拼缝;

5 玻璃幕墙板缝注胶;

6 玻璃幕墙隐蔽节点的遮封;

7 玻璃幕墙安装偏差。

11.3 金属幕墙工程主控项目和一般项目

11.3.1 金属幕墙工程主控项目应包括下列项目:

1 金属幕墙工程所用材料和配件质量;

2 金属幕墙的造型、立面分格、颜色、光泽、花纹和图案;

3 金属幕墙主体结构上的埋件;

4 金属幕墙连接安装质量;

5 金属幕墙的防火、保温、防潮材料的设置;

6 金属框架和连接件的防腐处理;

7 金属幕墙防雷;

8 变形缝、墙角的连接节点;

9 金属幕墙防水效果。

11.3.2 金属幕墙工程一般项目应包括下列项目:

1 金属幕墙表面质量;

2 金属幕墙的压条安装质量;

3 金属幕墙板缝注胶;

4 金属幕墙流水坡向和滴水线;

5 金属板表面质量;

6 金属幕墙安装偏差。

11.4 石材幕墙工程主控项目和一般项目

11.4.1 石材幕墙工程主控项目应包括下列项目:

1 石材幕墙工程所用材料质量;

2 石材幕墙的造型、立面分格、颜色、光泽、花纹和图案;

3 石材孔、槽加工质量;

4 石材幕墙主体结构上的埋件;

5 石材幕墙连接安装质量;

6 金属框架和连接件的防腐处理;

7 石材幕墙的防雷;

8 石材幕墙的防火、保温、防潮材料的设置;

9 变形缝、墙角的连接节点;

10 石材表面和板缝的处理;

11 有防水要求的石材幕墙防水效果。

11.4.2 石材幕墙工程一般项目应包括下列项目：

1 石材幕墙表面质量；

2 石材幕墙的压条安装质量；

3 石材接缝、阴阳角、凸凹线、洞口、槽；

4 石材幕墙板缝注胶；

5 石材幕墙流水坡向和滴水线；

6 石材表面质量；

7 石材幕墙安装偏差。

11.5 人造板材幕墙工程主控项目和一般项目

11.5.1 人造板材幕墙工程主控项目应包括下列项目：

1 人造板材幕墙工程所用材料、构件和组件质量；

2 人造板材幕墙的造型、立面分格、颜色、光泽、花纹和图案；

3 人造板材幕墙主体结构上的埋件；

4 人造板材幕墙连接安装质量；

5 金属框架和连接件的防腐处理；

6 人造板材幕墙防雷；

7 人造板材幕墙的防火、保温、防潮材料的设置；

8 变形缝、墙角的连接节点；

9 有防水要求的人造板材幕墙防水效果。

11.5.2 人造板材幕墙工程一般项目应包括下列项目：

1 人造板材幕墙表面质量；

2 板缝；

3 人造板材幕墙流水坡向和滴水线；

4 人造板材表面质量；

5 人造板材幕墙安装偏差。

12 涂饰工程

12.1 一般规定

12.1.1 本章适用于水性涂料涂饰、溶剂型涂料涂饰、美术涂饰等分项工程的质量验收。水性涂料包括乳液型涂料、无机涂料、水溶性涂料等；溶剂型涂料包括丙烯酸酯涂料、聚氨酯丙烯酸涂料、有机硅丙烯酸涂料、交联型氟树脂涂料等；美术涂饰包括套色涂饰、滚花涂饰、仿花纹涂饰等。

12.1.2 涂饰工程验收时应检查下列文件和记录：

1 涂饰工程的施工图、设计说明及其他设计文件；

2 材料的产品合格证书、性能检验报告、有害物质限量检验报告和进场验收记录；

3 施工记录。

12.1.3 各分项工程的检验批应按下列规定划分：

1 室外涂饰工程每一栋楼的同类涂料涂饰的墙面每 1000m² 应划分为一个检验批，不足 1000m² 也应划分为一个检验批；

2 室内涂饰工程同类涂料涂饰墙面每 50 间应划分为一个检验批，不足 50 间也应划分为一个检验批，大面积房间和走廊可按涂饰面积每 30m² 计为 1 间。

12.1.4 检查数量应符合下列规定：

1 室外涂饰工程每 100m² 应至少检查一处，每处不得小于 10m²；

2 室内涂饰工程每个检验批应至少抽查 10%，并不得少于 3 间；不足 3 间时应全数检查。

12.1.5 涂饰工程的基层处理应符合下列规定：

1 新建筑物的混凝土或抹灰基层在用腻子找平或直接涂饰涂料前应涂刷抗碱封闭底漆；

2　既有建筑墙面在用腻子找平或直接涂饰涂料前应清除疏松的旧装修层，并涂刷界面剂；

3　混凝土或抹灰基层在用溶剂型腻子找平或直接涂刷溶剂型涂料时，含水率不得大于8%；在用乳液型腻子找平或直接涂刷乳液型涂料时，含水率不得大于10%，木材基层的含水率不得大于12%；

4　找平层应平整、坚实、牢固，无粉化、起皮和裂缝；内墙找平层的粘结强度应符合现行行业标准《建筑室内用腻子》JG/T 298的规定；

5　厨房、卫生间墙面的找平层应使用耐水腻子。

12.1.6　水性涂料涂饰工程施工的环境温度应为5℃～35℃。

12.1.7　涂饰工程施工时应对与涂层衔接的其他装修材料、邻近的设备等采取有效的保护措施，以避免由涂料造成的沾污。

12.1.8　涂饰工程应在涂层养护期满后进行质量验收。

12.2　水性涂料涂饰工程

12.2.1　水性涂料涂饰工程所用涂料的品种、型号和性能应符合设计要求及国家现行标准的有关规定。
检验方法：检查产品合格证书、性能检验报告、有害物质限量检验报告和进场验收记录。

12.2.2　水性涂料涂饰工程的颜色、光泽、图案应符合设计要求。
检验方法：观察。

12.2.3　水性涂料涂饰工程应涂饰均匀、粘结牢固，不得漏涂、透底、开裂、起皮和掉粉。
检验方法：观察；手摸检查。

12.2.4　水性涂料涂饰工程的基层处理应符合本标准第12.1.5条的规定。
检验方法：观察；手摸检查；检查施工记录。

12.2.5　薄涂料的涂饰质量和检验方法应符合表12.2.5的规定。

表 12.2.5　薄涂料的涂饰质量和检验方法

项次	项目	普通涂饰	高级涂饰	检验方法
1	颜色	均匀一致	均匀一致	观察
2	光泽、光滑	光泽基本均匀，光滑无挡手感	光泽均匀一致，光滑	
3	泛碱、咬色	允许少量轻微	不允许	
4	流坠、疙瘩	允许少量轻微	不允许	
5	砂眼、刷纹	允许少量轻微砂眼、刷纹通顺	无砂眼，无刷纹	

12.2.6　厚涂料的涂饰质量和检验方法应符合表12.2.6的规定。

表 12.2.6　厚涂料的涂饰质量和检验方法

项次	项目	普通涂饰	高级涂饰	检验方法
1	颜色	均匀一致	均匀一致	观察
2	光泽	光泽基本均匀	光泽均匀一致	
3	泛碱、咬色	允许少量轻微	不允许	
4	点状分布	—	疏密均匀	

12.2.7　复层涂料的涂饰质量和检验方法应符合表12.2.7的规定。

表 12.2.7　复层涂料的涂饰质量和检验方法

项次	项目	质量要求	检验方法
1	颜色	均匀一致	观察
2	光泽	光泽基本均匀	
3	泛碱、咬色	不允许	
4	喷点疏密程度	均匀，不允许连片	

12.2.8 涂层与其他装修材料和设备衔接处应吻合，界面应清晰。

检验方法：观察。

12.2.9 墙面水性涂料涂饰工程的允许偏差和检验方法应符合表 12.2.9 的规定。

表 12.2.9 墙面水性涂料涂饰工程的允许偏差和检验方法

项次	项目	允许偏差（mm）					检验方法
		薄涂料		厚涂料		复层涂料	
		普通涂饰	高级涂饰	普通涂饰	高级涂饰		
1	立面垂直度	3	2	4	3	5	用2m垂直检测尺检查
2	表面平整度	3	2	4	3	5	用2m靠尺和塞尺检查
3	阴阳角方正	3	2	4	3	4	用200mm直角检测尺检查
4	装饰线、分色线直线度	2	1	2	1	3	拉5m线，不足5m拉通线，用钢直尺检查
5	墙裙、勒脚上口直线度	2	1	2	1	3	拉5m线，不足5m拉通线，用钢直尺检查

12.3 溶剂型涂料涂饰工程

12.3.1 溶剂型涂料涂饰工程所选用涂料的品种、型号和性能应符合设计要求及国家现行标准的有关规定。

检验方法：检查产品合格证书、性能检验报告、有害物质限量检验报告和进场验收记录。

12.3.2 溶剂型涂料涂饰工程的颜色、光泽、图案应符合设计要求。

检验方法：观察。

12.3.3 溶剂型涂料涂饰工程应涂饰均匀、粘结牢固，不得漏涂、透底、开裂、起皮和反锈。

检验方法：观察；手摸检查。

12.3.4 溶剂型涂料涂饰工程的基层处理应符合本标准第 12.1.5 条的要求。

检验方法：观察；手摸检查；检查施工记录。

12.3.5 色漆的涂饰质量和检验方法应符合表 12.3.5 的规定。

表 12.3.5 色漆的涂饰质量和检验方法

项次	项目	普通涂饰	高级涂饰	检验方法
1	颜色	均匀一致	均匀一致	观察
2	光泽、光滑	光泽基本均匀，光滑无挡手感	光泽均匀一致，光滑	观察、手摸检查
3	刷纹	刷纹通顺	无刷纹	观察
4	裹棱、流坠、皱皮	明显处不允许	不允许	观察

12.3.6 清漆的涂饰质量和检验方法应符合表 12.3.6 的规定。

表 12.3.6 清漆的涂饰质量和检验方法

项次	项目	普通涂饰	高级涂饰	检验方法
1	颜色	基本一致	均匀一致	观察
2	木纹	棕眼刮平，木纹清楚	棕眼刮平，木纹清楚	观察
3	光泽、光滑	光泽基本均匀，光滑无挡手感	光泽均匀一致，光滑	观察、手摸检查
4	刷纹	无刷纹	无刷纹	观察
5	裹棱、流坠、皱皮	明显处不允许	不允许	观察

12.3.7 涂层与其他装修材料和设备衔接处应吻合，界面应清晰。

检验方法：观察。

12.3.8 墙面溶剂型涂料涂饰工程的允许偏差和检验方法应符合表 12.3.8 的规定。

表 12.3.8 墙面溶剂型涂料涂饰工程的允许偏差和检验方法

项次	项目	允许偏差（mm）				检验方法
		色漆		清漆		
		普通涂饰	高级涂饰	普通涂饰	高级涂饰	
1	立面垂直度	4	3	3	2	用 2m 垂直检测尺检查
2	表面平整度	4	3	3	2	用 2m 靠尺和塞尺检查
3	阴阳角方正	4	3	3	2	用 200mm 直角检测尺检查
4	装饰线、分色线直线度	2	1	2	1	拉 5m 线，不足 5m 拉通线，用钢直尺检查
5	墙裙、勒脚上口直线度	2	1	2	1	拉 5m 线，不足 5m 拉通线，用钢直尺检查

12.4 美术涂饰工程

12.4.1 美术涂饰工程所用材料的品种、型号和性能应符合设计要求及国家现行标准的有关规定。
检验方法：观察；检查产品合格证书、性能检验报告、有害物质限量检验报告和进场验收记录。

12.4.2 美术涂饰工程应涂饰均匀、粘结牢固，不得漏涂、透底、开裂、起皮、掉粉和反锈。
检验方法：观察；手摸检查。

12.4.3 美术涂饰工程的基层处理应符合本标准第 12.1.5 条的要求。
检验方法：观察；手摸检查；检查施工记录。

12.4.4 美术涂饰工程的套色、花纹和图案应符合设计要求。
检验方法：观察。

12.4.5 美术涂饰表面应洁净，不得有流坠现象。
检验方法：观察。

12.4.6 仿花纹涂饰的饰面应具有被模仿材料的纹理。
检验方法：观察。

12.4.7 套色涂饰的图案不得移位，纹理和轮廓应清晰。
检验方法：观察。

12.4.8 墙面美术涂饰工程的允许偏差和检验方法应符合表 12.4.8 的规定。

表 12.4.8 墙面美术涂饰工程的允许偏差和检验方法

项次	项目	允许偏差（mm）	检验方法
1	立面垂直度	4	用 2m 垂直检测尺检查
2	表面平整度	4	用 2m 靠尺和塞尺检查
3	阴阳角方正	4	用 200mm 直角检测尺检查
4	装饰线、分色线直线度	2	拉 5m 线，不足 5m 拉通线，用钢直尺检查
5	墙裙、勒脚上口直线度	2	拉 5m 线，不足 5m 拉通线，用钢直尺检查

13 裱糊与软包工程

13.1 一般规定

13.1.1 本章适用于聚氯乙烯塑料壁纸、纸质壁纸、墙布等裱糊工程和织物、皮革、人造革等软包工程的质量验收。

13.1.2 裱糊与软包工程验收时应检查下列资料：

1 裱糊与软包工程的施工图、设计说明及其他设计文件；

2 饰面材料的样板及确认文件；

3 材料的产品合格证书、性能检验报告、进场验收记录和复验报告；

4 饰面材料及封闭底漆、胶粘剂、涂料的有害物质限量检验报告；

5 隐蔽工程验收记录；

6 施工记录。

13.1.3 软包工程应对木材的含水率及人造木板的甲醛释放量进行复验。

13.1.4 裱糊工程应对基层封闭底漆、腻子、封闭底胶及软包内衬材料进行隐蔽工程验收。裱糊前，基层处理应达到下列规定：

1 新建筑物的混凝土抹灰基层墙面在刮腻子前应涂刷抗碱封闭底漆；

2 粉化的旧墙面应先除去粉化层，并在刮涂腻子前涂刷一层界面处理剂；

3 混凝土或抹灰基层含水率不得大于 8%；木材基层的含水率不得大于 12%；

4 石膏板基层，接缝及裂缝处应贴加强网布后再刮腻子；

5 基层腻子应平整、坚实、牢固，无粉化、起皮、空鼓、酥松、裂缝和泛碱；腻子的粘结强度不得小于 0.3MPa；

6 基层表面平整度、立面垂直度及阴阳角方正应达到本标准第 4.2.10 条高级抹灰的要求；

7 基层表面颜色应一致；

8 裱糊前应用封闭底胶涂刷基层。

13.1.5 同一品种的裱糊或软包工程每 50 间应划分为一个检验批，不足 50 间也应划分为一个检验批，大面积房间和走廊可按裱糊或软包面积每 30m² 计为 1 间。

13.1.6 检查数量应符合下列规定：

1 裱糊工程每个检验批应至少抽查 5 间，不足 5 间时应全数检查；

2 软包工程每个检验批应至少抽查 10 间，不足 10 间时应全数检查。

13.2 裱糊工程

13.2.1 壁纸、墙布的种类、规格、图案、颜色和燃烧性能等级应符合设计要求及国家现行标准的有关规定。

检验方法：观察；检查产品合格证书、进场验收记录和性能检验报告。

13.2.2 裱糊工程基层处理质量应符合本标准第 4.2.10 条高级抹灰的要求。

检验方法：检查隐蔽工程验收记录和施工记录。

13.2.3 裱糊后各幅拼接应横平竖直，拼接处花纹、图案应吻合，应不离缝、不搭接、不显拼缝。

检验方法：距离墙面 1.5m 处观察。

13.2.4 壁纸、墙布应粘贴牢固，不得有漏贴、补贴、脱层、空鼓和翘边。

检验方法：观察；手摸检查。

13.2.5 裱糊后的壁纸、墙布表面应平整，不得有波纹起伏、气泡、裂缝、皱折；表面色泽应一致，不得有斑污，斜视时应无胶痕。

检验方法：观察；手摸检查。

13.2.6 复合压花壁纸和发泡壁纸的压痕或发泡层应无损坏。

检验方法：观察。

13.2.7 壁纸、墙布与装饰线、踢脚板、门窗框的交接处应吻合、严密、顺直。与墙面上电气槽、盒的交接处套割应吻合，不得有缝隙。

检验方法：观察。

13.2.8 壁纸、墙布边缘应平直整齐，不得有纸毛、飞刺。

检验方法：观察。

13.2.9 壁纸、墙布阴角处应顺光搭接，阳角处应无接缝。

检验方法：观察。

13.2.10 裱糊工程的允许偏差和检验方法应符合表 13.2.10 的规定。

表 13.2.10 裱糊工程的允许偏差和检验方法

项次	项目	允许偏差（mm）	检验方法
1	表面平整度	3	用 2m 靠尺和塞尺检查
2	立面垂直度	3	用 2m 垂直检测尺检查
3	阴阳角方正	3	用 200mm 直角检测尺检查

13.3　软包工程

13.3.1　软包工程的安装位置及构造做法应符合设计要求。

检验方法：观察；尺量检查；检查施工记录。

13.3.2　软包边框所选木材的材质、花纹、颜色和燃烧性能等级应符合设计要求及国家现行标准的有关规定。

检验方法：观察；检查产品合格证书、进场验收记录、性能检验报告和复验报告。

13.3.3　软包衬板材质、品种、规格、含水率应符合设计要求。面料及内衬材料的品种、规格、颜色、图案及燃烧性能等级应符合国家现行标准的有关规定。

检验方法：观察；检查产品合格证书、进场验收记录、性能检验报告和复验报告。

13.3.4　软包工程的龙骨、边框应安装牢固。

检验方法：手扳检查。

13.3.5　软包衬板与基层应连接牢固，无翘曲、变形，拼缝应平直，相邻板面接缝应符合设计要求，横向无错位拼接的分格应保持通缝。

检验方法：观察；检查施工记录。

13.3.6　单块软包面料不应有接缝，四周应绷压严密。需要拼花的，拼接处花纹、图案应吻合。软包饰面上电气槽、盒的开口位置、尺寸应正确，套割应吻合，槽、盒四周应镶硬边。

检验方法：观察；手摸检查。

13.3.7　软包工程的表面应平整、洁净、无污染、无凹凸不平及皱折；图案应清晰、无色差，整体应协调美观、符合设计要求。

检验方法：观察。

13.3.8　软包工程的边框表面应平整、光滑、顺直，无色差、无钉眼；对缝、拼角应均匀对称、接缝吻合。清漆制品木纹、色泽应协调一致。其表面涂饰质量应符合本标准第 12 章的有关规定。

检验方法：观察；手摸检查。

13.3.9　软包内衬应饱满，边缘应平齐。

检验方法：观察；手摸检查。

13.3.10　软包墙面与装饰线、踢脚板、门窗框的交接处应吻合、严密、顺直。交接（留缝）方式应符合设计要求。

检验方法：观察。

13.3.11　软包工程安装的允许偏差和检验方法应符合表 13.3.11 的规定。

表 13.3.11　软包工程安装的允许偏差和检验方法

项次	项目	允许偏差（mm）	检验方法
1	单块软包边框水平度	3	用 1m 水平尺和塞尺检查
2	单块软包边框垂直度	3	用 1m 垂直检测尺检查
3	单块软包对角线长度差	3	从框的裁口里角用钢尺检查
4	单块软包宽度、高度	0，−2	从框的裁口里角用钢尺检查
5	分格条（缝）直线度	3	拉 5m 线，不足 5m 拉通线，用钢直尺检查
6	裁口线条结合处高度差	1	用直尺和塞尺检查

14　细部工程

14.1　一般规定

14.1.1　本章适用于固定橱柜制作与安装、窗帘盒和窗台板制作与安装、门窗套制作与安装、护栏和扶手制作与安装、花饰制作与安装等分项工程的质量验收。

14.1.2　细部工程验收时应检查下列文件和记录：

1　施工图、设计说明及其他设计文件；

2　材料的产品合格证书、性能检验报告、进场验收记录和复验报告；

3　隐蔽工程验收记录；

4　施工记录。

14.1.3　细部工程应对花岗石的放射性和人造木板的甲醛释放量进行复验。

14.1.4　细部工程应对下列部位进行隐蔽工程验收：

1　预埋件（或后置埋件）；

2　护栏与预埋件的连接节点。

14.1.5　各分项工程的检验批应按下列规定划分：

1　同类制品每 50 间（处）应划分为一个检验批，不足 50 间（处）也应划分为一个检验批；

2　每部楼梯应划分为一个检验批。

14.1.6　橱柜、窗帘盒、窗台板、门窗套和室内花饰每个检验批应至少抽查 3 间（处），不足 3 间（处）时应全数检查；护栏、扶手和室外花饰每个检验批应全数检查。

14.2　橱柜制作与安装工程

14.2.1　橱柜制作与安装所用材料的材质、规格、性能、有害物质限量及木材的燃烧性能等级和含水率应符合设计要求及国家现行标准的有关规定。

检验方法：观察；检查产品合格证书、进场验收记录、性能检验报告和复验报告。

14.2.2　橱柜安装预埋件或后置埋件的数量、规格、位置应符合设计要求。

检验方法：检查隐蔽工程验收记录和施工记录。

14.2.3　橱柜的造型、尺寸、安装位置、制作和固定方法应符合设计要求。橱柜安装应牢固。

检验方法：观察；尺量检查；手扳检查。

14.2.4　橱柜配件的品种、规格应符合设计要求。配件应齐全，安装应牢固。

检验方法：观察；手扳检查；检查进场验收记录。

14.2.5　橱柜的抽屉和柜门应开关灵活、回位正确。

检验方法：观察；开启和关闭检查。

14.2.6　橱柜表面应平整、洁净、色泽一致，不得有裂缝、翘曲及损坏。

检验方法：观察。

14.2.7　橱柜裁口应顺直、拼缝应严密。

检验方法：观察。

14.2.8　橱柜安装的允许偏差和检验方法应符合表 14.2.8 的规定。

表 14.2.8　橱柜安装的允许偏差和检验方法

项次	项目	允许偏差（mm）	检验方法
1	外形尺寸	3	用钢尺检查
2	立面垂直度	2	用 1m 垂直检测尺检查
3	门与框架的平行度	2	用钢尺检查

14.3　窗帘盒和窗台板制作与安装工程

14.3.1　窗帘盒和窗台板制作与安装所使用材料的材质、规格、性能、有害物质限量及木材的燃烧性能等级和含水率应符合设计要求及国家现行标准的有关规定。

检验方法：观察；检查产品合格证书、进场验收记录、性能检验报告和复验报告。

14.3.2　窗帘盒和窗台板的造型、规格、尺寸、安装位置和固定方法应符合设计要求。窗帘盒和窗台板的安装应牢固。

检验方法：观察；尺量检查；手扳检查。

14.3.3　窗帘盒配件的品种、规格应符合设计要求，安装应牢固。

检验方法：手扳检查；检查进场验收记录。

14.3.4 窗帘盒和窗台板表面应平整、洁净、线条顺直、接缝严密、色泽一致，不得有裂缝、翘曲及损坏。

检验方法：观察。

14.3.5 窗帘盒和窗台板与墙、窗框的衔接应严密，密封胶缝应顺直、光滑。

检验方法：观察。

14.3.6 窗帘盒和窗台板安装的允许偏差和检验方法应符合表 14.3.6 的规定。

表 14.3.6　窗帘盒和窗台板安装的允许偏差和检验方法

项次	项目	允许偏差（mm）	检验方法
1	水平度	2	用 1m 水平尺和塞尺检查
2	上口、下口直线度	3	拉 5m 线，不足 5m 拉通线，用钢直尺检查
3	两端距窗洞口长度差	2	用钢直尺检查
4	两端出墙厚度差	3	用钢直尺检查

14.4　门窗套制作与安装工程

14.4.1 门窗套制作与安装所使用材料的材质、规格、花纹、颜色、性能、有害物质限量及木材的燃烧性能等级和含水率应符合设计要求及国家现行标准的有关规定。

检验方法：观察；检查产品合格证书、进场验收记录、性能检验报告和复验报告。

14.4.2 门窗套的造型、尺寸和固定方法应符合设计要求，安装应牢固。

检验方法：观察；尺量检查；手扳检查。

14.4.3 门窗套表面应平整、洁净、线条顺直、接缝严密、色泽一致，不得有裂缝、翘曲及损坏。

检验方法：观察。

14.4.4 门窗套安装的允许偏差和检验方法应符合表 14.4.4 的规定。

表 14.4.4　门窗套安装的允许偏差和检验方法

项次	项目	允许偏差（mm）	检验方法
1	正、侧面垂直度	3	用 1m 垂直检测尺检查
2	门窗套上口水平度	1	用 1m 水平检测尺和塞尺检查
3	门窗套上口直线度	3	拉 5m 线，不足 5m 拉通线，用钢直尺检查

14.5　护栏和扶手制作与安装工程

14.5.1 护栏和扶手制作与安装所使用材料的材质、规格、数量和木材、塑料的燃烧性能等级应符合设计要求。

检验方法：观察；检查产品合格证书、进场验收记录和性能检验报告。

14.5.2 护栏和扶手的造型、尺寸及安装位置应符合设计要求。

检验方法：观察；尺量检查；检查进场验收记录。

14.5.3 护栏和扶手安装预埋件的数量、规格、位置以及护栏与预埋件的连接节点应符合设计要求。

检验方法：检查隐蔽工程验收记录和施工记录。

14.5.4 护栏高度、栏杆间距、安装位置应符合设计要求。护栏安装应牢固。

检验方法：观察；尺量检查；手扳检查。

14.5.5 栏板玻璃的使用应符合设计要求和现行行业标准《建筑玻璃应用技术规程》JGJ 113 的规定。

检验方法：观察；尺量检查；检查产品合格证书和进场验收记录。

14.5.6 护栏和扶手转角弧度应符合设计要求，接缝应严密，表面应光滑，色泽应一致，不得有裂缝、翘曲及损坏。

检验方法：观察；手摸检查。

14.5.7 护栏和扶手安装的允许偏差和检验方法应符合表 14.5.7 的规定。

表 14.5.7　护栏和扶手安装的允许偏差和检验方法

项次	项目	允许偏差（mm）	检验方法
1	护栏垂直度	3	用 1m 垂直检测尺检查
2	栏杆间距	0，−6	用钢尺检查
3	扶手直线度	4	拉通线，用钢直尺检查
4	扶手高度	+6，0	用钢尺检查

14.6　花饰制作与安装工程

14.6.1　花饰制作与安装所使用材料的材质、规格、性能、有害物质限量及木材的燃烧性能等级和含水率应符合设计要求及国家现行标准的有关规定。

检验方法：观察；检查产品合格证书、进场验收记录、性能检测报告和复验报告。

14.6.2　花饰的造型、尺寸应符合设计要求。

检验方法：观察；尺量检查。

14.6.3　花饰的安装位置和固定方法应符合设计要求，安装应牢固。

检验方法：观察；尺量检查；手扳检查。

14.6.4　花饰表面应洁净，接缝应严密吻合，不得有歪斜、裂缝、翘曲及损坏。

检验方法：观察。

14.6.5　花饰安装的允许偏差和检验方法应符合表 14.6.5 的规定。

表 14.6.5　花饰安装的允许偏差和检验方法

项次	项目		允许偏差（mm）		检验方法
			室内	室外	
1	条形花饰的水平度或垂直度	每米	1	3	拉线和用 1m 垂直检测尺检查
		全长	3	6	
2	单独花饰中心位置偏移		10	15	拉线和用钢直尺检查

15　分部工程质量验收

15.0.1　建筑装饰装修工程质量验收程序和组织应符合现行国家标准《建筑工程施工质量验收统一标准》GB 50300 的规定。

15.0.2　建筑装饰装修工程的子分部工程、分项工程应按本标准附录 A 划分。

15.0.3　建筑装饰装修工程施工过程中，应按本标准的要求对隐蔽工程进行验收，并应按本标准附录 B 的格式记录。

15.0.4　检验批的质量验收应按现行国家标准《建筑工程施工质量验收统一标准》GB 50300 的格式记录。检验批的合格判定应符合下列规定：

1　抽查样本均应符合本标准主控项目的规定；

2　抽查样本的 80% 以上应符合本标准一般项目的规定。其余样本不得有影响使用功能或明显影响装饰效果的缺陷，其中有允许偏差的检验项目，其最大偏差不得超过本标准规定允许偏差的 1.5 倍。

15.0.5　分项工程的质量验收应按现行国家标准《建筑工程施工质量验收统一标准》GB 50300 的格式记录，分项工程中各检验批的质量均应验收合格。

15.0.6　子分部工程的质量验收应按现行国家标准《建筑工程施工质量验收统一标准》GB 50300 的格式记录。子分部工程中各分项工程的质量均应验收合格，并应符合下列规定：

1　应具备本标准各子分部工程规定检查的文件和记录；

2　应具备表 15.0.6 所规定的有关安全和功能检验项目的合格报告；

3　观感质量应符合本标准各分项工程中一般项目的要求。

表 15.0.6 有关安全和功能的检验项目表

项次	子分部工程	检验项目
1	门窗工程	建筑外窗的气密性能、水密性能和抗风压性能
2	饰面板工程	饰面板后置埋件的现场拉拔力
3	饰面砖工程	外墙饰面砖样板及工程的饰面砖粘结强度
4	幕墙工程	1）硅酮结构胶的相容性和剥离粘结性； 2）幕墙后置埋件和槽式预埋件的现场拉拔力； 3）幕墙的气密性、水密性、耐风压性能及层间变形性能

15.0.7 分部工程的质量验收应按现行国家标准《建筑工程施工质量验收统一标准》GB 50300 的格式记录。分部工程中各子分部工程的质量均应验收合格，并应按本标准第 15.0.6 条的规定进行核查。

当建筑工程只有装饰装修分部工程时，该工程应作为单位工程验收。

15.0.8 有特殊要求的建筑装饰装修工程，竣工验收时应按合同约定加测相关技术指标。

15.0.9 建筑装饰装修工程的室内环境质量应符合现行国家标准《民用建筑工程室内环境污染控制规范》GB 50325 的规定。

15.0.10 未经竣工验收合格的建筑装饰装修工程不得投入使用。

附 录A

建筑装饰装修工程的子分部工程、分项工程划分

表A 建筑装饰装修工程的子分部工程、分项工程划分

项次	子分部工程	分项工程
1	抹灰工程	一般抹灰，保温层薄抹灰，装饰抹灰，清水砌体勾缝
2	外墙防水工程	外墙砂浆防水，涂膜防水，透气膜防水
3	门窗工程	木门窗安装，金属门窗安装，塑料门窗安装，特种门安装，门窗玻璃安装
4	吊顶工程	整体面层吊顶，板块面层吊顶，格栅吊顶
5	轻质隔墙工程	板材隔墙，骨架隔墙，活动隔墙，玻璃隔墙
6	饰面板工程	石板安装，陶瓷板安装，木板安装，金属板安装，塑料板安装
7	饰面砖工程	外墙饰面砖粘贴，内墙饰面砖粘贴
8	幕墙工程	玻璃幕墙安装，金属幕墙安装，石材幕墙安装，人造板材幕墙安装
9	涂饰工程	水性涂料涂饰，溶剂型涂料涂饰，美术涂饰
10	裱糊与软包工程	裱糊，软包
11	细部工程	橱柜制作与安装，窗帘盒和窗台板制作与安装，门窗套制作与安装，护栏和扶手制作与安装，花饰制作与安装
12	建筑地面工程	基层铺设，整体面层铺设，板块面层铺设，木、竹面层铺设

附 录 B

隐蔽工程验收记录

表 B　隐蔽工程验收记录

装饰装修工程名称			项目经理	
分项工程名称			专业工长	
隐蔽工程项目				
施工单位				
施工标准名称及代号				
施工图名称及编号				
隐蔽工程部位	质量要求	施工单位自查记录		监理单位验收意见
施工单位自查结论	专业工长： 　　　　　　　　　年　月　日		质量检查员： 　　　　　　　　　年　月　日	
监理单位验收结论	专业监理工程师：　　　　　　　　　　　　　　　年　　月　　日			

3.10 《民用建筑工程室内环境污染控制规范》GB 50325—2020

1 总则（略）

2 术语（略）

3 材料

3.1 无机非金属建筑主体材料和装饰装修材料

3.1.1 民用建筑工程所使用的砂、石、砖、实心砌块、水泥、混凝土、混凝土预制构件等无机非金属建筑主体材料，其放射性限量应符合现行国家标准《建筑材料放射性核素限量》GB 6566 的规定。

3.1.2 民用建筑工程所使用的石材、建筑卫生陶瓷、石膏制品、无机粉黏结材料等无机非金属装饰装修材料，其放射性限量应分类符合现行国家标准《建筑材料放射性核素限量》GB 6566 的规定。

3.1.3 当民用建筑工程使用加气混凝土制品和空心率（孔洞率）大于25%空心砖、空心砌块等建筑主体材料时，其放射性限量应符合表 3.1.3 的规定。

表 3.1.3 加气混凝土制品和空心率（孔洞率）大于 25% 的建筑主体材料放射性限量

测定项目	限量
表面氡析出率［Bq/(m² · s)］	≤ 0.015
内照射指数（IRa）	≤ 1.0
外照射指数（Ir）	≤ 1.3

3.1.4 主体材料和装饰装修材料放射性核素的测定方法应符合现行国家标准《建筑材料放射性核素限量》GB 6566 的有关规定，表面氡析出率的测定方法应符合本标准附录 A 的规定。

3.2 人造木板及其制品

3.2.1 民用建筑工程室内用人造木板及其制品应测定游离甲醛释放量。

3.2.2 人造木板及其制品可采用环境测试舱法或干燥器法测定甲醛释放量，当发生争议时应以环境测试舱法的测定结果为准。

3.2.3 环境测试舱法测定的人造木板及其制品的游离甲醛释放量不应大于 0.124mg/m³，测定方法应按本标准附录 B 执行。

3.2.4 干燥器法测定的人造木板及其制品的游离甲醛释放量不应大于 1.5mg/L，测定方法应符合现行国家标准《人造板及饰面人造板理化性能试验方法》GB/T 17657 的规定。

3.3 涂料

3.3.1 民用建筑工程室内用水性装饰板涂料、水性墙面涂料、水性墙面腻子的游离甲醛限量，应符合现行国家标准《建筑用墙面涂料中有害物质限量》GB 18582 的规定。

3.3.2 民用建筑工程室内用其他水性涂料和水性腻子，应测定游离甲醛的含量，其限量应符合表 3.3.2 的规定，其测定方法应符合现行国家标准《水性涂料中甲醛含量的测定 乙酰丙酮分光光度法》GB/T 23993 的规定。

表 3.3.2 室内用其他水性涂料和水性腻子中游离甲醛限量

测定项目	限量	
	其他水性涂料	其他水性腻子
游离甲醛（mg/kg）	≤ 100	

3.3.3 民用建筑工程室内用溶剂型装饰板涂料的 VOC 和苯、甲苯＋二甲苯＋乙苯限量，应符合现行国家标准《建筑用墙面涂料中有害物质限量》GB 18582 的规定；溶剂型木器涂料和腻子的 VOC 和苯、

甲苯＋二甲苯＋乙苯限量，应符合现行国家标准《木器涂料中有害物质限量》GB 18581 的规定；溶剂型地坪涂料的 VOC 和苯、甲苯＋二甲苯＋乙苯限量，应符合现行国家标准《室内地坪涂料中有害物质限量》GB 38468 的规定。

3.3.4　民用建筑工程室内用酚醛防锈涂料、防水涂料、防火涂料及其他溶剂型涂料，应按其规定的最大稀释比例混合后，测定 VOC 和苯、甲苯＋二甲苯＋乙苯的含量，其限量均应符合表 3.3.4 的规定；VOC 含量测定方法应符合现行国家标准《色漆和清漆挥发性有机化合物（VOC）含量的测定差值法》GB/T 23985 的规定，苯、甲苯＋二甲苯＋乙苯含量测定方法应符合现行国家标准《涂料中苯、甲苯、乙苯和二甲苯含量的测定 气相色谱法》GB/T 23990 的规定。

表 3.3.4　室内用酚醛防锈涂料、防水涂料、
防火涂料及其他溶剂型涂料中 VOC、苯、甲苯＋二甲苯＋乙苯限量

涂料名称	VOC（g/L）	苯（%）	甲苯＋二甲苯＋乙苯（%）
酚醛防锈涂料	≤ 270	≤ 0.3	—
防水涂料	≤ 750	≤ 0.2	≤ 40
防火涂料	≤ 500	≤ 0.1	≤ 10
其他溶剂型涂料	≤ 600	≤ 0.3	≤ 30

3.3.5　民用建筑工程室内用聚氨酯类涂料和木器用聚氨酯类腻子中的 VOC、苯、甲苯＋二甲苯＋乙苯、游离二异氰酸酯（TDI＋HDI）限量，应符合现行国家标准《木器涂料中有害物质限量》GB 18581 的规定。

3.4　胶粘剂

3.4.1　民用建筑工程室内用水性胶粘剂的游离甲醛限量，应符合现行国家标准《建筑胶粘剂有害物质限量》GB 30982 的规定。

3.4.2　民用建筑工程室内用水性胶粘剂、溶剂型胶粘剂、本体型胶粘剂的 VOC 限量，应符合现行国家标准《胶粘剂挥发性有机化合物限量》GB/T 33372 的规定。

3.4.3　民用建筑工程室内用溶剂型胶粘剂、本体型胶粘剂的苯、甲苯＋二甲苯、游离甲苯二异氰酸酯（TDI）限量，应符合现行国家标准《建筑胶粘剂有害物质限量》GB 30982 的规定。

3.5　水性处理剂

3.5.1　民用建筑工程室内用水性阻燃剂（包括防火涂料）、防水剂、防腐剂、增强剂等水性处理剂，应测定游离甲醛的含量，其限量不应大于 100mg/kg。

3.5.2　水性处理剂中游离甲醛含量的测定方法，应按现行国家标准《水性涂料中甲醛含量的测定 乙酰丙酮分光光度法》GB/T 23993 规定的方法进行。

3.6　其他材料

3.6.1　民用建筑工程中所使用的混凝土外加剂，氨的释放量不应大于 0.10%，氨释放量测定方法应符合现行国家标准《混凝土外加剂中释放氨的限量》GB 18588 的有关规定。

3.6.2　民用建筑工程中所使用的能释放氨的阻燃剂、防火涂料、水性建筑防水涂料氨的释放量不应大于 0.50%，测定方法宜符合现行行业标准《建筑防火涂料有害物质限量及检测方法》JG/T 415 的有关规定。

3.6.3　民用建筑工程中所使用的能释放甲醛的混凝土外加剂中，残留甲醛的量不应大于 500mg/kg，测定方法应符合现行国家标准《混凝土外加剂中残留甲醛的限量》GB 31040 的有关规定。

3.6.4　民用建筑室内使用的黏合木结构材料，游离甲醛释放量不应大于 0.124mg/m³，其测定方法应符合本标准附录 B 的有关规定。

3.6.5　民用建筑室内用帷幕、软包等游离甲醛释放量不应大于 0.124mg/m³，其测定方法应符合本标准附录 B 的有关规定。

3.6.6　民用建筑室内用墙纸（布）中游离甲醛含量限量应符合表 3.6.6 的有关规定，其测定方法应符合现行国家标准《室内装饰装修材料 壁纸中有害物质限量》GB 18585 的规定。

表 3.6.6　室内用墙纸（布）中游离甲醛限量

测定项目	限量		
	无纺墙纸	纺织面墙纸（步）	其他墙纸（布）
游离甲醛（mg/kg）	≤ 120	≤ 60	≤ 120

3.6.7　民用建筑室内用聚氯乙烯卷材地板、木塑制品地板、橡塑类铺地材料中挥发物含量测定方法应符合现行国家标准《室内装饰装修材料 聚氯乙烯卷材地板中有害物质限量》GB 18586 的规定，其限量应符合表 3.6.7 的有关规定。

表 3.6.7　聚氯乙烯卷材地板、木塑制品地板、橡塑类铺地材料中挥发物限量

名称		限量（g/m³）
聚氯乙烯卷材地板（发泡类）	玻璃纤维基材	≤ 75
	其他基材	≤ 35
聚氯乙烯卷材地板（非发泡类）	玻璃纤维基材	≤ 40
	其他基材	≤ 10
木塑制品地板（基材发泡）		≤ 775
木塑制品地板（基材不发泡）		≤ 40
橡胶类铺地材料		≤ 50

3.6.8　民用建筑室内用地毯、地毯衬垫中 VOC 和游离甲醛的释放量测定方法应符合本标准附录 B 的有关规定，其限量应符合表 3.6.8 的规定。

表 3.6.8　地毯、地毯衬垫中 VOC 和游离甲醛释放限量

名称	测定项目	限量［mg/(m²·h)］
地毯	VOC	≤ 0.500
	游离甲醛	≤ 0.050
地毯衬垫	VOC	≤ 1.000
	游离甲醛	≤ 0.050

3.6.9　民用建筑室内用壁纸胶、基膜的墙纸（布）胶粘剂中游离甲醛、苯＋甲苯＋乙苯＋二甲苯、VOC 的限量应符合表 3.6.9 的有关规定，游离甲醛含量测定方法应符合现行国家标准《建筑胶粘剂有害物质限量》GB 30982 的规定；苯＋甲苯＋乙苯＋二甲苯测定方法应符合现行国家标准《建筑胶粘剂有害物质限量》GB 30982 的规定；VOC 含量的测定方法应符合现行国家标准《胶粘剂挥发性有机化合物限量》GB/T 33372 的规定。

表 3.6.9　室内用墙纸（布）胶粘剂中游离甲醛、苯＋甲苯＋乙苯＋二甲苯、VOC 限量

测定项目	限量	
	壁纸胶	基膜
游离甲醛（mg/kg）	≤ 100	≤ 100
苯＋甲苯＋乙苯＋二甲苯（g/kg）	≤ 10	≤ 0.3
VOC（g/L）	≤ 350	≤ 120

4　工程勘察设计

4.1　一般规定

4.1.1　新建、扩建的民用建筑工程，设计前应对建筑工程所在城市区域土壤中氡浓度或土壤表面氡析出率进行调查，并提交相应的调查报告。未进行过区域土壤中氡浓度或土壤表面氡析出率测定的，应对建

筑场地土壤中氡浓度或土壤氡析出率进行测定，并提供相应的检测报告。

4.1.2　民用建筑室内装饰装修设计应有污染控制措施，应进行装饰装修设计污染控制预评估，控制装饰装修材料使用量负荷比和材料污染物释放量，采用装配式装修等先进技术，装饰装修制品、部件宜工厂加工制作、现场安装。

4.1.3　民用建筑室内通风设计应符合现行国家标准《民用建筑设计统一标准》GB 50352 的有关规定；采用集中空调的民用建筑工程，新风量应符合现行国家标准《民用建筑供暖通风与空气调节设计规范》GB 50736 的有关规定。

4.1.4　夏热冬冷地区、严寒及寒冷地区等采用自然通风的Ⅰ类民用建筑最小通风换气次数不应低于 0.5 次/h，必要时应采取机械通风换气措施。

4.2　工程地点土壤中氡浓度调查及防氡

4.2.1　新建、扩建的民用建筑工程的工程地质勘察资料，应包括工程所在城市区域土壤氡浓度或土壤表面氡析出率测定历史资料及土壤氡浓度或土壤表面氡析出率平均值数据。

4.2.2　已进行过土壤中氡浓度或土壤表面氡析出率区域性测定的民用建筑工程，当土壤氡浓度测定结果平均值不大于 10000Bq/m³ 或土壤表面氡析出率测定结果平均值不大于 0.02Bq/(m² · s)，且工程场地所在地点不存在地质断裂构造时，可不再进行土壤复浓度测定；其他情况均应进行工程场地土壤氡浓度或土壤表面氡析出率测定。

4.2.3　当民用建筑工程场地土壤氡浓度平均值不大于 20000Bq/m³ 或土壤表面氡析出率不大于 0.05Bq/(m² · s)时，可不采取防氡工程措施。

4.2.4　当民用建筑工程场地土壤氡浓度测定结果大于 20000Bq/m³ 且小于 30000Bq/m³，或土壤表面氡析出率大于 0.05Bq/(m² · s)且小于 0.10Bq/(m² · s)时，应采取建筑物底层地面抗开裂措施。

4.2.5　当民用建筑工程场地土壤氡浓度测定结果不小于 30000Bq/m³ 且小于 50000Bq/m³，或土壤表面氡析出率不小于 0.10Bq/(m² · s)且小于 0.30Bq/(m² · s)时，除采取建筑物底层地面抗开裂措施外，还必须按现行国家标准《地下工程防水技术规范》GB 50108 中的一级防水要求，对基础进行处理。

4.2.6　当民用建筑工程场地土壤氡浓度平均值不小于 50000Bq/m³ 或土壤表面氡析出率平均值不小于 0.30Bq/(m² · s)时，应采取建筑物综合防氡措施。

4.2.7　当Ⅰ类民用建筑工程场地土壤中氡浓度平均值不小于 50000Bq/m³，或土壤表面氡析出率不小于 0.30Bq/(m² · s)时，应进行工程场地土壤中的镭-226、钍-232、钾-40 比活度测定。当土壤内照射指数（I_{Ra}）大于 1.0 或外照射指数（I_r）大于 1.3 时，工程场地土壤不得作为工程回填土使用。

4.2.8　民用建筑工程场地土壤中氡浓度测定方法及土壤表面氡析出率测定方法应符合本标准附录 C 的规定。

4.3　材料选择

4.3.1　Ⅰ类民用建筑室内装饰装修采用的无机非金属装饰装修材料放射性限量必须满足现行国家标准《建筑材料放射性核素限量》GB 6566 规定的 A 类要求。

4.3.2　Ⅱ类民用建筑宜采用放射性符合 A 类要求的无机非金属装饰装修材料；当 A 类和 B 类无机非金属装饰装修材料混合使用时，每种材料的使用量应按下列公式计算：

$$\sum f_i \cdot I_{Rai} \leqslant 1.0 \tag{4.3.2-1}$$
$$\sum f_i \cdot I_{\gamma i} \leqslant 1.3 \tag{4.3.2-2}$$

式中：f_i——第i种材料在材料总用量中所占的质量百分比（%）；

$\quad I_{Rai}$——第i种材料的内照射指数；

$\quad I_{\gamma i}$——第i种材料的外照射指数。

4.3.3　民用建筑室内装饰装修采用的人造木板及其制品、涂料、胶粘剂、水性处理剂、混凝土外加剂、墙纸（布）、聚氯乙烯卷材地板、地毯等材料的有害物质释放量或含量，应符合本标准第 3 章的规定。

4.3.4　民用建筑室内装饰装修时，不应采用聚乙烯醇水玻璃内墙涂料、聚乙烯醇缩甲醛内墙涂料和树脂以硝化纤维素为主、溶剂以二甲苯为主的水包油型（O/W）多彩内墙涂料。

4.3.5　民用建筑室内装饰装修时，不应采用聚乙烯醇缩甲醛类胶粘剂。

4.3.6 民用建筑室内装饰装修中所使用的木地板及其他木质材料，严禁采用沥青、煤焦油类防腐、防潮处理剂。

4.3.7 Ⅰ类民用建筑室内装饰装修粘贴塑料地板时，不应采用溶剂型胶粘剂。

4.3.8 Ⅱ类民用建筑中地下室及不与室外直接自然通风的房间粘贴塑料地板时，不宜采用溶剂型胶粘剂。

4.3.9 民用建筑工程中，外墙采用内保温系统时，应选用环保性能好的保温材料，表面应封闭严密，且不应在室内装饰装修工程中采用脲醛树脂泡沫材料作为保温、隔热和吸声材料。

5 工程施工

5.1 一般规定

5.1.1 材料进场应按设计要求及本标准的有关规定，对建筑主体材料和装饰装修材料的污染物释放量或含量进行抽查复验。

5.1.2 装饰装修材料污染物释放量或含量抽查复验组批要求应符合表 5.1.2 的规定。

表 5.1.2 装饰装修材料抽查复验组批要求

材料名称	组批要求
天然花岗岩石材和瓷质砖	当同一产地、同一品种产品使用面积大于 200m² 时需进行复验，组批按同一产地、同一品种每 5000m² 为一批，不足 5000m² 按一批计
人造木板及其制品	当同一厂家、同一品种、同一规格产品使用面积大于 500m² 时需进行复验，组批按同一厂家、同一品种、同一规格每 5000m² 为一批，不足 5000m² 按一批计
水性涂料和水性腻子	组批按同一厂家、同一品种、同一规格产品每 5t 为一批，不足 5t 按一批计
溶剂型涂料和木器用溶剂型腻子	木器聚氨酯涂料，组批按同一厂家产品以甲组分每 5t 为一批，不足 5t 按一批计
	其他涂料、腻子，组批按同一厂家、同一品种、同一规格产品每 5t 为一批，不足 5t 按一批计
室内防水涂料	反应型聚氨酯涂料，组批按同一厂家、同一品种、同一规格产品每 5t 为一批，不足 5t 按一批计
	聚合物水泥防水涂料，组批按同一厂家产品每 10t 为一批，不足 10t 按一批计
	其他涂料，组批按同一厂家、同一品种、同一规格产品每 5t 为一批，不足 5t 按一批计
水性胶粘剂	聚氨酯类胶粘剂组批按同一厂家以甲组分每 5t 为一批，不足 5t 按一批计
	聚乙酸乙烯酯胶粘剂、橡胶类胶粘剂、VAE 乳液类胶粘剂、丙烯酸酯类胶粘剂等，组批按同一厂家、同一品种、同一规格产品每 5t 为一批，不足 5t 按一批计
溶剂型胶粘剂	聚氨酯类胶粘剂组批按同一厂家以甲组分每 5t 为一批，不足 5t 按一批计
	氯丁橡胶胶粘剂、SBS 胶粘剂、丙烯酸酯类胶粘剂等，组批按同一厂家、同一品种、同一规格产品每 5t 为一批，不足 5t 按一批计
本体型胶粘剂	环氧类（A组分）胶粘剂，组批按同一厂家以 A 组分每 5t 为一批，不足 5t 按一批计
	有机硅类胶粘剂（含 MS）等，组批按同一厂家、同一品种、同一规格产品每 5t 为一批，不足 5t 按一批计
水性阻燃剂、防水剂和防腐剂等水性处理剂	组批按同一厂家、同一品种、同一规格产品每 5t 为一批，不足 5t 按一批计
防火涂料	组批按同一厂家、同一品种、同一规格产品每 5t 为一批，不足 5t 按一批计

5.1.3 当建筑主体材料和装饰装修材料进场检验，发现不符合设计要求及本标准的有关规定时，不得使用。

5.1.4 施工单位应按设计要求及本标准的有关规定进行施工，不得擅自更改设计文件要求。当需要更改时，应经原设计单位确认后按施工变更程序有关规定进行。

5.1.5 民用建筑室内装饰装修，当多次重复使用同一装饰装修设计时，宜先做样板间，并对其室内环境污染物浓度进行检测。

5.1.6 样板间室内环境污染物浓度检测方法；应符合本标准第 6 章有关规定。当检测结果不符合本标准的规定时，应查找原因并采取改进措施。

5.2 材料进场检验

5.2.1 民用建筑工程采用的无机非金属建筑主体材料和建筑装饰装修材料进场时，施工单位应查验其放射性指标检测报告。

5.2.2 民用建筑室内装饰装修中采用的天然花岗石石材或瓷质砖使用面积大于 200m² 时，应对不同产品、不同批次材料分别进行放射性指标的抽查复验。

5.2.3 民用建筑室内装饰装修中所采用的人造木板及其制品进场时，施工单位应查验其游离甲醛释放量检测报告。

5.2.4 民用建筑室内装饰装修中采用的人造木板面积大于 500m² 时，应对不同产品、不同批次材料的游离甲醛释放量分别进行抽查复验。

5.2.5 民用建筑室内装饰装修中所采用的水性涂料、水性处理剂进场时，施工单位应查验其同批次产品的游离甲醛含量检测报告；溶剂型涂料进场时，施工单位应查验其同批次产品的 VOC、苯、甲苯＋二甲苯、乙苯含量检测报告，其中聚氨酯类的应有游离二异氰酸酯（TDI＋HDI）含量检测报告。

5.2.6 民用建筑室内装饰装修中所采用的水性胶粘剂进场时，施工单位应查验其同批次产品的游离甲醛含量和 VOC 检测报告；溶剂型、本体型胶粘剂进场时，施工单位应查验其同批次产品的苯、甲苯＋二甲苯、VOC 含量检测报告，其中聚氨酯类的应有游离甲苯二异氰酸酯（TDI）含量检测报告。

5.2.7 民用建筑室内装饰装修中所采用的壁纸（布）应有同批次产品的游离甲醛含量检测报告。并应符合设计要求和本标准的规定。

5.2.8 建筑主体材料和装饰装修材料的检测项目不全或对检测结果有疑问时，应对材料进行检验，检验合格后方可使用。

5.2.9 幼儿园、学校教室、学生宿舍等民用建筑室内装饰装修，应对不同产品、不同批次的人造木板及其制品的甲醛释放量和涂料、橡塑类合成材料的挥发性有机化合物释放量进行抽查复验，并应符合本标准的规定。

5.3 施工要求

5.3.1 采取防氡设计措施的民用建筑工程，其地下工程的变形缝、施工缝、穿墙管（盒）、埋设件、预留孔洞等特殊部位的施工工艺，应符合现行国家标准《地下工程防水技术规范》GB 50108 的有关规定。

5.3.2 Ⅰ类民用建筑工程当采用异地土作为回填土时，该回填土应进行镭-226、钍-232、钾-40 的比活度测定，且回填土内照射指数（IRa）不应大于 1.0，外照射指数（Ir）不应大于 1.3。

5.3.3 民用建筑室内装饰装修时，严禁使用苯、工业苯、石油苯、重质苯及混苯等含苯稀释剂和溶剂。

5.3.4 民用建筑室内装饰装修施工时，施工现场应减少溶剂型涂料作业，减少施工现场湿作业、扬尘作业、高噪声作业等污染性施工，不应使用苯、甲苯、二甲苯和汽油进行除油和清除旧涂层作业。

5.3.5 涂料、胶粘剂、水性处理剂、稀释剂和溶剂等使用后，应及时封闭存放，废料应及时清出。

5.3.6 民用建筑室内装饰装修严禁使用有机溶剂清洗施工用具。

5.3.7 供暖地区的民用建筑工程，室内装饰装修施工不宜在供暖期内进行。

5.3.8 轻质隔墙、涂饰工程、裱糊与软包、门窗、饰面板、吊顶等装饰装修施工时，应注意防潮，避免覆盖局部潮湿区域。

5.3.9 装饰装修施工时，空调冷凝水排放应符合现行国家标准《民用建筑供暖通风与空气调节设计规范》GB 50736 的规定。

5.3.10 使用中的民用建筑进行装饰装修施工时，在没有采取有效防止污染措施情况下，不得采用溶剂型涂料进行施工。

6 验收

6.0.1 民用建筑工程及室内装饰装修工程的室内环境质量验收，应在工程完工不少于 7d 后、工程交付使用前进行。

6.0.2　民用建筑工程竣工验收时，应检查下列资料；

1　工程地质勘察报告、工程地点土壤中氡浓度或氡析出率检测报告、高土壤氡工程地点土壤天然放射性核素镭-226、钍-232、钾-40含量检测报告；

2　涉及室内新风量的设计、施工文件；以及新风量检测报告；

3　涉及室内环境污染控制的施工图设计文件及工程设计变更文件；

4　建筑主体材料和装饰装修材料的污染物检测报告、材料进场检验记录、复验报告；

5　与室内环境污染控制有关的隐蔽工程验收记录、施工记录；

6　样板间的室内环境污染物浓度检测报告（不做样板间的除外）；

7　室内空气中污染物浓度检测报告。

6.0.3　民用建筑工程所用建筑主体材料和装饰装修材料的类别、数量和施工工艺等，应满足设计要求并符合本标准有关规定。

6.0.4　民用建筑工程竣工验收时，必须进行室内环境污染物浓度检测，其限量应符合表 6.0.4 的规定。

表 6.0.4　民用建筑室内环境污染物浓度限量

污染物	Ⅰ类民用建筑工程	Ⅱ类民用建筑工程
氡（Bq/m³）	≤ 150	≤ 150
甲醛（mg/m³）	≤ 0.07	≤ 0.08
氨（mg/m³）	≤ 0.15	≤ 0.20
苯（mg/m³）	≤ 0.06	≤ 0.09
甲苯（mg/m³）	≤ 0.15	≤ 0.20
二甲苯（mg/m³）	≤ 0.20	≤ 0.20
TVOC（mg/m³）	≤ 0.45	≤ 0.50

注：1　污染物浓度测量值，除氡外均指室内污染物浓度测量值扣除室外上风向空气中污染物浓度测量值（本底值）后的测量值。

　　2　污染物浓度测量值的极限值判定，采用全数值比较法。

6.0.5　民用建筑工程验收时，对采用集中通风的公共建筑工程，应进行室内新风量的检测；检测结果应符合设计和现行国家标准《民用建筑供暖通风与空气调节设计规范》GB 50736 的有关规定。

6.0.6　民用建筑室内空气中氡浓度检测宜采用泵吸静电收集能谱分析法、泵吸闪烁室法、泵吸脉冲电离室法、活性炭盒-低本底多道γ谱仪法，测量结果不确定度不应大于 25%（$k = 2$），方法的探测下限不应大于 10Bq/m³。

6.0.7　民用建筑室内空气中甲醛检测方法，应符合现行国家标准《公共场所卫生检验方法　第 2 部分：化学污染物》GB/T 18204.2 中 AHMT 分光光度法的规定。

6.0.8　民用建筑室内空气中甲醛检测，可采用简便取样仪器检测方法，甲醛简便取样仪器检测方法应定期进行校准，测量范围不大于 0.50μmol/mol 时，最大允许示值误差应为±0.05μmol/mol。当发生争议时，应以现行国家标准《公共场所卫生检验方法　第 2 部分：化学污染物》GB/T 18204.2 中 AHMT 分光光度法的测定结果为准。

6.0.9　民用建筑室内空气中氨检测方法应符合现行国家标准《公共场所卫生检验方法　第 2 部分：化学污染物》GB/T 18204.2 中靛酚蓝分光光度法的规定。

6.0.10　民用建筑室内空气中苯、甲苯、二甲苯的检测方法，应符合本标准附录 D 的规定。

6.0.11　民用建筑室内空气中 TVOC 的检测方法，应符合本标准附录 E 的规定。

6.0.12　民用建筑工程验收时应抽检每个建筑单体有代表性的房间室内环境污染物浓度，氡、甲醛、氨、苯、甲苯、二甲苯、TVOC 的抽检量不得少于房间总数的 5%，每个建筑单体不得少于 3 间，当房间总数少于 3 间时，应全数检测。

6.0.13　民用建筑工程验收时，凡进行了样板间室内环境污染物浓度检测且检测结果合格的，其同一装饰装修设计样板间类型的房间抽检量可减半，并不得少于 3 间。

6.0.14 幼儿园、学校教室、学生宿舍、老年人照料房屋设施室内装饰装修验收时，室内空气中氡、甲醛、氨、苯、甲苯、二甲苯、TVOC 的抽检量不得少于房间总数的 50%，且不得少于 20 间。当房间总数不大于 20 间时，应全数检测。

6.0.15 当进行民用建筑工程验收时，室内环境污染物浓度检测点数应符合表 6.0.15 的规定。

表 6.0.15 室内环境污染物浓度检测点数设置

房间使用面积（m²）	检测点数（个）
＜50	1
≥50，＜100	2
≥100，＜500	不少于 3
≥500，＜1000	不少于 5
≥1000	≥1000m² 的部分，每增加 1000m² 增设 1，增加面积不足 1000m² 时按增加 1000m² 计算

6.0.16 当房间内有 2 个及以上检测点时，应采用对角线、斜线、梅花状均衡布点，并应取各点检测结果的平均值作为该房间的检测值。

6.0.17 民用建筑工程验收时，室内环境污染物浓度现场检测点应距房间地面高度 0.8m～1.5m。距房间内墙面不应小于 0.5m。检测点应均匀分布，且应避开通风道和通风口。

6.0.18 当对民用建筑室内环境中的甲醛、氨、苯、甲苯、二甲苯、TVOC 浓度检测时，装饰装修工程中完成的固定式家具应保持正常使用状态；采用集中通风的民用建筑工程，应在通风系统正常运行的条件下进行；采用自然通风的民用建筑工程、检测应在对外门窗关闭 1h 后进行。

6.0.19 民用建筑室内环境中氡浓度检测时，对采用集中通风的民用建筑工程，应在通风系统正常运行的条件下进行；采用自然通风的民用建筑工程，应在房间的对外门窗关闭 24h 以后进行。I 类建筑无架空层或地下车库结构时，一、二层房间抽检比例不宜低于总抽检房间数的 40%。

6.0.20 土壤氡浓度大于 30000Bq/m³ 的高氡地区及高钍地区的 I 类民用建筑室内氡浓度超标时，应对建筑一层房间开展氡-220 污染调查评估，并根据情况采取措施。

6.0.21 当抽检的所有房间室内环境污染物浓度的检测结果符合本标准表 6.0.4 的规定时，应判定该工程室内环境质量合格。

6.0.22 当室内环境污染物浓度检测结果不符合本标准表 6.0.4 规定时，应对不符合项目再次加倍抽样检测，并应包括原不合格的同类型房间及原不合格房间；当再次检测的结果符合本标准表 6.0.4 的规定时，应判定该工程室内环境质量合格。再次加倍抽样检测的结果不符合本标准规定时，应查找原因并采取措施进行处理，直至检测合格。

6.0.23 室内环境污染物浓度检测结果不符合本标准表 6.0.4 规定的民用建筑工程，严禁交付投入使用。

▎附 录A

材料表面氡析出率测定

A.1 仪器直接测定建筑材料表面氡析出率

A.1.1 建筑材料表面氡析出率的测定仪器应包括取样与测量两部分，工作原理应分为被动收集型和主动抽气采集型两种。测量装置应符合下列规定：

1 连续10h测量探测下限不应大于0.001Bq/($m^2 \cdot s$)；

2 不确定度不应大于20%（$k=2$）；

3 仪器标定应合格并在有效期内。

A.1.2 被动收集型测定仪器表面氡析出率测定步骤应按下列步骤进行：

1 应清理被测材料表面，将采气容器平扣在平整表面上，使收集器端面与被测材料表面间密封，被测表面积（m^2）与测定仪器的采气容器净空间容积（m^3）之比约应为2：1；

2 测量时间应大于1h，并应根据氡析出率大小决定测量时间；

3 仪器表面氡析出率测量值应乘以仪器刻度系数得出材料表面氡析出率测量值。

4 测量温度应在25℃±5℃范围内，相对湿度应在45%±15%范围内。

A.1.3 主动抽气采集型测定建筑材料表面氡析出率步骤应按下列步骤进行：

1 被测试块准备：应使被测样品表面积（m^2）与抽气采集容器（抽气采集容器或盛装被测试块容器）内净空间容积（m^3）之比约为2：1，清理被测试块表面，准备测量；

2 测量装置准备：抽气采集容器（或盛装被测试块容器）应与测量仪器气路连接到位。试块测试前，应测量气路系统内干净空气氡浓度本底值并记录；

3 应将被测试块及测量装置摆放到位，使抽气采集容器（抽气采集容器或盛装被测试块容器）密封，直至测量结束；

4 准备就绪后开始测量并计时，试块测量时间应在2h以上、10h以内；

5 测量温度应在25℃±5℃范围内，相对湿度应在45%±15%范围内。

6 试块表面氡析出率ε应按下式计算：

$$\varepsilon = \frac{c \cdot V}{S \cdot t} \tag{A.1.3}$$

式中：ε——试块表面氡析出率［Bq/($m^2 \cdot s$)］；

c——测量装置系统内的空气氡浓度（Bq/m^3）；

V——测量系统内净空间容积，即抽气采集容器内净容积，其值等于盛装被测试块器内容积减去被测试块的外形体积后的值（m^3）；

S——被测试块的外表面积（m^2）；

t——从开始测量到测量结束经历的时间（s）。

A.2 活性炭盒法测定建筑材料表面氡析出率

A.2.1 活性炭盒法测定建筑材料表面氡析出率准备过程应符合本标准第A.1.2条的规定。

A.2.2 活性炭法测定建筑材料表面氡析出率测量方法应符合现行国家标准《建筑物表面氡析出率的活性炭测量方法》GB/T 16143的有关规定。

附 录 B

环境测试舱法测定装饰装修材料游离甲醛、VOC 释放量

B.0.1 环境测试舱的容积应为 $0.05m^3 \sim 40m^3$。

B.0.2 环境测试舱的内壁应采用不锈钢、玻璃等惰性材料建造。

B.0.3 环境测试舱的运行条件应符合下列规定：

1 温度应为 $(23 \pm 0.5)°C$；

2 相对湿度应为 $(50 \pm 3)\%$；

3 空气交换率应为 (1 ± 0.05)/次/h；

4 被测样品表面附近空气流速应为 0.1m/s～0.3m/s；

5 人造木板及其制品、黏合木结构材料、壁布、帷幕、软包样品的表面积与环境测试舱容积之比应为 1∶1，地毯、地毯衬垫样品的面积与环境测试舱容积之比应为 0.4∶1；

6 材料样品甲醛、VOC 释放量测定前，环境测试舱内洁净空气中甲醛浓度不应大于 $0.006mg/m^3$、VOC 浓度不应大于 $0.01mg/m^3$。

B.0.4 测试应符合下列规定：

1 测试前样品应在 $(23 \pm 1)°C$、相对湿度 $(50 \pm 5)\%$ 条件下放置不少于 1d，样品件之间距离不应小于 25mm，且应使空气在所有样品件表面上自由循环，恒温恒湿室内空气换气次数不应低于 1 次/h，室内空气中甲醛浓度不应大于 $0.05mg/m^3$、VOC 浓度不应大于 $0.3mg/m^3$；

2 人造木板及其制品、黏合木结构材料、壁布、帷幕样品应垂直放在环境测试舱内的中心位置，样品件之间距离不应小于 200mm，其表面应与气流方向平行；

3 地毯、地毯衬垫样品应正面向上平铺在环境测试舱底，使空气气流均匀地从试样表面通过；

4 环境测试舱法测试人造木板及其制品、黏合木结构材料的游离甲醛释放量时，在测试的第 2d 开始每天取样 2 次，每次间隔应超过 3h，如果达到稳定状态，可停止取样；当最后 4 次测定的甲醛浓度的平均值与最大值或最小值之间的偏差低于 5% 或低于 $0.005mg/m^3$ 时，认为达到稳定状态；若一直未达到稳定状态，以第 28d 的测试结果作为测定值；

5 环境测试舱法测试地毯、地毯衬垫、壁布、帷幕的游离甲醛或 VOC 释放量，样品在试验条件下，在环境测试舱内持续放置时间应为 24h。

B.0.5 环境测试舱内的气体取样分析时，应将气体抽样系统与环境测试舱的气体出口相连后再进行采样。

B.0.6 材料中游离甲醛释放量测定的采样体积应为 5L～20L，采样流速不应大于进入舱内的气体流速，测试方法应符合现行国家标准《公共场所卫生检验方法 第 2 部分：化学污染物》GB/T 18204.2 中 AHMT 分光光度法的规定，同时应扣除环境测试舱的本底值。

B.0.7 材料中 VOC 释放量测定的采样体积应为 5L～10L，采样流速不应大于进入舱内的气体流速，测试方法应符合本标准附录 E 的规定，同时应扣除环境测试舱的本底值。

B.0.8 地毯、地毯衬垫样品的游离甲醛或 VOC 释放量应按下式进行计算：

$$EF = C_S(N/L) \tag{B.0.8}$$

式中：EF——舱释放量 $[mg/(m^2 \cdot h)]$；

   C_S——舱浓度（mg/m^3）；

   N——舱空气交换率（h^{-1}）；

   L——（材料/舱）负荷比（m^2/m^3）。

附　录 C

土壤中氡浓度及土壤表面氡析出率测定

C.1　土壤中氡浓度测定

C.1.1　土壤中氡气的浓度宜采用少量抽气—静电收集—射线探测器法或采用埋置测量装置法进行测量。

C.1.2　测试仪器性能指标应符合下列规定：

1　不确定度不应大于 20%（ $k = 2$ ）；

2　探测下限不应大于 400Bq/m³。

C.1.3　应查阅建筑工程的规划设计资料及工程地质勘察资料，测量区域范围应与该建筑工程的地质勘察范围相同。

C.1.4　在工程地质勘察范围内布点时，应以间距 10m 作网格，各网格点应为测试点，当遇较大石块时，可偏离±2m，但布点数不应少于 16 个。测量布点应覆盖单体建筑基础工程范围。

C.1.5　少量抽气—静电收集—射线探测器法测量时，在每个测试点，应采用专用工具打孔，孔的深度宜为 500mm～800mm。

C.1.6　少量抽气—静电收集—射线探测器法测量时，成孔后，应使用头部有气孔的特制的取样器，插入打好的孔中，取样器在靠近地表处应进行密闭，大气不应渗入孔中，然后进行抽气测量，抽气测量宜持续进行 3 次～5 次，第一次抽气测量数据应舍弃，测量值应取后几次测量平均值。

C.1.7　采用埋置测量装置法进行测量时，应根据仪器性能和测量实际需要成孔。

C.1.8　取样测试时间宜在 8:00～18:00 之间，现场取样测试工作不应在雨天进行，当遇雨天时，应在雨后 24h 后进行。工作温度应为−10℃～40℃；相对湿度不应大于 90%。

C.1.9　现场测试应有记录，记录内容应包括测试点布设图、成孔点土壤类别、现场地表状况描述、测试前 24h 以内工程地点的气象状况等。

C.1.10　土壤氡浓度测试报告的内容应包括取样测试过程描述、测试方法、土壤氡浓度测试结果等。

C.2　土壤表面氡析出率测定

C.2.1　土壤表面氡析出率测定仪器设备应包括取样设备、测量设备。取样设备的形状应为盆状，工作原理应分为被动收集型和主动抽气采集型两种。现场测量设备应符合下列规定：

1　不确定度不应大于 20%；

2　探测下限不应大于 0.01Bq/(m² · s)。

C.2.2　测量步骤应符合下列规定：

1　在测量建筑场地按 20m 建筑场地网格布点，布点数不应少于 16 个，应于网格点交叉处进行土壤氡析出率测量。工作温度应为−10℃～40℃；相对湿度不应大于 90%。

2　测量时，应清扫采样点地面，去除腐殖质、杂草及石块，把取样器扣在平整后的地面上，并应用泥土对取样器周围进行密封，准备就绪后，开始测量并开始计时（t）。

3　土壤表面氡析出率测量过程中，应符合下列规定：

1）使用聚集罩时，罩口与介质表面的接缝处应进行封堵；

2）被测介质表面应平整，各个测量点测量过程中罩内空间的容积不应出现明显变化；

3）测量时间等参数应与仪器测量灵敏度相适应，一般为 1h～2h；

4）测量应在无风或微风条件下进行。

C.2.3　被测地面的氡析出率应按下式进行计算：

$$R = \frac{N_{\mathrm{t}} \cdot V}{S \cdot T} \tag{C.2.3}$$

式中：R——土壤表面氡析出率 [Bq/(m² · s)]；

N_t——经历T时刻测得的罩内氡浓度（Bq/m³）；

S——聚集罩所罩住的介质表面的面积（m²）；

V——罩聚集罩所罩住的罩内容积（m³）；

T——罩测量经历的时间（s）。

C.3 城市区域性土壤氡水平调查方法

C.3.1 测点布置应符合下列规定：

1 在城市区域应按 2km×2km 网格布置测点，部分中小城市可按 1km×1km 网格布置测点。因地形、建筑等原因测点位置可偏移，不宜超过 200m；

2 每个城市测点数量不应少于 100 个；

3 宜使用 1：50000～1：100000 或更大比例尺地形（地质）图和全球卫星定位仪（北斗或 GPS），确定测点位置并应在图上标注。

C.3.2 调查方法应符合下列规定：

1 调查前应制订方案，准备好测量仪器和其他工具。仪器在使用前应进行标定，当使用 2 台或 2 台以上仪器进行调查时，所用仪器宜同时进行标定。工作温度应为−10℃～40℃；相对湿度不应大于 90%。

2 测点定位：调查测点位置应用北斗或 GPS 定位，同时应对地理位置进行简要描述。

3 测量深度：调查打孔深度应统一定为 500mm～800mm，孔径应为 20mm～40mm。

4 测量次数：每一测点应重复测量 3 次，且以算术平均值作为该点氡浓度，或每一测点在 3m² 范围内打 3 个孔，每孔测一次求平均值。

5 其他测量要求和测量过程中需要记录的事项应按本标准附录 C.1 执行。

C.3.3 调查的质量保证应符合下列规定：

1 仪器使用前应按仪器说明书检查仪器稳定性；

2 使用 2 台以上仪器工作时应检查仪器的一致性，2 台仪器测量结果的相对标准偏差应小于 25%；

3 应挑选 10% 左右测点进行复查测量，复查测量结果应反映在测量原始数据表中。

C.3.4 城市区域土壤氡调查报告的主要内容应包括下列内容：

1 城市地质概况、土壤概况、放射性木底概况；

2 测点分布图及测点布置说明；

3 测量仪器、方法介绍；

4 测量过程描述；

5 测量结果，包括原始数据、平均值、标准偏差等，如有可能绘制城市土壤浓度等值线图；

6 测量结果的质量评价，包括仪器的日常稳定性检查、仪器的标定和比对工作、仪器的质量监控图制作等。

附录D

室内空气中苯、甲苯、二甲苯的测定

D.0.1　空气中苯、甲苯、二甲苯应使用活性炭管或 2,6—对苯基二苯醚多孔聚合物—石墨化炭黑—X 复合吸附管采集，经热解吸后，应采用气相色谱法分析，以保留时间定性，峰面积定量。

D.0.2　仪器及设备应符合下列规定：

1　恒流采样器：在采样过程中流量应稳定，流量范围应包含 0.5L/min，且当流量为 0.5L/min 时，应能克服 5kPa～10kPa 的阻力，此时用流量计校准采样系统流量，相对偏差不应大于±5%阻力；

2　热解吸装置：应能对吸附管进行热解吸，解吸温度、载气流速可调；

3　应配备有氢火焰离子化检测器的气相色谱仪；

4　毛细管柱：毛细管柱长应为 30m～50m 的石英柱，内径应为 0.32mm，内应涂覆聚二甲基聚硅氧烷或其他非极性材料；

5　应准备容量为 1μL、10μL 的注射器若干个。

D.0.3　试剂和材料应符合下列规定：

1　活性炭吸附管应为内装 100mg 椰子壳活性炭吸附剂的玻璃管或内壁光滑的不锈钢管。使用前应通氮气加热活化，活化温度应为 300℃～350℃，活化时间不应少于 10min，活化至无杂质峰为止；当流量为 0.5L/min 时，阻力应在 5kPa～10kPa 之间；2,6—对苯基二苯醚多孔聚合物—石墨化炭黑—X 复合吸附管应为分层隔离填装不少于 175mg 的 60 目～80 目的 Tenax—TA 吸附剂和不少于 75mg 的 60 目～80 目的石墨化炭黑—X 吸附剂，样品管应有采样气流方向标识，使用前应通氮气加热活化，活化温度应为 280℃～300℃，活化时间不应少于 10min，活化至无杂质峰为止；当流量为 0.5L/min 时，阻力应在 5kPa～10kPa 之间。

2　应包括苯、甲苯、二甲苯标准物质。

3　载气应为氮气，纯度不应小于 99.99%。

D.0.4　采样注意事项应符合下列规定：

1　应在采样地点打开吸附管，吸附管与空气采样器入气口垂直连接（气流方向与吸附管标识方向一致），调节流量在 0.5L/min 的范围内，应采用流量计校准采样系统的流量，采集约 10L 空气，并应记录采样时间、采样流量、温度、相对湿度和大气压。

2　采样后，应取下吸附管，密封吸附管的两端，做好标识，放入可密封的金属或玻璃容器中。样品可保存 14d。

3　当采集室外空气空白样品时，应与采集室内空气样品同步进行，地点宜选择在室外上风向处。

D.0.5　气相色谱分析条件可选用下列推荐值，也可根据实验室条件选定其他最佳分析条件：

1　毛细管柱温度应为 60℃；

2　检测室温度应为 150℃；

3　汽化室温度应为 150℃；

4　载气应为氮气。

D.0.6　室温下标准吸附管系列制备时应采用一定浓度的苯、甲苯、对（间）二甲苯、邻二甲苯标准气体或标准溶液，从吸附管进气口定量注入吸附管，制成苯含量为 0.05μg、0.1μg、0.2μg、0.4μg、0.8μg、1.2μg 以及甲苯、二甲苯含量分别为 0.1μg、0.4μg、0.8μg、1.2μg、2μg 的标准系列吸附管，同时应采用 100mL/min 的氮气通过吸附管，5min 后取下并密封，作为标准吸附管。

D.0.7　分析时应采用热解吸直接进样的气相色谱法，将标准吸附管和样品吸附管分别置于热解吸直接进样装置中，解吸气流方向应与标准吸附管制样气流方向和样品吸附管采样气流方向相反，充分解吸（活性炭吸附管 350℃或 2,6—对苯基二苯醚多孔聚合物—石墨化炭黑—X 复合吸附管经过 300℃）后，将解吸气体经由进样阀直接通入气相色谱仪进行色谱分析，应以保留时间定性、以峰面积定量。

D.0.8　所采空气样品中苯、甲苯、二甲苯的浓度及换算成标准状态下的浓度，应分别按下列公式进行计算：

$$C = \frac{m - m_0}{V} \tag{D.0.8-1}$$

式中：C——所采空气样品中苯、甲苯、二甲苯各组分浓度（mg/m³）；

m——样品管中苯、甲苯、二甲苯各组分的量（μg）；

m_0——未采样管中苯、甲苯、二甲苯各组分的量（μg）；

V——空气采样体积（L）。

$$C_c = C \times \frac{101.3}{P} \times \frac{T + 273}{273} \tag{D.0.8-2}$$

式中：C_c——换算到标准体积后空气样品中苯、甲苯、二甲苯的浓度（mg/m³）；

P——采样时采样点的大气压力（kPa）；

T——采样时采样点的温度（℃）。

注：1 当用活性炭吸附管和 2,6—对苯基二苯醚多孔聚合物—石墨化炭黑—X 复合吸附管采样的检测结果有争议时，以活性炭吸附管的检测结果为准。

2 当用活性炭管吸附管采样时，空气湿度应小于 90%。

附 录 E

室内空气中 TVOC 的测定

E.0.1　室内空气中 TVOC 应按下列步骤进行测定：

1　应采用 Tenax—TA 吸附管或 2,6—对苯基二苯醚多孔聚合物—石墨化炭黑—X 复合吸附管采集一定体积的空气样品；

2　应通过热解吸装置加热吸附管，并得到 TVOC 的解吸气体；

3　将 TVOC 的解吸气体注入气相色谱仪进行色谱定性、定量分析。

E.0.2　室内空气中 TVOC 测定所需仪器及设备应符合下列规定：

1　恒流采样器：在采样过程中流量应稳定，流量范围应包含 0.5L/min，并且当流量为 0.5L/min 时，应能克服 5kPa～10kPa 之间的阻力，此时用流量计校准系统流量时，相对偏差不应大于±5%；

2　热解吸装置应能对吸附管进行热解吸，其解吸温度及载气流速应可调；

3　气相色谱仪应配置 FID 或 MS 检测器；

4　毛细管柱：毛细管柱长应为 50m 的石英柱，内径应为 0.32mm，内涂覆聚二甲基聚硅氧烷或其他非极性材料；

5　程序升温：初始温度应为 50℃，且保持 10min，升温速率应 5℃/min，温度应升至 250℃，并保持 2min。

E.0.3　试剂和材料应符合下列规定：

1　Tenax—TA 吸附管可为玻璃管或内壁光滑的不锈钢管，管内装有 200mg 粒径为 0.18mm～0.25mm（60 目～80 目）的 Tenax—TA 吸附剂，或 2,6—对苯基二苯醚多孔聚合物—石墨化炭黑—X 复合吸附管（样品管应有采样气流方向标识）。使用前应通氮气加热活化，活化温度应高于解吸温度，活化时间不应少于 30min，活化至无杂质峰为止，当流量为 0.5L/min 时，阻力应在 5kPa～10kPa 之间。

2　有证标准溶液或标准气体应符合表 E.0.3 规定。

表 E.0.3　有证标准溶液或标准气体

序号	名称	CAS 号
1	正己烷	110-54-3
2	苯	200-753-7
3	三氯乙烯	79-01-6
4	甲苯	108-88-3
5	辛烯	111-66-0
6	乙酸丁酯	123-86-4
7	乙苯	100-41-4
8	对二甲苯	106-42-3
9	间二甲苯	108-38-3
10	邻二甲苯	95-47-6
11	苯乙烯	100-42-5
12	壬烷	111-84-2
13	异辛醇	104-76-7
14	十一烷	1120-21-4
15	十四烷	629-59-4
16	十六烷	544-76-3

3　载气应为氮气，纯度不应小于 99.99%，当配置 MS 检测器载气为氦气时，纯度不应小于 99.999%。

E.0.4 采样应符合下列规定：

1 应在采样地点打开吸附管，在吸附管与空气采样器入气口垂直连接（气流方向与吸附管标识方向一致），应调节流量在 0.5L/min 的范围内后用皂膜流量计校准采样系统的流量，采集约 10L 空气，应记录采样时间及采样流量、采样温度、相对湿度和大气压。

2 采样后应取下吸附管，并密封吸附管的两端，做好标记后放入可密封的金属或玻璃容器中，并应尽快分析，样品保存时间不应大于 14d。

3 采集室外空气空白样品应与采集室内空气样品同步进行，地点宜选择在室外上风向处。

E.0.5 标准吸附管系列制备时，应采用一定浓度的各组分标准气体或标准溶液，定量注入吸附管中，制成各组分含量应为 0.05μg、0.1μg、0.4μg、0.8μg、1.2μg、2μg 的标准吸附管，同时用 100mL/min 的氮气通过吸附管，5min 后取下并密封，作为标准吸附管系列样品。

E.0.6 应采用热解吸直接进样的气相色谱法，将吸附管置于热解吸直接进样装置中，应确保解吸气流方向与标准吸附管制样气流方向相反，经 300℃充分解吸后，使解吸气体直接由进样阀快速通入气相色谱仪进行色谱定性、定量分析。

E.0.7 当配置 FID 检测器时，应以保留时间定性、峰面积定量；当配置 MS 检测器时，应根据保留时间和各组分的特征离子定性，在确认组分的条件后，采用定量离子进行定量。

E.0.8 样品分析时，每支样品吸附管应按与标准吸附管系列相同的热解吸气相色谱分析方法进行分析。

E.0.9 所采空气样品中的浓度计算应符合下列规定：

1 所采空气样品中各组分的浓度应按下式进行计算：

$$C_m = \frac{m_i - m_0}{V} \tag{E.0.9-1}$$

式中：C_m——所采空气样品中 i 组分的浓度（mg/m³）；

  m_i——样品管中 i 组分的质量（μg）；

  m_0——未采样管中 i 组分的质量（μg）；

  V——空气采样体积（L）。

2 空气样品中各组分的浓度应按下式换算成标准状态下的浓度：

$$C_c = C_m \times \frac{101.3}{P} \times \frac{t + 273}{273} \tag{E.0.9-2}$$

式中：C_c——换算到标准体积后空气样品中 i 组分的浓度（mg/m³）；

  P——采样时采样点的大气压力（kPa）；

  t——采样时采样点的温度（℃）。

3 所采空气样品中 TVOC 的浓度应按下式进行计算：

$$C_{TVOC} = \sum_{i=1}^{i=n} C_c \tag{E.0.9-3}$$

式中：C_{TVOC}——标准状态下所采空气样品中 TVOC 的浓度（mg/m）；

  C_c——标准状态下所采空气样品中 i 组分的浓度（mg/m³）。

注：1 对未识别的峰，应以甲苯计。

  2 当用 Tenax—TA/吸附管和 2,6—对苯基二苯醚多孔聚合物—石墨化炭黑—X 复合吸附管采样的检测结果有争议时，以 Tenax—TA 吸附管的检测结果为准。

3.11 《综合布线系统工程验收规范》GB/T 50312—2016

1 总则（略）

2 缩略语（略）

3 环境检查

3.0.1 工作区、电信间、设备间等建筑环境检查应符合下列规定：

1 工作区、电信间、设备间及用户单元区域的土建工程应已全部竣工。房屋地面应平整、光洁，门的高度和宽度应符合设计文件要求。

2 房屋预埋槽盒、暗管、孔洞和竖井的位置、数量、尺寸均应符合设计文件要求。

3 铺设活动地板的场所，活动地板防静电措施及接地应符合设计文件要求。

4 暗装或明装在墙体或柱子上的信息插座盒底距地高度宜为 300mm。

5 安装在工作台侧隔板面及临近墙面上的信息插座盒底距地宜为 1000mm。

6 CP 集合点箱体、多用户信息插座箱体宜安装在导管的引入侧及便于维护的柱子及承重墙上等处，箱体底边距地高度宜为 500mm；当在墙体、柱子上部或吊顶内安装时，距地高度不宜小于 1800mm。

7 每个工作区宜配置不少于 2 个带保护接地的单相交流 220V/10A 电源插座盒。电源插座宜嵌墙暗装，高度应与信息插座一致。

8 每个用户单元信息配线箱附近水平 70mm～150mm 处，宜预留设置 2 个单相交流 220V/10A 电源插座，每个电源插座的配电线路均装设保护电器，配线箱内应引入单相交流 220V 电源。电源插座宜嵌墙暗装，底部距地高度宜与信息配线箱一致。

9 电信间、设备间、进线间应设置不小于 2 个单相交流 220V/10A 电源插座盒，每个电源插座的配电线路均装设保护电器。设备供电电源应另行配置。电源插座宜嵌墙暗装，底部距地高度宜为 300mm。

10 电信间、设备间、进线间、弱电竖井应提供可靠的接地等电位联结端子板，接地电阻值及接地导线规格符合设计要求。

11 电信间、设备间、进线间的位置、面积、高度、通风、防火及环境温、湿度等因素应符合设计要求。

3.0.2 建筑物进线间及入口设施的检查应符合下列规定：

1 引入管道的数量、组合排列以及与其他设施，如电气、水、燃气、下水道等的位置及间距应符合设计文件要求；

2 引入缆线采用的敷设方法应符合设计文件要求；

3 管线入口部位的处理应符合设计要求，并应采取排水及防止有害气体、水、虫等进入的措施。

3.0.3 机柜、配线箱、管槽等设施的安装方式应符合抗震设计要求。

4 器材及测试仪表工具检查

4.0.1 器材检验应符合下列规定：

1 工程所用缆线和器材的品牌、型号、规格、数量、质量应在施工前进行检查，应符合设计文件要求，并应具备相应的质量文件或证书，无出厂检验证明材料、质量文件或与设计不符者不得在工程中使用；

2 进口设备和材料应具有产地证明和商检证明；

3 经检验的器材应做好记录，对不合格的器件应单独存放，以备核查与处理；

4 工程中使用的缆线、器材应与订货合同或封存的产品样品在规格、型号、等级上相符；

5 备品、备件及各类文件资料应齐全。

4.0.2 型材、管材与铁件的检查应符合下列规定：

1 地下通信管道和人（手）孔所使用器材的检查及室外管道的检验，应符合现行国家标准《通信管道工程施工及验收规范》GB 50374 的有关规定；

2 各种型材的材质、规格、型号应符合设计文件的要求，表面应光滑、平整，不得变形、断裂；

3 金属导管、桥架及过线合盒、接线盒等表面涂覆或镀层应均匀、完整，不得变形、损坏；

4 室内管材采用金属导管或塑料导管时，其管身应光滑、无伤痕，管孔无变形，孔径、壁厚应符合设计文件要求；

5 金属管槽应根据工程环境要求作镀锌或其他防腐处理。塑料管槽应采用阻燃型管槽，外壁应具有阻燃标记；

6 各种金属件的材质、规格均应符合质量要求，不得有歪斜、扭曲、飞刺、断裂或破损；

7 金属件的表面处理和镀层应均匀、完整，表面光洁，无脱落、气泡等缺陷。

4.0.3 缆线的检验应符合下列规定：

1 工程使用的电缆和光缆的型式、规格及缆线的阻燃等级应符合设计文件要求。

2 缆线的出厂质量检验报告、合格证、出厂测试记录等各种随盘资料应齐全，所附标志、标签内容应齐全、清晰，外包装应注明型号和规格。

3 电缆外包装和外护套需完整无损，当该盘、箱外包装损坏严重时，应按电缆产品要求进行检验，测试合格后再在工程中使用。

4 电缆应附有本批量的电气性能检验报告，施工前对盘、箱的电缆长度、指标参数应按电缆产品标准进行抽验，提供的设备电缆及跳线也应抽验，并做测试记录。

5 光缆开盘后应先检查光缆端头封装是否良好。光缆外包装或光缆护套当有损伤时，应对该盘光缆进行光纤性能指标测试，并应符合下列规定：

1）当有断纤时，应时行处理，并应检查合格后使用；

2）光缆 A、B 端标识应正确、明显；

3）光纤检测完毕后，端头应密封固定，并应恢复外包装。

6 单盘光缆应对每根光纤进行长度测试。

7 光纤接插软线或光跳线检验应符合下列规定：

1）两端的光纤连接器件端面应装配合适的保护盖帽；

2）光纤应有明显的类型标记，并应符合设计文件要求；

3）使用光纤端面测试仪应对该批量光连接器件端面进行抽验，比例不宜大于 5%～10%。

4.0.4 连接器件的检验应符合下列规定：

1 配线模块、信息插座模块及其他连接器件的部件应完整，电气和机械性能等指标应符合相应产品的质量标准。塑料材质应具有阻燃性能，并应满足设计要求。

2 光纤连接器件及适配器使用型式、数量、端口位置应与设计相符。光纤连接器件应外观平滑、洁净，并不应有油污、毛刺、伤痕及裂纹等缺陷，各零部件组合应严密、平整。

4.0.5 配线设备的使用应符合下列规定：

1 光、电缆配线设备的型式、规格应符合设计文件要求；

2 光、电缆配线设备的编排及标志名称应与设计相符。各类标志名称应统一，标志位置正确、清晰。

4.0.6 测试仪表和工具的检验应符合下列规定：

1 应事先对工程中需要使用的仪表和工具进行测试或检查，缆线测试仪表应附有检测机构的证明文件。

2 测试仪表应能测试相应布线等级的各种电气性能及传输特性，其精度应符合相应要求。测试仪表的精度应按相应的鉴定规程和校准方法进行定期检查和校准，经过计量部门校验取得合格证后，方可在有效期内使用，并应符合下列规定：

1）测试仪表应具有测试结果的保存功能并提供输出端口；

2）可将所有存贮的测试数据输出至计算机和打印机，测试数据不应该被修改；

3）测试仪表应能提供所有测试项目的概要和详细的报告；

4）测试仪表宜提供汉化的通用人机界面。

3 施工前剥线器、光缆切断器、光纤熔接机、光纤磨光机、光纤显微镜、卡接工具等电缆或光缆的施工工具应进行检查，合格后方可在工程中使用。

4.0.7 现场尚无检测手段取得屏蔽布线系统所需的相关技术参数时，可将认证检测机构或生产厂家附有的技术报告作为检查依据。

4.0.8 对绞电缆电气性能与机械特性、光缆传输性能以及连接器件的具体技术指标应符合设计文件要求。性能指标不符合设计文件要求的设备和材料不得在工程中使用。

5 设备安装检验

5.0.1 机柜、配线箱等设备的规格、容量、位置应符合设计文件要求，安装应符合下列规定：

1 垂直偏差度不应大于 3mm；

2 机柜上的各种零件不得脱落或碰坏，漆面不应有脱落及划痕，各种标志应完整、清晰；

3 在公共场所安装配线箱时，壁嵌式箱体底边距地不宜小于 1.5m，墙挂式箱体底面距地不宜小于 1.8m；

4 门锁的启闭应灵活、可靠；

5 机柜、配线箱及桥架等设备的安装应牢固，当有抗震要求时，应按抗震设计进行加固。

5.0.2 各类配线部件的安装应符合下列规定：

1 各部件应完整，安装就位，标志齐全、清晰；

2 安装螺丝应拧紧，面板应保持在一个平面上。

5.0.3 信息插座模块安装应符合下列规定：

1 信息插座底盒、多用户信息插座及集合点配线箱、用户单元信息配线箱安装位置和高度应符合设计文件要求。

2 安装在活动地板内或地面上时，应固定在接线盒内，插座面板采用直立和水平等形式；接线盒盖可开启，并应具有防水、防尘、抗压功能。接线盒盖面应与地面齐平。

3 信息插座底盒同时安装信息插座模块和电源插座时，间距及采取的防护措施应符合设计文件要求。

4 信息插座底盒明装的固定方法应根据施工现场条件而定。

5 固定螺丝应拧紧，不应产生松动现象。

6 各种插座面板应有标识，以颜色、图形、文字表示所接终端设备业务类型。

7 工作区内终接光缆的光纤连接器件及适配器安装底盒应具有空间，并应符合设计文件要求。

5.0.4 缆线桥架的安装应符合下列规定：

1 安装位置应符合施工图要求，左右偏差不应超过 50mm；

2 安装水平度每米偏差不应超过 2mm；

3 垂直安装应与地面保持垂直，垂直度偏差不应超过 3mm；

4 桥架截断处及拼接处应平滑、无毛刺；

5 吊架和支架安装应保持垂直，整齐牢固，无歪斜现象；

6 金属桥架及金属导管各段之间应保持连接良好，安装牢固；

7 采用垂直槽盒布放缆线时，支撑点宜避开地面沟槽和槽盒位置，支撑应牢固。

5.0.5 安装机柜、配线箱、配线设备屏蔽层及金属导管、桥架使用的接地体应符合设计文件要求，就近接地，并应保持良好的电气连接。

6 缆线的敷设和保护方式检验

6.1 缆线的敷设

6.1.1 缆线的敷设应符合下列规定：

1 缆线的型式、规格应与设计规定相符。

2 缆线在各种环境中的敷设方式、布放间距均应符合设计要求。

3 缆线的布放应自然平直，不得产生扭绞、打圈等现象，不应受外力的挤压和损伤。

4　缆线的布放路由中不得出现缆线接头。

5　缆线两端应贴有标签，应标明编号，标签书写应清晰、端正和正确。标签应选用不易损坏的材料。

6　缆线应有余量以适应成端、终接、检测和变更，有特殊要求的应按设计要求预留长度，并应符合下列规定：

1）对绞电缆在终接处，预留长度在工作区信息插座底盒内宜为 30mm～60mm，电信间宜为 0.5m～2.0m，设备间宜为 3m～5m；

2）光缆布放路由宜盘留，预留长度宜为 3m～5m。光缆在配线柜处预留长度应 3m～5m，楼层配线箱处光纤预留长度应为 1.0m～1.5m，配线箱终接时预留长度不应小于 0.5m，光缆纤芯在配线模块处不做终接时，应保留光缆施工预留长度。

7　缆线的弯曲半径应符合下列规定：

1）非屏蔽和屏蔽 4 对对绞电缆的弯曲半径不应小于电缆外径的 4 倍；

2）主干对绞电缆的弯曲半径不应小于电缆外径的 10 倍；

3）2 芯或 4 芯水平光缆的弯曲半径应大于 25mm；其他芯数的水平光缆、主干光缆和室外光缆的弯曲半径不应小于光缆外径的 10 倍；

4）G.657、G.652 用户光缆弯曲半径符合表 6.1.1-1 的规定。

表 6.1.1-1　光缆敷设安装的最小曲率半径

光缆类型		静态弯曲
室内外光缆		15D/15H
微型自承式通信用室外光缆		10D/10H且不小于 30mm
管道入户光缆	G.652D 光纤	10D/10H且不小于 30mm
蝶形引入光缆	G.657A 光纤	5D/5H且不小于 15mm
室内布线光缆	G.657B 光纤	5D/5H且不小于 10mm

注：D为缆芯处圆形护套外径，H为缆芯处扁形护套短袖的高度。

8　综合布线系统缆线与其他管线的间距应符合设计文件要求，并应符合下列规定：

1）电力电缆与综合布线系统缆线应分隔布放，并应符合表 6.1.1-2 的规定。

表 6.1.1-2　对绞电缆与电力电缆最小净距

条件	最小净距（mm）		
	380V < 2kV·A	380V2kV·A～5kV·A	380V > 5kV·A
对绞电缆与电力电缆平行敷设	130	300	600
有一方在接地的金属槽盒或金属导管中	70	150	300
双方均在接地的金属槽盒或金属导管中	10	80	150

注：双方都在接地的槽盒中，系指两个不同的槽盒，也可在同一槽盒中用金属板隔开，且平行长度 ≤10m。

2）室外墙上敷设的综合布线管线与其他管线的间距应符合表 6.1.1-3 的规定。

表 6.1.1-3　综合布线管线及其他管线的间距

管线种类	平行净距（mm）	垂直交叉净距（mm）
避雷专设引下线	1000	300
保护地线	50	20
热力管（不包封）	500	500
热力管（包封）	300	300
给水管	150	20

管线种类	平行净距（mm）	垂直交叉净距（mm）
燃气管	300	20
压缩空气管	150	20

3）综合布线缆线宜单独敷设，与其他弱电系统各子系统缆线间距应符合设计文件要求。

4）对于有安全保密要求的工程，综合布线缆线与信号线、电力线、接地线的间距应符合相应的保密规定和设计要求。综合布线缆线应采用独立的金属导管或金属槽盒敷设。

9 屏蔽电缆的屏蔽层端到端应保持完好的导通性，屏蔽层不应承载拉力。

6.1.2 采用预埋槽盒和暗管敷设缆线应符合下列规定：

1 槽盒和暗管的两端宜用标志表示出编号等内容。

2 预埋槽盒宜采用金属槽盒，截面利用率应为30%～50%。

3 暗管宜采用钢管或阻燃聚氯乙烯导管。布放大对数主干电缆及4芯以上光缆时，直线管道的管径利用率应为50%～60%，弯管道应为40%～50%。布放4对对绞电缆或4芯及以下光缆时，管道的截面利用率应为25%～30%。

4 对金属材质有严重腐蚀的场所，不宜采用金属的导管、桥架布线。

5 在建筑物吊顶内应采用金属导管、槽盒布线。

6 导管、桥架跨越建筑物变形缝处，应设补偿装置。

6.1.3 设置缆线桥架敷设缆线应符合下列规定：

1 密封槽盒内缆线布放应顺直，不宜交叉，在缆线进出槽盒部位、转弯处应绑扎固定。

2 梯架或托盘内垂直敷设缆线时，在缆线的上端和每间隔1.5m处应固定在梯架或托盘的支架上；水平敷设时，在缆线的首、尾、转弯及每间隔5～10m处应进行固定。

3 在水平、垂直梯架或托盘中敷设缆线时，应对缆线进行绑扎。对绞电缆、光缆及其他信号电缆应根据缆线的类别、数量、缆径、缆线芯数分束绑扎。绑扎间距不宜大于1.5m，间距应均匀，不宜绑扎过紧或使缆线受到挤压。

4 楼内光缆在梯架或托盘中敞开敷设时应在绑扎固定段加装垫套。

6.1.4 采用吊顶支撑柱（垂直槽盒）在顶棚内敷设缆线时，每根支撑柱所辖范围内的缆线可不设置密封槽盒进行布放，但应分束绑扎，缆线应阻燃，缆线选用应符合设计文件要求。

6.1.5 建筑群子系统采用架空、管道、电缆沟、电缆隧道、直埋、墙壁及暗管等方式敷设线缆的施工质量检查和验收应符合现行行业标准《通信线路工程验收规范》YD 5121的有关规定。

6.2 保护措施

6.2.1 配线子系统缆线敷设保护应符合下列规定：

1 金属导管、槽盒明敷时，应符合下列规定：

1）槽盒明敷设时，与横梁或侧墙或其他障碍物的间距不宜小于100mm；

2）槽盒的连接部位不应设置在穿越楼板处和实体墙的孔洞处；

3）竖向导管、电缆槽盒的墙面固定间距不宜大于1500mm；

4）在距接线盒300mm处、弯头处两边、每隔3m处均应采用管卡固定。

2 预埋金属槽盒保护应符合下列规定：

1）在建筑物中的预埋槽盒，宜按单层设置，每一路由进出同一过线盒的预埋槽盒均不应超过3根，槽盒截面高度不宜超过25mm，总宽度不超过300mm。槽盒路由中当包括过线盒和出线盒时，截面高度宜在70mm～100mm范围内；

2）槽盒直埋长度超过30m或在槽盒路由交叉、转变时，宜设置过线盒；

3）过线盒盖应能开启，并应与地面齐平，盒盖处应具有防灰与防水功能；

4）过线盒和接线盒盒盖应能抗压；

5）从金属槽盒至信息插座模块接线盒、86底盒间或金属槽盒与金属钢管之间相连接时的缆线宜采用金属软管敷设。

3 预埋暗管保护应符合下列规定：

1）金属管敷设在钢筋混凝土现浇楼板内时，导管的最大外径不宜大于楼板厚度的 1/3；导管在墙体、楼板内敷设时，其保护层厚度不应小于 30mm；

2）导管不应穿越机电设备基础；

3）预埋在墙体中间暗管的最大管外径不宜超过 50mm，楼板中暗管的最大管外径不宜超过 25mm，室外管道进入建筑物的最大管外径不宜超过 100mm；

4）直线布管每 30m 处、有 1 个转变的管段长度超过 20m 时、有 2 个转弯长度不超过 15m 时、路由中反向（U 型）弯曲的位置应设置过线盒；

5）暗管的转弯角度应大于 90°。在布线路由上每根暗管的转弯角不得多于 2 个，并不应有 S 弯出现；

6）暗管管口应光滑，并应加有护口保护，管口伸出部位宜为 25mm～50mm；

7）至楼层电信间暗管的管口应排列有序，应便于识别与布放缆线；

8）暗管内应安置牵引线或拉线；

9）管路转弯的曲率半径不应小于所穿入缆线的最小允许弯曲半径，并且不应小于该管外径的 6 倍，当暗管外径大于 50mm 时，不应小于 10 倍。

4 设置桥架保护应符合下列规定：

1）桥架底部应高于地面并不应小于 2.2m，顶部距建筑物楼板不宜小于 300mm，与梁及其他障碍物交叉处间的距离不宜小于 50mm；

2）梯架、托盘水平敷设时，支撑间距宜为 1.5m～3.0m。垂直敷设时固定在建筑物构体上的间距宜小于 2m，距地 1.8m 以下部分应加金属盖板保护，或采用金属走线柜包封，但门应可开启；

3）直线段梯架、托盘每超过 15m～30m 或跨越建筑物变形缝时，应设置伸缩补偿装置；

4）金属槽盒明装敷设时，在槽盒接头处、每间距 3m 处、离开槽盒两端出口 0.5m 处和转弯处均应设置支架或吊架；

5）塑料槽盒槽底固定点间距宜为 1m；

6）缆线桥架转弯半径不应小于槽内缆线的最小允许弯曲半径，直角弯处最小弯曲半径不应小于槽内最粗缆线外径的 10 倍；

7）桥架穿过防火墙体或楼板时，缆线布放完成后应采取防火封堵措施。

5 网络地板缆线敷设保护应符合下列规定：

1）槽盒之间应沟通；

2）槽盒盖板应可以开启；

3）主槽盒的宽度宜为 200mm～400mm，支槽盒宽度不宜小于 70mm；

4）可开启的槽盒盖板与明装插座底盒间应采用金属软管连接；

5）地板块与槽盒盖板应抗压、抗冲击和阻燃；

6）具有防静电功能的网络地板应整体接地；

7）网络地板板块间的金属槽盒段与段之间应保持良好导通并接地。

6 在架空活动地板下敷设缆线时，地板内净空应为 150mm～300mm。当空调采用下送风方式时，地板内净高应为 300mm～500mm。

6.2.2 当综合布线缆线与大楼弱电系统缆线采用同一槽盒或托盘敷设时，各子系统之间应采用金属板隔开，间距应符合设计文件要求。

6.2.3 干线子系统缆线敷设保护方式应符合下列规定：

1 缆线不得布放在电梯或供水、供气、供暖管道竖井中，亦不宜布放在强电竖井中。当与强电共用竖井布放时，缆线的布放应符合本规范第 6.1.1 条第 8 款的规定。

2 电信间、设备间、进线间之间干线通道应沟通。

6.2.4 建筑群子系统缆线敷设保护方式应符合设计文件要求。

6.2.5 当电缆从建筑物外面进入建筑物时，应选用适配的信号线路浪涌保护器，并应符合现行国家标准《综合布线系统工程设计规范》GB 50311 的有关规定。

7 缆线终接

7.0.1 缆线终接应符合下列规定：

1 缆线在终接前，应核对缆线标识内容是否正确；

2 缆线终接处应牢固、接触良好；

3 对绞电缆与连接器件连接应认准线号、线位色标，不得颠倒和错接。

7.0.2 对绞电缆终接应符合下列规定：

1 终接时，每对对绞线应保持扭绞状态，扭绞松开长度对于 3 类电缆不应大于 75mm；对于 5 类电缆不应大于 13mm；对于 6 类及以上类别的电缆不应大于 6.4mm。

2 对绞线与 8 位模块式通用插座相连时，应按色标和线对顺序进行卡接（图 7.0.2-1）。两种连接方式均可采用，但在同一布线工程中两种连接方式不应混合使用。

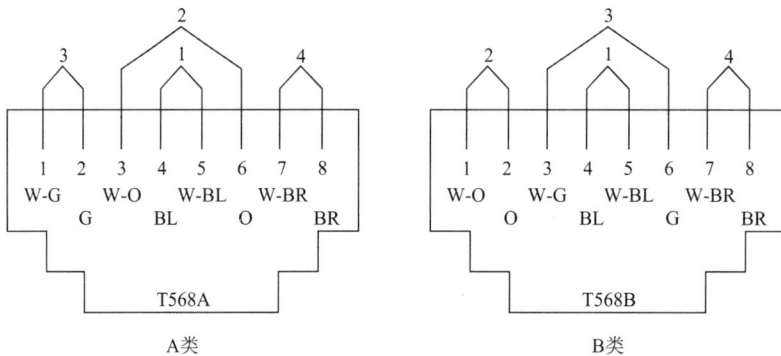

图 7.0.2-1 T568A 与 T568B 连接图

注：G（Green）—绿；BL（Blue）—蓝；BR（Brown）—棕；W（White）—白；O（Orange）—橙

3 4 对对绞电缆与非 RJ45 模块终接时，应按线序号和组成的线对进行卡接（图 7.0.2-2、图 7.0.2-3）。

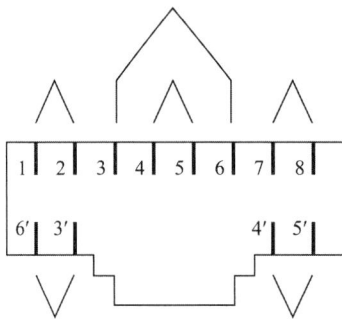

图 7.0.2-2 7 类和 7_A 类模块插座连接 （正视）方式 1　图 7.0.2-3 7 类和 7_A 类插座连接 （正视）方式 2

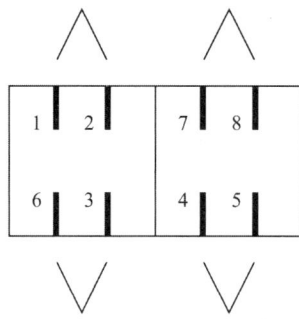

4 屏蔽对绞电缆的屏蔽层与连接器件终接处屏蔽罩应通过紧固器件可靠接触，缆线屏蔽层应与连接器件屏蔽罩 360°圆周接触，接触长度不宜小于 10mm。

5 对不同的屏蔽对绞线或屏蔽电缆，屏蔽层应采用不同的端接方法。应对编织层或金属箔与汇流导线进行有效的端接。

6 信息插座底盒不宜兼做过线盒使用。

7.0.3 光纤终接与接续应符合下列规定

1 光纤与连接器件连接可采用尾纤熔接和机械连接方式；

2 光纤与光纤接续可采用熔接和光连接子连接方式；

3 光纤熔接处应加以保护和固定。

7.0.4 各类跳线的终接应符合下列规定：

1 各类跳线缆线和连接器件间接触应良好，接线无误，标志齐全。跳线选用类型应符合系统设计要求。

2 各类跳线长度及性能参数指标应符合设计文件要求。

8 工程电气测试

8.0.1 综合布线工程电气测试应包括电缆布线系统电气性能测试及光纤布线系统性能测试。

8.0.2 综合布线系统工程测试应随工进行。

8.0.3 对绞电缆布线系统永久链路、CP链路及信道测试应符合下列规定：

1 综合布线工程应对每一个完工后的信息点进行永久链路测试。主干缆线采用电缆时也可按照永久链路的连接模型进行测试。

2 对包含设备缆线和跳线在内的拟用或在用电缆链路进行质量认证时可按信道方式测试。

3 对跳线和设备缆线进行质量认证时，可进行元件级测试。

4 对绞电缆布线系统链路或信息应测试长度、连接图、回波损耗、插入损耗、近端串音、近端串音功率和、衰减远端串音比、衰减远端串音比功率和、衰减近端串音比、衰减近端串音比功率和、环路电阻、时延、时延偏差等，指标参数应符合本规范附录B规定。

5 现场条件允许时，宜对 E_A 级、F_A 级对绞电缆布线系统的外部近端串音功率和（PS ANEXT）及外部远端串音比功率和（PS AACR-F）指标进行抽测。

6 屏蔽布线系统应符合本规范第8.0.3条第4款规定的测试内容，还应检测屏蔽层的导通性能。屏蔽布线系统用于工业级以太网和数据中心时，还应排除虚接地的情况。

7 对绞电缆布线系统应用于工业以太网、POE及高速信道等场景时，可检测TCL、ELTCTL、不平衡电阻、耦合衰减等屏蔽特性指标。

8.0.4 光纤布线系统性能测试应符合下列规定：

1 光纤布线系统每条光纤链路均应测试，信道或链路的衰减应符合本规范附录C的规定，并应记录测试所得的光纤长度；

2 当0M3、0M4光纤应用于10Gbit/s及以上链路时，应使用发射和接收补偿光纤进行双向OTDR测试；

3 当光纤布线系统性能指标的检测结果不能满足设计要求时，宜通过OTDR测试曲线进行故障定位测试。

8.0.5 光纤到用户单元系统工程中，应检测用户接入点至用户单元信息配线箱之间的每一条光纤链路，衰减指标宜采用插入损耗法进行测试。

8.0.6 布线系统现场测试仪功能应符合下列规定：

1 测试仪精度应定期检测，每次现场测试前仪表厂家应出示测试仪的精度有效期限证明。

2 电缆及光纤布线系统的现场测试仪表应符合本规范第4.0.6条规定，仪表的精度应符合表8.0.6的规定并能向下兼容。

表 8.0.6 试仪表精度

布线等级	D级	E级	E_A级	F级	F_A级
仪表精度	Ⅱe	Ⅲ	Ⅲe	Ⅳ	Ⅴ

8.0.7 布线系统各项测试结果应有详细记录，并应作为竣工资料的一部分。测试内容应按本规范附录A、附录B、附录C的规定，测试记录可采用自制表格、电子表格或仪表自动生成的报告文件等记录方式，表格形式与内容宜符合表8.0.7-1和表8.0.7-2的规定。

表 8.0.7-1 综合布线系统工程电缆性能指标测试记录

工程项目名称			备注
工程编号			
测试模型	链路（布线系统级别）		
	信道（布线系统级别）		
信息点位置	地址码		
	缆线标识编号		
	配线端口标识码		
测试指标项目	是否通过测试		处理情况
测试记录	测试日期、测试环境及工程实施阶段：		
	测试单位及人员：		
	测试仪表型号、编号、精度校准情况和制造商；测试连接图、采用软件版本、测试对绞电缆及配线模块的详细信息（类型和制造商，相关性能指标）：		

表 8.0.7-2 综合布线系统工程光纤性能指标测试记录

工程项目名称				备注
工程编号				
测试模型	链路（布线系统级别）			
	信道（布线系统级别）			
信息点位置	地址码			
	缆线标识编号			
	配线端口标识码			
测试指标项目	光纤类型	测试方法	是否通过测试	处理情况
测试记录	测试日期及工程实施阶段：			
	测试单位及人员：			
	测试仪表型号、编号、精度校准情况和制造商；测试连接图、采用软件版本、测试光缆及适配器的详细信息（类型和制造商，相关性能指标）：			

9 管理系统验收

9.0.1 布线管理系统宜按下列规定进行分级：

1 一级管理应针对单一电信间或设备间的系统；

2 二级管理应针对同一建筑物内多个电信间或设备间的系统；

3 三级管理应针对同一建筑群内多栋建筑物的系统，并应包括建筑物内部及外部系统；

4 四级管理应针对多个建筑群的系统。

9.0.2 综合布线管理系统宜符合下列规定：

1 管理系统级别的选择应符合设计要求；

2 需要管理的每个组成部分均应设置标签，并由唯一的标识符进行表示，标识符与标签的设置应符合设计要求；

3 管理系统的记录文档详细完整并汉化，并应包括每个标识符相关信息、记录、报告、图纸等内容；

4 不同级别的管理系统可采用通用电子表格、专用管理软件或智能配线系统等进行维护管理。

9.0.3 综合布线管理系统的标识符与标签的设置应符合下列规定：

1 标识符应包括安装场地、缆线终端位置、缆线管道、水平缆线、主干缆线、连接器件、接地等类型的专用标识，系统中每一组件应指定一个唯一标识符；

2 电信间、设备间、进线间所设置配线设备及信息点处均应设置标签；

3 每根缆线应指定专用标识符，标在缆线的护套上或在距每一端护套 300mm 内应设置标签，缆线的成端点应设置标签标记指定的专用标识符；

4 接地体和接地导线应指定专用标识符，标签应设置在靠近导线和接地体的连接处的明显部位；

5 根据设置的部位不同，可使用粘贴型、插入型或其他类型标签。标签表示内容应清晰，材质应符合工程应用环境要求，具有耐磨、抗恶劣环境、附着力强等性能；

6 成端色标应符合缆线的布放要求，缆线两端成端点的色标颜色应一致。

9.0.4 综合布线系统各个组成部分的管理信息记录和报告应符合下列规定：

1 记录应包括管道、缆线、连接器件及连接位置、接地等内容，各部分记录中应包括相应的标识符、类型、状态、位置等信息；

2 报告应包括管道、安装场地、缆线、接地系统等内容，各部分报告中应包括相应的记录。

9.0.5 综合布线系统工程当采用布线工程管理软件和电子配线设备组成的智能配线系统进行管理和维护工作时，应按专项系统工程进行验收。

10 工程验收

10.0.1 竣工技术文件应按下列规定进行编制：

1 工程竣工后，施工单位应在工程验收以前，将工程竣工技术资料交给建设单位。

2 综合布线系统工程的竣工技术资料应包括下列内容：

1）竣工图纸；

2）设备材料进场检验记录及开箱检验记录；

3）系统中文检测报告及中文测试记录；

4）工程变更记录及工程洽商记录；

5）随工验收记录，分项工程质量验收记录；

6）隐蔽工程验收记录及签证；

7）培训记录及培训资料。

3 竣工技术文件应保证质量，做到外观整洁，内容齐全，数据准确。

10.0.2 综合布线系统工程，应按本规范附录 A 所列项目、内容进行检验。检测应作为工程竣工资料的组成部分及工程验收的依据之一，并应符合下列规定：

1 系统工程安装质量检查，各项指标符合设计要求，被检项检查结果应为合格；被检项目的合格率为 100%，工程安装质量应为合格。

2 竣工验收需要抽验系统性能时，抽样比例不应低于 10%，抽样点应包括最远布线点。

3 系统性能检测单项合格判定应符合下列规定：

1）一个被测项目的技术参数测试结果不合格，则该项目应为不合格。当某一被测项目的检测结果与相应规定的差值在仪表准确度范围内，则该被测项目应为合格；

2）按本规范附录 B 的指标要求，采用 4 对对绞电缆作为水平电缆或主干电缆，所组成的链路或信道有一项指标测试结果不合格，则该水平链路、信道或主干链路、信道应为不合格；

3）主干布线大对数电缆中按 4 对对绞线对测试，有一项指标不合格，则该线对应为不合格；

4）当光纤链路、信道测试结果不满足本规范附录 C 的指标要求时，则该光纤链路、信道应为不合格；

5）未通过检测的链路、信道的电缆线对或光纤可在修复后复检。

4 竣工检测综合合格判定应符合下列规定：

1）对绞电缆布线全部检测时，无法修复的链路、信道或不合格线对数量有一项超过被测总数的 1%，应为为不合格。光缆布线系统检测时，当系统中有一条光纤链路、信道无法修复，则为不合格。

2）对绞电缆布线抽样检测时，被抽样检测点（线对）不合格比例不大于被测总数的 1%，应为抽样检测通过，不合格点（线对）应予以修复并复检。被抽样检测点（线对）不合格比例如果大于 1%，应为一次抽样检测未通过，应进行加倍抽样，加倍抽样不合格比例不大于 1%，应为抽样检测通过。当不合格比例仍大于 1%，应为抽样检测不通过，应进行全部检测，并按全部检测要求进行判定。

3）当全部检测或抽样检测的结论为合格，则竣工检测的最后结论应为合格；当全部检测的结论为不合格时，则竣工检测的最后结论应为不合格。

5 综合布线管理系统的验收合格判定应符合下列规定：

1）标签和标识应按 10%抽检，系统软件功能应全部检测。检测结果符合设计要求应为合格。

2）智能配线系统应检测电子配线架链路、信道的物理连接，以及与管理软件中显示的链路、信道连接关系的一致性，按 10%抽检；连接关系全部一致应为合格，有一条及以上链路、信道不一致时，应整改后重新抽测。

10.0.3 光纤到用户单元系统工程中用户光缆的光纤链路应 100%测试并合格，工程质量判定应为合格。

附 录 A

综合布线系统工程检验项目及内容

表 A 检验项目及内容

阶段	验收项目	验收内容	验收方式
施工前检查	施工前准备资料	1. 已批准的施工图; 2. 施工组织计划; 3. 施工技术措施	施工前检查
	环境要求	1. 土建施工情况:地面、墙面、门、电源插座及接地装置; 2. 土建工艺:机房面积、预留孔洞; 3. 施工电源 4. 地板铺设 5. 建筑物人口设施检查	
	器材检查	1. 按工程技术文件对设备、材料、软件进行进场验收 2. 外观检查; 3. 品牌、型号、规格、数量; 4. 电缆及连接器件电气性能测试; 5. 光纤及连接器件特性测试; 6. 测试仪表和工具的检验	
	安全、防火要求	1. 施工安全措施; 2. 消防器材; 3. 危险物的堆放; 4. 预留孔洞防火措施	
设备安装	电信间、设备间、设备机柜、机架	1. 规格、外观; 2. 安装垂直度、水平度; 3. 油漆不得脱落,标志完整齐全; 4. 各种螺丝必须紧固; 5. 抗震加固措施; 6. 接地措施及接地电阻	随工检验
	配线模块及 8 位模块式通用插座	1. 规格、位置、质量; 2. 各种螺丝必须拧紧; 3. 标志齐全; 4. 安装符合工艺要求; 5. 屏蔽层可靠连接	
缆线布放(楼内)	缆线桥架布放	1. 吊线规格、架设位置、装设规格; 2. 吊线垂度; 3. 缆线规格; 4. 卡、挂间隔; 5. 缆线的引入符合工艺要求	随工检验
	缆线暗敷	1. 使用管孔孔位; 2. 缆线规格; 3. 缆线走向; 4. 缆线的防护设施的设置质量	隐蔽工程签证
缆线布放(楼间)	架空缆线	1. 吊线规格、架设位置、装设规格; 2. 吊线垂度; 3. 缆线规格; 4. 卡、挂间隔; 5. 缆线的引入符合工艺要求	随工检验
	管道缆线	1. 使用管孔孔位; 2. 缆线规格; 3. 缆线走向; 4. 缆线的防护设施的设置质量	隐蔽工程签证

阶段	验收项目	验收内容		验收方式
缆线布放（楼间）	埋式缆线	1. 缆线规格； 2. 敷设位置、深度； 3. 缆线的防护设施的设置质量； 4. 回填土夯实质量		隐蔽工程签证
	通道缆线	1. 缆线规格； 2. 安装位置，路由； 3. 土建设计符合工艺要求		
	其他	1. 通信线路与其他设施的间距； 2. 进线间设施安装、施工质量		
缆线成端	RJ45、非 RJ45 通用插座	符合工艺要求		随工检验
	光纤连接器件			
	各类跳线			
	配线模块			
系统测试	各等级的电缆布线系统工程电气性能测试内容	A、C、D、E、E$_A$、F、F$_A$	1. 连接图； 2. 长度； 3. 衰减（只为 A 级布线系统）； 4. 近端串音； 5. 传播时延； 6. 传播时延偏差； 7. 直流环路电阻	竣工检验（随工测试）
		C、D、E、E$_A$、F、F$_A$	1. 插入损耗； 2. 回波损耗	
		D、E、E$_A$、F、F$_A$	1. 近端串音功率和； 2. 衰减近端串音比； 3. 衰减近端串音比功率和； 4. 衰减远端串音比； 5. 衰减远端串音比功率和	
		E$_A$、F$_A$	1. 外部近端串音功率和； 2. 外部衰减远端串音比功率和	
		屏蔽布线系统屏蔽层的导通		
		为可选的增项测试（D、E、E$_A$、F、F$_A$）	1. TLC； 2. ELTCTL； 3. 耦合衰减； 4. 不平衡电阻	
	光纤特性测试	1. 衰减； 2. 长度； 3. 高速光纤链路 OTDR 曲线		
管理系统	管理系统级别	符合设计文件要求		竣工检验
	标识符与标签设置	1. 专用标识符类型及组成； 2. 标签设置； 3. 标签材质及色标		
	记录和报告	1. 记录信息； 2. 报告； 3. 工程图纸		
	智能配线系统	作为专项工程		
工程总验收	竣工技术文件	清点、交接技术文件		
	工程验收评价	考核工程质量，确认验收结果		

注：系统测试内容的验收亦可在随工中进行检验。光纤到用户单元系统工程由建筑建设方承担的工程部分验收项目参照此表内容。

附 录B

综合布线系统工程电气测试方法和测试内容

B.0.1 各等级的布线系统应按照永久链路和信道进行测试。

1 永久链路性能测试连接模型应包括水平电缆及相关连接器件（图 B.0.1-1）。对绞电缆两端的连接器件也可为配线架模块。

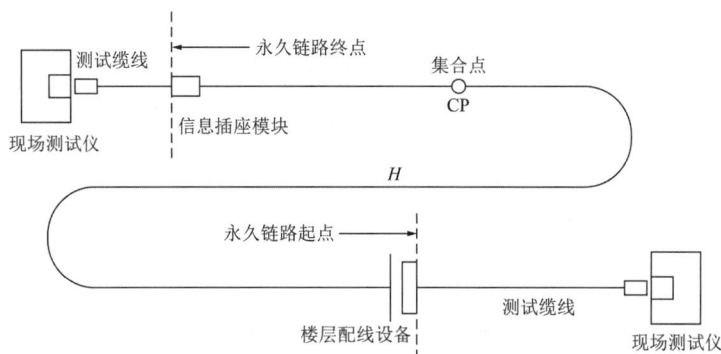

图 B.0.1-1 永久链路方式

H—从信息插座至楼层配线设备（包括集合点）的水平电缆长度，$H \leqslant 90m$

2 信道性能测试连接模型应在永久链路连接模型的基础上包括工作区和电信间的设备电缆和跳线（图 B.0.1-2）。

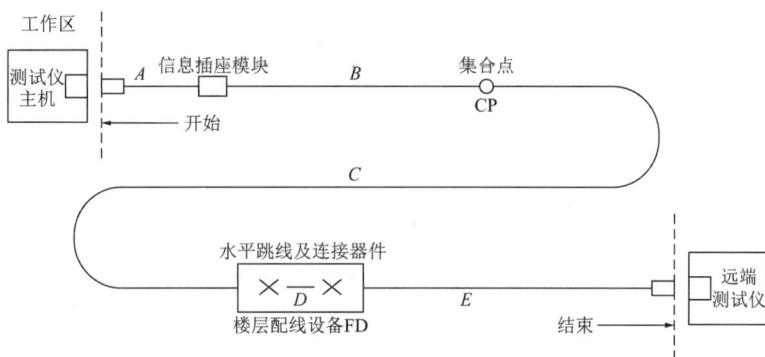

图 B.0.1-2 信道方式

A—工作区终端设备电缆长度；B—CP 缆线长度；C—水平缆线长度；D—配线设备连接跳线长度；
E—配线设备到设备连接电缆长度 $B + C \leqslant 90m$ $A + D + E \leqslant 10m$

B.0.2 对绞电缆布线工程接线图与电缆长度应符合下列规定：

1 接线图应主要测试水平电缆终接在工作区或电信间配线设备的 8 位模块式通用插座的安装连接正确或错误。接线图正确的线对组合应为 1/2、3/6、4/5、7/8，并应分为非屏蔽和屏蔽两类；非 RJ45 的连接方式应符合产品的连接要求。

2 布线链路及信道缆线长度应在测试连接图所要求的极限长度范围之内。

B.0.3 对绞电缆布线系统永久链路和信道测试项目及性能指标应符合下列规定：

1 综合布线系统工程设计中，100Ω 对绞电缆组成的永久链路或 CP 链路的各项指标值应符合下列规定：

1）在布线的两端均应符合回波损耗值的要求，布线系统永久链路的最小回波损耗值应符合表 B.0.3-1

的规定。

表 B.0.3-1 回波损耗（RL）值

频率（MHz）	最小值 RL 值（dB）					
	等级					
	C	D	E	E_A	F	F_A
1	15.0	19.0	21.0	21.0	21.0	21.0
16	15.0	19.0	20.0	20.0	20.0	20.0
100	—	12.0	14.0	14.0	14.0	14.0
250	—	—	10.0	10.0	10.0	10.0
500	—	—	—	8.0	10.0	10.0
600	—	—	—	—	10.0	10.0
1000	—	—	—	—	—	8.0

2）布线系统永久链路的最大插入损耗（IL）值应符合表 B.0.3-2 的规定。

表 B.0.3-2 插入损耗（IL）值

频率（MHz）	最小值 RL 值（dB）							
	等级							
	A	B	C	D	E	E_A	F	F_A
0.1	16.0	5.5	—	—	—	—	—	—
1	—	5.8	4.0	4.0	4.0	4.0	4.0	4.0
16	—	—	12.2	7.7	7.1	7.0	6.9	6.8
100	—	—	—	20.4	18.5	17.8	17.7	17.3
250	—	—	—	—	30.7	28.9	28.8	27.7
500	—	—	—	—	—	42.1	42.1	39.8
600	—	—	—	—	—	—	46.6	43.9
1000	—	—	—	—	—	—	—	57.6

3）线对与线对之间的近端串音（NEXT）在布线的两端均应符合 NEXT 值的要求，布线系统永久链路的近端串音值应符合表 B.0.3-3 的规定。

表 B.0.3-3 近端串音（NEXT）值

频率（MHz）	最小 NEXT 值（dB）							
	等级							
	A	B	C	D	E	E_A	F	F_A
0.1	27.0	40.0	—	—	—	—	—	—
1	—	25.0	40.1	64.2	65.0	65.0	65.0	65.0
16	—	—	21.1	45.2	54.6	54.6	65.0	65.0
100	—	—	—	32.3	41.8	41.8	65.0	65.0
250	—	—	—	—	35.3	35.3	60.4	61.7
500	—	—	—	—	—	29.2 27.9[①]	55.9	56.1
600	—	—	—	—	—	—	54.7	54.7
1000	—	—	—	—	—	—	—	49.1 47.9[①]

注：①为有 CP 点存在的永久链路指标。

4）近端串音功率和（PS NEXT）在布线的两端均应符合 PS NEXT 值要求，布线系统永久链路的 PS NEXT 值应符合表 B.0.3-4 的规定。

表 B.0.3-4　近端串音功率和（PS NEXT）值

频率（MHz）	最小 PS NEXT 值（dB）				
	等级				
	D	E	E$_A$	F	F$_A$
1	57.0	62.0	62.0	62.0	62.0
16	42.2	52.2	52.2	62.0	62.0
100	29.3	39.3	39.3	62.0	62.0
250	—	32.7	32.7	57.4	58.7
500	—	—	26.4 24.8[①]	52.9	53.1
600	—	—	—	51.7	51.7
1000	—	—	—	—	46.1 44.9[①]

注：①为有 CP 点存在的永久链路指标。

5）线对与线对之间的衰减近端串音比（ACR-N）在布线的两端均应符合 ACR-N 值要求。布线系统永久链路的 ACR-N 值应符合表 B.0.3-5 的规定。

表 B.0.3-5　衰减近端串音比（ACR-N）值

频率（MHz）	最小 ACR-N 值（dB）				
	等级				
	D	E	E$_A$	F	F$_A$
1	60.2	61.0	61.0	61.0	61.0
16	37.5	47.5	47.6	58.1	58.2
100	11.9	23.3	24.0	47.3	47.7
250	—	4.7	6.4	31.6	34.0
500	—	—	−12.9 −14.2[①]	13.8	16.4
600	—	—	—	8.1	10.8
1000	—	—	—	—	−8.5 −9.7[①]

注：①为有 CP 点存在的永久链路指标。

6）布线系统永久链路的衰减近端串音比功率和（PS ACR-N）值应符合表 B.0.3-6 的规定。

表 B.0.3-6　衰减近端串音比功率和（PS ACR-N）值

频率（MHz）	最小 PS ACR-N 值（dB）				
	等级				
	D	E	E$_A$	F	F$_A$
1	53.0	58.0	58.0	58.0	58.0
16	34.5	45.1	45.2	55.1	55.2
100	8.9	20.8	21.5	44.3	44.7

续表 B.0.3-6

频率（MHz）	最小 PS ACR-N 值（dB）				
	等级				
	D	E	E_A	F	F_A
250	—	2.0	3.8	28.6	31.0
500	—	—	−15.7 −16.3[①]	10.8	13.4
600	—	—	—	5.1	7.8
1000	—	—	—	—	−11.5 −12.7[①]

注：①为有 CP 点存在的永久链路指标。

7）线对与线对之间的衰减远端串音比（ACR-F）在布线的两端均应符合 ACR-F 值要求，布线系统永久链路的 ACR-F 值应符合表 B.0.3-7 的规定。

表 B.0.3-7　衰减远端串音比（ACR-F）值

频率（MHz）	最小 ACR-F 值（dB）				
	等级				
	D	E	E_A	F	F_A
1	58.6	64.2	64.2	65.0	65.0
16	34.5	40.1	40.1	59.3	64.7
100	18.6	24.2	24.2	46.0	48.8
250	—	16.2	16.2	39.2	40.8
500	—	—	10.2	34.0	34.8
600	—	—	—	32.6	33.2
1000	—	—	—	—	28.8

8）布线系统永久链路的衰减远端串音比功率和（PS ACR-F）值应符合表 B.0.3-8 的规定。

表 B.0.3-8　衰减远端串音比功率和（PS ACR-F）值

频率（MHz）	最小 PS ACR-F 值（dB）				
	等级				
	D	E	E_A	F	F_A
1	55.6	61.2	61.2	62.0	62.0
16	31.5	37.1	37.1	56.3	61.7
100	15.6	21.2	21.2	43.0	45.8
250	—	13.2	13.2	36.2	37.8
500	—	—	7.2	31.0	31.8
600	—	—	—	29.6	30.2
1000	—	—	—	—	25.8

9）布线系统永久链路的直流环路电阻（d.c.）应符合表 B.0.3-9 的规定。

表 B.0.3-9　永久链路的直流环路电阻

等级	A	B	C	D	E	E_A	F	F_A
最大直流环路电阻（Ω）	530	140	34	21	21	21	21	21

10）布线系统永久链路的最大传播时延应符合表 B.0.3-10 的规定。

表 B.0.3-10　最大传播时延

频率（MHz）	最大传播时延（μs）							
	等级							
	A	B	C	D	E	E_A	F	F_A
0.1	19.4	4.4						
1	—	4.4	0.521	0.521	0.521	0.521	0.521	0.521
16	—	—	0.496	0.496	0.496	0.496	0.496	0.496
100	—	—	—	0.491	0.491	0.491	0.491	0.491
250	—	—	—	—	0.490	0.490	0.490	0.490
500	—	—	—	—	—	0.490	0.490	0.490
600	—	—	—	—	—	—	0.489	0.489
1000	—	—	—	—	—	—	—	0.489

11）布线系统永久链路的最大传播时延偏差应符合表 B.0.3-11 的规定。

表 B.0.3-11　最大传播时延偏差

等级	频率（MHz）	最大时延偏差（μs）
A	$f = 0.1$	—
B	$0.1 \leqslant f \leqslant 1$	—
C	$1 \leqslant f \leqslant 16$	$0.044^{①}$
D	$1 \leqslant f \leqslant 100$	$0.044^{①}$
E	$1 \leqslant f \leqslant 250$	$0.044^{①}$
E_A	$1 \leqslant f \leqslant 500$	$0.044^{①}$
F	$1 \leqslant f \leqslant 600$	$0.026^{②}$
F_A	$1 \leqslant f \leqslant 1000$	$0.026^{②}$

注：①为 $0.9 \times 0.045 + 3 \times 0.00125$ 计算结果。
　　②为 $0.9 \times 0.025 + 3 \times 0.00125$ 计算结果。

12）外部近端串音功率和（PS ANEXT）在布线的两端均应符合 PS ANEXT 值要求，布线系统永久链路的 PS ANEXT 值应符合表 B.0.3-12 的规定。

表 B.0.3-12　外部近端串音功率和（PS ANEXT）值

频率（MHz）	最小 PS ANEXT 值（dB）	
	等级	
	E_A	F_A
1	67.0	67.0
100	60.0	67.0
250	54.0	67.0
500	49.5	64.5
1000	—	60.0

13）外部近端串音功率和平均值（PS ANEXT$_{avg}$）在布线的两端均应符合 PS ANEXT$_{avg}$ 值要求，布线系统永久链路的 PS ANEXT$_{avg}$ 值应符合表 B.0.3-13 的规定。

表 B.0.3-13　外部近端串音功率和平均值（PS ANEXT$_{avg}$）

频率（MHz）	最小 PS ANEXT$_{avg}$ 值（dB）
	E$_A$
1	67.0
100	62.3
250	56.3
500	51.8

14）外部 ACR-F 功率和（PS AACR-F）在布线的两端均应符合 PS AACR-F 值要求，布线系统永久链路的 PS AACR-F 值应符合表 B.0.3-14 的规定。

表 B.0.3-14　外部 ACR-F 功率和（PS AACR-F）值

频率（MHz）	最小 PS AACR-F 值（dB）	
	等级	
	E$_A$	F$_A$
1	67.0	67.0
100	37.0	52.0
250	29.0	44.0
500	23.0	38.0
1000	—	32.0

15）外部 ACR-F 功率和平均值（PS AACR-F$_{avg}$）在布线的两端均应符 PS AACR-F$_{avg}$ 值要求，布线系统永久链路的 PS AACR-F$_{avg}$ 值应符合表 B.0.3-15 的规定。

表 B.0.3-15　外部 ACR-F 功率和平均值（PS AACR-F$_{avg}$）

频率（MHz）	最小 PS AACR-F$_{avg}$ 值（dB）
	等级
	E$_A$
1	67.0
100	41.0
250	33.0
500	27.0

2　综合布线系统工程设计中，100Ω 对绞电缆组成信道的各项指标值应符合下列规定：

1）在布线的两端均应符合回波损耗值的要求，布线系统信道的回波损耗值应符合表 B.0.3-16 的规定。

表 B.0.3-16　回波损耗（RL）值

频率（MHz）	最小 RL 值（dB）					
	等级					
	C	D	E	E$_A$	F	F$_A$
1	15.0	17.0	19.0	19.0	19.0	19.0
16	15.0	17.0	18.0	18.0	18.0	18.0
100	—	10.0	12.0	12.0	12.0	12.0
250	—	—	8.0	8.0	8.0	8.0
500	—	—	—	6.0	8.0	8.0

频率（MHz）	最小 RL 值（dB）					
	等级					
	C	D	E	E_A	F	F_A
600	—	—	—	—	8.0	8.0
1000	—	—	—	—	—	6.0

2）布线系统信道的插入损耗（IL）值应符合表 B.0.3-17 的规定。

表 B.0.3-17　插入损耗（IL）值

频率（MHz）	最小 IL 值（dB）							
	等级							
	A	B	C	D	E	E_A	F	F_A
0.1	16.0	5.5	—	—	—	—	—	—
1	—	5.8	4.2	4.0	4.0	4.0	4.0	4.0
16	—	—	14.4	9.1	8.3	8.2	8.1	8.0
100	—	—	—	24.0	21.7	20.9	20.8	20.3
250	—	—	—	—	35.9	33.9	33.8	32.5
500	—	—	—	—	—	49.3	49.3	46.7
600	—	—	—	—	—	—	54.6	51.4
1000	—	—	—	—	—	—	—	67.6

3）线对与线对之间的近端串音（NEXT）在布线的两端均应符合 NEXT 值的要求，布线系统信道的近端串音值应符合表 B.0.3-18 的规定。

表 B.0.3-18　近端串音（NEXT）值

频率（MHz）	最小 IL 值（dB）							
	等级							
	A	B	C	D	E	E_A	F	F_A
0.1	27.0	40.0	—	—	—	—	—	—
1	—	25.0	39.1	63.3	65.0	65.0	65.0	65.0
16	—	—	19.4	43.6	53.2	53.2	65.0	65.0
100	—	—	—	30.1	39.9	39.9	62.9	65.0
250	—	—	—	—	33.1	33.1	56.9	59.1
500	—	—	—	—	—	27.9	52.4	53.6
600	—	—	—	—	—	—	51.2	52.1
1000	—	—	—	—	—	—	—	47.9

4）近端串音功率和（PS NEXT）在布线的两端均应符合 PS NEXT 值要求，布线系统信道的 PS NEXT 值应符合表 B.0.3-19 的规定。

表 B.0.3-19　近端串音功率和（PS NEXT）值

频率（MHz）	最小 PS NEXT 值（dB）				
	等级				
	D	E	E_A	F	F_A
1	60.3	62.0	62.0	62.0	62.0

频率（MHz）	最小 PS NEXT 值（dB）				
	等级				
	D	E	E_A	F	F_A
16	40.6	50.6	50.6	62.0	62.0
100	27.1	37.1	37.1	59.9	62.0
250	—	30.2	30.2	53.9	56.1
500	—	—	24.8	49.4	50.6
600	—	—	—	48.2	49.1
1000	—	—	—	—	44.9

5）线对与线对之间的衰减近端串音比（ACR-N）在布线的两端均应符合 ACR-N 值要求，布线系统信道的 ACR-N 值应符合表 B.0.3-20 的规定。

表 B.0.3-20　衰减近端串音比（ACR-N）值

频率（MHz）	最小 ACR-N 值（dB）				
	等级				
	D	E	E_A	F	F_A
1	59.3	61.0	61.0	61.0	61.0
16	34.5	44.9	45.0	56.9	57.0
100	6.1	18.2	19.0	42.1	44.7
250	—	−2.8	−0.8	23.1	26.7
500	—	—	−21.4	3.1	6.9
600	—	—	—	−3.4	0.7
1000	—	—	—	—	−19.6

6）布线系统信道两端的衰减近端串音比功率和（PS ACR-N）值应符合表 B.0.3-21 的规定。

表 B.0.3-21　衰减近端串音比功率和（PS ACR-N）值

频率（MHz）	最小 PS ACR-N 值（dB）				
	等级				
	D	E	E_A	F	F_A
1	56.3	58.0	58.0	58.0	58.0
16	31.5	42.3	42.4	53.9	54.0
100	3.1	15.4	16.2	39.1	41.7
250	—	−5.8	−3.7	20.1	23.7
500	—	—	−24.5	0.1	3.9
600	—	—	—	−6.4	−2.3
1000	—	—	—	—	−22.6

7）线对与线对之间的衰减远端串音比（ACR-F）在布线的两端均应符合 ACR-F 值要求，布线系统信道的 ACR-F 值应符合表 B.0.3-22 的规定。

表 B.0.3-22　衰减远端串音比（ACR-F）值

频率（MHz）	最小 ACR-F 值（dB）				
	等级				
	D	E	E~A~	F	F~A~
1	57.4	63.3	63.3	65.0	65.0
16	33.3	39.2	39.2	57.2	63.3
100	17.4	23.3	23.3	44.4	47.44
250	—	15.3	15.3	37.8	39.4
500	—	—	9.3	32.6	33.4
600	—	—	—	31.3	31.8
1000	—	—	—	—	27.4

8）布线系统信道的衰减远端串音比功率和（PS ACR-F）值应符合表 B.0.3-23 的规定。

表 B.0.3-23　衰减远端串音比功率和（PS ACRE）值

频率（MHz）	最小 PS ACR-F 值（dB）				
	等级				
	D	E	E~A~	F	F~A~
1	54.4	60.3	60.3	62.0	62.0
16	30.3	36.2	36.2	54.5	60.3
100	14.4	20.3	20.3	41.1	44.4
250	—	12.3	12.3	34.8	36.4
500	—	—	6.3	29.6	30.4
600	—	—	—	28.3	28.8
1000	—	—	—	—	24.4

9）布线系统信道的直流环路电阻（d.c.）应符合表 B.0.3-24 的规定。

表 B.0.3-24　信道的直流环路电阻

等级	A	B	C	D	E	E~A~	F	F~A~
最大直流环路电阻（Ω）	560	170	40	25	25	25	25	25

注：直流环路电阻不得超过表中规定的 3%或 0.2Ω。

10）布线系统信道的传播时延应符合表 B.0.3-25 的规定。

表 B.0.3-25　信道的传播时延

频率（MHz）	最大传播时延（μs）							
	等级							
	A	B	C	D	E	E~A~	F	F~A~
0.1	20.0	5.0						
1	—	5.0	0.580	0.580	0.580	0.580	0.580	0.580
16	—	—	0.553	0.553	0.553	0.553	0.553	0.553
100	—	—	—	0.548	0.548	0.548	0.548	0.548
250	—	—	—	—	0.546	0.546	0.546	0.546
500	—	—	—	—	—	0.546	0.546	0.546

频率（MHz）	最大传播时延（μs）							
	等级							
	A	B	C	D	E	E_A	F	F_A
600	—	—	—	—	—	—	0.545	0.545
1000	—	—	—	—	—	—	—	0.545

11）布线系统信道的传播时延偏差应符合表 B.0.3-26 的规定。

表 B.0.3-26 信道的传播时延偏差

等级	频率（MHz）	最大时延偏差（μs）
A	$f = 0.1$	—
B	$0.1 \leqslant f \leqslant 1$	—
C	$1 \leqslant f \leqslant 6$	0.050[①]
D	$1 \leqslant f \leqslant 100$	0.050[①]
E	$1 \leqslant f \leqslant 250$	0.050[①]
E_A	$1 \leqslant f \leqslant 500$	0.050[①]
F	$1 \leqslant f \leqslant 600$	0.030[①]
F_A	$1 \leqslant f \leqslant 1000$	0.030[①]

注：①为 $0.045 + 4 \times 0.00125$ 计算结果。
②为 $0.025 + 4 \times 0.00125$ 计算结果。
③布线信道因环境温度影响，在给定的传播时延偏差值上不得超过 0.010μs。

12）外部近端串音功率和（PS ANEXT）值在布线的两端均应符合 PS ANEXT 值要求，布线系统信道的 PS ANEXT 值应符合表 B.0.3-27 的规定。

表 B.0.3-27 外部近端串音功率和（PS ANEXT）值

频率（MHz）	最小 PS ANEXT 值（dB）	
	等级	
	E_A	F_A
1	67.0	67.0
100	60.0	67.0
250	54.0	67.0
500	49.5	64.5
1000	—	60.0

13）外部近端串音功率和平均值（PS ANEXT$_{avg}$）在布线的两端均应符合 PS ANEXT$_{avg}$ 值要求，布线系统信道的 PS ANEXT$_{avg}$ 值应符合表 B.0.3-28 的规定。

表 B.0.3-28 外部近端串音功率和平均值（PS ANEXT$_{avg}$）

频率（MHz）	最小 PS ANEXT$_{avg}$ 值（dB）
	等级
	E_A
1	67.0
100	62.3

频率（MHz）	最小 PS ANEXT$_{avg}$ 值（dB）
	等级
	E$_A$
250	56.3
500	51.8

14）外部 ACR-F 功率和（PS AACR-F）在布线的两端均应符合 PS AACR-F 值要求，布线系统信道的 PS AACR-F 值应符合表 B.0.3-29 的规定。

表 B.0.3-29 外部 ACR-F 功率和（PS AACR-F）值

频率（MHz）	最小 PS AACR-F 值（dB）	
	等级	
	E$_A$	F$_A$
1[①]	64.7	64.8
100	37.0	52.0
250	29.0	44.0
500	23.0	38.0
1000	—	32.0

注：①PS AACR-F 值在 1MHz 时，计算值受插入损耗影响。

15）外部 ACR-F 功率和平均值（PS AACR-F$_{avg}$）在布线的两端均应符合 PS AACR-F 值要求，布线系统信道的 PS AACR-F$_{avg}$ 值应符合表 B.0.3-30 的规定。

表 B.0.3-30 外部 ACR-F 功率和平均值（PS AACR-F$_{avg}$）

频率（MHz）	最小 PS AACR-F$_{avg}$ 值（dB）
	等级
	E$_A$
1[①]	64.7
100	41.0
250	33.0
500	27.0

注：①PS AACR-F$_{avg}$ 值在 1MHz 时，计算值受插入损耗的影响。

B.0.4 屏蔽布线系统电缆对绞线对的传输性能要求应符合本规范第 B.0.3 条第 1 款和第 B.0.3 条第 2 款的规定。

B.0.5 电缆布线系统的屏蔽特性指标应符合设计要求。

█ 附　录 C

光纤信道和链路测试

C.0.1　测试前应对综合布线系统工程所有的光连接器件进行清洗，并应将测试接收器校准至零位。应根据工程设计的应用情况，按等级 1 或等级 2 测试模型与方法完成测试。

1　等级 1 测试应符合下列规定：

1）测试内容应包括光纤信道或链路的衰减、长度与极性；

2）应使用光损耗测试仪 OLTS 测量每条光纤链路的衰减并计算光纤长度。

2　等级 2 测试应包括等级 1 测试要求的内容，还应包括利用 OTDR 曲线获得信道或链路中各点的衰减、回波损耗值。

C.0.2　测试应符合下列规定：

1　在施工前进行光器材检验时，应检查光纤的连通性。也可采用光纤测试仪对光纤信道或链路的衰减和光纤长度进行认证测试。

2　当对光纤信道或链路的衰减进行测试时，可测试光跳线的衰减值作为设备光缆的衰减参考值，整个光纤信道或链路的衰减值应符合设计要求。

C.0.3　综合布线工程所采用光纤的性能指标及光纤信道指标应符合设计要求，并应符合下列规定：

1　不同类型的光缆在标称的波长，每公里的最大衰减值应符合表 C.0.3-1 的规定。

表 C.0.3-1　光纤衰减限值（dB/km）

光纤类型	多模光纤		单模光纤				
	OM1、OM2、OM3、OM4		OS1		OS2		
波长（nm）	850	1300	1310	1550	1310	1383	1550
衰减（dB）	3.5	1.5	1.0	1.0	0.4	0.4	0.4

2　光缆布线信道在规定的传输窗口测量出的最大光衰减不应大于表 C.0.3-2 规定的数值，该指标应已包括光纤接续点与连接器件的衰减在内。

表 C.0.3-2　光缆信道衰减范围

级别	最大信道衰减（dB）			
	单模		多模	
	1310	1550	850	1300
OF-300	1.8	1.8	2.55	1.95
OF-500	2.00	2.00	3.25	2.25
OF-2000	3.50	3.50	8.50	4.50

注：光纤信道包括的所有连接器件的衰减合计不应大于 1.5dB。

3　光纤信道和链路的衰减也可按下式计算，光纤接续及连接器件损耗值的确定应符合表 C.0.3-3 的规定：

光纤信道和链路损耗 = 光纤损耗 + 连接器件损耗 + 光纤接续点损耗

（C.0.3-1）

光纤损耗 = 光纤损耗系数（dB/km）× 光纤长度（km）

（C.0.3-2）

连接器件损耗 = 连接器件损耗/个 × 连接器件个数

（C.0.3-3）

光纤接续点损耗 = 光纤接续点损耗/个 × 光纤连接点个数

（C.0.3-4）

表 C.0.3-3 光纤接续及连接器件损耗值（dB）

类别	多模		单模	
	平均值	最大值	平均值	最大值
光纤熔接	0.15	0.3	0.15	0.3
光纤机械连接	—	0.3	—	0.3
光纤连接器件	0.65/0.5[②]		—	
	最大值 0.75[①]			

注：①为采用预端接时含 MPO-LC 转接器件。
②针对高要求工程可选 0.5dB。

C.0.4 光纤到用户单元系统工程光纤链路测试应符合下列规定。

1 光纤链路测试连接模型应包括两端的测试仪器所连接的光纤和连接器件（图 C.0.4）。

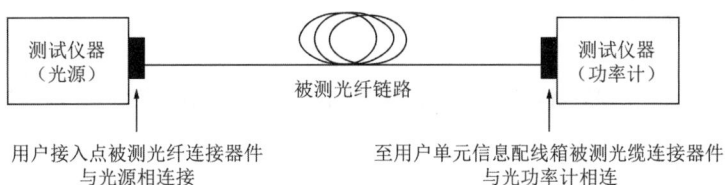

图 C.0.4 光纤链路衰减测试连接方式

2 工程检测中应对上述光链路采用 1310nm 波长进行衰减指标测试。

3 用户接入点用户侧配线设备至用户单元信息配线箱，光纤链路全程衰减限值可按下式计算：

$$\beta = \alpha_f L_{\max} + (N + 2)\alpha_j \tag{C.0.4}$$

式中：β——用户接入点用户侧配线设备至用户单元信息配线箱光纤链路衰减（dB）；

α_f——光纤衰减常数（dB/km），采用 G.652 光纤时为 0.36dB/km，采用 G.657 光纤时为 0.38dB/km~0.40dB/km；

$L_{\max}$——用户接入点用户侧配线设备至用户单元信息配线箱光纤链路最大长度（km）；

N——用户接入点用户侧配线设备至用户单元信息配线箱光纤链路中熔接的接头数量；

2——光纤链路光纤终接数（用户光缆两端）；

α_j——光纤接续点损耗系数，采用热熔接方式时为 0.06dB/个，采用冷接方式时为 0.1dB/个。

3.12 《建筑节能工程施工质量验收标准》GB 50411—2019

1 总则（略）

2 术语（略）

3 基本规定

3.1 技术与管理

3.1.1 施工现场应建立相应的质量管理体系及施工质量控制与检验制度。

3.1.2 当工程设计变更时，建筑节能性能不得降低，且不得低于国家现行有关建筑节能设计标准的规定。

3.1.3 建筑节能工程采用的新技术、新工艺、新材料、新设备，应按照有关规定进行评审、鉴定。施工前应对新采用的施工工艺进行评价，并制定专项施工方案。

3.1.4 单位工程施工组织设计应包括建筑节能工程的施工内容。建筑节能工程施工前，施工单位应编制建筑节能工程专项施工方案。施工单位应对从事建筑节能工程施工作业的人员进行技术交底和必要的实际操作培训。

3.1.5 用于建筑节能工程质量验收的各项检测，除本标准第 17.1.6 条规定外，应由具备相应资质的检测机构承担。

3.2 材料与设备

3.2.1 建筑节能工程使用的材料、构件和设备等，必须符合设计要求及国家现行标准的有关规定，严禁使用国家明令禁止与淘汰的材料和设备。

3.2.2 公共机构建筑和政府出资的建筑工程应选用通过建筑节能产品认证或具有节能标识的产品；其他建筑工程宜选用通过建筑节能产品认证或具有节能标识的产品。

3.2.3 材料、构件和设备进场验收应符合下列规定：

1 应对材料、构件和设备的品种、规格、包装、外观等进行检查验收，并应形成相应的验收记录。

2 应对材料、构件和设备的质量证明文件进行核查，核查记录应纳入工程技术档案。进入施工现场的材料、构件和设备均应具有出厂合格证、中文说明书及相关性能检测报告。

3 涉及安全、节能、环境保护和主要使用功能的材料、构件和设备，应按照本标准附录 A 和各章的规定在施工现场随机抽样复验，复验应为见证取样检验。当复验的结果不合格时，该材料、构件和设备不得使用。

4 在同一工程项目中，同厂家、同类型、同规格的节能材料、构件和设备，当获得建筑节能产品认证、具有节能标识或连续三次见证取样检验均一次检验合格时，其检验批的容量可扩大一倍，且仅可扩大一倍。扩大检验批后的检验中出现不合格情况时，应按扩大前的检验批重新验收，且该产品不得再次扩大检验批容量。

3.2.4 检验批抽样样本应随机抽取，并应满足分布均匀、具有代表性的要求。

3.2.5 涉及建筑节能效果的定型产品、预制构件，以及采用成套技术现场施工安装的工程，相关单位应提供型式检验报告。当无明确规定时，型式检验报告的有效期不应超过 2 年。

3.2.6 建筑节能工程使用材料的燃烧性能和防火处理应符合设计要求，并应符合现行国家标准《建筑设计防火规范》GB 50016 和《建筑内部装修设计防火规范》GB 50222 的规定。

3.2.7 建筑节能工程使用的材料应符合国家现行有关标准对材料有害物质限量的规定，不得对室内外环境造成污染。

3.2.8 现场配制的保温浆料、聚合物砂浆等材料，应按设计要求或试验室给出的配合比配制。当未给出要求时，应按照专项施工方案和产品说明书配制。

3.2.9 节能保温材料在施工使用时的含水率应符合设计、施工工艺及施工方案要求。当无上述要求时，节能保温材料在施工使用时的含水率不应大于正常施工环境湿度下的自然含水率。

3.3 施工与控制

3.3.1 建筑节能工程应按照经审查合格的设计文件和经审查批准的专项施工方案施工,各施工工序应严格执行并按施工技术标准进行质量控制,每道施工工序完成后,经施工单位自检符合要求后,可进行下道工序施工。各专业工种之间的相关工序应进行交接检验,并应记录。

3.3.2 建筑节能工程施工前,对于采用相同建筑节能设计的房间和构造做法,应在现场采用相同材料和工艺制作样板间或样板件,经有关各方确认后方可进行施工。

3.3.3 使用有机类材料的建筑节能工程施工过程中,应采取必要的防火措施,并应制定火灾应急预案。

3.3.4 建筑节能工程的施工作业环境和条件,应符合国家现行相关标准的规定和施工工艺的要求。节能保温材料不宜在雨雪天气中露天施工。

3.4 验收的划分

3.4.1 建筑节能工程为单位工程的一个分部工程。其子分部工程和分项工程的划分,应符合下列规定:

1 建筑节能子分部工程和分项工程划分宜符合表 3.4.1 的规定。

2 建筑节能工程可按照分项工程进行验收。当建筑节能分项工程的工程量较大时,可将分项工程划分为若干个检验批进行验收。

表 3.4.1 建筑节能子分部工程和分项工程划分

序号	子分部工程	分项工程	主要验收内容
1	围护结构节能工程	墙体节能工程	基层;保温隔热构造;抹面层;饰面层;保温隔热砌体等
2		幕墙节能工程	保温隔热构造;隔气层;幕墙玻璃;单元式幕墙板块;通风换气系统;遮阳设施;凝结水收集排放系统;幕墙与周边墙体和屋面间的接缝等
3		门窗节能工程	门;窗;天窗;玻璃;遮阳设施;通风器;门窗与洞口间隙等
4		屋面节能工程	基层;保温隔热构造;保护层;隔气层;防水层;面层等
5		地面节能工程	基层;保温隔热构造;保护层;面层等
6	供暖空调节能工程	供暖节能工程	系统形式;散热器;自控阀门与仪表;热力入口装置;保温构造;调试等
7		通风与空调节能工程	系统形式;通风与空调设备;自控阀门与仪表;绝热构造;调试等
8		冷热源及管网节能工程	系统形式;冷热源设备;辅助设备;管网;自控阀门与仪表;绝热构造;调试等
9	配电照明节能工程	配电与照明节能工程	低压配电电源;照明光源、灯具;附属装置;控制功能;调试等
10	监测控制节能工程	监测与控制节能工程	冷热源的监测控制系统;供暖与空调的监测控制系统;监测与计量装置;供配电的监测控制系统;照明控制系统;调试等
11	可再生能源节能工程	地源热泵换热系统节能工程	岩土热响应试验;钻孔数量、位置及深度;管材、管件;热源井数量、井位分布、出水量及回灌量;换热设备;自控阀门与仪表;绝缘材料;调试等
12		太阳能光热系统节能工程	太阳能集热器;储热设备;控制系统;管路系统;调试等
13		太阳能光伏节能工程	光伏组件;逆变器;配电系统;储能蓄电池;充放电控制器;调试等

3.4.2 当建筑节能工程验收无法按本标准第 3.4.1 条的要求划分分项工程或检验批时,可由建设、监理、施工等各方协商划分检验批;其验收项目、验收内容、验收标准和验收记录均应符合本标准的规定。

3.4.3 当按计数方法检验时,抽样数量除本标准另有规定外,检验批最小抽样数量宜符合表 3.4.3 的规定。

表 3.4.3　检验批最小抽样数量

检验批的容量	最小抽样数量	检验批的容量	最小抽样数量
2～15	2	151～280	13
16～25	3	281～500	20
26～90	5	501～1200	32
91～150	8	1201～3200	50

3.4.4　当在同一个单位工程项目中，建筑节能分项工程和检验批的验收内容与其他各专业分部工程、分项工程或检验批的验收内容相同且验收结果合格时，可采用其验收结果，不必进行重复检验。建筑节能分部工程验收资料应单独组卷。

4　墙体节能工程

4.1　一般规定

4.1.1　本章适用于建筑外围护结构采用板材、浆料、块材及预制复合墙板等墙体保温材料或构件的建筑墙体节能工程施工质量验收。

4.1.2　主体结构完成后进行施工的墙体节能工程，应在基层质量验收合格后施工，施工过程中应及时进行质量检查、隐蔽工程验收和检验批验收，施工完成后应进行墙体节能分项工程验收。与主体结构同时施工的墙体节能工程，应与主体结构一同验收。

4.1.3　墙体节能工程应对下列部位或内容进行隐蔽工程验收，并应有详细的文字记录和必要的图像资料：

1　保温层附着的基层及其表面处理；

2　保温板粘结或固定；

3　被封闭的保温材料厚度；

4　锚固件及锚固节点做法；

5　增强网铺设；

6　抹面层厚度；

7　墙体热桥部位处理；

8　保温装饰板、预置保温板或预制保温墙板的位置、界面处理、板缝、构造节点及固定方式；

9　现场喷涂或浇注有机类保温材料的界面；

10　保温隔热砌块墙体；

11　各种变形缝处的节能施工做法。

4.1.4　墙体节能工程的保温隔热材料在运输、储存和施工过程中应采取防潮、防水、防火等保护措施。

4.1.5　墙体节能工程验收的检验批划分，除本章另有规定外应符合下列规定：

1　采用相同材料、工艺和施工做法的墙面，扣除门窗洞口后的保温墙面面积每 1000m² 划分为一个检验批；

2　检验批的划分也可根据与施工流程相一致且方便施工与验收的原则，由施工单位与监理单位双方协商确定；

3　当按计数方法抽样检验时，其抽样数量尚应符合本标准第 3.4.3 条的规定。

4.2　主控项目

4.2.1　墙体节能工程使用的材料、构件应进行进场验收，验收结果应经监理工程师检查认可，且应形成相应的验收记录。各种材料和构件的质量证明文件与相关技术资料应齐全，并应符合设计要求和国家现行有关标准的规定。

检验方法：观察、尺量检查；核查质量证明文件。

检查数量：按进场批次，每批随机抽取 3 个试样进行检查；质量证明文件应按其出厂检验批进行核查。

4.2.2　墙体节能工程使用的材料、产品进场时，应对其下列性能进行复验，复验应为见证取样检验：

1　保温隔热材料的导热系数或热阻、密度、压缩强度或抗压强度、垂直于板面方向的抗拉强度、吸水率、燃烧性能（不燃材料除外）；

2　复合保温板等墙体节能定型产品的传热系数或热阻、单位面积质量、拉伸粘结强度、燃烧性能（不燃材料除外）；

3　保温砌块等墙体节能定型产品的传热系数或热阻、抗压强度、吸水率；

4　反射隔热材料的太阳光反射比，半球发射率；

5　粘结材料的拉伸粘结强度；

6　抹面材料的拉伸粘结强度、压折比；

7　增强网的力学性能、抗腐蚀性能。

检验方法：核查质量证明文件；随机抽样检验，核查复验报告，其中：导热系数（传热系数）或热阻、密度或单位面积质量、燃烧性能必须在同一个报告中。

检查数量：同厂家、同品种产品，按照扣除门窗洞口后的保温墙面面积所使用的材料用量，在 $5000m^2$ 以内时应复验 1 次；面积每增加 $5000m^2$ 应增加 1 次。同工程项目、同施工单位且同期施工的多个单位工程，可合并计算抽检面积。当符合本标准第 3.2.3 条的规定时，检验批容量可以扩大一倍。

4.2.3　外墙外保温工程应采用预制构件、定型产品或成套技术，并应由同一供应商提供配套的组成材料和型式检验报告。型式检验报告中应包括耐候性和抗风压性能检验项目以及配套组成材料的名称、生产单位、规格型号及主要性能参数。

检验方法：核查质量证明文件和型式检验报告。

检查数量：全数检查。

4.2.4　严寒和寒冷地区外保温使用的抹面材料，其冻融试验结果应符合该地区最低气温环境的使用要求。

检验方法：核查质量证明文件。

检查数量：全数检查。

4.2.5　墙体节能工程施工前应按照设计和专项施工方案的要求对基层进行处理，处理后的基层应符合要求。

检验方法：对照设计和专项施工方案观察检查；核查隐蔽工程验收记录。

检查数量：全数检查。

4.2.6　墙体节能工程各层构造做法应符合设计要求，并应按照经过审批的专项施工方案施工。

检验方法：对照设计和专项施工方案观察检查；核查隐蔽工程验收记录。

检查数量：全数检查。

4.2.7　墙体节能工程的施工质量，必须符合下列规定：

1　保温隔热材料的厚度不得低于设计要求。

2　保温板材与基层之间及各构造层之间的粘结或连接必须牢固。保温板材与基层的连接方式、拉伸粘结强度和粘结面积比应符合设计要求。保温板材与基层之间的拉伸粘结强度应进行现场拉拔试验，且不得在界面破坏。粘结面积比应进行剥离检验。

3　当采用保温浆料做外保温时，厚度大于 20mm 的保温浆料应分层施工。保温浆料与基层之间及各层之间的粘结必须牢固，不应脱层、空鼓和开裂。

4　当保温层采用锚固件固定时，锚固件数量、位置、锚固深度、胶结材料性能和锚固力应符合设计和施工方案的要求；保温装饰板的锚固件应使其装饰面板可靠固定；锚固力应做现场拉拔试验。

检验方法：观察、手扳检查；核查隐蔽工程验收记录和检验报告。保温材料厚度采用现场钢针插入或剖开后尺量检查；拉伸粘结强度按照本标准附录 B 的检验方法进行现场检验；粘结面积比按本标准附录 C 的检验方法进行现场检验；锚固力检验应按现行行业标准《保温装饰板外墙外保温系统材料》JG/T 287 的试验方法进行；锚栓拉拔力检验应按现行行业标准《外墙保温用锚栓》JG/T 366 的试验方法进行。

检查数量：每个检验批应抽查 3 处。

4.2.8　外墙采用预置保温板现场浇筑混凝土墙体时，保温板的安装位置应正确，接缝应严密；保温板应固定牢固，在浇筑混凝土过程中不应移位、变形；保温板表面应采取界面处理措施，与混凝土粘结应牢固。

检验方法：观察、尺量检查；核查隐蔽工程验收记录。

检查数量：隐蔽工程验收记录全数核查；其他项目按本标准第 3.4.3 条的规定抽检。

4.2.9 外墙采用保温浆料做保温层时，应在施工中制作同条件试件，检测其导热系数、干密度和抗压强度。保温浆料的试件应见证取样检验。

检验方法：按本标准附录 D 的检验方法进行。

检查数量：同厂家、同品种产品，按照扣除门窗洞口后的保温墙面面积，在 5000m² 以内时应检验 1 次；面积每增加 5000m² 应增加 1 次。同工程项目、同施工单位且同期施工的多个单位工程，可合并计算抽检面积。

4.2.10 墙体节能工程各类饰面层的基层及面层施工，应符合设计且应符合现行国家标准《建筑装饰装修工程质量验收标准》GB 50210 的规定，并应符合下列规定：

1 饰面层施工前应对基层进行隐蔽工程验收。基层应无脱层、空鼓和裂缝，并应平整、洁净，含水率应符合饰面层施工的要求。

2 外墙外保温工程不宜采用粘贴饰面砖作饰面层；当采用时，其安全性与耐久性必须符合设计要求。饰面砖应做粘结强度拉拔试验，试验结果应符合设计和有关标准的规定。

3 外墙外保温工程的饰面层不得渗漏。当外墙外保温工程的饰面层采用饰面板开缝安装时，保温层表面应覆盖具有防水功能的抹面层或采取其他防水措施。

4 外墙外保温层及饰面层与其他部位交接的收口处，应采取防水措施。

检验方法：观察检查；核查隐蔽工程验收记录和检验报告。粘结强度应按照现行行业标准《建筑工程饰面砖粘结强度检验标准》JGJ/T 110 的有关规定检验。

检查数量：粘结强度应按照现行行业标准《建筑工程饰面砖粘结强度检验标准》JGJ/T 110 的有关规定抽样。其他为全数检查。

4.2.11 保温砌块砌筑的墙体，应采用配套砂浆砌筑。砂浆的强度等级及导热系数应符合设计要求。砌体灰缝饱满度不应低于 80%。

检验方法：对照设计检查砂浆品种，用百格网检查灰缝砂浆饱满度。核查砂浆强度及导热系数试验报告。

检查数量：砂浆品种和强度试验报告全数核查。砂浆饱满度每楼层的每个施工段至少抽查 1 次，每次抽查 5 处，每处不少于 3 个砌块。

4.2.12 采用预制保温墙板现场安装的墙体，应符合下列规定：

1 保温墙板的结构性能、热工性能及与主体结构的连接方法应符合设计要求，与主体结构连接必须牢固；

2 保温墙板的板缝处理、构造节点及嵌缝做法应符合设计要求；

3 保温墙板板缝不得渗漏。

检验方法：核查型式检验报告、出厂检验报告和隐蔽工程验收记录。对照设计观察检查；淋水试验检查。

检查数量：型式检验报告、出厂检验报告全数检查；板缝不得渗漏，可按照扣除门窗洞口后的保温墙面面积，在 5000m² 以内时应检查 1 处，当面积每增加 5000m² 应增加 1 处；其他项目按本标准第 3.4.3 条的规定抽检。

4.2.13 外墙采用保温装饰板时，应符合下列规定：

1 保温装饰板的安装构造、与基层墙体的连接方法应符合设计要求，连接必须牢固；

2 保温装饰板的板缝处理、构造节点做法应符合设计要求；

3 保温装饰板板缝不得渗漏；

4 保温装饰板的锚固件应将保温装饰板的装饰面板固定牢固。

检验方法：核查型式检验报告、出厂检验报告和隐蔽工程验收记录。对照设计观察检查；淋水试验检查。

检查数量：型式检验报告、出厂检验报告全数检查；板缝不得渗漏应按照扣除门窗洞口后的保温墙面面积，在 5000m² 以内时应检查 1 处，面积每增加 5000m² 应增加 1 处；其他项目按本标准第 3.4.3 条的规定抽检。

4.2.14 采用防火隔离带构造的外墙外保温工程施工前编制的专项施工方案应符合现行行业标准《建筑外墙外保温防火隔离带技术规程》JGJ 289 的规定，并应制作样板墙，其采用的材料和工艺应与专项施工方案相同。

检验方法：核查专项施工方案、检查样板墙。

检查数量：全数检查。

4.2.15 防火隔离带组成材料应与外墙外保温组成材料相配套。防火隔离带宜采用工厂预制的制品现场安装，并应与基层墙体可靠连接，防火隔离带面层材料应与外墙外保温一致。

检验方法：对照设计观察检查。

检查数量：全数检查。

4.2.16 建筑外墙外保温防火隔离带保温材料的燃烧性能等级应为 A 级，并应符合本标准第 4.2.3 条的规定。

检验方法：核查质量证明文件及检验报告。

检查数量：全数检查。

4.2.17 墙体内设置的隔气层，其位置、材料及构造做法应符合设计要求。隔气层应完整、严密，穿透隔气层处应采取密封措施。隔气层凝结水排水构造应符合设计要求。

检验方法：对照设计观察检查，核查质量证明文件和隐蔽工程验收记录。

检查数量：全数检查。

4.2.18 外墙和毗邻不供暖空间墙体上的门窗洞口四周墙的侧面，墙体上凸窗四周的侧面，应按设计要求采取节能保温措施。

检验方法：对照设计观察检查，采用红外热像仪检查或剖开检查；核查隐蔽工程验收记录。

检查数量：按本标准第 3.4.3 条的规定抽检，最小抽样数量不得少于 5 处。

4.2.19 严寒和寒冷地区外墙热桥部位，应按设计要求采取隔断热桥措施。

检验方法：对照设计和专项施工方案观察检查；核查隐蔽工程验收记录；使用红外热像仪检查。

检查数量：隐蔽工程验收记录应全数检查。隔断热桥措施按不同种类，每种抽查 20%，并不少于 5 处。

4.3 一般项目

4.3.1 当节能保温材料与构件进场时，其外观和包装应完整无破损。

检验方法：观察检查。

检查数量：全数检查。

4.3.2 当采用增强网作为防止开裂的措施时，增强网的铺贴和搭接应符合设计和专项施工方案的要求。砂浆抹压应密实，不得空鼓，增强网应铺贴平整，不得皱褶、外露。

检验方法：观察检查；核查隐蔽工程验收记录。

检查数量：每个检验批抽查不少于 5 处，每处不少于 $2m^2$。

4.3.3 除本标准第 4.2.19 条规定之外的其他地区，设置集中供暖和空调的房间，其外墙热桥部位应按设计要求采取隔断热桥措施。

检验方法：对照专项施工方案观察检查；核查隐蔽工程验收记录。

检查数量：隐蔽工程验收记录应全数检查。隔断热桥措施按不同种类，按本标准第 3.4.3 条的规定抽检，最小抽样数量每种不得少于 5 处。

4.3.4 施工产生的墙体缺陷，如穿墙套管、脚手架眼、孔洞、外门窗框或附框与洞口之间的间隙等，应按照专项施工方案采取隔断热桥措施，不得影响墙体热工性能。

检验方法：对照专项施工方案检查施工记录。

检查数量：全数检查。

4.3.5 墙体保温板材的粘贴方法和接缝方法应符合专项施工方案要求，保温板接缝应平整严密。

检验方法：对照专项施工方案，剖开检查。

检查数量：每个检验批抽查不少于 5 块保温板材。

4.3.6 外墙保温装饰板安装后表面应平整，板缝均匀一致。

检验方法：观察检查。

检查数量：每个检验批抽查 10%，并不少于 10 处。

4.3.7 墙体采用保温浆料时，保温浆料厚度应均匀、接茬应平顺密实。

检验方法：观察、尺量检查。

检查数量：保温浆料厚度每个检验批抽查 10%，并不少于 10 处。

4.3.8 墙体上的阳角、门窗洞口及不同材料基体的交接处等部位，其保温层应采取防止开裂和破损的加强措施。

检验方法：观察检查；核查隐蔽工程验收记录。

检查数量：按不同部位，每类抽查 10%，并不少于 5 处。

4.3.9 采用现场喷涂或模板浇注的有机类保温材料做外保温时，有机类保温材料应达到陈化时间后方可进行下道工序施工。

检查方法：对照专项施工方案和产品说明书进行检查。

检查数量：全数检查。

5 幕墙节能工程

5.1 一般规定

5.1.1 本章适用于建筑外围护结构的各类透光、非透光建筑幕墙和采光屋面节能工程施工质量验收。

5.1.2 幕墙节能工程的隔气层、保温层应在主体结构工程质量验收合格后进行施工。幕墙施工过程中应及时进行质量检查、隐蔽工程验收和检验批验收，施工完成后应进行幕墙节能分项工程验收。

5.1.3 当幕墙节能工程采用隔热型材时，应提供隔热型材所使用的隔断热桥材料的物理力学性能检测报告。

5.1.4 幕墙节能工程施工中应对下列部位或项目进行隐蔽工程验收，并应有详细的文字记录和必要的图像资料：

1 保温材料厚度和保温材料的固定；

2 幕墙周边与墙体、屋面、地面的接缝处保温、密封构造；

3 构造缝、结构缝处的幕墙构造；

4 隔气层；

5 热桥部位、断热节点；

6 单元式幕墙板块间的接缝构造；

7 凝结水收集和排放构造；

8 幕墙的通风换气装置；

9 遮阳构件的锚固和连接。

5.1.5 幕墙节能工程使用的保温材料在运输、储存和施工过程中应采取防潮、防水、防火等保护措施。

5.1.6 幕墙节能工程验收的检验批划分，除本章另有规定外应符合下列规定：

1 采用相同材料、工艺和施工做法的幕墙，按照幕墙面积每 1000m² 划分为一个检验批；

2 检验批的划分也可根据与施工流程相一致且方便施工与验收的原则，由施工单位与监理单位双方协商确定；

3 当按计数方法抽样检验时，其抽样数量应符合本标准表 3.4.3 最小抽样数量的规定。

5.2 主控项目

5.2.1 幕墙节能工程使用的材料、构件应进行进场验收，验收结果应经监理工程师检查认可，且应形成相应的验收记录。各种材料和构件的质量证明文件与相关技术资料应齐全，并应符合设计要求和国家现行有关标准的规定。

检验方法：观察、尺量检查；核查质量证明文件。

检查数量：按进场批次，每批随机抽取 3 个试样进行检查；质量证明文件应按照其出厂检验批进行核查。

5.2.2 幕墙（含采光顶）节能工程使用的材料、构件进场时，应对其下列性能进行复验，复验应为见证取样检验：

1 保温隔热材料的导热系数或热阻、密度、吸水率、燃烧性能（不燃材料除外）；

2 幕墙玻璃的可见光透射比、传热系数、遮阳系数，中空玻璃的密封性能；

3　隔热型材的抗拉强度、抗剪强度；

4　透光、半透光遮阳材料的太阳光透射比、太阳光反射比。

检验方法：核查质量证明文件、计算书、复验报告，其中：导热系数或热阻、密度、燃烧性能必须在同一个报告中；随机抽样检验，中空玻璃密封性能按照本标准附录 E 的检验方法检测。

检查数量：同厂家、同品种产品，幕墙面积在 3000m² 以内时应复验 1 次；面积每增加 3000m² 应增加 1 次。同工程项目、同施工单位且同期施工的多个单位工程，可合并计算抽检面积。

5.2.3　幕墙的气密性能应符合设计规定的等级要求。密封条应镶嵌牢固、位置正确、对接严密。单元式幕墙板块之间的密封应符合设计要求。开启部分关闭应严密。

检验方法：观察检查，开启部分启闭检查。核查隐蔽工程验收记录。当幕墙面积合计大于 3000m² 或幕墙面积占建筑外墙总面积超过 50%时，应核查幕墙气密性检测报告。

检查数量：质量证明文件、性能检测报告全数核查。现场观察及启闭检查按本标准第 3.4.3 条的规定抽检。

5.2.4　每幅建筑幕墙的传热系数、遮阳系数均应符合设计要求。幕墙工程热桥部位的隔断热桥措施应符合设计要求，隔断热桥节点的连接应牢固。

检验方法：对照设计文件核查幕墙节点及安装。

检查数量：节点及开启窗每个检验批按本标准第 3.4.3 条的规定抽检，最小抽样数量不得少于 10 处。

5.2.5　幕墙节能工程使用的保温材料，其厚度应符合设计要求，安装应牢固，不得松脱。

检验方法：对保温板或保温层应采取针插法或剖开法，尺量厚度；手扳检查。

检查数量：每个检验批依据板块数量按本标准第 3.4.3 条的规定抽检，最小抽样数量不得少于 10 处。

5.2.6　幕墙遮阳设施安装位置、角度应满足设计要求。遮阳设施安装应牢固，并满足维护检修的荷载要求。外遮阳设施应满足抗风的要求。

检验方法：核查质量证明文件；检查隐蔽工程验收记录；观察、尺量、手扳检查；核查遮阳设施的抗风计算报告或产品检测报告。

检查数量：安装位置和角度每个检验批按本标准第 3.4.3 条的规定抽检，最小抽样数量不得少于 10 处；牢固程度全数检查；报告全数核查。

5.2.7　幕墙隔气层应完整、严密、位置正确，穿透隔气层处应采取密封措施。

检验方法：观察检查。

检查数量：每个检验批抽样数量不少于 5 处。

5.2.8　幕墙保温材料应与幕墙面板或基层墙体可靠粘结或锚固，有机保温材料应采用非金属不燃材料作防护层，防护层应将保温材料完全覆盖。

检验方法：观察检查。

检查数量：每个检验批按本标准第 3.4.3 条的规定抽检，最小抽样数量不得少于 5 处。

5.2.9　建筑幕墙与基层墙体、窗间墙、窗槛墙及裙墙之间的空间，应在每层楼板处和防火分区隔离部位采用防火封堵材料封堵。

检验方法：观察检查。

检查数量：每个检验批按本标准第 3.4.3 条的规定抽检，最小抽样数量不得少于 5 处。

5.2.10　幕墙可开启部分开启后的通风面积应满足设计要求。幕墙通风器的通道应通畅、尺寸满足设计要求，开启装置应能顺畅开启和关闭。

检验方法：尺量核查开启窗通风面积；观察检查；通风器启闭检查。

检查数量：每个检验批依据可开启部分或通风器数量按本标准第 3.4.3 条的规定抽检，最小抽样数量不得少于 5 个，开启窗通风面积全数核查。

5.2.11　凝结水的收集和排放应通畅，并不得渗漏。

检验方法：通水试验、观察检查。

检查数量：每个检验批抽样数量不少于 5 处。

5.2.12　采光屋面的可开启部分应按本标准第 6 章的要求验收。采光屋面的安装应牢固，坡度正确，封闭严密，不得渗漏。

检验方法：核查质量证明文件；观察、尺量检查；淋水检查；核查隐蔽工程验收记录。

检查数量：200m² 以内全数检查；超过 200m² 则抽查 30%，抽查面积不少于 200m²。

5.3 一般项目

5.3.1 幕墙镀（贴）膜玻璃的安装方向、位置应符合设计要求。采用密封胶密封的中空玻璃应采用双道密封。采用了均压管的中空玻璃，其均压管在安装前应密封处理。

检验方法：观察、检查施工记录。

检查数量：每个检验批按本标准第 3.4.3 条的规定抽检，最小抽样数量不得少于 5 件（处）。

5.3.2 单元式幕墙板块组装应符合下列要求：

1 密封条规格正确，长度无负偏差，接缝的搭接符合设计要求；

2 保温材料固定牢固；

3 隔气层密封完整、严密；

4 凝结水排水系统通畅，管路无渗漏。

检验方法：观察检查；手扳检查；尺量；通水试验。

检查数量：每个检验批依据板块数量按本标准第 3.4.3 条的规定抽检，最小抽样数量不得少于 5 件（处）。

5.3.3 幕墙与周边墙体、屋面间的接缝处应按设计要求采用保温措施，并应采用耐候密封胶等密封。建筑伸缩缝、沉降缝、抗震缝处的幕墙保温或密封做法应符合设计要求。严寒、寒冷地区当采用非闭孔保温材料时，应有完整的隔气层。

检验方法：观察检查。对照设计文件观察检查。

检查数量：每个检验批抽样数量不少于 5 件（处）。

5.3.4 幕墙活动遮阳设施的调节机构应灵活，并应能调节到位。

检验方法：遮阳设施现场进行 10 次以上完整行程的调节试验；观察检查。

检查数量：每个检验批按本标准第 3.4.3 条的规定抽检，最小抽样数量不得少于 10 件（处）。

6 门窗节能工程

6.1 一般规定

6.1.1 本章适用于金属门窗、塑料门窗、木门窗、各种复合门窗、特种门窗及天窗等建筑外门窗节能工程的施工质量验收。

6.1.2 门窗节能工程应优先选用具有国家建筑门窗节能性能标识的产品。当门窗采用隔热型材时，应提供隔热型材所使用的隔断热桥材料的物理力学性能检测报告。

6.1.3 主体结构完成后进行施工的门窗节能工程，应在外墙质量验收合格后对门窗框与墙体接缝处的保温填充做法和门窗附框等进行施工，施工过程中应及时进行质量检查、隐蔽工程验收和检验批验收，隐蔽部位验收应在隐蔽前进行，并应有详细的文字记录和必要的图像资料，施工完成后应进行门窗节能分项工程验收。

6.1.4 门窗节能工程验收的检验批划分，除本章另有规定外应符合下列规定：

1 同一厂家的同材质、类型和型号的门窗每 200 樘划分为一个检验批；

2 同一厂家的同材质、类型和型号的特种门窗每 50 樘划分为一个检验批；

3 异形或有特殊要求的门窗检验批的划分也可根据其特点和数量，由施工单位与监理单位协商确定。

6.2 主控项目

6.2.1 建筑门窗节能工程使用的材料、构件应进行进场验收，验收结果应经监理工程师检查认可，且应形成相应的验收记录。各种材料和构件的质量证明文件和相关技术资料应齐全，并应符合设计要求和国家现行有关标准的规定。

检验方法：观察、尺量检查；核查质量证明文件。

检查数量：按进场批次，每批随机抽取 3 个试样进行检查；质量证明文件应按其出厂检验批进行核查。

6.2.2 门窗（包括天窗）节能工程使用的材料、构件进场时，应按工程所处的气候区核查质量证明文件、节能性能标识证书、门窗节能性能计算书、复验报告，并应对下列性能进行复验，复验应为见证取样检验：

1 严寒、寒冷地区：门窗的传热系数、气密性能；

2 夏热冬冷地区：门窗的传热系数气密性能，玻璃的遮阳系数、可见光透射比；

3 夏热冬暖地区：门窗的气密性能，玻璃的遮阳系数、可见光透射比；

4 严寒、寒冷、夏热冬冷和夏热冬暖地区：透光、部分透光遮阳材料的太阳光透射比、太阳光反射比，中空玻璃的密封性能。

检验方法：具有国家建筑门窗节能性能标识的门窗产品，验收时应对照标识证书和计算报告，核对相关的材料、附件、节点构造，复验玻璃的节能性能指标（即可见光透射比、太阳得热系数、传热系数、中空玻璃的密封性能），可不再进行产品的传热系数和气密性能复验。应核查标识证书与门窗的一致性，核查标识的传热系数和气密性能等指标，并按门窗节能性能标识模拟计算报告核对门窗节点构造。中空玻璃密封性能按照本标准附录 E 的检验方法进行检验。

检查数量：质量证明文件、复验报告和计算报告等全数核查；按同厂家、同材质、同开启方式、同型材系列的产品各抽查一次；对于有节能性能标识的门窗产品，复验时可仅核查标识证书和玻璃的检测报告。同工程项目、同施工单位且同期施工的多个单位工程，可合并计算抽检数量。

6.2.3 金属外门窗框的隔断热桥措施应符合设计要求和产品标准的规定，金属附框应按照设计要求采取保温措施。

检验方法：随机抽样，对照产品设计图纸，剖开或拆开检查。

检查数量：同厂家、同材质、同规格的产品各抽查不少于 1 樘。金属附框的保温措施每个检验批按本标准第 3.4.3 条的规定抽检。

6.2.4 外门窗框或附框与洞口之间的间隙应采用弹性闭孔材料填充饱满，并进行防水密封，夏热冬暖地区、温和地区当采用防水砂浆填充间隙时，窗框与砂浆间应用密封胶密封；外门窗框与附框之间的缝隙应使用密封胶密封。

检验方法：观察检查；核查隐蔽工程验收记录。

检查数量：全数检查。

6.2.5 严寒和寒冷地区的外门应按照设计要求采取保温、密封等节能措施。

检验方法：观察检查。

检查数量：全数检查。

6.2.6 外窗遮阳设施的性能、位置、尺寸应符合设计和产品标准要求；遮阳设施的安装应位置正确、牢固，满足安全和使用功能的要求。

检验方法：核查质量证明文件；观察、尺量、手扳检查；核查遮阳设施的抗风计算报告或性能检测报告。

检查数量：每个检验批按本标准第 3.4.3 条的规定抽检；安装牢固程度全数检查。

6.2.7 用于外门的特种门的性能应符合设计和产品标准要求；特种门安装中的节能措施，应符合设计要求。

检验方法：核查质量证明文件；观察、尺量检查。

检查数量：全数检查。

6.2.8 天窗安装的位置、坡向、坡度应正确，封闭严密，不得渗漏。

检验方法：观察检查；用水平尺（坡度尺）检查；淋水检查。

检查数量：每个检验批按本标准第 3.4.3 条规定的最小抽样数量的 2 倍抽检。

6.2.9 通风器的尺寸、通风量等性能应符合设计要求；通风器的安装位置应正确，与门窗型材间的密封应严密，开启装置应能顺畅开启和关闭。

检验方法：核查质量证明文件；观察、尺量检查。

检查数量：每个检验批按本标准第 3.4.3 条规定的最小抽样数量的 2 倍抽检。

6.3 一般项目

6.3.1 门窗扇密封条和玻璃镶嵌的密封条，其物理性能应符合相关标准中的要求。密封条安装位置应正确，镶嵌牢固，不得脱槽。接头处不得开裂。关闭门窗时密封条应接触严密。

检验方法：观察检查，核查质量证明文件。

检查数量：全数检查。

6.3.2 门窗镀(贴)膜玻璃的安装方向应符合设计要求，采用密封胶密封的中空玻璃应采用双道密封，采用了均压管的中空玻璃其均压管应进行密封处理。

检验方法：观察检查，核查质量证明文件。

检查数量：全数检查。

6.3.3 外门、窗遮阳设施调节应灵活、调节到位。

检验方法：现场调节试验检查。

检查数量：全数检查。

7 屋面节能工程

7.1 一般规定

7.1.1 本章适用于采用板材、现浇、喷涂等保温隔热做法的建筑屋面节能工程施工质量验收。

7.1.2 屋面节能工程应在基层质量验收合格后进行施工，施工过程中应及时进行质量检查、隐蔽工程验收和检验批验收，施工完成后应进行屋面节能分项工程验收。

7.1.3 屋面节能工程应对下列部位进行隐蔽工程验收，并应有详细的文字记录和必要的图像资料：

1 基层及其表面处理；

2 保温材料的种类、厚度、保温层的敷设方式；板材缝隙填充质量；

3 屋面热桥部位处理；

4 隔汽层。

7.1.4 屋面保温隔热层施工完成后，应及时进行后续施工或加以覆盖。

7.1.5 屋面节能工程施工质量验收的检验批划分，除本章另有规定外应符合下列规定：

1 采用相同材料、工艺和施工做法的屋面，扣除天窗、采光顶后的屋面面积，每 $1000m^2$ 面积划分为一个检验批；

2 检验批的划分也可根据与施工流程相一致且方便施工与验收的原则，由施工单位与监理单位协商确定。

7.2 主控项目

7.2.1 屋面节能工程使用的保温隔热材料、构件应进行进场验收，验收结果应经监理工程师检查认可，且应形成相应的验收记录。各种材料和构件的质量证明文件与相关技术资料应齐全，并应符合设计要求和国家现行有关标准的规定。

检验方法：观察、尺量检查；核查质量证明文件。

检查数量：按进场批次，每批随机抽取 3 个试样进行检查；质量证明文件应按照其出厂检验批进行核查。

7.2.2 屋面节能工程使用的材料进场时，应对其下列性能进行复验，复验应为见证取样检验：

1 保温隔热材料的导热系数或热阻、密度、压缩强度或抗压强度、吸水率、燃烧性能(不燃材料除外)；

2 反射隔热材料的太阳光反射比、半球发射率。

检验方法：核查质量证明文件，随机抽样检验，核查复验报告，其中：导热系数或热阻、密度、燃烧性能必须在同一个报告中。

检查数量：同厂家、同品种产品，扣除天窗、采光顶后的屋面面积在 $1000m^2$ 以内时应复验 1 次；面积每增加 $1000m^2$ 应增加复验 1 次。同工程项目、同施工单位且同期施工的多个单位工程，可合并计算抽检面积。当符合本标准第 3.2.3 条的规定时，检验批容量可以扩大一倍。

7.2.3 屋面保温隔热层的敷设方式、厚度、缝隙填充质量及屋面热桥部位的保温隔热做法，应符合设计要求和有关标准的规定。

检验方法：观察、尺量检查。

检查数量：每个检验批抽查 3 处，每处 $10m^2$。

7.2.4 屋面的通风隔热架空层，其架空高度、安装方式、通风口位置及尺寸应符合设计及有关标准要求。架空层内不得有杂物。架空面层应完整，不得有断裂和露筋等缺陷。

检验方法：观察、尺量检查。

检查数量：每个检验批抽查 3 处，每处 10m²。

7.2.5 屋面隔汽层的位置、材料及构造做法应符合设计要求，隔汽层应完整、严密，穿透隔汽层处应采取密封措施。

检验方法：观察检查；核查隐蔽工程验收记录。

检查数量：每个检验批抽查 3 处，每处 10m²。

7.2.6 坡屋面、架空屋面内保温应采用不燃保温材料，保温层做法应符合设计要求。

检验方法：观察检查；核查复验报告和隐蔽工程验收记录。

检查数量：每个检验批抽查 3 处，每处 10m²。

7.2.7 当采用带铝箔的空气隔层做隔热保温屋面时，其空气隔层厚度、铝箔位置应符合设计要求。空气隔层内不得有杂物，铝箔应铺设完整。

检验方法：观察、尺量检查。

检查数量：每个检验批抽查 3 处，每处 10m²。

7.2.8 种植植物的屋面，其构造做法与植物的种类、密度、覆盖面积等应符合设计及相关标准要求，植物的种植与维护不得损害节能效果。

检验方法：对照设计检查。

检查数量：全数检查。

7.2.9 采用有机类保温隔热材料的屋面，防火隔离措施应符合设计和现行国家标准《建筑设计防火规范》GB 50016 的规定。

检验方法：对照设计检查。

检查数量：全数检查。

7.2.10 金属板保温夹芯屋面应铺装牢固、接口严密、表面洁净、坡向正确。

检验方法：观察、尺量检查；核查隐蔽工程验收记录。

检查数量：全数检查。

7.3 一般项目

7.3.1 屋面保温隔热层应按专项施工方案施工，并应符合下列规定：

1 板材应粘贴牢固、缝隙严密、平整；

2 现场采用喷涂、浇注、抹灰等工艺施工的保温层，应按配合比准确计量、分层连续施工、表面平整、坡向正确；

检验方法：观察、尺量检查，检查施工记录。

检查数量：每个检验批抽查 3 处，每处 10m²。

7.3.2 反射隔热屋面的颜色应符合设计要求，色泽应均匀一致，没有污迹，无积水现象。

检验方法：观察检查。

检查数量：全数检查。

7.3.3 坡屋面、架空屋面当采用内保温时，保温隔热层应设有防潮措施，其表面应有保护层，保护层的做法应符合设计要求。

检验方法：观察检查；核查隐蔽工程验收记录。

检查数量：每个检验批抽查 3 处，每处 10m²。

8 地面节能工程

8.1 一般规定

8.1.1 本章适用于建筑工程中接触土壤或室外空气的地面、毗邻不供暖空间的地面，以及与土壤接触的地下室外墙等节能工程的施工质量验收。

8.1.2 地面节能工程的施工，应在基层质量验收合格后进行。施工过程中应及时进行质量检查、隐蔽工程验收和检验批验收，施工完成后应进行地面节能分项工程验收。

8.1.3 地面节能工程应对下列部位进行隐蔽工程验收，并应有详细的文字记录和必要的图像资料：

1 基层及其表面处理；

2 保温材料种类和厚度；

3 保温材料粘结；

4 地面热桥部位处理。

8.1.4 地面节能分项工程检验批划分，除本章另有规定外应符合下列规定：

1 采用相同材料、工艺和施工做法的地面，每1000m²面积划分为一个检验批。

2 检验批的划分也可根据与施工流程相一致且方便施工与验收的原则，由施工单位与监理单位协商确定。

8.2 主控项目

8.2.1 用于地面节能工程的保温材料、构件应进行进场验收，验收结果应经监理工程师检查认可，且应形成相应的验收记录。各种材料和构件的质量证明文件与相关技术资料应齐全，并应符合设计要求和国家现行有关标准的规定。

检验方法：观察、尺量检查；核查质量证明文件。

检查数量：按进场批次，每批随机抽取3个试样进行检查；质量证明文件应按照其出厂检验批进行核查。

8.2.2 地面节能工程使用的保温材料进场时，应对其导热系数或热阻、密度、压缩强度或抗压强度、吸水率、燃烧性能（不燃材料除外）等性能进行复验，复验应为见证取样检验。

检验方法：核查质量证明文件，随机抽样检验，核查复验报告，其中：导热系数或热阻、密度、燃烧性能必须在同一个报告中。

检查数量：同厂家、同品种产品，地面面积在1000m²以内时应复验1次；面积每增加1000m²应增加1次。同工程项目、同施工单位且同期施工的多个单位工程，可合并计算抽检面积。当符合本标准第3.2.3条的规定时，检验批容量可以扩大一倍。

8.2.3 地下室顶板和架空楼板底面的保温隔热材料应符合设计要求，并应粘贴牢固。

检验方法：观察检查，核查质量证明文件。

检查数量：每个检验批应抽查3处。

8.2.4 地面节能工程施工前，基层处理应符合设计和专项施工方案的有关要求。

检验方法：对照设计和专项施工方案观察检查。

检查数量：全数检查。

8.2.5 地面保温层、隔离层、保护层等各层的设置和构造做法应符合设计要求，并应按专项施工方案施工。

检验方法：对照设计和专项施工方案观察检查；尺量检查。

检查数量：每个检验批抽查3处，每处10m²。

8.2.6 地面节能工程的施工质量应符合下列规定：

1 保温板与基层之间、各构造层之间的粘结应牢固，缝隙应严密；

2 穿越地面到室外的各种金属管道应按设计要求采取保温隔热措施。

检验方法：观察检查；核查隐蔽工程验收记录。

检查数量：每个检验批抽查3处，每处10m²；穿越地面的金属管道全数检查。

8.2.7 有防水要求的地面，其节能保温做法不得影响地面排水坡度，防护面层不得渗漏。

检验方法：观察、尺量检查，核查防水层蓄水试验记录。检查数量：全数检查。

8.2.8 严寒和寒冷地区，建筑首层直接接触土壤的地面、底面直接接触室外空气的地面、毗邻不供暖空间的地面以及供暖地下室与土壤接触的外墙应按设计要求采取保温措施。

检验方法：观察检查，核查隐蔽工程验收记录。

检查数量：全数检查。

8.2.9 保温层的表面防潮层、保护层应符合设计要求。

检验方法：观察检查，核查隐蔽工程验收记录。

检查数量：全数检查。

8.3 一般项目

8.3.1 采用地面辐射供暖的工程，其地面节能做法应符合设计要求和现行行业标准《辐射供暖供冷技术规程》JGJ 142 的规定。

检验方法：观察检查，核查隐蔽工程验收记录。

检查数量：每个检验批抽查 3 处。

8.3.2 接触土壤地面的保温层下面的防潮层应符合设计要求。

检验方法：观察检查，核查隐蔽工程验收记录。

检查数量：每个检验批抽查 3 处。

9 供暖节能工程

9.1 一般规定

9.1.1 本章适用于室内集中供暖系统节能工程施工质量验收。

9.1.2 供暖节能工程施工中应及时进行质量检查，对隐蔽部位在隐蔽前进行验收，并应有详细的文字记录和必要的图像资料，施工完成后应进行供暖节能分项工程验收。

9.1.3 供暖节能工程验收的检验批划分可按本标准第 3.4.1 条的规定执行，也可按系统或楼层，由施工单位与监理单位协商确定。

9.2 主控项目

9.2.1 供暖节能工程使用的散热设备、热计量装置、温度调控装置、自控阀门、仪表、保温材料等产品应进行进场验收，验收结果应经监理工程师检查认可，且应形成相应的验收记录。各种材料和设备的质量证明文件与相关技术资料应齐全，并应符合设计要求和国家现行有关标准的规定。

检验方法：观察、尺量检查，核查质量证明文件。

检查数量：全数检查。

9.2.2 供暖节能工程使用的散热器和保温材料进场时，应对其下列性能进行复验，复验应为见证取样检验：

1 散热器的单位散热量、金属热强度；

2 保温材料的导热系数或热阻、密度、吸水率。

检验方法：核查复验报告。

检查数量：同厂家、同材质的散热器，数量在 500 组及以下时，抽检 2 组；当数量每增加 1000 组时应增加抽检 1 组。同工程项目、同施工单位且同期施工的多个单位工程可合并计算。当符合本标准第 3.2.3 条规定时，检验批容量可以扩大一倍。同厂家、同材质的保温材料，复验次数不得少于 2 次。

9.2.3 供暖系统安装的温度调控装置和热计量装置，应满足设计要求的分室（户或区）温度调控、楼栋热计量和分户（区）热计量功能。

检验方法：观察检查，核查调试报告。

检查数量：全数检查。

9.2.4 室内供暖系统的安装应符合下列规定：

1 供暖系统的形式应符合设计要求；

2 散热设备、阀门、过滤器、温度、流量、压力等测量仪表应按设计要求安装齐全，不得随意增减或更换；

3 水力平衡装置、热计量装置、室内温度调控装置的安装位置和方向应符合设计要求，并便于数据读取、操作、调试和维护。

检验方法：观察检查。

检查数量：全数检查。

9.2.5 散热器及其安装应符合下列规定：

1 每组散热器的规格、数量及安装方式应符合设计要求；

2 散热器外表面应刷非金属性涂料。

检验方法：观察检查。

检查数量：按本标准第 3.4.3 条的规定抽检，最小抽样数量不得少于 5 组。

9.2.6　散热器恒温阀及其安装应符合下列规定：

1　恒温阀的规格、数量应符合设计要求；

2　明装散热器恒温阀不应安装在狭小和封闭空间，其恒温阀阀头应水平安装并远离发热体，且不应被散热器、窗帘或其他障碍物遮挡；

3　暗装散热器恒温阀的外置式温度传感器，应安装在空气流通且能正确反映房间温度的位置上。

检验方法：观察检查。

检查数量：按本标准第 3.4.3 条的规定抽检，最小抽样数量不得少于 5 组。

9.2.7　低温热水地面辐射供暖系统的安装，除应符合本标准第 9.2.4 条的规定外，尚应符合下列规定：

1　防潮层和绝热层的做法及绝热层的厚度应符合设计要求；

2　室内温度调控装置的安装位置和方向应符合设计要求，并便于观察、操作和调试；

3　室内温度调控装置的温度传感器宜安装在距地面 1.4m 的内墙上或与照明开关在同一高度上，且避开阳光直射和发热设备。

检验方法：防潮层和绝热层隐蔽前观察检查；用钢针刺入绝热层、尺量；观察检查、尺量室内温度调控装置传感器的安装高度。

检查数量：按本标准第 3.4.3 条的规定抽检，最小抽样数量不得少于 5 处。

9.2.8　供暖系统热力入口装置的安装应符合下列规定：

1　热力入口装置中各种部件的规格、数量应符合设计要求；

2　热计量表、过滤器、压力表、温度计的安装位置及方向应正确，并便于观察、维护；

3　水力平衡装置及各类阀门的安装位置、方向应正确，并便于操作和调试。

检验方法：观察检查。

检查数量：全数检查。

9.2.9　供暖管道保温层和防潮层的施工应符合下列规定：

1　保温材料的燃烧性能、材质及厚度等应符合设计要求。

2　保温管壳的捆扎、粘贴应牢固，铺设应平整。硬质或半硬质的保温管壳每节至少应采用防腐金属丝、耐腐蚀织带或专用胶带捆扎 2 道，其间距为 300mm～350mm，且捆扎应紧密，无滑动、松弛及断裂现象。

3　硬质或半硬质保温管壳的拼接缝隙不应大于 5mm，并应用粘结材料勾缝填满；纵缝应错开，外层的水平接缝应设在侧下方。

4　松散或软质保温材料应按规定的密度压缩其体积，疏密应均匀，搭接处不应有空隙。

5　防潮层应紧密粘贴在保温层上，封闭良好，不得有虚粘、气泡、褶皱、裂缝等缺陷；防潮层外表面搭接应顺水。

6　立管的防潮层应由管道的低端向高端敷设，环向搭接缝应朝向低端；纵向搭接缝应位于管道的侧面，并顺水。

7　卷材防潮层采用螺旋形缠绕的方式施工时，卷材的搭接宽度宜为 30mm～50mm。

8　阀门及法兰部位的保温应严密，且能单独拆卸并不得影响其操作功能。

检验方法：观察检查；用钢针刺入保温层、尺量。

检查数量：按本标准第 3.4.3 条的规定抽检，最小抽样数量不得少于 5 处。

9.2.10　供暖系统安装完毕后，应在供暖期内与热源进行联合试运转和调试，试运转和调试结果应符合设计要求。

检验方法：观察检查；核查供暖系统试运转和调试记录。

检查数量：全数检查。

9.3　一般项目

9.3.1　供暖系统阀门、过滤器等配件的保温层应密实、无空隙，且不得影响其操作功能。

检验方法：观察检查。

检查数量：按本标准第 3.4.3 条的规定抽检，最小抽样数量不得少于 2 件。

10 通风与空调节能工程

10.1 一般规定

10.1.1 本章适用于通风与空调系统节能工程施工质量验收。

10.1.2 通风与空调节能工程施工中应及时进行质量检查，对隐蔽部位在隐蔽前进行验收，并应有详细的文字记录和必要的图像资料，施工完成后应进行通风与空调系统节能分项工程验收。

10.1.3 通风与空调节能工程验收的检验批划分可按本标准第 3.4.1 条的规定执行，也可按系统或楼层，由施工单位与监理单位协商确定。

10.2 主控项目

10.2.1 通风与空调节能工程使用的设备、管道、自控阀门、仪表、绝热材料等产品应进行进场验收，并应对下列产品的技术性能参数和功能进行核查。验收与核查的结果应经监理工程师检查认可，且应形成相应的验收记录。各种材料和设备的质量证明文件与相关技术资料应齐全，并应符合设计要求和国家现行有关标准的规定。

1 组合式空调机组、柜式空调机组、新风机组、单元式空调机组及多联机空调系统室内机等设备的供冷量、供热量、风量、风压、噪声及功率，风机盘管的供冷量、供热量、风量、出口静压、噪声及功率；

2 风机的风量、风压、功率、效率；

3 空气能量回收装置的风量、静压损失、出口全压及输入功率；装置内部或外部漏风率、有效换气率、交换效率、噪声；

4 阀门与仪表的类型、规格、材质及公称压力；

5 成品风管的规格、材质及厚度；

6 绝热材料的导热系数、密度、厚度、吸水率。

检验方法：观察、尺量检查，核查质量证明文件。

检查数量：全数检查。

10.2.2 通风与空调节能工程使用的风机盘管机组和绝热材料进场时，应对其下列性能进行复验，复验应为见证取样检验。

1 风机盘管机组的供冷量、供热量、风量、水阻力、功率及噪声；

2 绝热材料的导热系数或热阻、密度、吸水率。

检验方法：核查复验报告。

检查数量：按结构形式抽检，同厂家的风机盘管机组数量在 500 台及以下时，抽检 2 台；每增加 1000 台时应增加抽检 1 台。同工程项目、同施工单位且同期施工的多个单位工程可合并计算。当符合本标准第 3.2.3 条规定时，检验批容量可以扩大一倍。

同厂家、同材质的绝热材料，复验次数不得少于 2 次。

10.2.3 通风与空调节能工程中的送、排风系统及空调风系统、空调水系统的安装，应符合下列规定：

1 各系统的形式应符合设计要求；

2 设备、阀门、过滤器、温度计及仪表应按设计要求安装齐全，不得随意增减或更换；

3 水系统各分支管路水力平衡装置、温度控制装置的安装位置、方向应符合设计要求，并便于数据读取、操作、调试和维护；

4 空调系统应满足设计要求的分室（区）温度调控和冷、热计量功能。

检验方法：观察检查。

检查数量：全数检查。

10.2.4 风管的安装应符合下列规定：

1 风管的材质、断面尺寸及壁厚应符合设计要求；

2 风管与部件、建筑风道及风管间的连接应严密、牢固；

3 风管的严密性检验结果应符合设计和国家现行标准的有关要求；

4 需要绝热的风管与金属支架的接触处，需要绝热的复合材料风管及非金属风管的连接处和内部支撑加固处等，应有防热桥的措施，并应符合设计要求。

检验方法：观察、尺量检查；核查风管系统严密性检验记录。

检查数量：按本标准第 3.4.3 条的规定抽检，风管的严密性检验最小抽样数量不得少于 1 个系统。

10.2.5　组合式空调机组、柜式空调机组、新风机组、单元式空调机组的安装应符合下列规定：

1　规格、数量应符合设计要求；

2　安装位置和方向应正确，且与风管、送风静压箱、回风箱、阀门的连接应严密可靠；

3　现场组装的组合式空调机组各功能段之间连接应严密，其漏风量应符合现行国家标准《组合式空调机组》GB/T 14294 的有关要求；

4　机组内的空气热交换器翅片和空气过滤器应清洁、完好，且安装位置和方向正确，以便于维护和清理。

检验方法：观察检查；核查漏风量测试记录。

检查数量：全数检查。

10.2.6　带热回收功能的双向换气装置和集中排风系统中的能量回收装置的安装应符合下列规定：

1　规格、数量及安装位置应符合设计要求；

2　进、排风管的连接应正确、严密、可靠；

3　室外进、排风口的安装位置、高度及水平距离应符合设计要求。

检验方法：观察检查。

检查数量：全数检查。

10.2.7　空调机组、新风机组及风机盘管机组水系统自控阀门与仪表的安装应符合下列规定：

1　规格、数量应符合设计要求；

2　方向应正确，位置应便于读取数据、操作、调试和维护。

检验方法：观察检查。

检查数量：按本标准第 3.4.3 条的规定抽检，并不少于 10 个。

10.2.8　空调风管系统及部件的绝热层和防潮层施工应符合下列规定：

1　绝热材料的燃烧性能、材质、规格及厚度等应符合设计要求；

2　绝热层与风管、部件及设备应紧密贴合，无裂缝、空隙等缺陷，且纵、横向的接缝应错开；

3　绝热层表面应平整，当采用卷材或板材时，其厚度允许偏差为 5mm；采用涂抹或其他方式时，其厚度允许偏差为 10mm；

4　风管法兰部位绝热层的厚度，不应低于风管绝热层厚度的 80%；

5　风管穿楼板和穿墙处的绝热层应连续不间断；

6　防潮层（包括绝热层的端部）应完整，且封闭良好，其搭接缝应顺水；

7　带有防潮层隔气层绝热材料的拼缝处，应用胶带封严，粘胶带的宽度不应小于 50mm；

8　风管系统阀门等部件的绝热，不得影响其操作功能。

检验方法：观察检查；用钢针刺入绝热层、尺量。

检查数量：按本标准第 3.4.3 条的规定抽检，最小抽样数量绝热层不得少于 10 段、防潮层不得少于 10m、阀门等配件不得少于 5 个。

10.2.9　空调水系统管道、制冷剂管道及配件绝热层和防潮层的施工，应符合下列规定：

1　绝热材料的燃烧性能、材质、规格及厚度等应符合设计要求。

2　绝热管壳的捆扎、粘贴应牢固，铺设应平整。硬质或半硬质的绝热管壳每节至少应用防腐金属丝、耐腐蚀带或专用胶带捆扎 2 道，其间距为 300mm～350mm，且捆扎应紧密，无滑动、松弛及断裂现象。

3　硬质或半硬质绝热管壳的拼接缝隙，保温时不应大于 5mm、保冷时不应大于 2mm，并用粘结材料勾缝填满；纵缝应错开，外层的水平接缝应设在侧下方。

4　松散或软质保温材料应按规定的密度压缩其体积，疏密应均匀，搭接处不应有空隙。

5　防潮层与绝热层应结合紧密，封闭良好，不得有虚粘、气泡、褶皱、裂缝等缺陷。

6　立管的防潮层应由管道的低端向高端敷设，环向搭接缝应朝向低端；纵向搭接缝应位于管道的侧面，并顺水。

7　卷材防潮层采用螺旋形缠绕的方式施工时，卷材的搭接宽度宜为 30mm～50mm。

8 空调冷热水管穿楼板和穿墙处的绝热层应连续不间断，且绝热层与穿楼板和穿墙处的套管之间应用不燃材料填实，不得有空隙；套管两端应进行密封封堵。

9 管道阀门、过滤器及法兰部位的绝热应严密，并能单独拆卸，且不得影响其操作功能。

检验方法：观察检查；用钢针刺入绝热层、尺量。

检查数量：按本标准第 3.4.3 条的规定抽检，最小抽样数量绝热层不得少于 10 段、防潮层不得少于 10m、阀门等配件不得少于 5 个。

10.2.10 空调冷热水管道及制冷剂管道与支、吊架之间应设置绝热衬垫，其厚度不应小于绝热层厚度，宽度应大于支、吊架支承面的宽度。衬垫的表面应平整，衬垫与绝热材料之间应填实无空隙。

检验方法：观察检查、尺量。

检查数量：按本标准第 3.4.3 条的规定抽检，最小抽样数量不得少于 5 处。

10.2.11 通风与空调系统安装完毕，应进行通风机和空调机组等设备的单机试运转和调试，并应进行系统的风量平衡调试，单机试运转和调试结果应符合设计要求；系统的总风量与设计风量的允许偏差不应大于 10%，风口的风量与设计风量的允许偏差不应大于 15%。

检验方法：核查试运转和调试记录。

检查数量：全数检查。

10.2.12 多联机空调系统安装完毕后，应进行系统的试运转与调试，并应在工程验收前进行系统运行效果检验，检验结果应符合设计要求。

检验方法：核查系统试运行和调试及系统运行效果检验记录。

检查数量：全数检查。

10.3 一般项目

10.3.1 空气风幕机的规格、数量、安装位置和方向应正确，垂直度和水平度的偏差均不应大于 2/1000。

检验方法：观察检查。

检查数量：全数检查。

10.3.2 变风量末端装置与风管连接前应做动作试验，确认运行正常后再进行管道连接。

检验方法：观察检查。

检查数量：按总数量抽查 10%，且不得少于 2 台。

11 空调与供暖系统冷热源及管网节能工程

11.1 一般规定

11.1.1 本章适用于空调与供暖系统中冷热源设备、辅助设备及其管道和室外管网系统节能工程施工质量验收。

11.1.2 空调与供暖系统冷热源和辅助设备及其管道和室外管网系统施工中应及时进行质量检查，对隐蔽部位在隐蔽前进行验收，并应有详细的文字记录和必要的图像资料，施工完成后应进行空调与供暖系统冷热源及管网节能分项工程验收。

11.1.3 空调与供暖系统冷热源设备、辅助设备及其管道和管网系统节能工程的验收，可按冷源系统、热源系统和室外管网进行检验批划分，也可由施工单位与监理单位协商确定。

11.2 主控项目

11.2.1 空调与供暖系统使用的冷热源设备及其辅助设备、自控阀门、仪表、绝热材料等产品应进行进场验收，并应对下列产品的技术性能参数和功能进行核查。验收与核查的结果应经监理工程师检查认可，且应形成相应的验收记录。各种材料和设备的质量证明文件与相关技术资料应齐全，并应符合设计要求和国家现行有关标准的规定。

1 锅炉的单台容量及名义工况下的热效率；

2 热交换器的单台换热量；

3 电驱动压缩机蒸汽压缩循环冷水（热泵）机组的额定制冷（热）量、输入功率、性能系数（COP）、综合部分负荷性能系数（IPLV）限值；

4 电驱动压缩机单元式空气调节机组、风管送风式和屋顶式空气调节机组的名义制冷量、输入功率及能效比（EER）；

5 多联机空调系统室外机的额定制冷（热）量、输入功率及制冷综合性能系数［IPLV（C）］；

6 蒸汽和热水型溴化锂吸收式冷水机组及直燃型溴化锂吸收式冷（温）水机组的名义制冷量、供热量、输入功率及性能系数；

7 供暖热水循环水泵、空调冷（热）水循环水泵、空调冷却水循环水泵等的流量、扬程、电机功率及效率；

8 冷却塔的流量及电机功率；

9 自控阀门与仪表的类型、规格、材质及公称压力；

10 管道的规格、材质、公称压力及适用温度；

11 绝热材料的导热系数、密度、厚度、吸水率。

检验方法：观察、尺量检查，核查质量证明文件。

检查数量：全数检查。

11.2.2 空调与供暖系统冷热源及管网节能工程的预制绝热管道、绝热材料进场时，应对绝热材料的导热系数或热阻、密度、吸水率等性能进行复验，复验应为见证取样检验。

检验方法：核查复验报告。

检查数量：同厂家、同材质的绝热材料，复验次数不得少于 2 次。

11.2.3 空调与供暖系统冷热源设备和辅助设备及其管网系统的安装，应符合下列规定：

1 管道系统的形式应符合设计要求；

2 设备、自控阀门与仪表，应按设计要求安装齐全，不得随意增减或更换；

3 空调冷（热）水系统，应能实现设计要求的变流量或定流量运行；

4 供热系统应能根据热负荷及室外温度变化，实现设计要求的集中质调节、量调节或质-量调节相结合的运行。

检验方法：观察检查。

检查数量：全数检查。

11.2.4 冷热源侧的电动调节阀、水力平衡阀、冷（热）量计量装置、供热量自动控制装置等自控阀门与仪表的安装，应符合下列规定：

1 类型、规格、数量应符合设计要求；

2 方向应正确，位置便于数据读取、操作、调试和维护。

检验方法：观察检查。

检查数量：全数检查。

11.2.5 锅炉、热交换器、电驱动压缩机蒸气压缩循环冷水（热泵）机组、蒸汽或热水型溴化锂吸收式冷水机组及直燃型溴化锂吸收式冷（温）水机组等设备的安装，应符合下列规定：

1 类型、规格、数量应符合设计要求；

2 安装位置及管道连接应正确。

检验方法：观察检查。

检查数量：全数检查。

11.2.6 冷却塔、水泵等辅助设备的安装应符合下列规定：

1 类型、规格、数量应符合设计要求；

2 冷却塔设置位置应通风良好，并应远离厨房排风等高温气体；

3 管道连接应正确。

检验方法：观察检查。

检查数量：全数检查。

11.2.7 多联机空调系统室外机的安装位置应符合设计要求，进排风应通畅，并便于检查和维护。

检验方法：观察检查。

检查数量：全数检查。

11.2.8　空调水系统管道、制冷剂管道及配件绝热层和防潮层的验收，应按本标准第 10.2.9 条的规定执行。

11.2.9　冷热源机房、换热站内部空调冷热水管道与支、吊架之间绝热衬垫的验收，应按本标准第 10.2.10 条的规定执行。

11.2.10　空调与供暖系统冷热源和辅助设备及其管道和管网系统安装完毕后，应按下列规定进行系统的试运转与调试：

1　冷热源和辅助设备应进行单机试运转与调试；

2　冷热源和辅助设备应同建筑物室内空调或供暖系统进行联合试运转与调试。

检验方法：观察检查；检查试运转和调试记录。

检验数量：全数检查。

11.3　一般项目

11.3.1　空调与供暖系统的冷热源设备及其辅助设备、配件的绝热，不得影响其操作功能。

检验方法：观察检查。

检查数量：全数检查。

12　配电与照明节能工程

12.1　一般规定

12.1.1　本章适用于配电与照明节能工程施工质量的验收。

12.1.2　配电与照明系统施工中应及时进行质量检查，对隐蔽部位在隐蔽前进行验收，并应有详细的文字记录和必要的图像资料，施工完成后应进行配电与照明节能分项工程验收。

12.1.3　配电与照明节能工程验收可按本标准第 3.4.1 条的规定进行检验批划分，也可按照系统、楼层、建筑分区，由施工单位与监理单位协商确定。

12.2　主控项目

12.2.1　配电与照明节能工程使用的配电设备、电线电缆、照明光源、灯具及其附属装置等产品应进行进场验收，验收结果应经监理工程师检查认可，且应形成相应的验收记录。各种材料和设备的质量证明文件与相关技术资料应齐全，并应符合设计要求和国家现行有关标准的规定。

检验方法：观察、尺量检查，核查质量证明文件。

检查数量：全数检查。

12.2.2　配电与照明节能工程使用的照明光源、照明灯具及其附属装置等进场时，应对其下列性能进行复验，复验应为见证取样检验：

1　照明光源初始光效；

2　照明灯具镇流器能效值；

3　照明灯具效率；

4　照明设备功率、功率因数和谐波含量值。

检验方法：现场随机抽样检验；核查复验报告。

检查数量：同厂家的照明光源、镇流器、灯具、照明设备，数量在 200 套（个）及以下时，抽检 2 套（个）；数量在 201 套（个）～2000 套（个）时，抽检 3 套（个）；当数量在 2000 套（个）以上时，每增加 1000 套（个）时应增加抽检 1 套（个）。同工程项目、同施工单位且同期施工的多个单位工程可合并计算。当符合本标准第 3.2.3 条规定时，检验批容量可以扩大一倍。

12.2.3　低压配电系统使用的电线、电缆进场时，应对其导体电阻值进行复验，复验应为见证取样检验。

检验方法：现场随机抽样检验；核查复验报告。

检查数量：同厂家各种规格总数的 10%，且不少于 2 个规格。

12.2.4　工程安装完成后应对配电系统进行调试，调试合格后应对低压配电系统以下技术参数进行检测，其检测结果应符合下列规定：

1　用电单位受电端电压允许偏差：三相 380V 供电为标称电压的±7%；单相 220V 供电为标称电压的

−10%～+7%；

2 正常运行情况下用电设备端子处额定电压的允许偏差：室内照明为±5%，一般用途电动机为±5%、电梯电动机为±7%，其他无特殊规定设备为±5%；

3 10kV 及以下配电变压器低压侧，功率因数不低于 0.9；

4 380V 的电网标称电压谐波限值：电压谐波总畸变率（THDu）为 5%，奇次（1 次～25 次）谐波含有率为 4%，偶次（2 次～24 次）谐波含有率为 2%；

5 谐波电流不应超过表 12.2.4 中规定的允许值。

检验方法：在用电负荷满足检测条件的情况下，使用标准仪器仪表进行现场测试；对于室内插座等装置使用带负载模拟的仪表进行测试。

检查数量：受电端全数检查，末端按本标准 3.4.3 最小抽样数重抽样。

表 12.2.4 谐波电流允许值

标准电压（kV）	基准短路容量（MVA）	谐波次数及谐波电流允许值											
0.38	10	谐波次数	2	3	4	5	6	7	8	9	10	11	12	13
		谐波电流允许值（A）	78	62	39	62	26	44	19	21	16	28	13	13
		谐波次数	14	15	16	17	18	19	20	21	22	23	24	25
		谐波电流允许值（A）	11	12	9.7	18	8.6	16	7.8	8.9	7.1	14	6.5	12

12.2.5 照明系统安装完成后应通电试运行，其测试参数和计算值应符合下列规定：

1 照度值允许偏差为设计值的±10%；

2 功率密度值不应大于设计值，当典型功能区域照度值高于或低于其设计值时，功率密度值可按比例同时提高或降低。

检验方法：检测被检区域内平均照度和功率密度。

检查数量：各类典型功能区域，每类检查不少于 2 处。

12.3 一般项目

12.3.1 配电系统选择的导体截面不得低于设计值。

检验方法：核查质量证明文件；尺量检查。

检查数量：每种规格检验不少于 5 次。

12.3.2 母线与母线或母线与电器接线端子，当采用螺栓搭接连接时应牢固可靠。

检验方法：使用力矩扳手对压接螺栓进行力矩检测。

检查数量：母线按检验批抽查 10%。

12.3.3 交流单芯电缆或分相后的每相电缆宜品字形（三叶形）敷设，且不得形成闭合铁磁回路。

检验方法：观察检查。

检查数量：全数检查。

12.3.4 三相照明配电干线的各相负荷宜分配平衡，其最大相负荷不宜超过三相负荷平均值的 115%，最小相负荷不宜小于三相负荷平均值的 85%。

检验方法：在建筑物照明通电试运行时开启全部照明负荷，使用三相功率计检测各相负载电流、电压和功率。

检查数量：全数检查。

13 监测与控制节能工程

13.1 一般规定

13.1.1 本章适用于监测与控制系统节能工程施工质量的验收。

13.1.2 监测与控制节能工程施工中应及时进行质量检查，对隐蔽部位在隐蔽前进行验收，并应有详细的文字记录和必要的图像资料。

13.1.3 监测与控制节能工程安装完成后应进行系统试运行,并对安装质量、监控功能、能源计量及建筑能源管理等进行检查和系统检测,并应进行监测与控制节能分项工程验收。

13.1.4 监测与控制节能工程验收可按本标准第 3.4.1 条的规定进行检验批划分,也可按照系统、楼层、建筑分区,由施工单位与监理单位协商确定。

13.2 主控项目

13.2.1 监测与控制节能工程使用的设备、材料应进行进场验收,验收结果应经监理工程师检查认可,并应形成相应的验收记录。各种材料和设备的质量证明文件和相关技术资料应齐全,并应符合设计要求和国家现行有关标准的规定。并应对下列主要产品的技术性能参数和功能进行核查:

1 系统集成软件的功能及系统接口兼容性;

2 自动控制阀门和执行机构的设计计算书;控制器、执行器、变频设备以及阀门等设备的规格参数;

3 变风量(VAV)末端控制器的自动控制和运算功能。

检验方法:观察、尺量检查;对照设计文件核查质量证明文件。

检查数量:全数检查。

13.2.2 监测与控制节能工程的传感器、执行机构,其安装位置、方式应符合设计要求;预留的检测孔位置正确,管道保温时应做明显标识;监测计量装置的测量数据应准确并符合设计要求。

检验方法:观察检查;用标准仪器仪表实测监测计量装置的实测数据,分别与直接数字控制器和中央工作站显示数据对比。

检查数量:按本标准表 3.4.3 最小抽样数量抽样,不足 10 台应全数检查。

13.2.3 监测与控制节能工程的系统集成软件安装并完成系统地址配置后,在软件加载到现场控制器前,应对中央控制站软件功能进行逐项测试,测试结果应符合设计文件要求。测试项目包括:系统集成功能、数据采集功能、报警连锁控制、设备运行状态显示、远动控制功能、程序参数下载、瞬间保护功能、紧急事故运行模式切换、历史数据处理等。

检验方法:观察检查;根据软件安装使用说明书提供的检测案例及检测方法逐项核查测试报告。

检查数量:全数检测。

13.2.4 监测与控制系统和供暖通风与空调系统应同步进行试运行与调试,系统稳定后,进行不少于120h 的连续运行,系统控制及故障报警功能应符合设计要求。当不具备条件时,应以模拟方式进行系统试运行与调试。

检验方法:观察检查;核查调试报告和试运行记录。

检查数量:全数检查。

13.2.5 能耗监测计量装置宜具备数据远传功能和能耗核算功能,其设置应符合下列规定:

1 按分区、分类、分系统、分项进行设置和监测;

2 对主要能耗系统、大型设备的耗能量(含燃料、水、电、汽)、输出冷(热)量等参数进行监测;

3 利用互联网、物联网、云计算及大数据等创新技术构建的新型建筑节能平台,具备建筑节能管理功能。

检验方法:对检测点逐点调出数据与现场测点数据核对,观察检查,并在中央工作站调用监测数据统计分析结果及能耗图表。

检查数量:全数检查。

13.2.6 冷热源的水系统当采取变频调节控制方式时,机组、水泵在低频率工况下,水系统应能正常运行。

检验方法:将机组运行工况调到变频器设定的下限,实测水系统末端最不利点的水压值应符合设计要求。

检查数量:全数检查。

13.2.7 供配电系统的监测与数据采集应符合设计要求。

检验方法:观察检查,检查中央工作站供配电系统的运行数据显示和报警功能。

检查数量：全数检查。

13.2.8　照明自动控制系统的功能应符合设计要求，当设计无要求时，应符合下列规定：

1　大型公共建筑的公用照明区应采用集中控制，按照建筑使用条件、自然采光状况和实际需要，采取分区、分组及调光或降低照度的节能控制措施；

2　宾馆的每间（套）客房应设置总电源节能控制开关；

3　有自然采光的楼梯间、廊道的一般照明，应采用按照度或时间表开关的节能控制方式；

4　当房间或场所设有两列或多列灯具时，应采取下列控制方式：

1）所控灯列应与侧窗平行；

2）电教室、会议室、多功能厅、报告厅等场所，应按靠近或远离讲台方式进行分组；

3）大空间场所应间隔控制或调光控制。

检验方法：

1　现场操作检查控制方式；

2　依据施工图，按回路分组，在中央工作站上进行被检回路的开关控制，观察相应回路的动作情况；

3　在中央工作站通过改变时间表控制程序的设定，观察相应回路的动作情况；

4　在中央工作站采用改变光照度设定值、室内人员分布等方式，观察相应回路的调光效果；

5　在中央工作站改变场景控制方式，观察相应的控制情况。

检查数量：现场操作检查为全数检查，在中央工作站上按照明控制箱总数的5%抽样检查，不足5台应全数检查。

13.2.9　自动扶梯无人乘行时，应自动停止运行。

检验方法：观察检查。

检查数量：全数检查。

13.2.10　建筑能源管理系统的能耗数据采集与分析功能、设备管理和运行管理功能、优化能源调度功能、数据集成功能应符合设计要求。

检验方法：观察检查，对各项功能逐项测试，核查测试报告。

检查数量：全数检查。

13.2.11　建筑能源系统的协调控制及供暖、通风与空调系统的优化监控等节能控制系统应满足设计要求。

检验方法：输入仿真数据，进行模拟测试，按不同的运行工况监测协调控制和优化监控功能。

检查数量：全数检查。

13.2.12　监测与控制节能工程应对下列可再生能源系统参数进行监测：

1　地源热泵系统：室外温度、典型房间室内温度、系统热源侧与用户侧进出水温度和流量、机组热源侧与用户侧进出水温度和流量、热泵系统耗电量；

2　太阳能热水供暖系统：室外温度、典型房间室内温度、辅助热源耗电量、集热系统进出口水温、集热系统循环水流量、太阳总辐射量；

3　太阳能光伏系统：室外温度、太阳总辐射量、光伏组件背板表面温度、发电量。

检验方法：将现场实测数据与工作站显示数据进行比对，偏差应符合设计要求。

检查数量：全数检查。

13.3　一般项目

13.3.1　应对监测与控制系统的可靠性、实时性、可操作性、可维护性等系统性能进行检测，并应符合下列规定：

1　执行器动作应与控制系统的指令一致；

2　控制系统的采样速度、操作响应时间、报警反应速度；

3　冗余设备的故障检测、切换时间和切换功能；

4　应用软件的在线编程（组态）、参数修改、下载功能，设备及网络故障自检测功能；

5　故障检测与诊断系统的报警和显示功能；

6　被控设备的顺序控制和连锁功能；

7 自动控制、远程控制、现场控制模式下的命令冲突检测功能；

8 人机界面可视化功能。

检验方法：分别在中央工作站、现场控制器上和现场，利用参数设定、程序下载、故障设定、数据修改和事件设定等方法，通过与设定的参数要求对照，进行上述系统的性能检测。

检查数量：全数检查。

14 地源热泵换热系统节能工程

14.1 一般规定

14.1.1 本章适用于地源热泵地埋管、地下水、地表水换热系统节能工程施工质量的验收。

14.1.2 地源热泵换热系统施工中应及时进行质量检查，对隐蔽部位在隐蔽前进行验收，并应有详细的文字记录和必要的图像资料，施工完成后应进行地源热泵换热系统节能分项工程验收。

14.1.3 地源热泵换热系统节能工程的验收，可按本标准第 3.4.1 条进行检验批划分，也可按照不同系统、不同地热能交换形式，由施工单位与监理单位协商确定。

14.1.4 地源热泵换热系统热源井、输水管网的施工及验收应符合现行国家标准《管井技术规范》GB 50296、《给水排水管道工程施工及验收规范》GB 50268 的规定。

14.2 主控项目

14.2.1 地源热泵换热系统节能工程使用的管材、管件、水泵、自控阀门、仪表、绝热材料等产品应进行进场验收，进场验收的结果应经监理工程师检查认可，并应形成相应的验收记录。各种材料和设备的质量证明文件与相关技术资料应齐全，并应符合设计要求和国家现行有关标准的规定。

检验方法：观察、尺量检查，核查质量证明文件。

检查数量：全数检查。

14.2.2 地源热泵地埋管换热系统方案设计前，应由有资质的第三方检验机构在建设项目地点进行岩土热响应试验，并应符合下列规定：

1 地源热泵系统的应用建筑面积小于 5000m² 时，测试孔不应少于 1 个；

2 地源热泵系统的应用建筑面积大于或等于 5000m² 时，测试孔不应少于 2 个。

检验方法：核查热响应试验测试报告。

检查数量：全数检查。

14.2.3 地源热泵地埋管换热系统的安装应符合下列规定：

1 竖直钻孔的位置、间距、深度、数量应符合设计要求；

2 埋管的位置、间距、深度、长度以及管材的材质、管径、厚度，应符合设计要求；

3 回填料及配比应符合设计要求，回填应密实；

4 地埋管换热系统应进行水压试验，并应合格。

检验方法：尺量和观察检查；核查相关检验与试验报告。

检查数量：全数检查。

14.2.4 地源热泵地埋管换热系统管道的连接应符合下列规定：

1 埋地管道与环路集管连接应采用热熔或电熔连接，连接应严密、牢固；

2 竖直地埋管换热器的 U 形弯管接头应选用定型产品；

3 竖直地埋管换热器 U 形管的组对，应能满足插入钻孔后与环路集管连接的要求，组对好的 U 形管的开口端部应及时密封保护。

检验方法：观察检查；核查隐蔽工程验收记录。

检查数量：全数检查。

14.2.5 地源热泵地下水换热系统的施工应符合下列规定：

1 施工前应具备热源井及周围区域的工程地质勘查资料、设计文件、施工图纸和专项施工方案；

2 热源井的数量、井位分布及取水层位应符合设计要求；

3 井身结构、井管配置、填砾位置、滤料规格、止水材料及抽灌设备选用均应符合设计要求；

4 热源井应进行抽水试验和回灌试验并应单独验收，其持续出水量和回灌量应稳定，并应满足设计要求；抽水试验结束前应在抽水设备的出口处采集水样进行水质和含砂量的测定，水质和含砂量应满足系统设备的使用要求；

5 地下水换热系统验收后，施工单位应提交热源成井报告。报告应包括文字说明，热源井的井位图和管井综合柱状图，洗井、抽水和回灌试验、水质和含砂量检验及管井验收资料。

检验方法：观察检查；核查相关资料文件、验收记录及检测报告。

检查数量：全数检查。

14.2.6 地源热泵地表水换热系统的施工应符合下列规定：

1 施工前应具备地表水换热系统所用水源的水质、水温、水量的测试报告等勘察资料；

2 地表水塑料换热盘管的长度和布置方式及管沟设置，换热器与过滤器及防堵塞等设备的安装，均应符合设计要求；

3 海水取水口与排水口设置应符合设计要求，并应保证取水防护外网的布置不影响该区域的海洋景观或船舶航行；与海水接触的设备、部件及管道应具有防腐、防生物附着的能力；

4 地表水换热系统应进行水压试验，并应合格。

检验方法：观察检查；核查相关资料、文件、验收记录及检测报告。

检查数量：全数检查。

14.2.7 地源热泵换热系统交付使用前的整体运转、调试应符合设计要求。

检验方法：按现行国家标准《地源热泵系统工程技术规范》GB 50366 的相关要求进行整体运转、调试。检查系统试运行与调试记录。

检查数量：全数检查。

14.2.8 地源热泵系统整体验收前，应进行冬、夏两季运行测试，并对地源热泵系统的实测性能作出评价。

检验方法：检查评价报告。

检查数量：全数检查。

14.3 一般项目

14.3.1 地埋管换热系统在安装前后均应对管路进行冲洗，并应符合下列规定：

1 竖直埋管插入钻孔后，应进行管道冲洗；

2 环路水平地埋管连接完成，在与分、集水器连接之前，应进行管道二次冲洗；

3 环路水平管道与分、集水器连接完成后，地源热泵换热系统应进行第三次管道冲洗。

检验方法：观察检查，核查管道冲洗记录等相关资料。

检查数量：全数检查。

14.3.2 地源热泵换热系统热源水井均应具备连续抽水和回灌的功能。

检验方法：观察检查；核查相关资料、文件。

检查数量：全数检查。

15 太阳能光热系统节能工程

15.1 一般规定

15.1.1 本章适用于太阳能光热系统中生活热水、供暖和空调节能工程施工质量验收。

15.1.2 太阳能光热系统节能工程施工中及时进行质量检查，应对隐蔽部位在隐蔽前进行验收，并应有详细的文字记录和必要的图像资料，施工完成后应进行太阳能光热系统节能分项工程验收。

15.1.3 太阳能光热系统节能工程的验收，可按本标准第 3.4.1 条进行检验批划分，也可按照系统形式、楼层，由施工单位与监理单位协商确定。

15.2 主控项目

15.2.1 太阳能光热系统节能工程所采用的管材、设备、阀门、仪表、保温材料等产品应进行进场验收，验收结果应经监理工程师检查认可，并应形成相应的验收记录。各种材料和设备的质量证明文件与相关技术资料应齐全，并应符合设计要求和国家现行有关标准的规定。

检验方法：观察、尺量检查；核查质量证明文件。

检查数量：全数检查。

15.2.2 太阳能光热系统节能工程采用的集热设备、保温材料进场时，应对其下列性能进行复验，复验应为见证取样检验：

1 集热设备的热性能；

2 保温材料的导热系数或热阻、密度、吸水率。

检验方法：现场随机抽样检验；核查复验报告。

检查数量：同厂家、同类型的太阳能集热器或太阳能热水器数量在 200 台及以下时，抽检 1 台（套）；200 台以上抽检 2 台（套）。同工程项目、同施工单位且同期施工的多个单位工程可合并计算。当符合本标准第 3.2.3 条的规定时，检验批容量可以扩大一倍。同厂家、同材质的保温材料复验次数不得少于 2 次。

15.2.3 太阳能光热系统的安装应符合下列规定：

1 太阳能光热系统的形式应符合设计要求；

2 集热器、吸收式制冷机组、吸收式热泵机组、吸附式制冷机组、换热装置、贮热设备、水泵、阀门、过滤器、温度计及传感器等设备设施仪表应按设计要求安装齐全，不得随意增减和更换；

3 各类设备、阀门及仪表的安装位置、方向应正确，并便于读取数据、操作、调试和维护；

4 供回水（或高温导热介质）管道的敷设坡度应符合设计要求；

5 集热系统所有设备的基座与建筑主体结构的连接应牢固；

6 太阳能光热系统的管道安装完成后应进行水压试验，并应合格；

7 聚焦型太阳能光热系统的高温部分（导热介质系统管道及附件）安装完成后，应进行压力试验和管道吹扫。

检验方法：观察检查，核查相关技术资料。

检查数量：全数检查。

15.2.4 集热器设备安装应符合下列规定：

1 集热设备的规格、数量、安装方式、倾角及定位应符合设计要求。平板和真空管型集热器的安装倾角和定位允许误差不超过±3°；聚焦型光热系统太阳能收集装置在焦线或焦点上，焦线或焦点允许偏差不超过±2mm。

2 集热设备、支架、基座三者之间的连接必须牢固，支架应采取抗风、抗震、防雷、防腐措施，并与建筑物接地系统可靠连接。

3 集热设备连接波纹管安装不得有凸起现象。

检验方法：观察检查。

检查数量：按本标准第 3.4.3 条的规定抽检，不少于 5 组。

15.2.5 贮热设备安装及检验应满足下列规定：

1 贮热设备的材质、规格、热损因数、保温材料及其性能应符合设计要求；

2 贮热设备应与底座固定牢固；

3 贮热设备应选择耐腐蚀材料制作；内壁防腐应满足卫生、无毒、环保要求，且应能承受所储存介质的最高温度和压力；

4 敞口设备的满水试验和密闭设备的水压试验应符合设计要求。

检验方法：观察检查；贮热设备热损因数测试时间从晚上 8 时开始至次日 6 时结束，测试开始时贮热设备水温不得低于 50℃，与贮热设备所处环境温度差应不小于 20℃，测试期间应确保贮热设备的液位处于正常状态，且无冷热水进出水箱；满水试验静置 24h 观察，应不渗不漏；水压试验在试验压力下 10min 压力不降，且应不渗不漏。

检查数量：全数检查。

15.2.6 太阳能光热系统辅助加热设备为电直接加热器时，接地保护必须可靠固定，并应加装防漏电、防干烧等保护装置。

检验方法：观察、测试检查；核查质量证明文件和相关技术资料。

检查数量：全数检查。

15.2.7 管道保温层和防潮层的施工应按本标准第 9.2.9 条执行。

15.2.8 太阳能光热系统安装完毕后，应进行系统试运转和调试，并应连续运行 72h，设备及主要部件的联动应协调、动作准确，无异常现象。

检验方法：按现行国家标准《太阳能供热采暖工程技术规范》GB 50495 的相关要求进行系统试运转和调试；核查记录。

检查数量：全数检查。

15.2.9 在建筑上增设太阳能光热系统时，系统设计应满足建筑结构及其他相应的安全性能要求，并不得降低相邻建筑的日照标准。

检验方法：观察检查，核查建筑结构设计、核验相关资料、文件。

检查数量：全数检查。

15.3 一般项目

15.3.1 太阳能光热系统过滤器等配件的保温层应密实、无空隙，且不得影响其操作功能。

检验方法：观察检查。

检查数量：按本标准第 3.4.3 条的规定抽检，并不应少于 2 件。

15.3.2 太阳能集中热水供应系统热水循环管的安装，应保证干管和立管中的热水循环正常。

检验方法：观察检查；核查试验记录。

检查数量：全数检查。

15.3.3 太阳能光热系统在建筑中的安装，应符合太阳能建筑一体化设计要求。

检验方法：观察检查；核查相关技术资料。

检查数量：全数检查。

16 太阳能光伏节能工程

16.1 一般规定

16.1.1 本章适用于太阳能光伏系统建筑节能工程施工质量验收。

16.1.2 太阳能光伏系统节能工程施工中及时进行质量检查，应对隐蔽部位在隐蔽前进行验收，并应有详细的文字记录和必要的图像资料，施工完成后应进行太阳能光伏节能分项工程验收。

16.1.3 太阳能光伏系统建筑节能工程的验收，可按本标准第 3.4.1 条的规定进行检验批划分；也可按照系统，由施工单位与监理单位协商确定。

16.2 主控项目

16.2.1 太阳能光伏系统建筑节能工程所采用的光伏组件、汇流箱、电缆、逆变器、充放电控制器、储能蓄电池、电网接入单元、主控和监视系统、触电保护和接地、配电设备及配件等产品应进行进场验收，验收结果应经监理工程师检查认可，并应形成相应的验收记录。各种材料和设备的质量证明文件和相关技术资料应齐全，并应符合设计要求和国家现行有关标准的规定。

检验方法：观察、尺量检查；核查质量证明文件和相关技术资料。

检查数量：全数检查。

16.2.2 太阳能光伏系统的安装应符合下列规定：

1 太阳能光伏组件的安装位置、方向、倾角、支撑结构等，应符合设计要求；

2 光伏组件、汇流箱、电缆、逆变器、充放电控制器、储能蓄电池、电网接入单元、主控和监视系统、触电保护和接地、配电设备及配件等应按照设计要求安装齐全，不得随意增减、合并和替换；

3 配电设备和控制设备安装位置等应符合设计要求，并便于读取数据、操作、调试和维护；逆变器应有足够的散热空间并保证良好的通风；

4 电气设备的外观、结构、标识和安全性应符合设计要求。

检验方法：观察检查；核查质量证明文件。

检查数量：全数检查。

16.2.3 太阳能光伏系统的试运行与调试应包括下列内容：

1 保护装置和等电位体的连接匹配性；

2 极性;

3 光伏组串电流;

4 系统主要电气设备功能;

5 光伏方阵绝缘阻值;

6 触电保护和接地;

7 光伏方阵标称功率;

8 电能质量。

检验方法:观察检查;并采用万用表、光照测试仪等仪器测试。

检查数量:根据项目类型,每个类型抽取不少于 2 个点进行检查。

16.2.4 光伏组件的光电转换效率应符合设计文件的规定。

检验方法:光电转换效率使用便携式测试仪现场检测,测试参数包括:光伏组件背板温度、室外环境平均温度、平均风速、太阳辐照强度、电压、电流、发电功率、光伏组件光照面积,其余项为观察检查。

检查数量:同一类型太阳能光伏系统被测试数量为该类型系统总数量的 5%,且不得少于 1 套。

16.2.5 太阳能光伏系统安装完成经调试后,应具有下列功能,并符合设计要求:

1 测量显示功能;

2 数据存储与传输功能;

3 交(直)流配电设备保护功能。

检验方法:观察检查。

检查数量:全数检查。

16.2.6 在建筑上增设太阳能光伏发电系统时,系统设计应满足建筑结构及其他相应的安全性能要求,并不得降低相邻建筑的日照标准。

检验方法:观察检查;核查建筑结构设计、核验相关资料、文件。

检查数量:全数检查。

16.3 一般项目

16.3.1 太阳能光伏系统安装完成后,应按设计要求或相关标准规定进行标识。

检验方法:观察检查。

检查数量:全数检查。

17 建筑节能工程现场检验

17.1 围护结构现场实体检验

17.1.1 建筑围护结构节能工程施工完成后,应对围护结构的外墙节能构造和外窗气密性能进行现场实体检验。

17.1.2 建筑外墙节能构造的现场实体检验应包括墙体保温材料的种类、保温层厚度和保温构造做法。检验方法宜按照本标准附录 F 检验,当条件具备时,也可直接进行外墙传热系数或热阻检验。当附录 F 的检验方法不适用时,应进行外墙传热系数或热阻检验。

17.1.3 建筑外窗气密性能现场实体检验的方法应符合国家现行有关标准的规定,下列建筑的外窗应进行气密性能实体检验:

1 严寒、寒冷地区建筑;

2 夏热冬冷地区高度大于或等于 24m 的建筑和有集中供暖或供冷的建筑;

3 其他地区有集中供冷或供暖的建筑。

17.1.4 外墙节能构造和外窗气密性能现场实体检验的抽样数量应符合下列规定:

1 外墙节能构造实体检验应按单位工程进行,每种节能构造的外墙检验不得少于 3 处,每处检查一个点;传热系数检验数量应符合国家现行有关标准的要求。

2 外窗气密性能现场实体检验应按单位工程进行,每种材质、开启方式、型材系列的外窗检验不得少于 3 樘。

3 同工程项目、同施工单位且同期施工的多个单位工程,可合并计算建筑面积;每 30000m² 可视为一个单位工程进行抽样，不足 30000m² 也视为一个单位工程。

4 实体检验的样本应在施工现场由监理单位和施工单位随机抽取，且应分布均匀、具有代表性，不得预先确定检验位置。

17.1.5 外墙节能构造钻芯检验应由监理工程师见证，可由建设单位委托有资质的检测机构实施，也可由施工单位实施。

17.1.6 当对外墙传热系数或热阻检验时，应由监理工程师见证，由建设单位委托具有资质的检测机构实施；其检测方法、抽样数量、检测部位和合格判定标准等可按照相关标准确定，并在合同中约定。

17.1.7 外窗气密性能的现场实体检验应由监理工程师见证，由建设单位委托有资质的检测机构实施。

17.1.8 当外墙节能构造或外窗气密性能现场实体检验结果不符合设计要求和标准规定时，应委托有资质的检测机构扩大一倍数量抽样，对不符合要求的项目或参数进行再次检验。仍然不符合要求时应给出"不符合设计要求"的结论，并应符合下列规定：

1 对于不符合设计要求的围护结构节能构造应查找原因，对因此造成的对建筑节能的影响程度进行计算或评估，采取技术措施予以弥补或消除后重新进行检测，合格后方可通过验收。

2 对于建筑外窗气密性能不符合设计要求和国家现行标准规定的，应查找原因，经过整改使其达到要求后重新进行检测，合格后方可通过验收。

17.2 设备系统节能性能检验

17.2.1 供暖节能工程、通风与空调节能工程、配电与照明节能工程安装调试完成后，应由建设单位委托具有相应资质的检测机构进行系统节能性能检验并出具报告。受季节影响未进行的节能性能检验项目，应在保修期内补做。

17.2.2 供暖节能工程、通风与空调节能工程、配电与照明节能工程的设备系统节能性能检测应符合表 17.2.2 的规定。

表 17.2.2 设备系统节能性能检测主要项目及要求

序号	检测项目	抽样数量	允许偏差或规定值
1	室内平均温度	以房间数量为受检样本基数，最小抽样数量按本标准第 3.4.3 条的规定执行，且均匀分布，并具有代表性；对面积大于 100m² 的房间或空间，可按每 100m² 划分为多个受检样本。公共建筑的不同典型功能区域检测部位不应少于 2 处	冬季不得低于设计计算温度 2℃，且不应高于 1℃；夏季不得高于设计计算温度 2℃，且不应低于 1℃
2	通风、空调（包括新风）系统的风量	以系统数量为受检样本基数，抽样数量按本标准第 3.4.3 条的规定执行，且不同功能的系统不应少于 1 个	符合现行国家标准《通风与空调工程施工质量验收规范》GB 50243 有关规定的限值
3	各风口的风量	以风口数量为受检样本基数，抽样数量按本标准第 3.4.3 条的规定执行，且不同功能的系统不应少于 2 个	与设计风量的允许偏差不大于 15%
4	风道系统单位风量耗功率	以风机数量为受检样本基数，抽样数量按本标准第 3.4.3 条的规定执行，且均不应少于 1 台	符合现行国家标准《公共建筑节能设计标准》GB 50189 规定的限值
5	空调机组的水流量	以空调机组数量为受检样本基数，抽样数量按本标准第 3.4.3 条的规定执行	定流量系统允许偏差为 15%，变流量系统允许偏差为 10%
6	空调系统冷水、热水、冷却水的循环流量	全数检测	与设计循环流量的允许偏差不大于 10%
7	室外供暖管网水力平衡度	热力入口总数不超过 6 个时，全数检测；超过 6 个时，应根据各个热力入口距热源距离的远近，按近端、远端、中间区域各抽检 2 个热力入口	0.9～1.2

序号	检测项目	抽样数量	允许偏差或规定值
8	室外供暖管网热损失率	全数检测	不大于 10%
9	照度与照明功	每个典型功能区域不少于 2 处，且均匀分布，并具有代表性	照度不低于设计值的 90%；照明功率密度值不应大于设计值

注：受检样本基数对应本标准表 3.4.3 检验批的容量。

17.2.3　设备系统节能性能检测的项目和抽样数量可在工程合同中约定，必要时可增加其他检测项目，但合同中约定的检测项目和抽样数量不应低于本标准的规定。

17.2.4　当设备系统节能性能检测的项目出现不符合设计要求和标准规定的情况时，应委托具有资质的检测机构扩大一倍数量抽样，对不符合要求的项目或参数应再次检验。仍然不符合要求时应给出"不合格"的结论。

对于不合格的设备系统，施工单位应查找原因，整改后重新进行检测，合格后方可通过验收。

18　建筑节能分部工程质量验收

18.0.1　建筑节能分部工程的质量验收，应在施工单位自检合格，且检验批、分项工程全部验收合格的基础上，进行外墙节能构造、外窗气密性能现场实体检验和设备系统节能性能检测，确认建筑节能工程质量达到验收条件后方可进行。

18.0.2　参加建筑节能工程验收的各方人员应具备相应的资格，其程序和组织应符合下列规定：

1　节能工程检验批验收和隐蔽工程验收应由专业监理工程师组织并主持，施工单位相关专业的质量检查员与施工员参加验收；

2　节能分项工程验收应由专业监理工程师组织并主持，施工单位项目技术负责人和相关专业的质量检查员、施工员参加验收；必要时可邀请主要设备、材料供应商及分包单位、设计单位相关专业的人员参加验收；

3　节能分部工程验收应由总监理工程师组织并主持，施工单位项目负责人、项目技术负责人和相关专业的负责人、质量检查员、施工员参加验收；施工单位的质量、技术负责人应参加验收；设计单位项目负责人及相关专业负责人应参加验收；主要设备、材料供应商及分包单位负责人应参加验收。

18.0.3　建筑节能工程的检验批质量验收合格，应符合下列规定：

1　检验批应按主控项目和一般项目验收；

2　主控项目均应合格；

3　一般项目应合格；当采用计数抽样检验时，应同时符合下列规定：

1）应有 80% 以上的检查点合格，且其余检查点不得有严重缺陷；

2）正常检验一次、二次抽样按本标准附录 G 判定的结果为合格；

4　应具有完整的施工操作依据和质量检查验收记录，检验批现场验收检查原始记录。

18.0.4　建筑节能分项工程质量验收合格，应符合下列规定：

1　分项工程所含的检验批均应合格；

2　分项工程所含检验批的质量验收记录应完整。

18.0.5　建筑节能分部工程质量验收合格，应符合下列规定：

1　分项工程应全部合格；

2　质量控制资料应完整；

3　外墙节能构造现场实体检验结果应符合设计要求；

4　建筑外窗气密性能现场实体检验结果应符合设计要求；

5　建筑设备系统节能性能检测结果应合格。

18.0.6　建筑节能工程验收资料应单独组卷，验收时应对下列资料进行核查：

1　设计文件、图纸会审记录、设计变更和洽商；

2　主要材料、设备、构件的质量证明文件，进场检验记录，进场复验报告，见证试验报告；

3 隐蔽工程验收记录和相关图像资料；

4 分项工程质量验收记录，必要时应核查检验批验收记录；

5 建筑外墙节能构造现场实体检验报告或外墙传热系数检验报告；

6 外窗气密性能现场实体检验报告；

7 风管系统严密性检验记录；

8 现场组装的组合式空调机组的漏风量测试记录；

9 设备单机试运转及调试记录；

10 设备系统联合试运转及调试记录；

11 设备系统节能性能检验报告；

12 其他对工程质量有影响的重要技术资料。

18.0.7 建筑节能工程分部、分项工程和检验批的质量验收应按本标准附录 H 的要求填写。

1 检验批质量验收应按本标准附录 H 表 H.0.1 的要求填写；

2 分项工程质量验收应按本标准附录 H 表 H.0.2 的要求填写；

3 分部工程质量验收应按本标准附录 H 表 H.0.3 的要求填写。

附 录 A

建筑节能工程进场材料和设备复验项目

A.0.1 建筑节能工程进场材料和设备的复验项目应符合表 A.0.1 的规定。

表 A.0.1 建筑节能工程进场材料和设备的复验项目

章号	分项工程	主要内容
4	墙体节能工程	1 保温隔热材料的导热系数或热阻、密度、压缩强度或抗压强度、垂直于板面方向的抗拉强度、吸水率、燃烧性能（不燃材料除外）； 2 复合保温板等墙体节能定型产品的传热系数或热阻、单位面积质量、拉伸粘结强度、燃烧性能（不燃材料除外）； 3 保温砌块等墙体节能定型产品的传热系数或热阻、抗压强度、吸水率； 4 反射隔热材料的太阳光反射比，半球发射率； 5 粘结材料的拉伸粘结强度； 6 抹面材料的拉伸粘结强度、压折比； 7 增强网的力学性能、抗腐蚀性能
5	幕墙节能工程	1 保温材料的导热系数或热阻、密度、吸水率、燃烧性能（不燃材料除外）； 2 幕墙玻璃的可见光透射比、传热系数、遮阳系数，中空玻璃密封性能； 3 隔热型材的抗拉强度、抗剪强度； 4 透光、半透光遮阳材料的太阳光透射比、太阳光反射比
6	门窗节能工程	1 严寒、寒冷地区，门窗的传热系数、气密性能； 2 夏热冬冷地区，门窗的传热系数、气密性能玻璃遮阳系数、玻璃可见光透射比； 3 夏热冬暖地区，门窗的气密性能，玻璃遮阳系数、玻璃可见光透射比； 4 严寒、寒冷、夏热冬冷和夏热冬暖地区，透光、部分透光遮阳材料的太阳光透射比、太阳光反射比，中空玻璃的密封性能
7	屋面节能工程	1 保温隔热材料的导热系数或热阻、密度、压缩强度或抗压强度、吸水率、燃烧性能（不燃材料除外）； 2 反射隔热材料的太阳光反射比，半球发射率
8	地面节能工程	保温隔热材料的导热系数或热阻、密度、压缩强度或抗压强度、吸水率、燃烧性能（不燃材料除外）
9	供暖节能工程	1 散热器的单位散热量、金属热强度； 2 保温材料的导热系数或热阻、密度、吸水率
10	通风与空气调节节能工程	1 风机盘管机组的供冷量、供热量、风量、水阻力、功率及噪声； 2 绝热材料的导热系数或热阻、密度、吸水率
11	空调与供暖系统的冷热源及管网节能工程	绝热材料的导热系数或热阻、密度、吸水率
12	配电与照明节能工程	1 照明光源初始光效； 2 照明灯具镇流器能效值； 3 照明灯具效率； 4 照明设备功率、功率因数和谐波含量值； 5 电线、电缆的导体电阻值
15	太阳能光热系统节能工程	1 集热设备的热性能； 2 保温材料的导热系数或热阻、密度、吸水率

▍附　录 B

保温板材与基层的拉伸粘结强度现场拉拔检验方法

B.1　一般规定

B.1.1　本方法适用于保温板材与基层之间的拉伸粘结强度现场检验。

B.1.2　检验应在保温层粘贴后养护时间达到粘结材料要求的龄期后进行。

B.1.3　检验的取样部位、数量，应符合下列规定：

1　取样部位应随机确定，宜兼顾不同朝向和楼层，均匀分布；不得在外墙施工前预先确定。

2　取样数量为每处检验 1 点。

B.2　仪器设备

B.2.1　粘结强度检测仪，应符合现行行业标准《数显式粘结强度检测仪》JG/T 507 的规定。

B.2.2　钢直尺的分度值应为 1mm。

B.2.3　标准块面积为 95mm × 45mm，厚度为 6mm～8mm，用钢材制作。

B.3　检验步骤与结果

B.3.1　保温板材与基层之间粘结强度的检验步骤：

1　选择满粘处作为检测部位，清理粘结部位表面，使其清洁、平整。

2　使用高强度粘合剂粘贴标准块，标准块粘贴后应及时做临时固定，试样应切割至粘结层表面。

3　粘结强度检验应按现行行业标准《建筑工程饰面砖粘结强度检验标准》JGJ/T 110 的要求进行。

4　测量试样粘结面积，当粘结面积比小于 90% 且检验结果不符合要求时，应重新取样。

单点拉伸粘结强度按下式计算，检验结果取 3 个点拉伸粘结强度的算术平均值，精确至 0.01MPa。

$$R = \frac{F}{A} \tag{B.3.1}$$

式中：R——拉伸粘结强度（MPa）；

　　　F——破坏荷载值（N）；

　　　A——粘结面积（mm²）。

B.3.2　检验结果应符合设计要求及国家现行相关标准的规定。

▌附 录 C

保温板粘结面积比剥离检验方法

C.0.1 本方法适用于外墙外保温构造中保温板粘结面积比的现场检验。

C.0.2 检验宜在抹面层施工之前进行。

C.0.3 取样部位、数量及面积（尺寸），应符合下列规定：

1 取样部位应随机确定，宜兼顾不同朝向和楼层、均匀分布，不得在外墙施工前预先确定；

2 取样数量为每处检验1块整板，保温板面积（尺寸）应具代表性。

C.0.4 检验步骤应符合下列规定：

1 将粘结好的保温板从墙上剥离，使用钢卷尺测量被剥离的保温板尺寸，计算保温板的面积；

2 使用钢直尺或钢卷尺测量保温板与粘结材料实粘部分（既与墙体粘结又与保温板粘结）的尺寸，精确至1mm，计算粘结面积；

3 当不宜直接测量时，使用透明网格板测量保温板及其粘结材料实粘部分（既与墙体粘结又与保温板粘结）的网格数量，网格板的尺寸为200mm×300mm，分隔纵横间距均为10mm，根据实粘部分网格数量计算粘结面积。

C.0.5 保温板粘结面积比应按下式计算，检验结果应取3个点的算术平均值，精确至1%：

$$S = \frac{A}{A_0} \times 100\%$$ (C.0.5)

式中：S——粘结面积与保温板面积的比值（%）；

A——实际粘结部分的面积（mm²）；

A_0——保温板的面积（mm²）。

C.0.6 保温板粘结面积比应符合设计要求且不小于40%。

C.0.7 保温板粘结面积比检验结果应按表C.0.7记录。

表 C.0.7 保温板粘结面积比记录

工程名称				
建设单位		委托人/联系电话		
监理单位		检测依据		
施工单位		保温材料种类		
施工日期		检测日期		
合并	项目	检查点1	检查点2	检查点3
	取样部位	轴线/ 层	轴线/ 层	轴线/ 层
	保温板尺寸			
	粘结面积			
	粘结面积比			
	检验结果			

结论：

检验人员： 校核人员：

年 月 日　　　　　　　　年 月 日

附 录 D

保温浆料干密度、导热系数、抗压强度检验方法

D.1 试件制作

D.1.1 抗压强度试件应采用 70.7mm × 70.7mm × 70.7mm 的有底钢模制作；导热系数试件应采用有底钢模制作，其试模尺寸应按导热系数测试仪器的要求确定。

D.1.2 抗压强度试件数量为 1 组（6 个），导热系数试件数量为 1 组（2 个）。

D.1.3 检测保温浆料干密度、导热系数、抗压强度的试样应在现场搅拌的同一盘拌和物中取样。

D.1.4 将在现场搅拌的拌和物一次注满试模，并略高于其上表面，用捣棒均匀由外向里按螺旋方向轻轻插捣 25 次，插捣时用力不应过大，不破坏其保温骨料。试件表面应平整，可用油灰刀沿模壁插捣数次或用橡皮锤轻轻敲击试模四周，直至插捣棒留下的空洞消失，最后将高出部分的拌和物沿试模顶面削去抹平。

D.1.5 试件制作后应于 3 天内放置在温度为 23℃ ± 2℃、相对湿度为 50% ± 10%的条件下，养护至 28d。

D.2 试验方法及结果

D.2.1 抗压强度试验应先测试其试件干密度，然后按现行国家标准《无机硬质绝热制品试验方法》GB/T 5486 的规定进行，试验结果取 6 个测试数据的算术平均值。

D.2.2 导热系数试验应先测试其试件干密度，然后可按现行国家标准《绝热材料稳态热阻及有关特性的测定防护热板法》GB/T 10294 的规定进行，也可按现行国家标准《绝热材料稳态热阻及有关特性的测定热流计法》GB/T 10295 的规定进行。

D.2.3 干密度试验应按现行行业标准《胶粉聚苯颗粒外墙外保温系统材料》JG/T 158 的规定进行。

D.2.4 抗压强度、导热系数、抗压强度试件的干密度和导热系数试件的干密度均应符合设计要求和相应标准要求。

附　录E

中空玻璃密封性能检验方法

E.0.1　中空玻璃密封性能检验采用的仪器应符合下列规定：

1　露点仪：测量管的高度为 300mm，测量表面直径为 50mm（图 E.0.1）；

2　温度计：测量范围为 −80℃～30℃，精度为 1℃。

E.0.2　检验样品应从工程使用的玻璃中随机抽取，每组应抽取检验的产品规格中 10 个样品。检验前应将全部样品在实验室环境条件下放置 24h 以上。

E.0.3　检验应在温度 25℃±3℃、相对湿度 30%～75% 的条件下进行。

E.0.4　检验应按下列步骤进行：

1　向露点仪的容器中注入深约 25mm 的乙醇或丙酮，再加入干冰，使其温度冷却到 −40℃±3℃ 并在试验中保持该温度不变；

2　将样品水平放置，在上表面涂一层乙醇或丙酮，使露点仪与该表面紧密接触，停留时间应符合表 E.0.4 的规定；

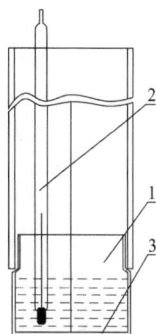

图 E.0.1　露点仪
1—铜槽；2—温度计；
3—测量面

表 E.0.4　不同原片玻璃厚度露点仪接触的时间

原片玻璃厚度（mm）	接触时间（min）
≤ 4	3
5	4
6	5
8	6
≥ 10	8

3　移开露点仪，立刻观察玻璃样品的内表面上有无结露或结霜。

E.0.5　应以中空玻璃内部是否出现结露现象为判定合格的依据，中空玻璃内部不出现结露为合格。所有中空玻璃抽取的 10 个样品均不出现结露即应判定为合格。

▌附　录 F

外墙节能构造钻芯检验方法

F.0.1　本方法适用于带有保温层建筑外墙的节能构造钻芯检验。

F.0.2　检验应在外墙施工完工后、节能分部工程验收前进行。

F.0.3　检验应在监理工程师见证下实施。

F.0.4　钻芯检验外墙节能构造的取样部位和数量，应符合下列规定：

1　取样部位应由检测人员随机抽样确定，不得在外墙施工前预先确定；

2　取样部位应选取节能构造有代表性的外墙上相对隐蔽的部位，并宜兼顾不同朝向和楼层；

3　外墙取样数量为一个单位工程每种节能保温做法至少取 3 个芯样。取样部位应均匀分布，不宜在同一个房间外墙上取 2 个或 2 个以上芯样。

F.0.5　钻芯检验外墙节能构造可采用空心钻头，从保温层一侧钻取直径 70mm 的芯样。钻取芯样深度为钻透保温层到达结构层或基层表面，必要时也可钻透墙体。

当外墙的表层坚硬不易钻透时，也可局部剔除坚硬的面层后钻取芯样。但钻取芯样后应恢复原有外墙的表面装饰层。

F.0.6　钻取芯样时应尽量避免冷却水流入墙体内及污染墙面。从空心钻头中取出芯样时应谨慎操作，以保持芯样完整。当芯样严重破损难以准确判断节能构造或保温层厚度时，应重新取样检验。

F.0.7　对钻取的芯样，应按照下列规定进行检查：

1　对照设计图纸观察、判断保温材料种类是否符合设计要求；必要时也可采用其他方法加以判断；

2　用分度值为 1mm 的钢尺，在垂直于芯样表面（外墙面）的方向上量取保温层厚度，精确到 1mm；

3　观察或剖开检查保温层构造做法是否符合设计和专项施工方案要求。

F.0.8　在垂直于芯样表面（外墙面）的方向上实测芯样保温层厚度，当实测厚度的平均值达到设计厚度的 95% 及以上时，应判定保温层厚度符合设计要求；否则，应判定保温层厚度不符合设计要求。

F.0.9　实施钻芯检验外墙节能构造的机构应出具检验报告。检验报告的格式可参照表 F.0.9 样式。检验报告至少应包括下列内容：

表 F.0.9　外墙节能构造钻芯检验报告

外墙节能构造检验报告		报告编号	
		委托编号	
		检测日期	
工程名称			
建设单位		委托人/联系电话	
监理单位		检测依据	
施工单位		设计保温材料	
节能设计单位		设计保温层厚度	
检验结果	检验项目	芯样 1	芯样 2	芯样 3
	取样部位	轴线/　层	轴线/　层	轴线/　层
	芯样外观	完整/基本完整/破碎	完整/基本完整/破碎	完整/基本完整/破碎
	保温材料种类			
	保温层厚度	mm	mm	mm
	平均厚度	mm		

检验结果	围护结构分层做法	1 基层； 2 3 4 5	1 基层； 2 3 4 5	1 基层； 2 3 4 5
	照片编号			
结论：				见证意见： 1 抽样方法符合规定； 2 现场钻芯真实； 3 芯样照片真实； 4 其他： 见证人：
批准		审核		检验	
检验单位		（印章）		报告日期	

1 抽样方法、抽样数量与抽样部位；

2 芯样状态的描述；

3 实测保温层厚度，设计要求厚度；

4 给出是否符合设计要求的检验结论；

5 附有带标尺的芯样照片并在照片上注明每个芯样的取样部位；

6 监理单位取样见证人的见证意见；

7 参加现场检验的人员及现场检验时间；

8 检测发现的其他情况和相关信息。

F.0.10 当取样检验结果不符合设计要求时，应委托具备检测资质的见证检测机构增加一倍数量再次取样检验。仍不符合设计要求时应判定围护结构节能构造不符合设计要求。此时应根据检验结果委托原设计单位或其他有资质的单位重新验算外墙的热工性能，提出技术处理方案。

F.0.11 外墙取样部位的修补，可采用聚苯板或其他保温材料制成的圆柱形塞填充并用建筑密封胶密封。修补后宜在取样部位挂贴注有"外墙节能构造检验点"的标志牌。

附 录 G

正常检验抽样判定

G.0.1 计数抽样的项目，正常检验一次和二次抽样的判定可根据工程量实际情况，由施工单位与监理工程师共同商定。

G.0.2 正常检验一次抽样可按表 G.0.2-1 判定，正常检验二次抽样可按表 G.0.2-2 判定。

G.0.3 样本容量在表 G.0.2-1 或表 G.0.2-2 给出的数值之间时，合格判定数和不合格判定数可通过插值并四舍五入取整确定。

表 G.0.2-1 正常检验一次抽样判定

样本容量	合格判定数	不合格判定数
5	1	2
8	2	3
13	3	4
20	5	6
32	7	8
50	10	11
80	14	15
125	21	22

表 G.0.2-2 正常检验二次抽样判定

抽样次数	样本容量	合格判定数	不合格判定数
（1）	3	0	2
（2）	6	1	2
（1）	5	0	3
（2）	10	3	4
（1）	8	1	3
（2）	16	4	5
（1）	13	2	5
（2）	26	6	7
（1）	20	3	6
（2）	40	9	10
（1）	32	5	9
（2）	64	12	13
（1）	50	7	11
（2）	100	18	19
（1）	80	11	16
（2）	160	26	27

注：（1）和（2）表示抽样次数，（2）对应的样本容量为二次抽样的累计数量。

附 录 H

建筑节能分部、分项工程和检验批的质量验收表

H.0.1 建筑节能工程检验批工程质量验收应按表 H.0.1 的规定填写。

表 H.0.1 检验批质量验收表

编号：

单位（子单位）工程名称		分部（子分部）工程名称		分项工程名称	
施工单位		项目负责人		检验批容量	
分包单位		分包单位项目负责人		检验批部位	
施工依据			验收依据		

	验收项目	设计要求及标准规定	最小/实际抽样数量	检查记录	检查结果
主控项目	1				
	2				
	3				
	4				
	5				
	6				
	7				
	8				
	9				
	10				
	验收项目	设计要求及标准规定	最小/实际抽样数量	检查记录	检查结果
一般项目	1				
	2				
	3				
	4				
	5				

施工单位检查结果	专业工长： 项目专业质量检查员： 年　月　日
监理单位验收结论	专业监理工程师： 年　月　日

H.0.2　建筑节能分项工程质量验收汇总应按表 H.0.2 的规定填写。

表 H.0.2　分项工程质量验收表

编号：

工程名称				检验批数量	
设计单位				监理单位	
施工单位		项目经理		项目技术负责人	
分包单位		分包单位负责人		分包内容	

序号	检验批部位、区段、系统	施工单位检查评定结果	监理单位验收结论
1			
2			
3			
4			
5			
6			
7			
8			
9			
10			
11			
12			
13			
14			
15			

施工单位检查结论：	监理单位验收结论：
项目专业技术负责人：	专业监理工程师：
年　月　日	年　月　日

H.0.3 建筑节能分部工程质量验收应按表 H.0.3 的规定填写。

表 H.0.3 建筑节能分部工程质量验收

编号：

单位（子单位）工程名称		结构类型		层数	
子分部工程名称		子分部工程数量		分项工程数量	
施工单位		项目负责人		技术负责人	
		项目经理		质量负责人	
分包单位		分包单位负责人		分包技术负责人	
		分包内容			
分包单位		分包单位负责人		分包技术负责人	
		分包内容			

序号	子分部工程名称	分项工程名称	检验批数量	施工单位检查结果	监理单位验收结论
1	围护结构节能工程	墙体节能工程			
2		幕墙节能工程			
3		门窗节能工程			
4		屋面节能工程			
5		地面节能工程			
6	供暖空调节能工程	供暖节能工程			
7		通风与空调节能工程			
8		空调与供暖系统的冷热源及管网节能工程			
9	配电照明节能工程	配电与照明节能工程			
10	监测控制节能工程	监测与控制节能工程			
11	可再生能源节能工程	地源热泵换热系统节能工程			
12		太阳能光热系统节能工程			
13		太阳能光伏节能工程			
质量控制资料					
安全和功能检验结果		外墙节能构造现场实体检验			
		外窗气密性能现场实体检测			
		设备系统节能性能检测			
观感质量检验结果					
综合验收结论					
其他参加验收人员：					

施工单位 项目负责人： 　年　月　日	勘察单位 项目负责人： 　年　月　日	设计单位 项目负责人： 　年　月　日	监理单位 总监理工程师： 　年　月　日

注：1 节能分部工程的验收应由施工、设计单位项目负责人和总监理工程师参加并签字；
　　2 节能分部工程的验收主要设备、材料供应商及分包单位负责人应参加并签字。

3.13 《智能建筑设计标准》GB 50314—2015

1 总则（略）

2 术语（略）

3 工程架构（略）

4 设计要素

4.1 一般规定

4.1.1 智能化系统工程的设计要素应按智能化系统工程的设计等级、架构规划及系统配置等工程架构确定。

4.1.2 智能化系统工程的设计要素宜包括信息化应用系统、智能化集成系统、信息设施系统、建筑设备管理系统、公共安全系统、机房工程等。

4.1.3 智能化系统工程的设计要素应符合国家现行标准《火灾自动报警系统设计规范》GB 50116、《安全防范工程技术规范》GB 50348 和《民用建筑电气设计规范》JGJ 16 等的有关规定。

4.2 信息化应用系统

4.2.1 信息化应用系统功能应符合下列规定：

1 应满足建筑物运行和管理的信息化需要；

2 应提供建筑业务运营的支撑和保障。

4.2.2 信息化应用系统宜包括公共服务、智能卡应用、物业管理、信息设施运行管理、信息安全管理、通用业务和专业业务等信息化应用系统。

4.2.3 公共服务系统应具有访客接待管理和公共服务信息发布等功能，并宜具有将各类公共服务事务纳入规范运行程序的管理功能。

4.2.4 智能卡应用系统应具有身份识别等功能，并宜具有消费、计费、票务管理、资料借阅、物品寄存、会议签到等管理功能，且应具有适应不同安全等级的应用模式。

4.2.5 物业管理系统应具有对建筑的物业经营、运行维护进行管理的功能。

4.2.6 信息设施运行管理系统应具有对建筑物信息设施的运行状态、资源配置、技术性能等进行监测、分析、处理和维护的功能。

4.2.7 信息安全管理系统应符合国家现行有关信息安全等级保护标准的规定。

4.2.8 通用业务系统应满足建筑基本业务运行的需求。

4.2.9 专业业务系统应以建筑通用业务系统为基础，满足专业业务运行的需求。

4.3 智能化集成系统

4.3.1 智能化集成系统的功能应符合下列规定：

1 应以实现绿色建筑为目标，应满足建筑的业务功能、物业运营及管理模式的应用需求；

2 应采用智能化信息资源共享和协同运行的架构形式；

3 应具有实用、规范和高效的监管功能；

4 宜适应信息化综合应用功能的延伸及增强。

4.3.2 智能化集成系统构建应符合下列规定：

1 系统应包括智能化信息集成（平台）系统与集成信息应用系统；

2 智能化信息集成（平台）系统宜包括操作系统、数据库、集成系统平台应用程序、各纳入集成管理的智能化设施系统与集成互为关联的各类信息通信接口等；

3 集成信息应用系统宜由通用业务基础功能模块和专业业务运营功能模块等组成；

4 宜具有虚拟化、分布式应用、统一安全管理等整体平台的支撑能力；

5 宜顺应物联网、云计算、大数据、智慧城市等信息交互多元化和新应用的发展。

4.3.3　智能化集成系统通信互联应符合下列规定：

1　应具有标准化通信方式和信息交互的支持能力；

2　应符合国际通用的接口、协议及国家现行有关标准的规定。

4.3.4　智能化集成系统配置应符合下列规定：

1　应适应标准化信息集成平台的技术发展方向；

2　应形成对智能化相关信息采集、数据通信、分析处理等支持能力；

3　宜满足对智能化实时信息及历史数据分析、可视化展现的要求；

4　宜满足远程及移动应用的扩展需要；

5　应符合实施规范化的管理方式和专业化的业务运行程序；

6　应具有安全性、可用性、可维护性和可扩展性。

4.4　信息设施系统

4.4.1　信息设施系统功能应符合下列规定：

1　应具有对建筑内外相关的语音、数据、图像和多媒体等形式的信息予以接受、交换、传输、处理、存储、检索和显示等功能；

2　宜融合信息化所需的各类信息设施，并为建筑的使用者及管理者提供信息化应用的基础条件。

4.4.2　信息设施系统宜包括信息接入系统、布线系统、移动通信室内信号覆盖系统、卫星通信系统、用户电话交换系统、无线对讲系统、信息网络系统、有线电视及卫星电视接收系统、公共广播系统、会议系统、信息导引及发布系统、时钟系统等信息设施系统。

4.4.3　信息接入系统应符合下列规定：

1　应满足建筑物内各类用户对信息通信的需求，并应将各类公共信息网和专用信息网引入建筑物内；

2　应支持建筑物内各类用户所需的信息通信业务；

3　宜建立以该建筑为基础的物理单元载体，并应具有对接智慧城市的技术条件；

4　信息接入机房应统筹规划配置，并应具有多种类信息业务经营者平等接入的条件；

5　系统设计应符合现行行业标准《有线接入网设备安装工程设计规范》YD/T 5139 等的有关规定。

4.4.4　布线系统应符合下列规定：

1　应满足建筑物内语音、数据、图像和多媒体等信息传输的需求；

2　应根据建筑物的业务性质、使用功能、管理维护、环境安全条件和使用需求等，进行系统布局、设备配置和缆线设计；

3　应遵循集约化建设的原则，并应统一规划、兼顾差异、路由便捷、维护方便；

4　应适应智能化系统的数字化技术发展和网络化融合趋向，并应成为建筑内整合各智能化系统信息传递的通道；

5　应根据缆线敷设方式和安全保密的要求，选择满足相应安全等级的信息缆线；

6　应根据缆线敷设方式和防火的要求，选择相应阻燃及耐火等级的缆线；

7　应配置相应的信息安全管理保障技术措施；

8　应具有灵活性、适应性、可扩展性和可管理性；

9　系统设计应符合现行国家标准《综合布线系统工程设计规范》GB 50311 的有关规定。

4.4.5　移动通信室内信号覆盖系统应符合下列规定：

1　应确保建筑物内部与外界的通信接续；

2　应适应移动通信业务的综合性发展；

3　对于室内需屏蔽移动通信信号的局部区域，应配置室内区域屏蔽系统；

4　系统设计应符合现行国家标准《电磁环境控制限值》GB 8702 的有关规定。

4.4.6　卫星通信系统应符合下列规定：

1　应按建筑的业务需求进行配置；

2　应满足语音、数据、图像及多媒体等信息的传输要求；

3　卫星通信系统天线、室外单元设备安装空间和天线基座基础、室外馈线引入的管线及卫星通信机房等应设置在满足卫星通信要求的位置。

4.4.7 用户电话交换系统应符合下列规定：

1 应适应建筑物的业务性质、使用功能、安全条件，并应满足建筑内语音、传真、数据等通信需求；

2 系统的容量、出入中继线数量及中继方式等应按使用需求和话务量确定，并应留有富余量；

3 应具有拓展电话交换系统与建筑内业务相关的其他增值应用的功能；

4 系统设计应符合现行国家标准《用户电话交换系统工程设计规范》GB/T 50622 的有关规定。

4.4.8 无线对讲系统应符合下列规定：

1 应满足建筑内管理人员互相通信联络的需求；

2 应根据建筑的环境状况，设置天线位置、选择天线形式、确定天线输出功率；

3 应利用基站信号，配置室内天馈线和系统无源器件；

4 信号覆盖应均匀分布；

5 应具有远程控制和集中管理功能，并应具有对系统语音和数据的管理能力；

6 语音呼叫应支持个呼、组呼、全呼和紧急呼叫等功能；

7 宜具有支持文本信息收发、GPS 定位、遥测、对讲机检查、远程监听、呼叫提示、激活等功能；

8 应具有先进性、开放性、可扩展性和可管理性。

4.4.9 信息网络系统应符合下列规定：

1 应根据建筑的运营模式、业务性质、应用功能、环境安全条件及使用需求，进行系统组网的架构规划；

2 应建立各类用户完整的公用和专用的信息通信链路，支撑建筑内多种类智能化信息的端到端传输，并应成为建筑内各类信息通信完全传递的通道；

3 应保证建筑内信息传输与交换的高速、稳定和安全；

4 应适应数字化技术发展和网络化传输趋向；对智能化系统的信息传输，应按信息类别的功能性区分、信息承载的负载量分析、应用架构形式优化等要求进行处理，并应满足建筑智能化信息网络实现的统一性要求；

5 网络拓扑架构应满足建筑使用功能的构成状况、业务需求及信息传输的要求；

6 应根据信息接入方式和网络子网划分等配置路由设备，并应根据用户工作业务特性、运行信息流量、服务质量要求和网络拓扑架构形式等，配置服务器、网络交换设备、信息通信链路、信息端口及信息网络系统等；

7 应配置相应的信息安全保障设备和网络管理系统，建筑物内信息网络系统与建筑物外部的相关信息网互联时，应设置有效抵御干扰和入侵的防火墙等安全措施；

8 宜采用专业化、模块化、结构化的系统架构形式；

9 应具有灵活性、可扩展性和可管理性。

4.4.10 有线电视及卫星电视接收系统应符合下列规定：

1 应向收视用户提供多种类电视节目源；

2 应根据建筑使用功能的需要，配置卫星广播电视接收及传输系统；

3 卫星广播电视系统接收天线、室外单元设备安装空间和天线基座基础、室外馈线引入的管线等应设置在满足接收要求的部位；

4 宜拓展其他相应增值应用功能；

5 系统设计应符合现行国家标准《有线电视系统工程技术规范》GB 50200 的有关规定。

4.4.11 公共广播系统应符合下列规定：

1 应包括业务广播、背景广播和紧急广播；

2 业务广播应根据工作业务及建筑物业管理的需要，按业务区域设置音源信号，分区控制呼叫及设定播放程序。业务广播宜播发的信息包括通知、新闻、信息、语音文件、寻呼、报时等；

3 背景广播应向建筑内各功能区播送渲染环境气氛的音源信号。背景广播宜播发的信息包括背景音乐和背景音响等；

4 紧急广播应满足应急管理的要求，紧急广播应播发的信息为依据相应安全区域划分规定的专用应急广播信令。紧急广播应优先于业务广播、背景广播；

5 应适应数字化处理技术、网络化播控方式的应用发展；

6 宜配置标准时间校正功能；

7 声场效果应满足使用要求及声学指标的要求；

8 宜拓展公共广播系统相应智能化应用功能；

9 系统设计应符合现行国家标准《公共广播系统工程技术规范》GB 50526 的有关规定。

4.4.12 会议系统应符合下列规定：

1 应按使用和管理等需求对会议场所进行分类，并分别按会议（报告）厅、多功能会议室和普通会议室等类别组合配置相应的功能。会议系统的功能宜包括音频扩声、图像信息显示、多媒体信号处理、会议讨论、会议信息录播、会议设施集中控制、会议信息发布等；

2 会议（报告）厅宜根据使用功能，配置舞台机械及场景控制及其他相关配套功能等；

3 具有远程视频信息交互功能需求的会议场所，应配置视频会议系统终端（含内置多点控制单元）；

4 当系统具有集中控制播放信息和集成运行交互功能要求时，宜采取会议设备集约化控制方式，对设备运行状况进行信息化交互式管理；

5 应适应多媒体技术的发展，并应采用能满足视频图像清晰度要求的投射及显示技术和满足音频声场效果要求的传声及播放技术；

6 宜采用网络化互联、多媒体场效互动及设备综合控制等信息集成化管理工作模式，并宜采用数字化系统技术和设备；

7 宜拓展会议系统相应智能化应用功能；

8 系统设计应符合现行国家标准《电子会议系统工程设计规范》GB 50799、《厅堂扩声系统设计规范》GB 50371、《视频显示系统工程技术规范》GB 50464 和《会议电视会场系统工程设计规范》GB 50635 的有关规定。

4.4.13 信息导引及发布系统应符合下列规定：

1 应具有公共业务信息的接入、采集、分类和汇总的数据资源库，并在建筑公共区域向公众提供信息告示、标识导引及信息查询等多媒体信息发布功能；

2 宜由信息播控中心、传输网络、信息发布显示屏或信息标识牌、信息导引设施或查询终端等组成，并应根据应用需要进行设备的配置及组合；

3 应根据建筑物的管理需要，布置信息发布显示屏或信息导引标识屏、信息查询终端等，并应根据公共区域空间环境条件，选择信息显示屏和信息查询终端的技术规格、几何形态及安装方式等；

4 播控中心宜设置专用的服务器和控制器，并宜配置信号采集和制作设备及相配套的应用软件：应支持多通道显示、多画面显示、多列表播放和支持多种格式的图像、视频、文件显示，并应支持同时控制多台显示端设备。

4.4.14 时钟系统应符合下列功能：

1 应按建筑使用功能需求配置时钟系统；

2 应具有高精度标准校时功能，并应具备与当地标准时钟同步校准的功能；

3 用于统一建筑公共环境时间的时钟系统，宜采用母钟、子钟的组网方式，且系统母钟应具有多形式系统对时的接口选择；

4 应具有故障告警等管理功能。

4.5 建筑设备管理系统

4.5.1 建筑设备管理系统功能应符合下列规定：

1 应具有建筑设备运行监控信息互为关联和共享的功能；

2 宜具有建筑设备能耗监测的功能；

3 应实现对节约资源、优化环境质量管理的功能；

4 宜与公共安全系统等其他关联构建建筑设备综合管理模式。

4.5.2 建筑设备管理系统宜包括建筑设备监控系统、建筑能效监管系统,以及需纳入管理的其他业务设施系统等。

4.5.3 建筑设备监控系统应符合下列规定:

1 监控的设备范围宜包括冷热源、供暖通风和空气调节、给水排水、供配电、照明、电梯等,并宜包括以自成控制体系方式纳入管理的专项设备监控系统等;

2 采集的信息宜包括温度、湿度、流量、压力、压差、液位、照度、气体浓度、电量、冷热量等建筑设备运行基础状态信息;

3 监控模式应与建筑设备的运行工艺相适应,并应满足对实时状况监控、管理方式及管理策略等进行优化的要求;

4 应适应相关的管理需求与公共安全系统信息关联;

5 宜具有向建筑内相关集成系统提供建筑设备运行、维护管理状态等信息的条件。

4.5.4 建筑能效监管系统应符合下列规定:

1 能耗监测的范围宜包括冷热源、供暖通风和空气调节、给水排水、供配电、照明、电梯等建筑设备,且计量数据应准确,并应符合国家现行有关标准的规定;

2 能耗计量的分项及类别宜包括电量、水量、燃气量、集中供热耗热量、集中供冷耗冷量等使用状态信息;

3 根据建筑物业管理的要求及基于对建筑设备运行能耗信息化监管的需求,应能对建筑的用能环节进行相应适度调控及供能配置适时调整;

4 应通过对纳入能效监管系统的分项计量及监测数据统计分析和处理,提升建筑设备协调运行和优化建筑综合性能。

4.5.5 建筑设备管理系统对支撑绿色建筑功效应符合下列规定:

1 基于建筑设备监控系统,对可再生能源实施有效利用和管理;

2 以建筑能效监管系统为基础,确保在建筑全生命期内对建筑设备运行具有辅助支撑的功能。

4.5.6 建筑设备管理系统应满足建筑物整体管理需求,系统宜纳入智能化集成系统。

4.5.7 系统设计应符合国家现行标准《建筑设备监控系统工程技术规范》JGJ/T 334 和《绿色建筑评价标准》GB/T 50378 的有关规定。

4.6 公共安全系统

4.6.1 公共安全系统应符合下列规定:

1 应有效地应对建筑内火灾、非法侵入、自然灾害、重大安全事故等危害人们生命和财产安全的各种突发事件,并应建立应急及长效的技术防范保障体系;

2 应以人为本、主动防范、应急响应、严实可靠。

4.6.2 公共安全系统宜包括火灾自动报警系统、安全技术防范系统和应急响应系统等。

4.6.3 火灾自动报警系统应符合下列规定:

1 应安全适用、运行可靠、维护便利;

2 应具有与建筑设备管理系统互联的信息通信接口;

3 宜与安全技术防范系统实现互联;

4 应作为应急响应系统的基础系统之一;

5 宜纳入智能化集成系统;

6 系统设计应符合现行国家标准《火灾自动报警系统设计规范》GB 50116 和《建筑设计防火规范》GB 50016 的有关规定。

4.6.4 安全技术防范系统应符合下列规定:

1 应根据防护对象的防护等级、安全防范管理等要求,以建筑物自身物理防护为基础,运用电子信息技术、信息网络技术和安全防范技术等进行构建;

2 宜包括安全防范综合管理(平台)和入侵报警、视频安防监控、出入口控制、电子巡查、访客对讲、停车库(场)管理系统等;

3　应适应数字化、网络化、平台化的发展，建立结构化架构及网络化体系；

4　应拓展和优化公共安全管理的应用功能；

5　应作为应急响应系统的基础系统之一；

6　宜纳入智能化集成系统；

7　系统设计应符合现行国家标准《安全防范工程技术规范》GB 50348、《入侵报警系统工程设计规范》GB 50394、《视频安防监控系统工程设计规范》GB 50395 和《出入口控制系统工程设计规范》GB 50396 的有关规定。

4.6.5　应急响应系统应符合下列规定：

1　应以火灾自动报警系统、安全技术防范系统为基础。

2　应具有下列功能：

1）对各类危及公共安全的事件进行就地实时报警；

2）采取多种通信方式对自然灾害、重大安全事故、公共卫生事件和社会安全事件实现就地报警和异地报警；

3）管辖范围内的应急指挥调度；

4）紧急疏散与逃生紧急呼叫和导引；

5）事故现场应急处置等。

3　宜具有下列功能：

1）接收上级应急指挥系统各类指令信息；

2）采集事故现场信息；

3）多媒体信息显示；

4）建立各类安全事件应急处理预案。

4　应配置下列设施：

1）有线/无线通信、指挥和调度系统；

2）紧急报警系统；

3）火灾自动报警系统与安全技术防范系统的联动设施；

4）火灾自动报警系统与建筑设备管理系统的联动设施；

5）紧急广播系统与信息发布与疏散导引系统的联动设施。

5　宜配置下列设施：

1）基于建筑信息模型（BIM）的分析决策支持系统；

2）视频会议系统；

3）信息发布系统等。

6　应急响应中心宜配置总控室、决策会议室、操作室、维护室和设备间等工作用房。

7　应纳入建筑物所在区域的应急管理体系。

4.6.6　总建筑面积大于 20000m² 的公共建筑或建筑高度超过 100m 的建筑所设置的应急响应系统，必须配置与上一级应急响应系统信息互联的通信接口。

4.7　机房工程

4.7.1　智能化系统机房宜包括信息接入机房、有线电视前端机房、信息设施系统总配线机房、智能化总控室、信息网络机房、用户电话交换机房、消防控制室、安防监控中心、应急响应中心和智能化设备间（弱电间、电信间）等，并可根据工程具体情况独立配置或组合配置。

4.7.2　机房工程的建筑设计应符合下列规定：

1　信息接入机房宜设置在便于外部信息管线引入建筑物内的位置；

2　信息设施系统总配线机房宜设于建筑的中心区域位置，并应与信息接入机房、智能化总控室、信息网络机房及用户电话交换机房等同步设计和建设；

3　智能化总控室、信息网络机房、用户电话交换机房等应按智能化设施的机房设计等级及设备的工艺要求进行设计；

4　当火灾自动报警系统、安全技术防范系统、建筑设备管理系统、公共广播系统等的中央控制设备集中设在智能化总控室内时，各系统应有独立工作区；

5　智能化设备间（弱电间、电信间）宜独立设置，且在满足信息传输要求情况下，设备间（弱电间、电信间）宜设置于工作区域相对中部的位置；对于以建筑物楼层为区域划分的智能化设备间（弱电间、电信间），上下位置宜垂直对齐；

6　机房面积应满足设备机柜（架）的布局要求，并应预留发展空间；

7　信息设施系统总配线机房、智能化总控室、信息网络机房、用户电话交换系统机房等不应与变配电室及电梯机房贴邻布置；

8　机房不应设在水泵房、厕所和浴室等潮湿场所的贴邻位置；

9　设备机房不宜贴邻建筑物的外墙；

10　与机房无关的管线不应从机房内穿越；

11　机房各功能区的净空高度及地面承重力应满足设备的安装要求和国家现行有关标准的规定；

12　机房应采取防水、降噪、隔音、抗震等措施。

4.7.3　机房工程的结构设计应符合下列规定：

1　机房主体结构宜采用大空间及大跨度柱网结构体系；

2　机房主体结构应具有防火、避免温度变形和抗不均匀沉降的性能，机房不应穿过变形缝和伸缩缝；

3　对于安置主机和存放数据存储设备的机房，主体结构抗震等级宜比该建筑物整体抗震等级提高一级；

4　对于改建或扩建的机房，应在对原建筑物进行结构检测和抗震鉴定后进行抗震设计。

4.7.4　机房工程的通风和空气调节系统设计应符合下列规定：

1　机房内的温度、湿度等应满足设备的使用要求；

2　应符合国家现行有关机房设计的等级标准；

3　当机房设置专用空气调节系统时，应设置具有可自动调节方式的控制装置，并应预留室外机组的安装位置；

4　宜为纳入机房综合管理系统预留条件。

4.7.5　机房工程的供配电系统设计应符合下列规定：

1　应满足机房设计等级及设备用电负荷等级的要求；

2　电源质量应符合国家现行有关标准的规定和所配置设备的要求；

3　设备的电源输入端应设防雷击电磁脉冲（LEMP）的保护装置；

4　宜为纳入机房综合管理系统预留条件。

4.7.6　机房工程紧急广播系统备用电源的连续供电时间，必须与消防疏散指示标志照明备用电源的连续供电时间一致。

4.7.7　机房工程的照明系统设计应符合下列规定：

1　应满足各工作区照度标准值的要求；

2　照明灯具应采用无眩光荧光灯具及节能灯具；

3　宜具有自动调节方式的控制装置；

4　宜为纳入机房综合管理系统预留条件。

4.7.8　机房工程接地设计应符合下列规定：

1　当机房采用建筑物共用接地装置时，接地电阻值应按接入设备中要求的最小值确定；

2　当机房采用独立接地时，接地电阻值应符合国家现行有关标准的规定和所配置设备的要求；

3　机房内应设专用局部等电位联结装置。

4.7.9　机房工程的防静电设计应符合下列规定：

1　机房的主机房和辅助工作区的地板或地面应设置具有静电泄放的接地装置；

2　电子信息系统机房内所有设备的金属外壳、各类金属管（槽）和构件等应进行等电位联结并接地。

4.7.10　机房工程的安全系统设计应符合下列规定：

1　应设置与机房安全管理相配套的火灾自动报警和安全技术防范设施；

2　应满足机房设计等级要求，并应符合国家现行有关标准的规定；

3　宜为纳入机房综合管理系统预留条件。

4.7.11　信息网络机房、应急响应中心等机房宜根据建筑功能、机房规模、设备状况及机房的建设要求等，配置机房综合管理系统，并宜具备机房基础设施运行监控、环境设施综合管理、信息设施服务管理等功能。机房综合管理系统应符合下列规定：

1　应满足机房设计等级的要求，对机房内能源、安全、环境等基础设施进行监控；

2　应满足机房运营及管理的要求，对机房内各类设施的能耗及环境状态信息予以采集、分析等监管；

3　应满足建筑业务专业功能的需求，并应对机房信息设施系统的运行进行监管等。

4.7.12　机房工程设计应符合现行国家标准《电子信息系统机房设计规范》GB 50174、《建筑电子信息系统防雷术规范》GB 50343、《电磁环境控制限值》GB 8702 的有关规定。

5　住宅建筑

5.0.1　住宅建筑智能化系统工程应符合下列规定：

1　应适应生态、环保、健康的绿色居住需求；

2　应营造以人为本，安全、便利的家居环境；

3　应满足住宅建筑物业的规范化运营管理要求。

5.0.2　住宅建筑智能化系统应按表 5.0.2 的规定配置，并应符合现行行业标准《住宅建筑电气设计规范》JGJ 242 的有关规定。

表 5.0.2　住宅建筑智能化系统配置表

智能化系统			非超高层住宅建筑	超高层住宅建筑
信息化应用系统	公共服务系统		◉	◉
	智能卡应用系统		◉	◉
	物业管理系统		◉	●
智能化集成系统	智能化信息集成（平台）系统		◉	◉
	集成信息应用系统		◉	◉
信息设施系统	信息接入系统		●	●
	布线系统		●	●
	移动通信室内信号覆盖系统		●	●
	无线对讲系统		◉	◉
	信息网络系统		●	●
	有线电视系统		●	●
	公共广播系统		◉	◉
	信息导引及发布系统		◉	◉
建筑设备管理系统	建筑设备监控系统		◉	◉
	建筑能效监管系统		○	○
公共安全系统	火灾自动报警系统		按国家现行有关标准进行配置	
	安全技术防范系统	入侵报警系统		
		视频安防监控系统		
		出入口控制系统		
		电子巡查系统		
		访客对讲系统		
		停车库（场）管理系统	◉	◉

智能化系统		非超高层住宅建筑	超高层住宅建筑
机房工程	信息接入机房	●	●
	有线电视前端机房	●	●
	信息设施系统总配线机房	●	●
	智能化总控室	●	●
	消防控制室	◉	●
	安防监控中心	●	●
	智能化设备间（弱电间）	●	●

注：1 超高层住宅建筑：建筑高度为 100m 或 35 层及以上的住宅建筑。
　　2 ●—应配置；◉—宜配置；○—可配置。

5.0.3 住宅建筑信息化应用系统的配置应满足住宅建筑物业管理的信息化应用需求。

5.0.4 住宅建筑智能化集成系统宜为住宅物业提供完善的服务功能。

5.0.5 住宅建筑信息接入系统应采用光纤到户的方式，每套住户应配置家居配线箱。

5.0.6 当住宅小区或超高层住宅建筑设有物业管理系统时，宜配置无线对讲系统。

5.0.7 超高层住宅建筑应设置消防应急广播，消防应急广播可与公共广播系统合用，但应满足消防应急广播的要求。

5.0.8 当住宅建筑设有物业管理系统时，宜配置建筑设备管理系统。

5.0.9 超高层住宅建筑的消防控制室可与物业管理室合用，但应有独立的火灾自动报警系统工作区域。

5.0.10 当住宅建筑设有停车库（场）时，宜设置停车库（场）管理系统。

6 办公建筑

6.1 一般规定

6.1.1 办公建筑智能化系统工程应符合下列规定：

1 应满足办公业务信息化的应用需求；

2 应具有高效办公环境的基础保障；

3 应满足办公建筑物业规范化运营管理的需要。

6.2 通用办公建筑

6.2.1 通用办公建筑智能化系统应按表 6.2.1 的规定配置

表 6.2.1 通用办公建筑智能化系统配置表

智能化系统		普通办公建筑	商务办公建筑
信息化应用系统	公共服务系统	●	●
	智能卡应用系统	●	●
	物业管理系统	●	●
	信息设施运行管理系统	◉	●
	信息安全管理系统	◉	●
	通用业务系统　基本业务办公系统	按国家现行有关标准进行配置	
	专业业务系统　专用办公系统		
智能化集成系统	智能化信息集成（平台）系统	◉	●
	集成信息应用系统	◉	●
信息设施系统	信息接入系统	●	●
	布线系统	●	●
	移动通信室内信号覆盖系统	●	●

续表

智能化系统			普通办公建筑	商务办公建筑
信息设施系统	用户电话交换系统		◉	◉
	无线对讲系统		◉	◉
	信息网络系统		●	●
	有线电视系统		●	●
	卫星电视接收系统		○	◉
	公共广播系统		●	●
	会议系统		●	●
	信息导引及发布系统		●	●
	时钟系统		○	◉
建筑设备管理系统	建筑设备监控系统		●	●
	建筑能效监管系统		◉	◉
公共安全系统	火灾自动报警系统		按国家现行有关标准进行配置	
	安全技术防范系统	入侵报警系统		
		视频安防监控系统		
		出入口控制系统		
		电子巡查系统		
		访客对讲系统		
		停车库（场）管理系统	◉	●
	安全防范综合管理（平台）系统		◉	●
	应急响应系统		○	◉
机房工程	信息接入机房		●	●
	有线电视前端机房		●	●
	信息设施系统总配线机房		●	●
	智能化总控室		●	●
	信息网络机房		◉	●
	用户电话交换机房		◉	◉
	消防控制室		●	●
	安防监控中心		●	●
	应急响应中心		○	◉
	智能化设备间（弱电间）		●	●
	机房安全系统		按国家现行有关标准进行配置	
	机房综合管理系统			◉

注：●—应配置；◉—宜配置；○—可配置。

6.2.2　信息化应用系统的配置应满足通用办公建筑办公业务运行和物业管理的信息化应用需求。

6.2.3　信息接入系统宜将各类公共信息网引入至建筑物办公区域或办公单元内，并应适应多家运营商接入的需求。

6.2.4　移动通信室内信号覆盖系统应做到公共区域无盲区。

6.2.5　用户电话交换系统应满足通用办公建筑内部语音通信的需求。

6.2.6 信息网络系统，当用于建筑物业管理系统时，宜独立配置；当用于出租或出售办公单元时，宜满足承租者或入驻用户的使用需求。

6.2.7 有线电视系统应向建筑内用户提供本地区有线电视节目源，可根据需要配置卫星电视接收系统。

6.2.8 会议系统应适应通用办公建筑的需要，宜适应会议室或会议设备的租赁使用及管理，并宜按会议场所的功能需求组合配置相关设备。

6.2.9 信息导引及发布系统应根据建筑物业管理的需要，在公共区域提供信息告示、标识导引及信息查询等服务。

6.2.10 建筑设备管理系统应满足通用办公建筑使用及管理的需求。

7～18（略）

3.14 《家用厨房设备第4部分：设计与安装》GB/T 18884.4—2015

1 范围（略）

2 规范性引用文件（略）

3 设计

3.1 设计方法及步骤

3.1.1 测量

厨房现场测虽需关注的项目和测量的尺寸：

a）厨房内净空宽、深、高尺寸；

b）门、窗的尺寸和位置尺寸，并标注门的开启方向；

c）给排水管尺寸及接口位置尺寸；

d）燃气表、管尺寸及接口位置尺寸.

e）烟道尺寸和位置尺寸；

f）阀门、水表接口位置尺寸；

g）电源插座的数量和位置尺寸；

h）墙角垂直度；

i）暖气管、暖气片的尺寸和位置尺寸；

j）燃气热水器排气口位置尺寸；

k）墙内有暗设管线的路径和位置尺寸；

l）与厨房设计相关的物件尺寸和位置尺寸。

3.1.2 绘制家用厨房设备设计实测图

绘制家用厨房设备设计实测图参见附录A的图A.1。

3.1.3 设备选择

3.1.3.1 厨柜及台面应选用符合GB/T 18884.2规定的产品。

3.1.3.2 厨房用电器产品应符合GB 4706规定的家用和类似用途电器安全的通用要求和特殊要求及产品的相关标准，并应具有出厂随机印刷品（说明书、产品合格证、保修证、标识等）。

3.1.3.3 厨房用灶具应符合GB 16410规定的产品。

3.1.3.4 饺链、拉手、滑轨及转篮等五金配件及辅件应符合GB/T 18884.2的规定。

3.1.3.5 水槽的规格尺寸应符合图样规定，技术要求符合GB/T 18884.2的规定。

3.1.3.6 水嘴应符合GB 18145—2003或QB 1334的规定，温控水嘴应符合QB 2806的规定。

3.1.3.7 电源开关插座宜选择额定电流不小于10A，防溅水型，且经过安全认证的产品。

3.1.3.8 家用废弃食物处理器的选择应符合GB/T 18884.2的规定。

3.1.4 设备布局

3.1.4.1 水槽柜、操作台、灶具和冰箱等的布置宜符合操作习惯和工作三角原理（参见图A.2）。

3.1.4.2 水槽柜设计要满足操作方便，卫生及洗涤物沥水的功能。

3.1.4.3 按厨房面积和用户要求确定厨房布置形式为：单排形、双排形、L 形、U 形、岛形和其他（参见图 A.3）。在单排形、L 形厨柜设计中，地柜或高柜及相关厨房器具（如冰箱等）与对面墙面间距离应 ≥ 900mm；U 形和双排形的两排地柜间的距离或高柜及相关厨房器具（如冰箱等）与对面厨房设备的距离均应 ≥ 900mm（参见图 A.4）。

3.1.4.4 地面至吊柜底面净空距离为 13M + nM（n 为正整数），推荐吊柜及吸油烟机底面距离地面高度 1400mm～1600mm.吊柜顶面距离地面高 ≥ 2100mm。

3.1.4.5 厨房的管线应设在厨柜的后面或下方墙角处。

3.1.5 家用厨房设备设计平面图

绘制家用厨房设备设计平面图参见图 A.4。

3.1.6 绘制家用厨房设备设计立面图。

绘制家用厨房设备设计立面图参见图 A.5、图 A.6、图 A.7。

3.1.7 绘制家用厨房设备设计水、电、气定位图

绘制家用厨房设备设计水、电、气定位图参见图 A.8。

3.1.8 绘制家用厨房设备设计台面图

绘制家用厨房设备设计台面图参见图 A.9。

3.1.9 绘制家用厨房设备设计效果图

绘制家用厨房设备设计效果图参见图 A.10。

3.2 要求

3.2.1 厨房给排水

3.2.1.1 厨房给水（含冷、热水）宜采用暗设管道，并选用具有防腐性能的材料，给水接口水平距排水管接口 300mm～400mm，给水接口高度距地面 500mm～600mm，排水管距地面 100mm～300mm 较宜。

3.2.1.2 穿墙面的给水管口接头宜高于台面 ≥ 100mm，冷、热水管口中心距 150mm 为宜。

3.2.1.3 厨房给水采用明设管道时，管道中心距离地面不应大于 80mm，距墙面距离不大于 80mm。

3.2.1.4 厨房排水管道采用 PVC 管材、管件，排水管径不小于 50mm。如需加长时要避免出现 S 状，且端部留有 ≥ 60mm 长的直管。

3.2.1.5 水槽柜的水槽设置，水槽外缘至墙面距离 ≥ 70mm，水槽侧外缘至给水主管距离宜 ≥ 50mm。

3.2.1.6 水槽应配置落水滤器和水封装置；与排水主管相连时，优先采用硬管连接，并应保证坡度；当受到条件限制时，可采用波纹软管，软管与水平夹角应大于 30°。

3.2.1.7 冰箱及其他器具需要给水要求时，应增加给水接口。

3.2.2 电源及插座

3.2.2.1 厨房电器用导线应采用带塑封的并经过安全认证的铜线，其截面不小于 4mm²。

3.2.2.2 厨房宜提供数量足够，位置合适的 220V、10A 防溅水型单相三线和单相双线的电器插座组，应有可靠独立的接地保护。标称电功率大于 2 500W、小于 3 800W 的电器，应选用 220V、16A 的电源插座。

3.2.2.3 厨房电源插座应设世单独回路，并设漏电保护装置。

3.2.2.4 地柜嵌入式电器使用的插座距离地面高度尺寸不宜低于 300mm，台面以上吊柜以下使用的插座距离地面高度宜为 1 200mm～1 400mm。

3.2.2.5 嵌入式电器的插座不宜设在电器柜后面。

3.2.2.6 厨房内配备的电器较多时，宜设置专用厨房供电线路。

3.2.2.7 厨房电源插座与给水在邻近位置的，插座应高于给水的高度。

3.2.2.8 家用废弃食物处理器和净水器插座宜布置在水槽柜内。

3.2.3 厨柜设计

3.2.3.1 灶具柜设计要结合燃气管道及吸油烟机排气口位置，灶外缘与燃气主管水平距离不少于

300mm。

3.2.3.2　灶具左右外缘至墙面之间距离为 ≥ 150mm。

3.2.3.3　灶具柜两侧宜有存放调料的空间及放置锅等容器的台位。

3.2.3.4　燃气灶柜内不宜设计成电器柜。

3.2.3.5　下进风燃气灶具应在灶具柜上设计进气设施并满足燃气灶具用氧需要。

3.2.3.6　台面板需要拼接时，接缝距离水槽或嵌入式灶具 ≥ 70mm。

3.2.3.7　吸油烟机宜对正灶具，吸油烟机高度应符合 GB/T 17713 的相关规定；

3.2.3.8　转角柜邻角边不宜设置直动式滑轨、门板（如：米柜、抽屉柜、调料柜等）如需设置时，应加调整板。

3.2.3.9　安放燃气表、冰箱、烤箱、微波炉、消毒碗柜等的厨柜不宜设背板。

3.2.3.10　安置消毒柜、微波炉和吸油烟机等的背后不应有明管线。

3.2.3.11　吊柜立面宜与地柜的水平面垂直。

3.2.3.12　吊柜与地柜的相对应侧面宜保持在同一平面上。

3.2.3.13　使用液化石油气的用户，宜设置钢瓶柜。

3.2.3.14　燃气热水器排烟管不应从柜体内部横穿。

3.2.3.15　厨柜内的水、气管道及阀门设置要考虑装拆和维修方便。

3.2.3.16　吊码及吸抽烟机等安装位置处应避开暗藏管线。

3.2.3.17　无障碍厨房的设计应按 GB/T 11228 中的规定进行。

4　安装

4.1　安装条件

4.1.1　安装厨柜应具备条件：厨房墙面、地面、顶面、门、窗已施工完毕。

4.1.2　水、电、气工况应符合 3.2 的要求且施工完毕，气表安装完毕。

4.1.3　厨房内应清理干净，无其他杂物和建筑垃圾等。

4.2　安装要求

4.2.1　外观

外观要求按 GB/T 18884.2 的规定执行。

4.2.2　安装尺寸公差

安装尺寸公差按 GB/T 18884.2 的规定执行。

4.2.3　地柜（高柜/台上柜）安装

地柜（高柜/台上柜）的安装按 GB/T 18884.2 要求进行。

4.2.4　吊柜安装

吊柜安装按 GB/T 18884.2 的要求进行。

4.2.5　台面安装

台面安装按 GB/T 18884.2 的要求进行。

4.2.6　器具及配件安装

4.2.6.1　水槽安装平稳，玻璃胶涂布均匀适度，与台面接触紧密，无缝隙；水嘴、排水机构安装紧密、牢固。安装半小时后漏水试验不漏水，水槽不积水。

4.2.6.2　灶具安装平稳，灶具接触位防水、隔热胶垫安装效果良好，配件齐全，试用无异常。

4.2.6.3　吸油烟机安装高度符合图纸要求，安装牢固无松动，试用无异常。

4.2.6.4　其他器具安装位置准确、牢固，不松动，使用自如顺畅。

4.2.7　牢固度

4.2.7.1　吊柜与墙面的安装应结合牢固，每 900mm 长度不少于两个连接固定点，确保达到承重要求。

4.2.7.2　拼接式结构厨柜的安装部件之间的连接应牢靠不松动，紧固螺钉要全部拧紧。

4.2.7.3　吸油烟机安装应水平，牢靠固定在后墙面（或连接板上），不得松动或抖动。

4.2.7.4 台面与柜体要结合牢固，不得松动。

4.2.7.5 吊柜安装完毕，门中缝处应能承受 150N 的水平冲击力，底部还能承受 150N 的垂直冲击力，而柜体无任何松动或损坏。

4.2.8 密封性能

4.2.8.1 排水机构（落水滤器、溢水嘴、排水管、管路连接件等）各接头连接、水槽及排水接口的连接应严密，不得有渗漏，软管连接部位应用卡箍紧固。

4.2.8.2 燃气器具的进气接头与燃气管道连接口之间（或钢瓶）的软管连接应严密，连接部位应用卡箍紧固，不得有漏气现象。

4.2.8.3 给水管道与水嘴及接头应不渗漏水。

4.2.8.4 后挡水与墙面连接处应打密封胶（不锈钢厨柜除外）。

4.2.8.5 水槽与台面连接处应使用密封胶密封（不锈钢厨柜整体台面水槽除外）。

4.2.8.6 嵌式灶具与台面连接处应加密封材料。

4.2.8.7 吸油烟机排气管与接口处应采取密封措施。

4.2.9 安全性能

4.2.9.1 厨房电源插座应选用质量合格的防溅水型单相三线和单相双线的组合插座。

4.2.9.2 所有抽屉和拉篮，应推拉自如，无阻滞，并设有不被拉出柜体外的限位保护装置。

4.2.9.3 所有厨柜的锐角应磨钝。

4.2.9.4 金属件在人可触摸的位置，不允许有毛刺和锐角。

4.2.10 清洁卫生

4.2.10.1 现场安装应文明施工。施工前，现场应得到清理达到施工无障碍以便于施工的要求。

4.2.10.2 安装完毕，对全部厨房设备进行清洁并及时清理整顿好现场，实现消费者正常使用。

5 验收

5.1 外观

按 GB/T 18881.2 的要求，检查台面、门板及柜体板外表面是否有碰伤、划伤、开裂和压痕等损伤；厨柜摆放位置是否按家用厨房设备设计图样要求，台面板是否水平。

5.2 安装尺寸公差

采用精度为 ±0.5mm 的钢卷尺、直板尺和塞尺进行测量，按 4.2.2 逐条检查是否符合安装尺寸公差的要求。

5.3 牢固度

5.3.1 采用扳手和螺丝刀等工具，对所有接合部位进行检查，均应接合牢固。

5.3.2 将吸油烟机接上电源，开机 5min 后，无异常声音或抖动为合格。

5.4 密封性能

5.4.1 目视各密封处是否按要求采取了密封措施。

5.4.2 采用扳手等工具，对所有水、气接头进行检查，均接合牢固为合格。

5.4.3 排水密封检查：将水槽注满水，快速完全打开落水塞，并继续注水，同时检视水管与水槽连接处和排水机构各部位的连接处，均无渗漏为合格。

5.4.4 燃气接头密封检查：打开气阀后，用肥皂水均匀涂到燃气管接头部位 2min 内，如肥皂水无气泡产生为合格。

5.5 安全性能和清洁卫生

5.5.1 采用规格为 500V、500MΩ 精度等级为 1.0 级兆欧表，检查带电部位与不带电的金属件之间的绝缘电阻应大于 1MΩ。

5.5.2 采用目测、触摸检查 4.2.9.1、4.2.9.2、4.2.9.3、4.2.9.4 和 4.2.10.1 及 4.2.10.2 符合要求为合格。

5.5.3 将所有抽屉和拉篮水平拉出，检查推拉自如、无阻滞且不被拉出柜体为合格。

6 结果判定

6.1 安全指标

6.1.1 吊柜与墙面的安装应结合牢固，不得有吊柜跌落或吊码松动、变形。

6.1.2 人造板与其制品中甲醛释放限量应符合 GB 18580 的规定。

6.1.3 木家具中有害物质应符合 GB 18584 的规定。

6.1.4 天然石台面的放射性核素应符合 GB 6566 的规定。

6.1.5 电源插座开关、灯口等带电部位与不应带电的金属件（拉手等）的绝缘电阻应大于 1MΩ。

6.2 设计

应按 3.2 中涉及项目逐项检验。

6.3 安装

6.3.1 厨柜安装应按设计图样规定，安装尺寸公差不应超过标准。

6.3.2 给水管道与水嘴及接头不应渗漏水。

6.3.3 排水机构各接头连接、水槽与排水接口连接应不渗漏水。

6.4 外观

6.4.1 产品表面不得有碰伤、开裂、压痕、划伤等。

6.4.2 电镀件不得有麻点、烧焦、露底、龟裂、锈蚀等。

6.4.3 焊接件焊缝均匀，结合部无飞溅和未焊透等裂纹。

6.4.4 喷涂件光滑均匀、色泽一致，不允许有流痕、皱纹和脱落等。

6.5 判定规则

6.5.1 安全指标有一项不合格判定家用厨房设备为不合格。

6.5.2 由于设计造成的安全隐患不能修复时家用厨房设备判定为不合格。

6.5.3 安装、外观、设计等经检验发现不合格项，允许修复或更换后重新进行检验；若仍有 8 项以上不合格时，则判定为不合格。

6.5.4 由于用户特殊要求造成的设计更改，不计入不合格项。

6.5.5 由于建筑或用户提供的厨房器具等原因造成的不合格项，不计入家用厨房设备的不合格项。

附 录A

（资料性附录）
家用厨房设备设计图

家用厨房设备设计图见图 A.1～图 A.10。

单位为毫米

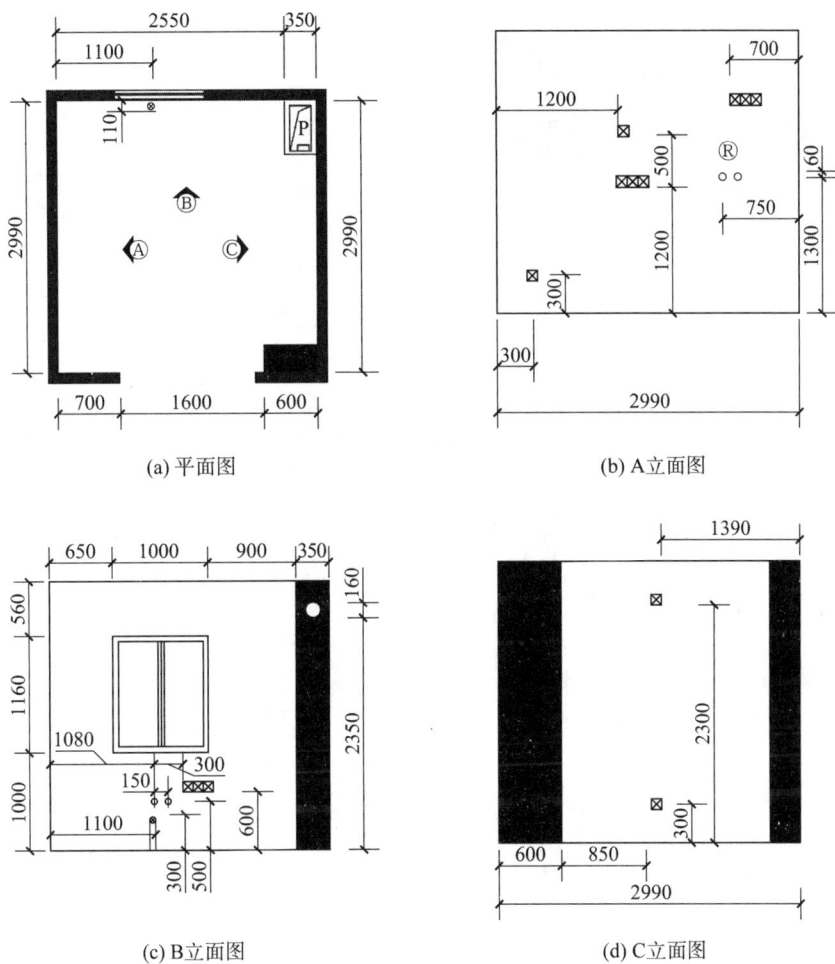

(a) 平面图

(b) A立面图

(c) B立面图

(d) C立面图

说明：

⊠ —电源插座

∘ —给水孔

⊗ —排水孔

○ —排烟道

⊙ —煤气管

Ⓡ —热水器

M —煤气表

P —排烟道

图 A.1 家用厨房设备设计厨房测量平面工况图和展开图

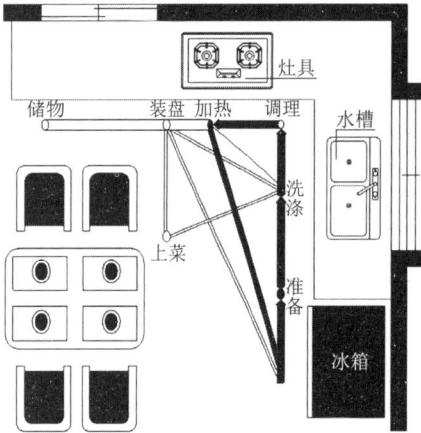

图 A.2 工作三角原理示意图

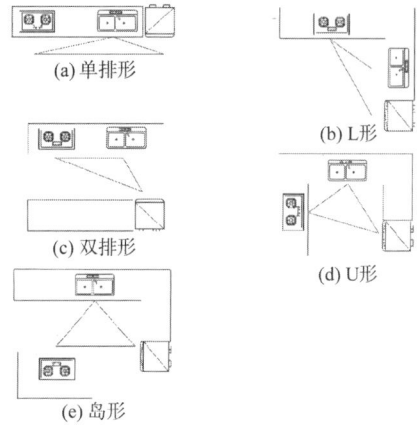

图 A.3 厨房布置形式示意图

单位为毫米

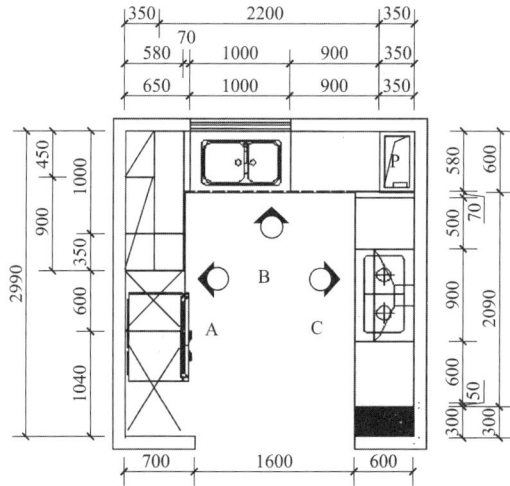

图 A.4 家用厨房设备设计平面图

单位为毫米

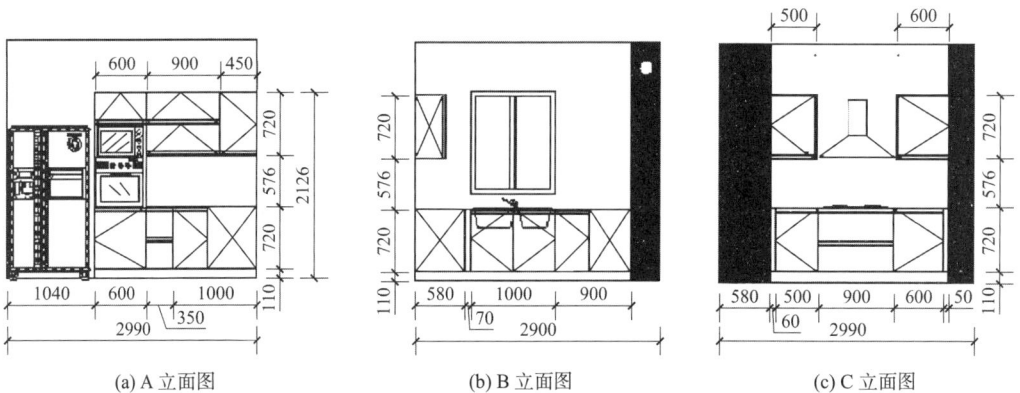

(a) A 立面图　　　　　(b) B 立面图　　　　　(c) C 立面图

图 A.5 家用厨房设备设计立面图

单位为毫米

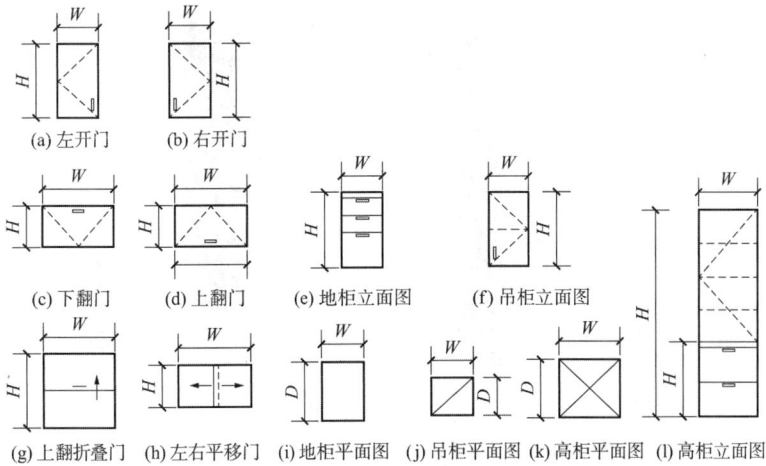

图 A.6　家用厨房设备设计橱柜标准图示

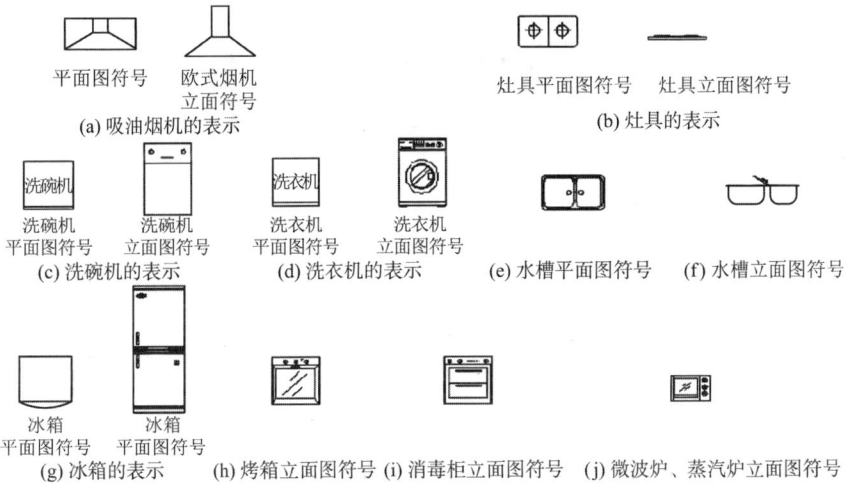

图 A.7　家用厨房设备设计厨房器具标准图示

单位为毫米

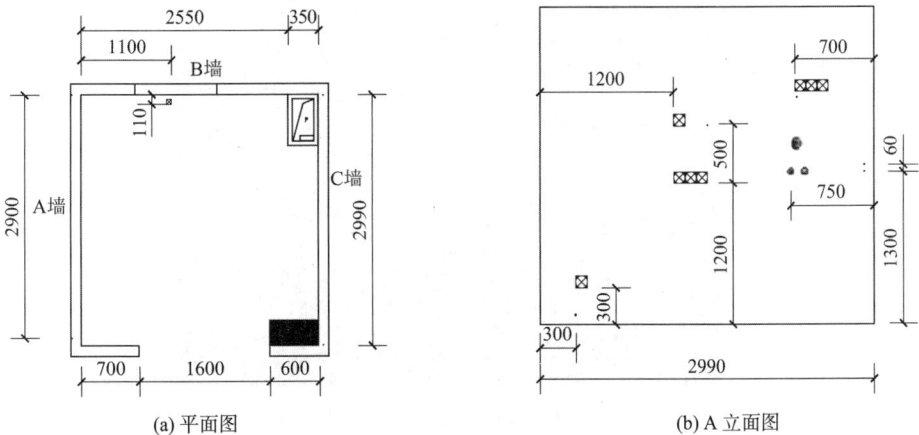

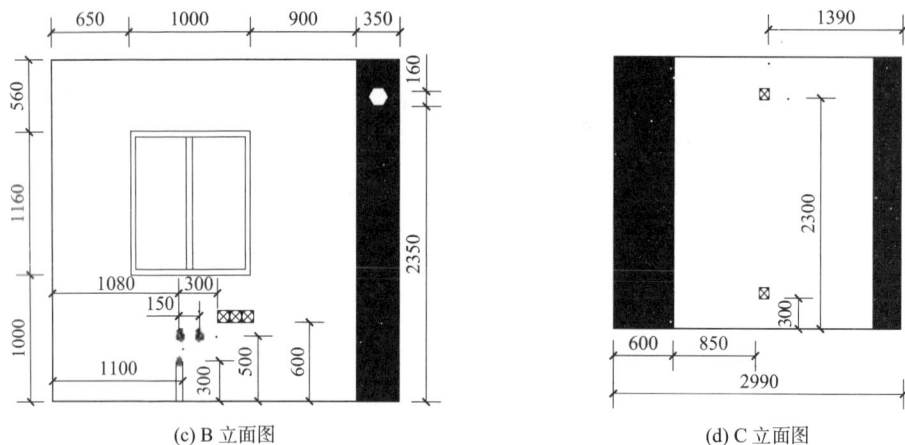

(c) B 立面图　　　　　　　　　　　　　　(d) C 立面图

图 A.8　家用厨房设备设计水、电、气定位图

单位为毫米

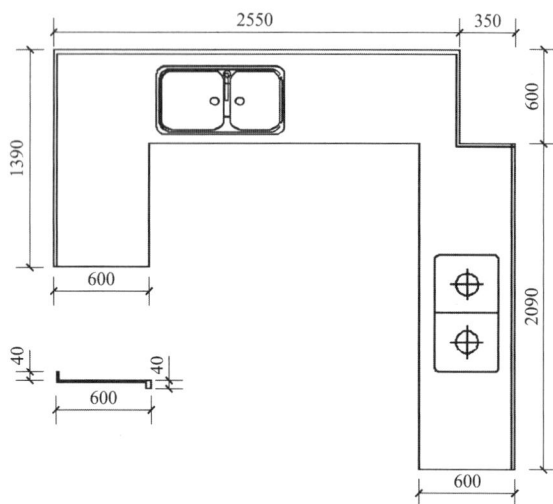

图 A.9　家用厨房设备设计台面图

图 A.10　家用厨房设备设计效果图